도호쿠 홀리데이

도호쿠 홀리데이

2019년 5월 3일 초판 1쇄 펴냄

지은이 인페인터글로벌
발행인 김산환
책임편집 성다영
디자인 윤지영
마케팅 정용범
지도 글터
펴낸 곳 꿈의지도
인쇄 두성 P&L
종이 월드페이퍼

주소 경기도 파주시 경의로 1100, 604호
전화 070-7733-9545
팩스 031-947-1530
홈페이지 www.dreammap.co.kr
출판등록 2009년 10월 12일 제82호

979-11-89469-36-8-14980
979-11-86581-33-9-14980(세트)

지은이와 꿈의지도 허락 없이는 어떠한 형태로도 이 책의 전부, 또는 일부를 이용할 수 없습니다.
※ 잘못된 책은 구입한 곳에서 바꿀 수 있습니다.

TOHOKU
도호쿠 홀리데이

인페인터글로벌 지음

꿈의지도

CONTENTS

- 010 〈도호쿠 홀리데이〉 100배 활용법
- 012 프롤로그
- 014 일본 전도

TOHOKU BY STEP
여행 준비&하이라이트

STEP 01
PREVIEW
도호쿠를 꿈꾸다
016

- *018* 01 도호쿠 MUST SEE
- *022* 02 도호쿠 MUST DO
- *026* 03 도호쿠 MUST EAT

STEP 02
PLANNING
도호쿠를 그리다
028

- *030* 01 도호쿠의 6가지 키워드
- *032* 02 나만의 도호쿠 여행 레시피
- *036* 03 도호쿠 추천 여행 코스

STEP 03
ENJOYING
도호쿠를 즐기다
044

- *046* 01 여행의 단짝, JR 동일본 패스(도호쿠 지역)
- *049* 02 도호쿠 속속들이 여행하기, 렌터카 여행
- *051* 03 자연과 하나 되는 온천의 시간
- *055* 04 솜이불 같은 눈밭, 파우더 스노 스키장
- *058* 05 천년의 숲을 걷다, 원시림 트레킹
- *060* 06 도호쿠 음식 백과사전
- *067* 07 좋은 쌀과 물로 빚은 맛 좋은 술
- *070* 08 전통과 현대의 조화, 공예품
- *072* 09 8월 첫째 주, 여름밤 축제의 향연

TOHOKU BY AREA
도호쿠 지역별 가이드

01
아오모리현
076

078	아오모리현 한눈에 보기
080	아오모리현 키워드
081	아오모리현 교통
083	**아오모리시**
084	GET AROUND
085	ONE FINE DAY IN
086	MAP
088	SEE
094	EAT
096	BUY
098	SLEEP
100	**히로사키시&고쇼가와라시**
101	GET AROUND
103	ONE FINE DAY IN
104	MAP
106	SEE
107	100년 전 히로사키 시간 여행
112	시라카미 산지&바다 기차 여행
119	EAT
120	히로사키시 애플파이 메구리
124	BUY
125	SLEEP
128	**하치노헤시&도와다시**
129	GET AROUND
131	TWO FINE DAYS IN
132	MAP
134	SEE
139	EAT
142	BUY
142	SLEEP

02
아키타현
144

146	아키타현 한눈에 보기
147	아키타현 키워드
150	아키타현 교통
153	**센보쿠시**
154	GET AROUND
155	TWO FINE DAYS IN
156	MAP
158	SEE
170	EAT
173	BUY
177	SLEEP
179	진짜 아키타를 만나는 시간, 농가 민숙
184	**아키타시**
185	GET AROUND&ONE FINE DAY IN
186	MAP
187	SEE
194	EAT
196	아키타 이나니와 우동 최고는 나야 나!
199	BUY
201	SLEEP
203	**요코테시&유자와시**
204	GET AROUND
205	TWO FINE DAYS IN
206	MAP
207	SEE
214	EAT
215	SLEEP

CONTENTS

03
이와테현
220

- 222 이와테현 한눈에 보기
- 224 이와테현 키워드
- 225 이와테현 교통

- **228 모리오카시**
- 229 GET AROUND
- 230 ONE FINE DAY IN
- 231 MAP
- 234 SEE
- 242 EAT
- 246 BUY
- 250 SLEEP

- **255 하나마키시 · 히라이즈미**
- 256 GET AROUND
- 258 TWO FINE DAYS IN
- 259 MAP
- 264 SEE
- 270 EAT
- 274 BUY
- 276 SLEEP

04
미야기현
280

- 282 미야기현 한눈에 보기
- 283 미야기현 키워드
- 284 미야기현 교통

- **287 센다이시**
- 288 GET AROUND
- 290 TWO FINE DAYS IN
- 291 다테마사무네
- 292 MAP
- 294 SEE
- 300 EAT
- 308 BUY
- 312 SLEEP

- **314 센다이시 근교**
- 315 ONE FINE DAY IN
- 316 MAP
- 319 SEE
- 329 EAT
- 331 BUY
- 332 SLEEP

05
야마가타현
336

338	야마가타현 한눈에 보기		385	요네자와시
340	야마가타현 키워드		386	GET AROUND
341	야마가타현 교통		387	ONE FINE DAY IN
			388	MAP
344	야마가타시		390	SEE
345	GET AROUND		395	야마가타 와인 투어
346	ONE FINE DAY IN		397	EAT
348	MAP		398	BUY
350	SEE		400	SLEEP
352	EAT		402	요네자와시 근교 온천 여행
354	BUY			
357	SLEEP		405	여행 준비 컨설팅
358	야마가타시 근교 온천 여행		415	이건 알아두자! 도호쿠 기본 상식
			416	이건 꼭 읽어두자!
366	사카타시·쓰루오카시			도호쿠 여행 주의 사항 TOP 5
367	GET AROUND		417	INDEX
368	TOW FINE DAYS IN			
369	MAP			
372	SEE			
380	EAT			
382	SLEEP			

〈도호쿠 홀리데이〉 100배 활용법

도호쿠 여행 가이드로 〈도호쿠 홀리데이〉를 선택하셨군요. '굿 초이스'입니다. 도호쿠에서 뭘 보고, 뭘 먹고, 뭘 하고, 어디서 자야 할지 더 이상 고민하지 마세요. 친절하고 꼼꼼한 베테랑 〈도호쿠 홀리데이〉와 함께라면 당신의 도호쿠 여행이 완벽해집니다.

1) 도호쿠를 꿈꾸다
❶ STEP 01 » PREVIEW를 먼저 펼쳐보세요. 광활한 대자연이 펼쳐지는 도호쿠에서 꼭 봐야 할 것, 해야 할 것, 먹어야 할 것들을 안내합니다. 도호쿠 여행에서 놓쳐서는 안 될 핵심 요소들을 화보 사진으로 만나보세요.

2) 여행 스타일 정하기
❷ STEP 02 » PLANNING을 보면서 나의 여행 스타일을 정해 보세요. 아름다운 대자연 속으로 빠져보는 봄, 여름, 가을 여행 일정부터 온천과 스키를 즐길 수 있는 겨울 여행 일정까지 다양한 코스를 제안합니다.

3) 도호쿠를 즐기다
❸ STEP 03 » ENJOYING을 보면서 마음에 드는 스폿에 포스트잇을 붙여보세요. 일본에서도 온천으로 손꼽히는 도호쿠의 온천, 솜이불 같은 눈밭이 펼쳐지는 스키장, 싱그러운 숲길의 원시림 트레킹, 건강한 재료로 만든 도호쿠 로컬 푸드와 니혼슈, 전통과 현대의 조화가 이루어진 공예품, 열기로 가득한 축제 일정 등을 체크하면 됩니다.

4) 숙소 정하기

도호쿠를 여행지로 선택했다면 그다음에는 숙소를 정해야 합니다. 각 지역의 SLEEP 을 보면서 내가 묵고 싶은 숙소를 찜해보세요. 정성스러운 가이세키 요리를 맛볼 수 있는 온천료칸, 관광에 편리한 비즈니스호텔, 현지인들과 함께 생활하는 농가 민숙 등 콘셉트와 가격대, 안전까지 고려한 다양한 숙박 업소를 제시합니다.

5) 지역별 일정 짜기

여행 콘셉트와 목적지를 정했다면 이제 지역별로 묶어 자세한 동선을 짜 봅니다. 도호쿠 구석구석까지 모아놓은 지역별 관광지와 쇼핑할 곳, 레스토랑을 보면 이동 경로를 짜는 것이 수월해집니다.

6) D-day 미션 클리어

여행 일정까지 완성했다면 책 마지막의 여행 준비 컨설팅을 보면서 혹시 빠뜨린 것은 없는지 챙겨보세요. 여행 50일 전부터 출발 당일까지 날짜 별로 챙겨야 할 것들이 리스트업 되어 있습니다.

7) 홀리데이와 최고의 여행 즐기기

여행에서 돌아올 때까지 〈도호쿠 홀리데이〉를 내려놓아서는 안 돼요. 여행 일정이 틀어지거나 계획하지 않은 모험을 즐기고 싶다면 언제라도 〈도호쿠 홀리데이〉를 펼쳐야 하니까요. 〈도호쿠 홀리데이〉는 당신의 여행을 끝까지 책임집니다.

일러두기

- 이 책에 실린 모든 정보는 2019년 3월까지 수집한 정보를 기준으로 했으며, 이후 변동될 가능성이 있습니다. 특히 교통편의 운행 정보와 요금, 관광지의 운영 시간 및 입장료, 식당의 메뉴 가격 등은 현지 사정에 따라 수시로 변동될 수 있습니다. 여행 전 홈페이지를 통해 검색하거나 현지에서 다시 한번 확인하시길 바라며, 변경된 내용이 있다면 편집부로 연락 주시기 바랍니다.

홀리데이 편집부 070-7733-9545

- 지명과 상점, 교통 시설 등에 표기된 일본어 발음은 현지 발음에 최대한 가깝게 표기하고자 했습니다.
- 모든 식당과 상점, 호텔 이용 시에는 소비세 8%가 부과됩니다. 일부 업소의 가격 정보에는 소비세가 불포함된 가격을 표시하는 경우가 있으니 참고하여 주시기 바랍니다.
- 상점과 식당, 숙소 등의 카드 사용 여부는 현지 상황에 따라 달라질 수 있습니다.
- 일본의 통화는 엔화(¥)이며, 100엔은 약 1,013원입니다(2019년 4월 기준). 환율은 수시로 변동되므로 여행 전 확인하시길 바랍니다.

지도 찾기

지도 휴대지도 ●-T

테두리가 노란색인 휴대지도 앞면의 T 구역에 찾고자 하는 스폿이 있습니다.

지도 휴대지도 ●-15

테두리가 남색인 휴대지도 뒷면의 15 구역에 찾고자 하는 스폿이 있습니다.

프롤로그

박성희

매년 봄 여름 가을 겨울 시즌마다 아키타, 이와테, 아오모리를 찾는다. 온천과 하얀 눈을 좋아하는 개인적인 취향도 있지만, 느리고 덤이 많은 참 사람이 좋은 곳이라 마음이 편한 장소이기도 하다. 좋아하다 보니 주변 사람들을 데리고 가는 일을 계속 만들고, 올해는 아키타의 유명 온천인 뉴토 온천향 마을에 아티스트가 상주하고 서로 교류할 수 있는 'ahouse'라는 멋진 장소도 만들었다. 많이 알려진 일본의 도시와는 또 다른 매력이 계속 눈에 들어오다 보니 소박하지만 따듯한 도호쿠의 매력을 알려야겠다는 숙제를 늘 끌어안고 있었던 것 같다. 숲이 멋진 눈이 많은 그리고 그 어느 지역보다 원초적인 온천 본연의 모습을 간직한 곳이다. 보이지 않지만 늘 한결같은 소박한 일상을 나란히 걸을 수 있는 여행을, 잠시 쉼을 제대로 경험할 수 있는 여행을 떠나보시길.
너무 오래 시간을 들여 우여곡절 담지 못한 이야기와 장소도 많아 아쉬움도 남지만, 앞으로도 계속 소소한 장소들을 채워가려고 한다. 일본에도 저가 항공 노선이 늘어 주변에 규슈나 시코쿠를 다녀왔다는 사람들이 많다. 바람이 있다면 일본 소도시 여행이 유행해, 여행하기는 아직 불편한 장소 미지의 도호쿠가 조금씩 알려져서 저가 항공 노선도 생기는 날이 오길 기대한다.

이정선

도호쿠 여행은 여러모로 골치가 아프다. 국내에서의 항공편이 많지 않고 관광지로의 대중교통도 불편하고 차를 렌트해 운전을 할라치면 광대한 땅덩이가 기다리고 있다. 일본의 다른 지역에 비해 엄청난 유적지나 기막힌 먹거리가 있는 것도 아니다. 그렇지만 단 한 번도 도호쿠의 자연이 실망시킨 적은 없었다. 그리고 온천이 있다. 수천 년을 살아낸 원시림과 수백 년 동안 솟아난 온천은 도호쿠의 보물이다. 지리적, 역사적, 경제적으로 변방이었던 도호쿠의 환경은 자의 반 타의 반으로 그 자연과 온천을 온전히 지켜낼 수 있었다. 대도시보다는 소도시로, 바삐 소화하기보다 긴 호흡의 여행을, 유명 관광지 대신 숨은 여행지를 찾는 사람들이 점점 많아지는 요즘, 도호쿠는 더할 나위 없이 좋은 선택지다. 그럼에도 여러 가지 이유로 선뜻 추천하지 못하는 것이 못내 아쉽다.
도호쿠는 여전히 미지의 땅이다. 정해진 시간과 예산 안에서 최대한 취재한다고 했지만 담지 못한 곳이 더 많다. 이 책으로 도호쿠의 매력을 발견한 사람들이 많아진다면 앞으로 또 다른 기회가 있을 것이다. 지금의 아쉬움을 풀어낼 날이 오기를 고대한다.

이윤정

도호쿠 지방은 언제 가도 고향 같은 곳입니다. 넓고 외진 곳이 많아 이동이 쉽지는 않지만, 교통의 불편함을 조금만 감수한다면 지금까지의 경험을 모두 덮어쓸 온천, 두고두고 생각나는 음식, 문득 눈물겨워지는 풍경까지 일본 여행 분야별 베스트 5를 모두 새로 쓰실 수 있을 거라 확신합니다.

김태용
'내 안의 아날로그 감성을 만나다'를 주제로 세계 곳곳을 여행하며 사진을 촬영하고 있는 여행사진가이다. 여행에서 만나는 사람들과 교감을 히고 그들의 삶을 사진 속에 담아내려는 삭업을 하고 있다. 일본의 다양한 장소를 여행했지만, 도호쿠는 개인적으로 특별히 좋아하는 장소이기도 하다. 지금도 별이 쏟아지던 노천 온천의 밤하늘은 잊을 수 없다.

김후진
수년 전 자전거로 일본 전국을 돌면서 들렀던 도호쿠 지방은 마음이 따뜻한 사람들이 많은 곳이었다. 가난한 자전거 여행자에게 수고한다며 목욕비나 얼음물이 가득 든 물통을 건네거나 잠자리를 찾아 어두컴컴한 도로 휴게소를 어슬렁거리다가 버스를 놓친 곤란한 사람으로 오해(?)받아 가까운 도시까지 태워주겠다는 사람들을 만나기도 했다. 〈도호쿠 홀리데이〉를 통해서 좀 더 많은 사람들이 내가 만났던 마음 따뜻한 사람들과 만날 수 있기를 바란다.

Special Thanks
취재와 사진 제공 등 〈도호쿠 홀리데이〉 제작에 협조를 해준 일본정부관광국, 아키타현, Inpainterglobaljapan에 깊은 감사 말씀을 전합니다.

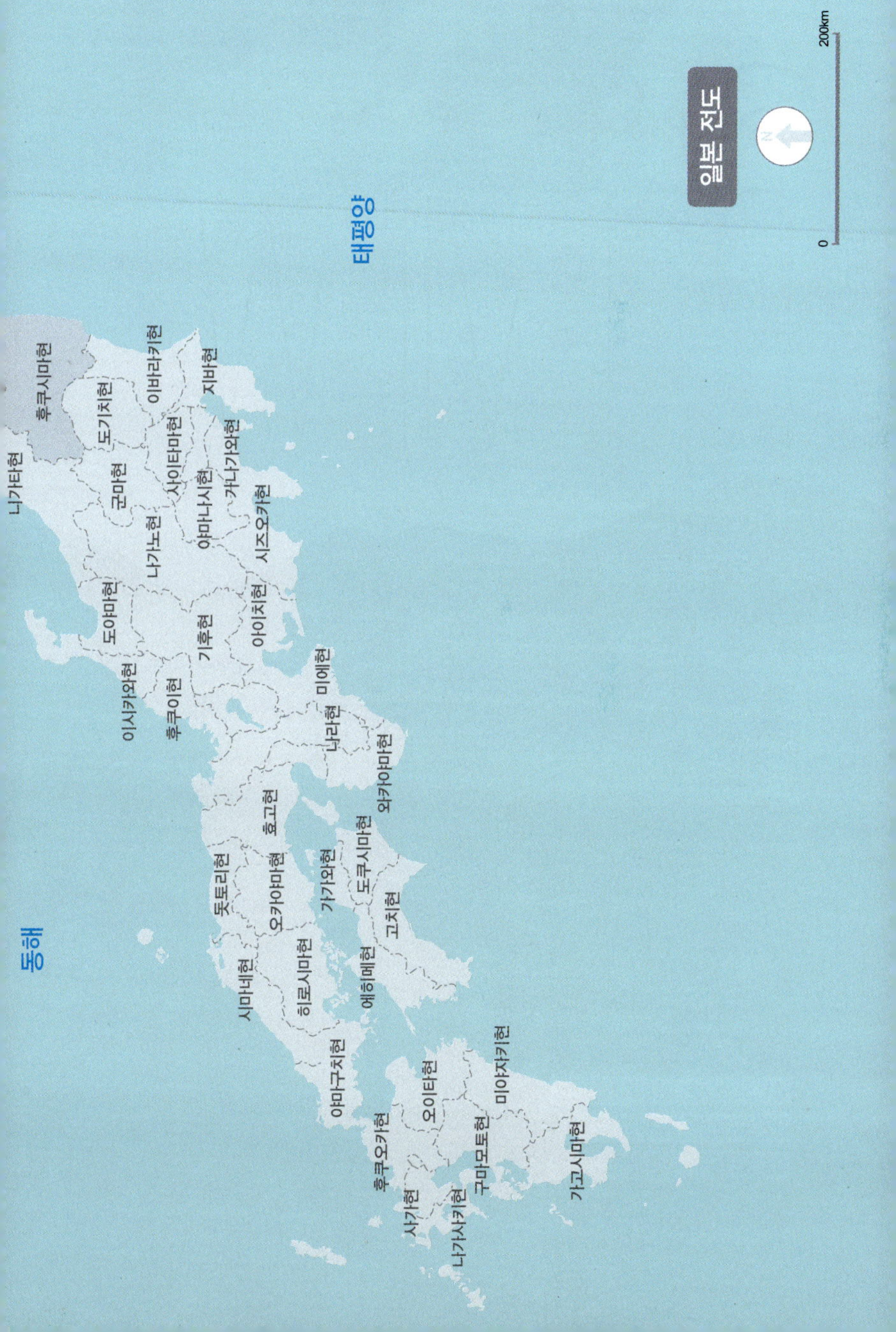

일본 전도

200km

태평양

동해

후쿠시마현
도치기현
이바라키현
지바현
니가타현
군마현
사이타마현
가나가와현
나가노현
야마나시현
시즈오카현
도야마현
아이치현
기후현
미에현
이시카와현
후쿠이현
나라현
와카야마현
돗토리현
효고현
교토부
오카야마현
가가와현
도쿠시마현
시마네현
히로시마현
에히메현
고치현
야마구치현
오이타현
미야자키현
후쿠오카현
구마모토현
가고시마현
사가현
나가사키현

Step 01
PREVIEW

도호쿠를 꿈꾸다

01 도호쿠 MUST SEE
02 도호쿠 MUST DO
03 도호쿠 MUST EAT

1 찬란한 일본 불교 문화의 꽃, 히라이즈미 세계유산(P.267)

PREVIEW 01
도호쿠 MUST SEE

독특한 자연환경과 독자적인 역사 속에서 고유의 문화를 발전시킨 도호쿠.
천년 전 불교 유적을 비롯해 근대 건축과 현대 예술로 이어지는 문화의 발자취를 따라가 보자.

2 바다 위 수백 개의 섬이 만드는 그림 같은 풍경, 마쓰시마(P.319)

수천 년을 지켜온 신령스러운 분위기의 너도밤나무 숲, 시라카미 산지(P.114)

족자 속 풍경 같은 절벽 위의 산사, 릿샤쿠지(P.350)

해자 가득 흐르는 분홍 벚꽃 물길, 히로사키 성터(P.109)

6 100년 전 변혁의 시대로 타임 슬립, 히로사키시의 붉은 벽돌 건축물(P.110)

7 옛 교토의 정취가 가득한 고즈넉한 마을, 가쿠노다테(P.158)

8 벼로 그린 정교한 예술 작품, 단보 아트(P.115)

9 지역과 세계의 감성이 교차하는 매력적인 미술관,
아오모리 현립미술관(P.092) & 도와다시 현대미술관(P.139)

10 지역 창작자를 소개하는 작지만 강한 문화공간,
돈가리 빌딩(P.352) & 가와바타 중앙 빌딩(P.191)

STEP 01
PREVIEW

1 자연 그대로의 색과 향이 그득한 천연 온천, 뉴토 온천향(P.165)

PREVIEW 02

도호쿠
MUST DO

험준한 산맥과 깊은 계곡이 가로지르는 풍부한 자연의 고장 도호쿠는 사계절마다 색다른 절경을 선사한다. 이 완벽한 풍경 속에서 즐기는 트레킹과 스키, 온천은 아주 특별한 경험이 된다.

4 장대한 설경 속을 날아오르기, 스키&보드(P.055)

2 나에게 선물하는 최고의 시간, 프라이빗 료칸

3 보송보송한 하얀 눈밭 위에서 스노우슈 트레킹

5 아날로그 감성을 불러일으키는 시골 열차, 아키타 내륙종관철도(P.161)&쓰가루 철도(P.118)

STEP 01
PREVIEW

6 포근한 고향에 온 것 같은 하룻밤, 농가 민숙(P.179)

7 그 땅의 기운이 담긴 신의 물방울, 야마가타 와이너리 탐방(P.395)

9 한여름 밤 도호쿠를 뜨겁게 달구는 축제의 열기 속으로, 도호쿠 축제(P.072)

10 신비로운 물빛의 호수를 따라 즐기는 드라이브, 도와다 호수(P.138)&다자와 호수(P.162)

8 자연을 닮은 도호쿠 스타일 공예품 쇼핑(P.070)

11 울창한 원시림과 청정 계곡 트레킹,
오이라세 계류(P.136)

도호쿠 MUST EAT

PREVIEW 03

혼슈의 북쪽 지역은 일본 유수의 곡창 지대로 질 좋은 농작물이 논밭에 넘쳐나고, 청정한 강과 바다에는 해산물이 풍족하다. 도호쿠의 맛은 곧 자연의 선물이다.

미소 소스 발라 구워 먹는 별미,
기리탄포 きりたんぽ

농후한 자연의 맛,
농장 요구르트 農場ヨーグルト

쫄깃한 소 혀의 식감과 불맛,
규탄야키 牛たん焼き

그릇 쌓이는 재미에 푸짐한 맛까지!
완코소바 わんこそば

고급스러운 면발의 3대 우동,
이나니와 우동稲庭うどん

매운 맛의 진수,
야마가타 라멘山形ラーメン

훈제 무절임의 오묘한 매력,
이부리갓코いぶりがっこ

청정 바다가 한 그릇에,
가이센돈海鮮丼

도호쿠 지역의 고품격 브랜드
와규和牛

물 좋은 고장의 좋은 술,
니혼슈日本酒

사과의 고장에서 즐기는
애플파이アップルパイ

단고와 셰이크로 즐기는
웰빙 간식, **즌다**ずんだ

Step 02
PLANNING
도호쿠를 그리다

01 도호쿠의 6가지 키워드
02 나만의 도호쿠 여행 레시피
03 도호쿠 추천 여행 코스

PLANNING 01

도호쿠의 6가지 키워드

우리나라로 치면 자연환경은 아름다운 산야의 강원도를 떠올리게 하지만, 풍요로운 논밭과 농촌의 풍경은 영락없이 전라도를 닮은 도호쿠. 도쿄나 오사카 등 일본의 다른 도시와는 전혀 다른 자연 풍경과 역사 문화를 가진 지역이기에, 도호쿠를 여행하기에 앞서 알아두어야 할 것이 있다.

1 온천의 천국, 천국 같은 온천

일본의 온천은 이미 명성이 자자해 긴 설명이 필요치 않지만, 그중에서도 도호쿠의 온천은 특별하다. 경제 발전의 중심에서 역사적·문화적으로, 그리고 실제 거리상으로도 떨어져 있던 까닭에 사람의 손이 덜 탄 온천이 잘 남아있다. 울창한 원시림 속에 모락모락 흰 연기가 피어오르는 노천탕이나 파도가 들이치는 바닷가에 자리한 노천탕 등 상상 속 온천을 실제 만날 수 있다. 또 온천 수질도 다양해서 뽀얀 온천이나 녹색 온천 등 제대로 된 천연 온천을 경험할 수 있다.

또한, '일본 비탕을 지키는 모임日本秘湯を守る会'이라는 단체에서 지정한 비탕이 가장 많이 분포한 지역이기도 하다. 일본 비탕을 지키는 모임에서는 불편함을 감수하고 옛 모습을 고수하는 온천 숙박 시설이 모여 만든 것으로, 회원인 경우 이를 뜻하는 등롱을 달고 있다. 영화나 시대극에서나 볼 법한 유서 깊은 전통 온천 숙소에서의 하룻밤은 특별한 감흥을 선사한다.

2 원령공주가 나타날 것 같은 신령스러운 숲

도호쿠의 숲에 들어가는 순간 세상의 소리는 잦아들고 햇빛마저 숨어 버린다. 수백 년 수령의 너도밤나무와 삼나무가 빼곡히 들어선 숲에서는 시간도 잠시 멈추는 듯하다. 가고시마현의 야쿠시마섬과 함께 인기 애니메이션 <모노노케 히메もののけ姫(원령공주)>의 배경이 된 시라카미 산지는 신령스러운 기운이 감돈다. 세계 최대 규모의 너도밤나무 원시림이 남아있어 일본 최초로 세계자연유산에 지정되었을 만큼 생태계의 보고로 알려져 있다.

이외에도 도호쿠 곳곳에는 아름다운 숲과 늪지, 호수와 계곡이 산재해 있다. 거대한 산맥은 도호쿠의 경제 발전을 더디게 한 장벽이 되긴 했지만 동시에 때 묻지 않은 자연을 지키는 최후의 보루였던 것이다.

3 1년 중 반이 겨울, 눈의 왕국

일본에서 홋카이도만큼, 때때로 그 이상 눈이 많이 오는 지역이 바로 도호쿠다. 11월부터 내리기 시작한 눈은 보통 4월까지 이어지니 1년의 절반 정도가 겨울인 셈이다. 특히 최대 적설량을 뽐내는 1~2월에 도호쿠 지역을 여행한다면 온 세상이 은백색으로 뒤덮인 풍경을 마주할 수 있다.

아오모리현의 핫코다산은 최고 9m의 거대한 눈 벽으로도 유명하다. 적설량만 많은 것이 아니라, 솜이불처럼 보송보송한 파우더 스노의 설질이라 전 세계의 스키어와 스노보더들의 성지로 통한다. 스키장으로 유명한 아키타현의 모리요시산과 야마가타현의 자오 연봉 정상에 오르면 눈이 나무에 얼어 붙어 만들어진 수빙으로 인해 동화 속 같은 장면을 연출하기도 한다.

 히라이즈미
 마쓰시마

4 히라이즈미 vs. 마쓰시마

도호쿠의 간판 여행지라고 하면 단연 히라이즈미와 마쓰시마다. 도호쿠 최초로 세계문화유산에 등재된 히라이즈미는 일본 국보 제1호에 빛나는 황금 불당 곤지키도金色堂를 비롯해 불교의 이상 세계, 즉 극락정토極樂淨土를 현세에 구현한 전 세계 유례없는 불교 유적지다. 이와테현보다 '히라이즈미'라는 지명이 더 유명할 정도로 전국구의 역사 관광지이기도 하다.

반면, 마쓰시마는 예로부터 예술가들을 매료시키며 무수한 작품의 소재가 된 최고의 경승지다. 잔잔한 바다 위에 크고 작은 260여 개의 섬이 그림 같은 풍경을 만들며 석양 전망이 특히 탁월하다.

5 고속버스보다는 신칸센

도호쿠는 일본에서 모든 현에 신칸센이 다니는 유일한 지역이다. 도쿄에서 미야기현, 이와테현, 아오모리현까지 700km를 남북으로 잇는 도호쿠 신칸센이 중심이 된다. 또 여기에서 각기 야마가타현으로 가는 야마가타 신칸센, 아키타현으로 빠지는 아키타 신칸센으로 가지를 뻗으며 도호쿠 지역을 연결한다.

더욱이 외국인 여행자를 위한 JR 동일본 패스(P.047)가 있어서 비용에 대한 부담이 줄어든다. 운항 편수가 적은 도호쿠 직항편 대신, 도쿄의 공항으로 입국한 후 JR 동일본 패스로 신칸센을 이용해 여행 스케줄을 짜는 방편으로 활용되고 있다.

6 영화 〈리틀 포레스트〉의 밥상

마트를 가려면 1시간 이상 걸리는 숲속의 시골 마을에서 손수 씨를 뿌리고 열매를 따고 물고기를 잡으며 잊었던 자연의 시간을 되찾아가는 일본 영화 〈리틀 포레스트〉. 이 영화의 배경이 바로 도호쿠 이와테현의 한 시골 마을이다.

풍요로운 땅의 기운을 흠뻑 머금은 곡식과 채소, 과일은 거창한 요리 과정을 거치지 않아도 충분히 맛있다. 전통적인 방식으로 만든 발효 식품이나 지역의 재료와 제철 채소를 활용한 향토 요리와 같이 소박하지만 내공이 느껴지는 것이 대부분이다. 도시에서는 뭘 먹어도 늘 허기가 져서 고향으로 돌아오게 된 주인공처럼, 위장이 따뜻해지는 건강한 한 끼를 만끽할 수 있다.

 도호쿠 신칸센

PLANNING 02
나만의 도호쿠 **여행 레시피**

한국에서 도호쿠로 가는 직항편도 많지 않을 뿐만 아니라, 도호쿠는 지역도 넓어 제법 여행의 난이도가 높은 곳이다. 도호쿠 여행은 찾아가기 어려운 만큼 미지의 세계를 발견하는 기쁨을 느낄 수 있을 것이다.

여행 기간은?

지역이 넓은 만큼 한꺼번에 다 보겠다는 생각보다는 테마를 정해 여행하는 것이 좋다. 온천이나 스키 여행은 2박 3일로도 가능하지만, 유명 관광지를 중심으로 다닌다면 4박 5일 이상 충분히 둘러볼 것을 추천한다.

여행하기 좋은 계절과 시기는?

관광객으로 북적이는 시기는 벚꽃 시즌, 여름 축제 주간, 단풍 시즌이다. 4월 벚꽃 명소로는 아키타현의 가쿠노다테, 아오모리시의 히로사키 성터가 유명하다. 이 시기는 일본의 골든위크와 겹쳐 있어 숙소를 구하기가 하늘의 별 따기 수준이다. 8월 초에는 모리오카시의 산사오도리를 시작으로 아오모리시의 네부타 마쓰리, 아키타시의 간토 마쓰리 등 전역이 축제의 열기로 가득하다.

원시림이 잘 보존된 도호쿠의 산을 오르고 싶다면, 초여름부터 가을까지가 좋다. 특히 10월에는 산야가 단풍으로 붉게 타오른 절경을 감상할 수 있다.
11월부터 3월까지는 스키와 온천을 즐기기 위해 일본인 관광객들도 많이 찾는다. 뛰어난 설질 위에서 스키와 보드, 스노우슈 트레킹 등을 만끽한 후 뜨끈뜨끈한 온천에서 몸을 푸는 여행의 로망을 이뤄보자.

도호쿠 여행 예산은?

대도시를 중심으로 넓은 지역을 여행하고자 한다면 신칸센 열차가, 시간에 구애받지 않고 도호쿠 구석구석을 돌아보고 싶다면 렌터카가 합리적이다. 도호쿠 여행에 유용한 JR 동일본 패스는 20,000엔(5일, 성인 기준)이고, 4박 5일 동안 렌터카를 이용하려면 대여료 35,000엔(소형차, 비수기 기준)에 주유비와 톨게이트비를 포함해 45,000엔~50,000엔 정도. 숙박비를 제외한 시내 교통비, 식사비, 간식비 등 하루 예산을 3,000~5,000엔 정도로 잡으면 된다. 일본은 우리나라와 달리 신용카드 사용이 안 되는 곳이 많다. 특히 작은 마을의 식당이나 상점에서는 현금만 받는 경우가 많으니 현지에서의 여행 경비는 현금으로 챙겨가자.
일본의 공식 통화 엔화는 1엔, 5엔, 50엔, 10엔, 100엔, 500엔의 동전이 있으며, 지폐는 1,000엔, 5,000엔, 10,000엔이 쓰인다. 환율은 100엔 = 약 1,027원(2019년 4월 기준)이다.

숙박은 어디서?

도호쿠 지역은 일본 내에서도 온천이 좋기로 소문난 지역이다. 도호쿠 지역에는 온 세상이 하얗게 눈 덮인 아름다운 겨울 풍경을 바라보며 노천 온천의 로망을 실현할 수 있는 곳이 많기 때문에 하룻밤 정도는 온천 호텔이나 료칸에서 묵어가기를 권한다.
저녁 식사로 가이세키 코스 요리가 포함된 료칸의 하루 숙박비는 1인당 20,000엔 정도 예상하면 된다. 스키나 겨울 레포츠를 즐길 수 있는 대형 리조트 호텔은 10,000~20,000엔, 시내 관광에 편리한 비즈니스호텔은 5,000~8,000엔, 알뜰 여행족을 위한 게스트하우스는 3,000엔 내외이다.
아키타현과 이와테현 내륙의 농촌에서는 지역 주민의 가정집에서 묵을 수 있는 농가 민숙을 운영하고 있다. 직접 기른 농산물로 만든 소박한 가정식이 포함된 숙박 비용이 7,000~8,000엔 수준이다. 말은 잘 통하지 않을 수 있지만 따뜻한 정이 넘쳐 흐른다.

현지인의 집에서 머물 수 있는 농가 민숙

도호쿠 항공권 예약하기

인천 공항에서 직항편을 이용하는 방법과 도쿄로 입국해 국내선 항공편 또는 열차로 갈아타는 방법이 있다.

인천에서 가기

도호쿠 지역은 인천 공항에서 직항편을 이용해 센다이 공항과 아오모리 공항으로 갈 수 있다. 도호쿠의 서남쪽에 자리한 센다이 공항은 아시아나항공이 매일 운항하며, 센다이 도심까지 열차로 약 20~30분이면 갈 수 있다. 도호쿠 지역 최북단에 위치한 아오모리 공항은 대한항공에서 주 3회 운항 중이다. 아오모리 도심까지는 공항 리무진버스로 약 35분 걸린다.

아시아나항공

인천 공항 → 센다이 공항			
편명	요일	출발	도착
OZ152	월·수·금·일	09:35	11:40
OZ152	화·목·토	15:00	17:10

센다이 공항 → 인천 공항			
편명	요일	출발	도착
OZ151	월·수·금·일	12:40	15:10
OZ151	화·목·토	18:10	20:45

대한항공

인천 공항 → 아오모리 공항			
편명	요일	출발	도착
KE767	일·수·금	10:05	12:25

아오모리 공항 → 인천 공항			
편명	요일	출발	도착
KE768	일·수·금	13:25	16:00

*2019년 3월 기준

도쿄에서 가기

도쿄의 하네다 공항 또는 나리타 공항으로 입국한 후, 일본 국내선 항공편 또는 열차로 갈아탄다. 한국에서 도쿄까지는 항공편이 많아서 일정을 짜기에 수월하고 도쿄 여행을 덩달아 즐길 수 있다. 항공사에 따라 국제선 항공편을 구입하면 JAL 혹은 ANA 등의 경우 국내선 항공편을 5,400~10,800엔에 구매할 수 있는 프로모션을 진행하기도 한다.

도호쿠의 여러 지역을 여행할 계획이라면 JR 도쿄역에서 열차를 이용하는 것을 추천한다. 신칸센을 이용하면 JR 도쿄역에서 JR 센다이역까지 약 1시간 30분, 최북단의 JR 신아오모리역까지는 약 3시간 10~30분 소요된다. 값비싼 신칸센 탑승 비용은 외국인 여행자를 위한 JR 동일본 패스(P.047)를 이용하면 여행 비용을 절감할 수 있다.

JR 도쿄역

JR 도호쿠 신칸센 좌석

PLANNING 03
도호쿠 **추천 여행 코스**

계절마다 확연히 다른 풍광과 지역마다 서로 다른 특징으로 취향에 맞는 맞춤 계획이 가능하다. 누구도 밟지 않은 새하얀 눈밭을 걷듯 나만의 여행 루트를 만들어보자.

설국으로 떠나는 **온천&겨울 레포츠 여행 2박 3일**

스키어와 보더들의 마음을 설레게 하는 보송보송한 눈밭과 소복이 눈 쌓인 노천탕에서 보내는 겨울 휴가. 상상만으로도 즐거워지는 일거양득 여행을 떠나보자.

다자와코 스키장&뉴토 온천향

1일 다자와 호수 고원 온천

- **11:10** 센다이 공항 입국, JR 센다이역 방면 공항철도 승차
  - *송영버스를 운행하는 호텔 이용
  - *겨울 시즌 및 성수기에는 아키타 공항 직항 전세기편을 운행하기도 함
- **13:54** JR 센다이역에서 아키타 신칸센 승차
- **15:09** JR 다자와코역 도착, 다자와 호수 고원 온천으로 이동(호텔 셔틀버스 이용)
- **16:00** 다자와 호수가 내려다보이는 온천 호텔에서 숙박
- **18:00** 숙소에서 저녁 식사

2일 다자와코 스키장&뉴토 온천향

- **09:00** 다자와코 스키장 도착
  다자와 호수를 바라보며 라이딩(리프트 1일권 구매), 스키장 명물 기리탄포 나베로 점심 식사 후 노선버스나 쓰루노유의 스키장 송영 서비스 이용
- **17:00** 뉴토 온천향 도착. 〈뉴욕타임스〉에도 소개된 비탕인 쓰루노유에서 숙박
- **18:00** 건강한 밥상으로 저녁 식사
- **20:00** 새하얀 눈밭의 노천탕에서 쏟아지는 별을 보며 노천 온천

3일 뉴토 온천향

- **09:00** 뉴토 온천향 유메구리(온천 순례), 무료 셔틀 승합차인 유메구리호 이용. 폭포 옆의 오렌지 빛깔 온천, 다에노유 울창한 숲속의 선녀탕 같은 노천탕, 가니바 온천
- **13:05** 셔틀 승합차 에어포트라이너 승차
- **13:40** JR 다자와코역 도착
- **14:08** JR 다자와코역에서 아키타 신칸센 승차, JR 센다이역에서 공항철도로 환승
- **16:08** 센다이 공항 도착
- **18:10** 센다이 공항 출국

뉴토 온천향의 다에노유 온천

> **Tip 겨울철 도호쿠 여행 시 주의 사항**
> 도호쿠의 겨울은 보통 11월부터 이듬해 4월까지이다. 이 기간을 기준으로 버스 시간표와 노선이 바뀌거나 산간 지역의 도로가 통제되기도 하니 주의하자. 또한 오후 4시면 해가 떨어지고 산간 지역은 3시부터 어두워지므로 이동 시 주의가 필요하다. 겨울철에는 렌터카보다는 가급적 대중교통 이용을 권한다.

핫코다산 스키장&스카유 온천

1일 아오모리 시내

- **12:25** 아오모리 공항 입국, 공항 리무진 버스 승차 *송영버스를 운행하는 호텔 이용 JR 아오모리역 도착, 숙소에 짐을 맡긴 후 아오모리 교사이 센터에서 신선한 해산물 덮밥으로 점심 식사. 아오모리 시내 관광
- **18:00** 에이 팩토리 푸드 코트에서 저녁 식사

2일 핫코다산 스키장

- **08:00** JR 아오모리역 앞 버스정류장에서 JR 버스 미즈우미호 승차
- **09:00** 핫코다산 로프웨이 도착. 로프웨이를 타고 정상으로(리프트 1일권 구매) 이동. 야생 그대로의 눈밭과 수빙 사이를 누비며 라이딩 또는 스노우슈 트레킹
- **13:25** JR버스 미즈우미호 승차
  *1월 중순부터 2월 하순까지는 14:25 버스도 운행
- **13:40** 스카유 온천 도착, 숙소 체크인
- **16:00** 수십 명이 한꺼번에 들어갈 수 있는 노송나무탕에서 유황 온천 즐기기
- **18:00** 숙소에서 저녁 식사

3일

- **08:50** 스카유에서 무료 송영버스 이용
- **09:50** JR 아오모리역 도착, 에이 팩토리에서 아오모리 특산품 쇼핑
- **11:00** JR 아오모리역에서 공항 리무진버스 승차
- **11:30** 아오모리 공항 도착
- **13:25** 아오모리 공항 출국

야마가타시&자오 온천 스키장

1일 자오 온천 스키장

- **11:10** 센다이 공항 입국, JR 센다이역 방면 공항철도 승차
- **12:30** JR 센다이역 도착, 역 내에서 점심 식사
- **14:00** JR 센다이역 앞 버스정류장에서 야마가타역 방면 버스 승차
- **15:05** JR 야마가타역 도착
- **15:20** JR 야마가타역 앞 버스정류장에서 자오 온천 방면 버스 승차
- **15:57** 자오 온천 버스터미널 도착, 숙소 체크인
- **16:30** 온천가를 산책하며 유황 온천 즐기기
- **18:00** 숙소에서 저녁 식사

2일 자오 온천 스키장

- **09:00** 자오 로프웨이 타고 산 정상 도착. 도호쿠 최장 슬로프에서 라이딩(리프트 1일권 구매)
- **16:00** 온천 및 휴식
- **18:00** 칭기즈칸으로 저녁 식사

3일 야마가타 시내

- **08:40** 자오 온천 버스터미널에서 JR 야마가타역 방면 버스 승차
- **09:25** JR 야마가타역 도착, 짐은 로커에 보관 후 야마가타 시내 관광
- **12:00** 야마가타 라멘으로 점심 식사
- **14:10** JR 야마가타역에서 센다이 공항 방면 버스 승차
- **15:30** 센다이 공항 도착
- **18:10** 센다이 공항 출국

예술 감성 충만한 **축제&예술 여행 3박 4일**

도호쿠 전통문화의 총체인 축제와 독특한 색채의 지역 예술가를 만날 수 있는 아트 투어.
축제의 열기로 달아오른 8월 초, 메마른 감성을 촉촉하게 적셔줄 여름 휴가를 계획해보자.

모리오카시&아키타시&아오모리시

1일 모리오카시

- **10:00** 도쿄의 하네다 공항 또는 나리타 공항으로 입국. 공항 내 JR 동일본 여행자 센터에서 JR 동일본 패스 구입
- **12:00** JR 도쿄역 도착
- **12:20** JR 도쿄역에서 신칸센 탑승
- **14:33** JR 모리오카역 도착, 숙소 체크인. 완코소바 또는 모리오카 냉면으로 점심 식사 후 모리오카 시내 카페 투어 및 잡화점 쇼핑
- **18:00** 모리오카 시청 앞 산사 오도리 퍼레이드 (21:00까지)

아키타 현립미술관

아오모리 네부타

2일 아키타시

- **09:54** JR 모리오카역에서 신칸센 탑승
- **11:24** JR 아키타역 도착. 숙소 체크인 후 이나니와 우동으로 점심 식사
- **14:00** 아키타 현립미술관 전시 관람
- **18:50** 간토 마쓰리 행렬 구경
- **19:25** 간토 묘기 공연(20:35까지)

3일 아오모리시

- **08:34** JR 아키타역에서 특급열차 탑승
- **11:17** JR 아오모리역 도착, 숙소 체크인. 가리비구이 등 해산물 요리로 점심 식사 후 애플파이 디저트
- **14:00** 아오모리 현립미술관 전시 관람
- **19:00** 아오모리 네부타 마쓰리 퍼레이드 감상 (21:00까지)

4일

- **08:37** JR 신아오모리역에서 신칸센 탑승
- **12:04** JR 도쿄역 도착 후 점심 식사
- **15:40** 도쿄 하네다 공항 또는 나리타 공항 출국

완코소바

간토 마쓰리

STEP 02
PLANNING

경이로운 대자연 속으로 에코투어 4박 5일

신록의 초여름부터 울긋불긋하게 물드는 가을까지 울창한 숲길과 맑다 못해 투명한 계곡, 신비로운 습지대까지 도호쿠의 경이로운 자연을 탐닉해보자.

센다이시&마쓰시마&도와다시&센보쿠시&쓰루오카시&야마가타시

1일 센다이시&마쓰시마

- **11:10** 센다이 공항 입국. 공항 내 JR 동일본 여행자 센터에서 JR 동일본 패스 구입
- **12:30** JR 센다이역 도착, 숙소에 짐 맡기기
- **13:00** 센다이 명물 규탄야키로 점심 식사
- **13:51** JR 센다이역에서 마쓰시마 방면 열차 승차
- **14:33** JR 마쓰시마카이간역 도착. 260여 개의 섬들이 만드는 그림 같은 풍경 감상. 즈이간지, 엔쓰인 등 역사 유적 관람. 바다로 떨어지는 붉은 석양 감상
- **18:00** 마쓰시마의 특산품인 굴 요리 한 상으로 저녁 식사
- **19:13** JR 마쓰시마카이간역에서 센다이 방면 열차 승차
- **19:52** JR 센다이역 도착

2일 도와다시

- **08:06** JR 센다이역에서 도호쿠 신칸센 승차
- **09:49** JR 신아오모리역 도착
- **10:10** JR 신아오모리역에서 JR버스 미즈우미호 승차
- **12:03** 쓰타 온천 도착. 료칸 체크인 후 점심 식사
- **13:38** JR버스 미즈우미호 승차
- **13:53** 오이라세 계류 트레킹 입구인 야케야마 焼山에서 하차
  청정 계곡을 따라 구모이노타키 雲井の滝 폭포까지 걷기(약 2시간 소요)
- **16:23** 구모이노타키 폭포에서 JR버스 미즈우미호 승차
- **17:01** 쓰타 온천 도착. 온천 후 휴식
- **18:30** 료칸에서 저녁 식사

3일 도와다시&센보쿠시(농가 민숙)

- **07:00** 쓰타 온천 바로 옆의 늪 순례길을 따라 너도밤나무 숲길 아침 산책
- **08:30** 료칸에서 아침 식사
- **09:30** 쓰타 온천 료칸 송영버스(예약) 이용
- **10:15** JR 시치노헤토와다역 도착
- **10:54** JR 시치노헤토와다역에서 도호쿠 신칸센

마쓰시마

쓰타 온천 료칸

아키타 농가 민숙

하구로산 데와 신사

승차 후 JR 모리오카역에서 아키타 신칸센으로 환승
- **13:24** JR 가쿠노다테역 도착. 사토 요스케에서 아키타 명물 이나니와 우동으로 점심 식사. 농가 민숙에 따라 송영차량 이용 또는 아키타 내륙 종관철도로 이동. 농가 민숙에서 체크인, 농사 체험 또는 민속 체험
- **18:00** 농가 민숙 가족과 함께 저녁 식사
- **20:00** 밤하늘의 별 감상

4일 쓰루오카시&야마가타시

- **08:00** 농가 민숙에서 아침 식사
- **09:35** JR 가쿠노다테역에서 아키타 신칸센 승차 후 JR 아키타역에서 니가타 방면 특급열차 환승
- **12:19** JR 쓰루오카역 도착, 역 코인 로커에 짐 보관 후 간단한 점심 식사 또는 도시락 구입
- **12:57** JR 쓰루오카역 앞 버스정류장에서 버스 승차
- **13:35** 하구로산 데와 신사 도착. 수백 년 수령의 삼나무가 늘어선 참배 길을 따라 데와 신사까지 산책(약 2시간 소요)
- **15:50** 데와 신사에서 쓰루오카 방면 버스 승차
- **16:40** JR 쓰루오카역 도착
- **16:51** JR 쓰루오카역에서 아키타 방면 열차 승차 후 JR 아마루메역에서 환승, 리쿠사이선 열차로 JR 신조역까지 이동 후 다시 오우 본선 열차로 환승
- **19:21** JR 야마가타역 도착, 숙소 체크인
- **20:00** 야타이가 모여 있는 훗토나루 요코초에서 늦은 저녁 식사 겸 술 한 잔

5일 야마가타시

- **08:54** JR 야마가타역에서 센잔선 열차 승차
- **09:13** JR 야마데라역 도착. 절벽 위의 산사릿샤쿠지까지 1,000개의 돌계단 오르기 (왕복 약 1시간 30분 소요)
- **11:10** JR 야마데라역에서 센잔선 열차 승차
- **11:29** JR 야마가타역 도착. 야마가타 라멘으로 점심 식사 후 야마가타 시내 관광 (분쇼칸, 돈가리 빌딩 등)
- **13:56** JR 야마가타역에서 센잔선 열차 승차
- **15:13** JR 센다이역 도착. 역 내에서 간단히 기념품 쇼핑
- **15:54** 센다이 공항 방면 공항 열차 승차
- **16:18** 센다이 공항 도착
- **18:10** 센다이 공항 출국

STEP 02
PLANNING

도호쿠의 유산을 따라 **시간 여행 4박 5일**

일본의 변방으로 취급 받는 도호쿠지만, 역사를 돌이켜보건대 찬란했던 한 시절이 존재한다. 불꽃같이 피었다 사라진 과거의 영광은 옛길과 건축물로 남아 여행자들에게 흥미로운 이야기를 들려준다.

센다이시&히라이즈미&히로사키시&아키타시&가쿠노다테

1일 센다이시&히라이즈미

- 11:10 센다이 공항 입국. 공항 내 JR 동일본 여행자 센터에서 JR 동일본 패스 구입
- 12:30 JR 센다이역 도착, 숙소에 짐을 맡긴 후 쫄깃한 규탄야키(소 혀 구이)로 점심 식사
- 13:39 JR 센다이역에서 도호쿠 신칸센 승차
- 14:10 JR 이치노세키역 도착. 버스를 타고 히라이즈미로 이동. 세계문화유산의 보고 주손지와 모쓰지 관람
- 18:30 JR 이치노세키역 앞의 후지세이에서 떡 요리 한 상으로 저녁 식사
- 19:21 JR 이치노세키역에서 도호쿠 신칸센 승차
- 19:58 JR 센다이역 도착

2일 히로사키시

- 08:31 JR 센다이역에서 도호쿠 신칸센 승차, JR 신아오모리역에서 오우 본선 열차로 환승
- 11:20 JR 히로사키역 도착, 숙소에 짐 보관
- 12:00 레스토랑 야마자키에서 프렌치 런치 코스로 점심. 히로사키성과 근대 건축물 투어(아오모리 은행 기념관, 옛 히로사키 도서관 등) 후 후지타 기념정원의 다이쇼 카페에서 애플파이와 홍차 즐기기
- 18:00 샤미센 연주를 들으면 즐기는 쓰가루 향토 요리점 아이야 또는 동네 수제버거 맛집 페페 키친에서 맥주와 함께 가벼운 저녁 식사

3일 아키타시&가쿠노다테

- 09:40 JR 히로사키역에서 오우 본선 특급열차 승차
- 11:44 JR 아키타역 도착, 숙소에 짐 보관
- 12:13 JR 아키타역에서 아키타 신칸센 승차
- 12:56 JR 가쿠노다테역 도착. 아키타 명물 이나니와 우동으로 점심 식사 후 '작은 교토라 불리는 가쿠노다테 산책. 사무라이

히라이즈미 주손지

히로사키성

의 고풍스러운 저택 감상. 전통 산벚나무 껍질 공예(가바자이쿠) 전승관 관람
17:28 JR 가쿠노다테역에서 아키타 신칸센 승차
18:12 JR 아키타역 도착. 히나이 토종닭으로 만든 오야코돈으로 저녁 식사

4일 사카타시&아키타시

08:30 아키타의 옛 구보타 성터인 센슈 공원에서 아침 산책. 옛 요정을 복원한 마스미타의 카페 사료에서 커피와 토스트로 아침 식사
10:35 JR 아키타역에서 우에쓰 본선 특급열차 승차
11:58 JR 사카타역 도착. 일본 제일 부자의 별장 정원 혼마 미술관 관람. 옛 요정에서 무희의 춤 사위 감상(오후 2시). 일본 최대 곡창 지대의 상징과도 같은 산쿄 창고 구경
17:13 JR 사타카역에서 우에쓰 본선 특급열차 승차
18:41 JR 아키타역 도착. 아키타의 명물 기리탄포 나베로 저녁 식사

5일 마쓰시마

08:11 JR 아키타역에서 아키타 신칸센 승차
10:29 JR 센다이역 도착, 역 내 코인 로커에 짐 보관
10:43 JR 센다이역에서 마쓰시마 방면 도호쿠 본선 열차 승차
11:07 JR 마쓰시마역 도착. 마쓰시마의 특산품인 굴 요리 한 상으로 점심 식사. 260여 개의 섬들이 만드는 그림 같은 풍경 감상. 즈이간지, 엔쓰인 등 역사 유적 관광
15:13 JR 마쓰시마역에서 센다이 방면 도호쿠 본선 열차 승차
15:40 JR 센다이역 도착, 코인 로커에서 짐 찾기
15:54 JR 센다이역에서 공항철도 승차
16:18 센다이 공항 도착
18:10 센다이 공항 출국

아키타 센슈 공원

혼마 미술관

페페 키친

Step 03
ENJOYING
도호쿠를 즐기다

01 여행의 단짝, JR 동일본 패스(도호쿠 지역)
02 도호쿠 속속들이 여행하기, 렌터카 여행
03 자연과 하나 되는 온천의 시간
04 솜이불 같은 눈밭, 파우더 스노 스키장
05 천 년의 숲을 걷다, 원시림 트레킹
06 도호쿠 음식 백과사전
07 좋은 쌀과 물로 빚은 맛 좋은 술
08 전통과 현대의 조화, 공예품
09 8월 첫째 주, 여름밤 축제의 향연

STEP 03
ENJOYING

ENJOYING 01
여행의 단짝, JR 동일본 패스(도호쿠 지역)

도쿄에서 센다이시, 모리오카시, 야마가타시, 아키타시, 아오모리시 등 도호쿠의 주요 도시는 빠르고 편리한 신칸센으로 통한다. 그리고 이 신칸센을 이용하려면 JR 동일본 패스는 선택이 아닌 필수다.

JR 다자와코역

JR 동일본 패스란?

JRJapan Rail, 즉 일본철도회사에서 발행하는 JR 패스는 정해진 기간 내에 해당 회사의 열차를 무제한으로 타고 내릴 수 있는 철도 패스이다. 철도 교통이 편리하지만, 가격이 비싸 부담스러운 외국인 여행자들을 위해 파격적인 가격으로 판매하고 있다.

흔히 알고 있는 JR 패스는 일본 전역에서 사용할 수 있는데 반해, 지역 한정 레일 패스도 있다. 그 가운데 도쿄와 그 북쪽의 지역을 관할하는 JR 동일본JR East에서 발행하는 JR 동일본 패스를 이용하면 JR 패스보다 저렴하고 효율적으로 도호쿠를 여행할 수 있다.

JR 동일본 패스 활용법

JR 동일본 패스 중 도호쿠 지역 패스는 도호쿠 여행에 최적화되어 있는 철도 패스다. 주요 도시를 연결하는 JR 동일본의 전 철도 노선은 물론, JR 동일본 관할이 아닌 아오이모리 철도, IGR 이와테 은하철도 등 지역 사철과 하네다 공항을 연결하는 도쿄 모노레일, 센다이 공항을 연결하는 공항철도선 등도 포함된다.

또한 아오모리시와 하치노헤시에서 오이라세 계류로 가는 JR버스도 이용 가능하다. 패스 발행일로부터 14일 내 지정한 5일 동안 불연속적으로 날짜를 선택할 수 있어서 장기간의 여행에도 활용도가 높다. 예를 들어서 2일째, 4일째, 5일째, 7일째, 8일째 이런 식으로 사용할 수 있어서 최대 2주 동안 도호쿠 지역을 여행할 수 있다.

사용 가능한 노선
- JR 동일본 전 노선(간선 급행버스 BRT 포함됨)
- 이즈 급행 전 노선
- 아오이모리 철도 전 노선
- IGR 이와테 은하철도 전 노선
- 도쿄 모노레일 전 노선
- 센다이 공항철도선 전 노선
- 도부철도 간 상호 노선 운행하는 특급열차 닛코호, 스페시아 닛코호, 기누가와호, 스페시아 기누가와호(보통칸 지정석)
- 도부철도 시모이마이치~도부 닛코, 기누가와 온천 쾌속 및 보통열차 구리하시~시모이마이치는 도부철도 직통 특급열차(승·하차 역이 JR선이 아닌 경우 이용 불가)
- JR버스 도호쿠 일부 구간(JR 아오모리역·JR 하치노헤역~오이라세 계류~도와다코 포함)

IGR 이와테 은하철도

주의사항
- 도카이도 신칸센은 JR 동일본 관할이 아니므로 이용 불가
- GALA JR 유자와역은 겨울 시즌부터 봄 시즌에만 운영
- 도호쿠 대지진 등의 영향으로 운행 중단된 구간 및 열차가 존재

JR 동일본 패스 구입하기
일본 현지에서 구입하는 방법과 국내 여행사를 통해 구입하는 방법이 있다. 국내 여행사에서 구입하는 것은 패스 교환권으로, 현지에서 실물 패스로 교환해야 한다. 한국에서 사전 구입하는 것이 약간 저렴하다. 하네다 공항과 나리타 공항, 센다이 공항 등을 비롯해 도쿄역과 도호쿠의 주요 역 내에 자리한 JR 동일본 여행 서비스 센터JR EAST Travel Service Center 또는 여행 서비스 센터 뷰 플라자View Plaza에서 JR 동일본 패스를 구입 및 교환할 수 있다.

외국인 여행자를 대상으로 하므로 반드시 여권을 소지해야 한다. 패스 교환 시에 사용할 날짜를 지정하지 않아도 된다. 사용 당일 개찰구의 역무원에게 패스를 제시하면 그 날짜의 스탬프를 찍어주므로 확인 가능하다.

JR 동일본 패스 요금(2019년 4월 기준)

구매처 / 가격(엔)	성인	어린이
일본에서 구입	20,000엔	10,000엔
한국에서 구입	19,000엔	9,500엔

홈페이지 www.jreast.co.jp/kr/eastpass_t/index.html

JR 도쿄역 여행 서비스 센터

지정석 예매하기
특급열차와 신칸센 등 중·장거리를 다니는 열

차의 경우 좌석이 자유석과 지정석으로 구분된다. 자유석은 JR 동일본 패스로도 승차가 가능하지만, 지정석은 사전에 역 내 티켓 창구인 미도리노 마도구치みどりの窓口에서 지정석권을 발급받아야 한다.

창구 직원에게 JR 동일본 패스와 함께 탑승 날짜, 목적지, 시간 등을 쪽지에 적어 건네면 지정석권Reserved Seat Ticket을 발급해준다. JR 동일본 패스 소지자는 따로 비용이 들지 않을 뿐더러 몇몇 열차는 지정석 좌석이 좋고 줄을 설 필요가 없으므로 가능하면 지정석권을 발급받는 것을 추천한다.

개찰구 통과하기

JR 동일본 패스 이용자는 일반 자동 개찰구가 아닌 역무원이 있는 문을 통과해야 한다. 각 횟수의 첫 개시 때 역무원이 해당 날짜 스탬프를 패스에 찍어 준다. 그후 개찰구 통과 시 JR 동일본 패스의 날짜가 찍힌 부분을 역무원에게 보여주면 된다.

플랫폼 찾아가기

각 역의 전광판에는 열차명과 출발 시각, 도착역, 플랫폼 번호가 일본어와 영어로 번갈아 표기된다. 해당 플랫폼을 찾아가면 각 열차에 해당되는 승차 장소가 바닥 또는 난간, 기둥 등에 표시되어 있다.

자유석과 지정석이 구분된 신칸센과 특급열차의 경우에는 객차 번호도 함께 표기되어 있으므로 해당 번호 자리에서 기다리면 된다. 자유석은 줄을 선 순서대로 자리를 골라 앉을 수 있기 때문에 열차 출발 약 30분 정도 전부터 줄을 서는 것이 안전하다.

신칸센 열차 전광판

 일본 열차 시각 검색하기

과거에는 두꺼운 열차 시간표 책자가 역마다 비치되어 있었지만 지금은 스마트폰이나 PC로 손쉽게 출·도착 시각, 환승 역, 열차 플랫폼 번호, 요금 등을 검색할 수 있다. 검색 사이트로 가장 흔히 사용하는 것은 야후 재팬(www.yahoo.co.jp)의 노선 정보路線情報이다. 스마트폰에서 야후 재팬 홈페이지로 들어가서 상단의 기차 모양 아이콘(PC에서는 왼편)을 누르고 출발지와 도착지를 입력(영어 가능)하면 열차, 고속버스, 선박 등의 교통 정보가 나온다. 열차 정보만 보고 싶다면 하단의 설정設定에서 열차 항목만 체크하면 된다.

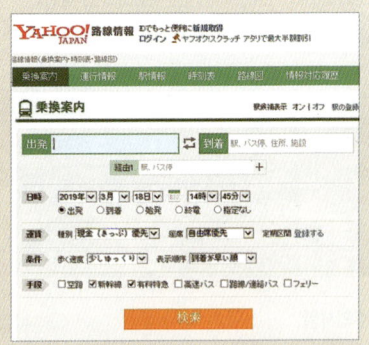

또 다른 사이트로는 하이퍼 다이아(www.hyperdia.com)가 있다. 열차 검색에 특화된 사이트로 화면 구성이 단출하다. 당장 열차 시간 확인이 필요할 때는 구글 지도 만한 것이 없다. 현재 위치에서 도보 이동 시간도 나와 있어서 기차를 제 시간에 타는데 도움이 된다.

ENJOYING 02
도호쿠 속속들이 여행하기, 렌터카 여행

도호쿠의 주요 도시와 유명 관광지는 대중교통으로 여행하기에 무리가 없지만, 시간의 제약 없이 구석구석 돌아다니려면 역시 렌터카가 정답이다. 차창 밖으로 산맥과 호수와 어우러진 그림 같은 풍경은 덤이다.

렌터카 예약하기

각 렌터카 회사 홈페이지를 통해 예약하는 방법이 가장 간편하다. 요즘에는 영어는 물론 한국어가 지원되는 경우가 많아서 예약이 어렵지 않다. 또는 항공사나 여행사에 연계된 렌터카 서비스를 이용하면 더 손쉽게 이용할 수 있다.
예약 시 차를 수령할 공항, 역 등을 선택하고 수령 및 반납 날짜를 설정한 후 차량 타입을 고른다. 성수기에는 인기 모델의 경우 서둘러 예약하는 것이 좋다. 빌린 영업소에서 반납하는 것이 일반적이지만, 같은 회사의 다른 영업소에서 반납할 수 있는 서비스를 운영하기도 해서 편리하다. 단, 거리에 따라 비용이 발생한다.
만 6세 이하의 어린이가 동승하는 경우에는 어린이용 카시트가 의무화되어 있으니 예약 시 꼭 확인하도록 하자. 내비게이션은 언어를 선택할 수 있으며 대부분 한국어가 지원된다.
렌터카 수령 시에는 국제면허증과 여권을 반드시 지참해야 한다. 사고 등 긴급 상황에 대비해 렌터카 회사와 통화 가능한 시간을 알아두자.

> **Tip 주요 렌터카 회사 홈페이지**
> • 도요타 렌터카 rent.toyota.co.jp/ko/(한국어 지원)
> • 닛산 렌터카 nissan-rentacar.com/kr/(한국어 지원)
> • 닛폰 렌터카 www.nrgroup-global.com/ko/(한국어 지원)
> • 오릭스 렌터카 car.orix.co.jp/kr/(한국어 지원)
> • 니코니코 렌터카 www.2525r.com

도호쿠 익스프레스 패스 구입하기

일본의 차량 렌트비와 주유비는 한국과 큰 차이가 없거나 조금 더 저렴한 편이지만, 고속도로 통행료가 만만치 않다. 일본은 고속도로 통행료가 한국보다 3~4배는 비싸므로, 무턱대고 고속도로를 이용하다가 낭패를 볼 수 있다.
이런 부담을 덜기 위해 외국인 여행자를 대상으로 정해진 기간 내에 도호쿠 지역의 고속도로를 무제한 이용할 수 있는 도호쿠 익스프레스 패스Tohoku Expressway Pass를 판매한다. 연속된 날짜에 이용할 수 있는 2일권부터 14일권까지 있으며, 날짜가 길수록 할인율이 높아진다. 렌터카를 접수할 때 같이 신청할 수 있고 ETC 카드(하이패스와 같은 고속도로 통행료 결제 시스템)를 차량 탑재 기기에 세팅하면 된다. 사용이 끝난 ETC 카드는 차량 반납 시 함께 반납한다. 대여 시 여권과 국제운전면허증 지참 필수.

도요타 렌터카

요금 2일권 4,000엔, 5일권 7,500엔, 10일권 10,000엔
홈페이지 www.driveplaza.com/trip/drawari/tep2015/k.html

도로주행 시 주의사항

- 한국과 반대로 좌측통행이다. 처음에는 낯설 수 있지만 금방 적응된다. 그래도 헷갈릴 수 있으니 좌회전, 우회전 시에는 되도록 앞차를 따라가는 편이 좋다.
- 깜빡이와 와이퍼의 위치 역시 한국의 자동차와 반대다.
- 표시가 따로 없는 경우 법정 제한 속도는 일반도로에서 60km/s, 고속도로에서는 100km/s이다.
- 야간에 도심을 벗어나면 가로등이 적어 어둡다. 가능하면 야간 운전은 하지 않는 것이 좋다.
- 일본은 노상 주차 단속이 엄격하다. 꼭 지정된 주차 장소에 주차하자.
- 도호쿠의 겨울은 눈이 많이 내리고 도로가 미끄럽다. 초보 운전자라면 겨울철 운전은 피하도록 한다.
- 운전 중에는 내비게이션을 조작할 수 없다. 반드시 P상태나 핸드브레이크가 당겨진 상태여야 하므로 출발 전 루트를 꼼꼼히 확인하자.

주유 시 주의사항

- 주유소를 일본에서는 가솔린 스탠드 또는 GS라고 말한다.
- 도시 주변이나 교통량이 많은 간선도로에는 주유소가 많지만 도시에서 멀어질수록 극단적으로 줄어든다. 반드시 이동 거리와 주유량을 체크해두어야 한다.
- 종업원이 상주하는 주유소와 직원의 도움없이 주유하는 셀프서비스 주유소가 있으며, 셀프서비스 주유소가 약간 더 저렴하다.
- 연료의 종류는 고급 휘발유(하이오크), 보통(레귤러), 경유(디젤) 3가지가 있다. 일본의 렌터카는 대부분 휘발유 엔진이므로 보통을 주유하면 된다.
- 종업원에게 주문할 때는 연료의 종류, 양 또는 금액으로 이야기한다. 연료를 가득 채워달라고 할 때는 '만땅'이라고 말하면 된다.
- 휘발유를 가득 채운 상태에서 빌리고 반납 시 다시 가득 채워서 돌려준다. 보통 렌터카 회사 근처에 주유소가 있다.
- 셀프 주유 시에는 노즐 색으로 연료를 구분하는데, 고급 휘발유는 노란색, 빨간색은 보통, 녹색은 경유다.

셀프 주유기

> **Tip 렌터카 여행의 즐거움, 도로 휴게소**
> 한국과 마찬가지로 화장실과 식당, 매점을 갖춘 도로 휴게소가 자리한다. 단 일본의 휴게소는 특산품 매장의 규모가 남다르다. 지역을 대표하는 과자나 술, 기념품, 농산품 등 웬만한 특산품 매장보다 나은 곳이 많아서 이곳에서 여행 선물을 구입하는 여행자들을 종종 볼 수 있다. 식당에서도 그 지역의 식자재로 만든 다채로운 향토 음식을 선보인다. 온천이 유명한 지역에는 족욕이나 온천 시설을 갖춘 곳도 있다. 고속도로 휴게소는 규모에 따라 PA Parking Area와 SA Service Area로 나뉘며, SA가 PA보다 규모가 크고 시설도 다양하다. 국도 휴게소 道の駅(미치노에키)는 전국에 1,000여 곳이 넘고 그 중 도호쿠에만 161곳이 자리한다.
> **고속도로 휴게소**
> www.driveplaza.com/sapa/
> **국도 휴게소** www.michi-no-eki.jp

ENJOYING 03
자연과 하나 되는 온천의 시간

화산이 많고 폭설 지역에 속하는 도호쿠의 겨울은 단연 온천의 계절이다. 온 세상을 뒤덮은 새하얀 눈밭 사이로 김이 모락모락 올라오는 노천탕에서의 휴식은 도호쿠의 때묻지 않은 자연과 하나되는 시간이다.

아키타현
일곱 빛깔 천연 온천
뉴토 온천향 乳頭温泉郷 (P.165)

굽이굽이 산길을 따라 7곳의 온천 숙박 시설이 자리한다. 울창한 너도밤나무 원시림과 소복이 눈 쌓인 다양한 빛깔의 천연 노천탕, 로컬 재료로 만든 건강한 식사를 즐길 수 있다.
〈뉴욕타임스〉에도 소개된 우윳빛 혼욕 노천탕 쓰루노유鶴の湯를 비롯해 유황 연기가 폴폴 올라오는 구로유 온천黒湯温泉, 폭포 아래 연한 주황색의 온천을 즐길 수 있는 다에노유妙の湯 등 저마다 다른 효능과 빛깔의 천연 온천이 기다리고 있다. 한 곳에 머무르기보다 7개의 온천을 순례하는 유메구리湯めぐり를 즐겨보자.

미야기현
풍부한 원시림 속 간헐천
나루코 온천 鳴子温泉 (P.326)

미야기현의 전통 목각인형 고케시小芥子의 고장인 나루코 온천. 여기저기에 귀여운 고케시 조형물과 함께 온천수가 하늘로 솟아오르는 간헐 온천이 나루코 온천의 상징이다. 풍부한 수량의 온천은 은은한 유황 향이 감돌고 유황 침전물인 유노하나ゆのはな도 풍부하다.
온천가를 둘러싼 풍부한 천연림을 바라보며 즐기는 노천 온천은 가슴 속까지 탁 트이는 듯하다. 마을에서 가장 오래된 공공 온천탕 다키노유滝の湯에서는 46도의 원천을 그대로 흘려보내 온천의 질감을 제대로 느낄 수 있다.

아오모리현

자연의 시간에 몸을 맡기다
아오니 온천 青荷温泉 (P.127)

밤에 어둠을 밝힐 것이라고는 램프밖에 없는, 이름 그대로 '램프의 숙소' 아오니 온천. 겨울철에는 설상차로 이동해야 할 만큼 눈이 깊은 산속 계곡 가에 자리 잡고 있다. 아늑한 실내탕 3곳과 계곡 가의 혼욕 노천탕이 있으며, 해가 지면 차분히 가라앉는 주변 분위기 속에서 자연의 시간에 몸의 시간을 맞추는 특별한 경험을 할 수 있다.

파도가 들이치는 황금색 온천
후로후시 온천 不老ふ死温泉 (P.101)

'늙지도 죽지도 않는다'는 뜻의 이름을 쓰는 데는 그만한 이유가 있다. 파도가 들이칠 정도로 가까운 해안가에 돌을 쌓아 만든 노천탕과 주황빛의 온천이 인상 깊다. 철 성분이 공기와 만나 띠게 된 특유의 색과 비릿한 냄새, 짠맛까지 천연 온천의 진면목을 확인할 수 있다. 표주박 모양의 혼탕과 낮은 담 하나로 나뉜 여탕이 있는 노천탕은 시설이 변변치 않다. 노천탕에서 약 50m 떨어진 건물 내에 실내 탕과 샤워 시설이 있으며, 수건과 유카타를 대여해준다.

이와테현

역사 깊은 요양 온천의 풍경
오사와 온천 大沢温泉 (P.278)

힘차게 흐르는 강을 사이에 두고 예스러운 초가지붕의 료칸과 노천 혼탕이 유명하다. 강쪽으로 활짝 열린 노천탕이 당황스러울 수 있지만, 이곳의 역사와 전통을 대변하는 풍경이다.
장기간 투숙하며 온천 요양을 할 수 있는 도지야湯治屋가 운영되고 있는데, 마치 영화 세트장같이 무와 배추 같은 채소 등을 판매하는 매점들이 남아있다. 또한, 미야자와 겐지를 비롯해 이곳을 즐겨 찾았던 여러 문인들의 흔적도 찾아볼 수 있다.

야마가타현

다이쇼 시대의 낭만이 흐르는
긴잔 온천 銀山温泉 (P.364)

짧기에 더 애잔하게 기억되는 다이쇼 시대大正時代. 당시 유행하던 3~4층 높이에 발코니가 설치된 목조 건축이 작은 계곡을 따라 옹기종기 모여 있는 긴잔 온천은 타임 슬립을 한 듯 여행자를 과거로 안내한다.
아름다운 자연과 옛 건물이 어우러진 온천가를 유유자적 산책하다 뜨끈한 유황 온천에 몸을 담그고 정갈하게 차려진 음식을 먹으며 휴가를 만끽할 수 있다.

천둥 같은 소리의 폭포탕
시라부 온천 白布温泉 (P.394)

야마가타현 남부 도시 요네자와시米沢市의 유서 깊은 온천 마을인 시라부 온천. 해발 900m의 서늘한 기후에 고온의 유황 온천이 콸콸 쏟아진다. 풍부한 수량의 천연 온천이 탕 안에 쏟아지는 폭포탕은 시원해 보이지만, 실제로는 매우 뜨겁다.
초가지붕의 고풍스러운 료칸 니시야는 시라부 온천의 오랜 역사를 말해주며, 겨울철에는 눈에 파묻힌 풍경이 아름다워 때 묻지 않은 자연 속 온천을 찾는 사람에게 딱 알맞은 온천이다.

하늘 아래 선녀탕
자오 온천 蔵王温泉 (P.358)

야마가타현과 미야기현 경계에 솟아있는 자오 연봉蔵王連峰(일본 혼슈섬 동북 지역의 오우산맥 일부를 구성하는 능선) 해발 880m에 위치한 온천. 수빙樹氷이라는 독특한 겨울 풍경으로 유명한 자오 온천 스키장 아래, 깊은 협곡 사이로 유백색의 유황천이 흐른다.
몸을 담그면 찌릿할 정도의 강산성 온천은 살균 작용이 탁월해 피부병을 개선하는 효능이 있다. 자오 온천에서 가장 높은 곳에 위치한 대온천탕大露天風呂(다이로텐부로)은 이곳의 명물로, 때 묻지 않은 자연 속에 폭 안겨 천상의 선녀가 된 기분을 느낄 수 있다.

료칸에서 보내는 특별한 하룻밤

일본의 전통 숙소인 료칸旅館은 단지 하룻밤의 숙박뿐 아니라 일본인의 의식주를 한꺼번에 경험할 수 있는 일종의 문화 체험이다. 특히 도호쿠에는 몇 대를 이어오며 과거의 모습을 고스란히 간직한 노포老鋪의 료칸이 많아 예스러운 분위기를 제대로 느낄 수 있다.

1일

- **15:00** 료칸 체크인. 체크인 시 저녁 식사와 다음 날 아침 식사 장소 안내와 송영차량 시간 확인 및 예약
- **16:00** 객실 내에 비치된 유카타로 갈아 입고 추우면 겉옷인 하오리羽織도 착용한다. 차와 다과를 즐기며 휴식 후 정원이나 료칸 주변을 산책한 후 저녁을 먹기 전 가볍게 온천 이용
- **18:00** 저녁 식사는 가이세키 코스 또는 뷔페 요리
- **20:00** 밤하늘의 별을 보며 노천욕
- **21:00** 다다미방에 요와 이불이 펴진 일본 전통 스타일의 객실 또는 침대가 놓인 호텔 스타일 객실에서 취침

2일

- **07:00** 아침 온천욕 만끽
- **08:00** 식당에서 아침 식사
- **11:00** 료칸 체크아웃. 송영차량을 이용해 역이나 버스정류장으로 이동

솜이불 같은 눈밭, 파우더 스노 스키장

솜이불처럼 폭신한 파우더 스노 위를 미끄러지듯 활강하며 작은 얼음 알갱이가 알알이 맺힌 백색 숲 사이를 가로지르는 도호쿠의 스키장. 스키 후 즐기는 뜨끈한 천연 온천도 겨울철 도호쿠 스키장을 찾는 또 하나의 묘미다.

올 시즌 리조트
앗피 고원 스키장 APPI 高原スキー場

우리나라의 여의도 면적에 맞먹는 282ha의 광활한 고원 지대에 펼쳐진 앗피 리조트. 전체 45.1km의 21개 코스와 최장 5,100m의 슬로프를 갖춘 스키장을 비롯해 자작나무 원생림에 둘러싸인 골프장과 승마장도 자리한 올 시즌 리조트다. 해발 1,300m 이상에 펼쳐진 스키장은 습기가 극도로 낮은 최고의 설질을 자랑하며, 겨울을 지나 5월 초까지 운영된다. 시설 내에 앗피 리조트 직영 호텔이 자리해 쾌적하고 편리하게 스키를 즐길 수 있으며, 가족이나 단체로 묵기에도 좋다.

Data **가는 법** 아오모리 공항에서 앗피 고원 스키장 전용 버스로 약 2시간 **요금** 리프트 8시간 3,700~5,400엔, 5시간 3,400~5,100엔(시즌에 따라 변동) **홈페이지** www.appi.co.kr

신비로운 호수 위를 날다
다자와코 스키장 たざわ湖スキー場

고마가타케산을 배경으로 다자와 호수를 내려다보며 활강할 수 있는 빅 슬로프의 스키장이다. 온 가족이 이용할 수 있는 초급부터 최대 경사 38도의 고급까지 총 13코스의 슬로프가 조성되어 있으며, 드라마 〈아이리스〉 촬영지인 아이리스 슬로프도 있다.

스노슈Snowshoe를 신고 스키장 주변의 너도밤나무 숲을 누비는 스노슈 트레킹, 설상차를 타고 고마가타케 8부 능선까지 왕복하는 파노라마 투어, 가마쿠라かまくら(에스키모의 이글루 같은 눈집)에서 아키타 명물 기리탄포 나베를 맛보는 런치 세트 등 아키타에서만 누릴 수 있는 겨울 체험도 다양하다. 뉴토 온천향이 차로 20분 거리라 당일치기 온천도 할 수 있다.

Data 가는 법 JR 다자와코역에서 다자와코 스키장행 정기 버스를 타고 30분 소요(스키 시즌에만 운행)
요금 리프트 1일권 4,000엔, 5시간권 3,600엔 홈페이지 www.tazawako-ski.com

가마쿠라

스노슈 트레킹

자연 그대로의 눈밭
핫코다산 스키장 八甲田スキー場

활강 코스를 벗어나 자연의 눈밭을 활주하는 오프 피스테Off-piste. 오프 피스테 코스가 곳곳에 발달한 도호쿠 지역에서도 핫코다산 스키장은 최상의 설질과 야생의 환경을 만날 수 있는 곳이다.
핫코다산 로프웨이를 타고 해발 1,300m의 정상에 오르면 자연 지형을 살린 7km의 긴 활주로가 여럿 기다리고 있다. 웅장한 수빙樹氷을 가로질러 멀리 홋카이도까지 바라보며 거칠 것 없이 내달리는 산악 스키는 핫코다산 스키장의 백미다. 단, 안전장치가 충분치 않은 만큼 훈련이 되지 않은 스키어에게 오프 피스테 코스는 절대 금물이다.

Data 가는 법 JR 아오모리역에서 JR버스 미즈우미호를 타고 핫코다 로프웨이 하차. 약 1시간 소요
요금 로프웨이 편도 1,180엔, 리프트 1일권 3,600엔
홈페이지 www.hakkoda-ropeway.jp/service/ski

얼음 숲을 달리다
자오 온천 스키장 蔵王温泉スキー場

스키장 단일 면적으로 일본에서 가장 넓은 186ha에 26개의 코스, 최장 9km의 슬로프를 보유한 자오 온천 스키장. 명실공히 도호쿠의 대표 스키장이자 일본 최대의 수빙 관찰지대다. 구름과 안개의 입자가 나뭇가지와 부딪쳐서 얼어붙으며 형성되는 수빙은 자오 연봉 고지대에 형성되므로 온천가에서 자오 로프웨이를 타고 해발 1,661m까지 올라야 한다.
1~3월 절정을 이루는 수빙 속을 활강하는 수빙원 코스를 비롯해 최대 38도의 요코쿠라 겔렌데, 폭 200m의 햐쿠만닌 겔렌데 등 초급자부터 상급자까지 누구나 즐길 수 있는 다채로운 코스가 이곳의 자랑이다. 또한 백색의 유황 온천이 지척인 것도 빼놓을 수 없는 장점이다.

Data 가는 법 JR 야마가타역에서 자오 온천 방면 버스를 타고 약 40분 소요 **요금** 자오 로프웨이(산정역까지) 편도 1,500엔 / 리프트 1일권 5,000엔, 5시간권 4,500엔
홈페이지 www.zao-ski.or.jp

STEP 03
ENJOYING

ENJOYING 05
천년의 숲을 걷다, **원시림 트레킹**

햇빛마저 집어삼킨 빼곡한 숲길을 걷고 또 걷는다. 입산이 가능해지는 6월 초가 되면 전국에서 싱그러운 물길과 바위를 뒤덮은 이끼, 야생화가 넘실대는 풍경을 마주하기 위해 등산객이 모여든다. 도호쿠에서 자연의 시간을 온전히 마주하며 작은 위안과 여유를 얻는다.

세계 최대의 너도밤나무 원생림
시라카미 산지 白神山地(P.100)

아오모리현과 아키타현에 걸쳐 있는 시라카미 산지는 서울 면적의 2배에 달하는 약 13만ha의 광대한 수림으로 세계 최대 규모의 너도밤나무 원생림이 자리한 자연의 보고다. 세계자연유산으로 지정된 중심부는 후대를 위해 보존되고 있어서 입장할 수는 없지만, 그 주변으로 접근 가능한 산책로와 등산로가 잘 갖춰져 있다. 그중에서 오묘한 물빛의 호수와 습지를 만날 수 있는 주니 호수 코스(순회 약 1시간 30분)와 오래전부터 명승지로 알려진 안몬 폭포 산책로 코스(왕복 약 2시간)가 대중교통으로 접근할 수 있어서 관광객들이 즐겨 찾는다.

아름다운 고산 늪지대 트레킹
하치만타이 八幡平 (P.241)

이와테현과 아키타현에 걸쳐 있는 해발 1400~1600m 고원의 완만한 화산 지대로 수천 년 전 화산 폭발로 생긴 분화구가 물에 잠기며 곳곳에 형성된 늪지대가 가장 큰 볼거리다.
버스가 하치만타이 정상 입구까지 운행하며 레스트 하우스부터 산책 코스가 잘 정비되어 있다. 너도밤나무 숲속에서 에메랄드색으로 빛나는 아름다운 늪지대인 하치만누마八幡沼를 중심으로 한 바퀴 도는데 2시간 30분 정도 소요된다. 봄에서 가을까지 고산 식물과 야생화 군락이 활짝 피어나 천상의 숲을 걷는 기분을 만끽할 수 있다.

신령스러운 삼나무 참배길
하구로산 羽黒山 (P.377)

갓산月山, 유노도산湯殿山과 함께 야마가타현 슈겐도修験道(산악 신앙과 불교가 혼합된 일본 고유의 종교)의 성지로, 아름다운 원시림과 국보 오층탑을 비롯해 크고 작은 신사와 비석을 품고 있는 신령스러운 산이다.
2,446단의 돌계단 양옆으로 수백 년 수령의 삼나무가 늘어서 있는 참배 길은 꽤 가팔라서 힘에 부칠 때도 있지만, 깊고 진한 자연 풍경과 도착했을 때 보이는 데와 신사의 웅장한 모습은 다리의 피로감을 보상해주고도 남는다. 사계절 모두 오를 수 있어서 때마다 다른 풍광도 하구로산의 묘미다.

가슴 속까지 시원해지는 청정 계곡
오이라세 계류 奥入瀬渓流 (P.136)

도와다 호수에서 발원한 오이라세 계류는 풍부한 수목과 폭포의 절경으로 유명하다. 숲 사이로 힘차게 흐르는 계류를 따라서 정비된 산책로를 따라 걷다 보면 시원하게 쏟아지는 14개의 폭포를 만날 수 있다. 신록이 우거진 여름과 붉게 물든 단풍이 가을에 특히 환상적이다.

계류를 따라 산책로가 잘 정비되어 있어서 남녀노소 누구나 어렵지 않게 걸을 수 있다는 것이 장점. 오이라세 계류관이 위치한 야케야마산焼山에서 도와다 호수 초입의 입구인 네노구치 출구子ノ口까지 약 14km의 트레킹 코스는 약 4시간 30분 소요된다.

도호쿠 음식 백과사전

ENJOYING 06

천혜의 자연을 자랑하는 도호쿠 지역의 산과 강, 논과 밭에서 자란 풍부한 식재료를 바탕으로 지역 사람들의 지혜가 모여 탄생한 다채로운 음식은 도호쿠 여행에서 빼놓을 수 없는 즐거움 중 하나가 된다.

면 요리

이나니와 우동 稲庭うどん

300년 역사를 가진 이나니와 우동은 일본 3대 우동으로도 손꼽힐 만큼 그 맛이 아주 훌륭하다. 보통의 우동면과 달리 납작한 것이 특징이며, 옛 방식 그대로 건면으로 생산되는 고급 우동이다.
매끄러운 목 넘김의 면발을 제대로 즐기려면 2가지 소스에 찍어 먹는 차가운 우동을 추천한다.

완코소바 わんこそば

손님이 천천히 배부르게 음식을 즐기길 바라는 마음에서 탄생한 이와테현 지역의 음식이다. 완코소바는 손님이 그만 먹겠다고 할 때까지 두어 젓가락의 소바를 계속 내어준다. 이 때문에 많이 먹기 대회까지 생겼다.
괜한 경쟁심에 무리할 필요 없이 참치 회, 김, 연어알 등과 곁들여 천천히 즐기면 된다.

요코테 야키소바 横手 焼きそば

라멘, 카레, 야키소바 등 싸고 맛있는 일본의 B급 먹거리 중 최고를 가리는 대회에서 금상을 받은 요코테 야키소바. 달달한 특급 소스와 네모난 면을 사용하고, 달걀프라이와 후쿠진즈케ふくじんづけ(절임 반찬)과 토핑해 먹는 것이 정석이다.

쟈쟈멘 ジャジャメン

모리오카 스타일의 짜장면. 납작하고 네모난 면에 얹어 나오는 짜장 소스는 자극적이지 않아 파, 오이 등 채소의 식감과 향을 한껏 살려준다. 면을 얼추 다 먹으면 달걀을 풀고 뜨거운 국물을 부어 달걀국을 만들어주는데, 이게 또 별미다.

모리오카 냉면 盛岡冷麵

재일 동포가 고향의 맛을 재현하고자 만들었다는 모리오카 냉면. 탱글탱글한 밀면과 김치 육수의 모리오카 냉면은 한국식 냉면과는 다른 맛이지만, 진한 양념의 야키니쿠やきにく(일본식 불고기)를 먹은 후 입가심으로 제격이다.

완탄멘 ワンタンメン

야마가타시는 일본 내에서 라멘 소비량 1위에 빛나는 라멘의 고장이다. 다양한 라멘을 맛볼 수 있으며, 그중에서도 사카타시에서는 완탄멘이 메뉴에서 빠지지 않는다. 담백한 해물 육수에 얇은 수제비 같은 면을 넣은 완탄멘은 후루룩 매끄럽게 넘어간다.

카라미소 라멘 辛味噌ラーメン

아카유 지역의 아카미소赤味噌(고추를 넣어 만든 빨간 된장)을 육수에 풀어 먹는 카라미소 라멘. 칼국수보다 굵은 쫄깃한 면발이 깊고 진한 육수와 잘 어우러지고 매운 된장이 느끼함을 잡아주어 끝까지 맛있게 즐길 수 있다.

향토 요리

호타테 야키미소
ホタテ貝焼き味噌

아오모리현의 무쓰 해역은 호타테(가리비) 양식 어장으로 유명하다. 가리비의 먹이인 플랑크톤이 풍부해 튼실하고 영양가 높은 가리비가 자란다. 구워 먹어도 맛있지만, 제철 채소와 미소(된장) 소스를 넣어 자글자글 끓이면 독특한 풍미의 가리비구이를 맛볼 수 있다.

센베지루 せんべい汁

된장국에 센베(전병)을 넣어 끓인 하치노헤시의 향토 요리. 고기 육수에 우엉, 파, 버섯 등 각종 채소와 오래 끓여도 잘 풀어지지 않는 센베를 넣어 독특한 식감과 맛이 난다. 각 음식점마다 재료와 맛이 조금씩 다른데, 특별하기보다는 집밥 같이 푸근하고 익숙한 맛이다.

히나이지도리 比内地鶏

아키타의 토종닭 브랜드 히나이지도리는 엄격한 생육 환경과 품질 관리로 육질이 부드럽고 진한 고기의 맛이 특징이다. 기리탄포 나베 요리의 육수를 낼 때 사용하며, 닭고기와 달걀을 한 번에 맛볼 수 있는 덮밥인 오야코돈親子丼도 인기 있다.

이부리갓코 いぶりがっこ

무를 훈제한 후 소금과 쌀겨에 절인 절임 반찬. 이부리갓코는 아키타현 가정의 식탁에 꼭 오르는 필수 반찬이다. 처음에는 훈제 향이 낯설 수도 있지만, 풍미가 오래 남고 오도독 씹히는 식감이 자꾸 생각나는 맛이다.

야마노 이모 나베 山の芋鍋

아키타의 산골 마을 센보쿠시의 명물 요리. 찰진 야마노 이모やまのいも(참마)를 갈아서 동그랗게 만든 옹심이와 우엉, 파, 미나리, 돼지고기를 듬뿍 넣고 된장을 풀어서 끓인 웰빙 요리다. 쫀득한 참마의 식감이 뜨끈하고 구수한 국물과 잘 어우러진다.

기리탄포 나베 きりたんぽなべ

기리탄포는 햅쌀로 지은 밥을 으깬 후 삼나무 꼬치에 둘러 감아 구워낸 것으로 아키타의 각종 요리에 활용된다. 닭 육수에 채소와 기리탄포를 함께 넣어 끓여 먹는 기리탄포 나베는 화로에 둘러 앉아 다 같이 나눠 먹는 아키타의 대표적인 가정식 요리다.

이시야키 요리 石焼料理

어부들이 즐겨 먹었던 향토 요리. 숯으로 불을 피워 800도 이상 달군 오가의 화산암을 삼나무 냄비에 넣고 해산물과 채소를 급속도로 익혀 먹는다. 순간 열을 이용해 재료를 구워 생선 비린내가 없고 된장으로 간을 해서 밥과 함께 곁들여서 먹는다.

바라야키 バラ焼き

일본의 B급 먹거리 그랑프리 대회에서 입상한 바라야키는 얇은 소고기와 양파에 달착지근한 간장 소스를 양념한 뒤 불판에 구워 먹는 도와다시의 특선 요리다. 실패하기 어려운 달콤짭잘한 조합으로 남녀노소 누구나 좋아할 만한 맛이다.

규탄야키 牛タン焼き

센다이의 명물 규탄야키는 소 혀 부위를 숯불구이한 것을 일컫는다. 숙성해 특유의 잡내가 거의 나지 않는 대신 담백한 맛과 쫄깃한 식감을 잘 살린 것이 특징. 소금 양념이 기본이고, 간장과 된장 등 아이들도 좋아할 만한 달짝지근한 양념을 선택할 수도 있다.

사사카마보코 笹かまぼこ

대나무 잎 모양의 어묵인 사사카마보코는 센다이시의 명물이다. 나무상자 틀에 넣고 모양을 잡은 어묵을 꼬치에 꽂아 구운 것이다. 가공품으로 판매하는 것뿐 아니라 즉석에서 직접 굽는 체험을 하는 곳도 많아서 만들어 먹는 재미까지 덤으로 즐길 수 있다.

요네자와규 米沢牛

일본 3대 와규로 손꼽히는 요네자와규는 야마가타 남부의 요네자와시 일대에서 생육한 흑소로 19세기 영국인 교사가 그 맛에 반해 널리 알려졌다. 요네자와규를 제대로 즐기려면 스테이크나 샤부샤부가 좋지만, 가격이 부담된다면 카레, 덮밥 등의 메뉴도 있다.

칭기즈칸 ジンギスカン

대대적으로 양을 사육을 했던 자오 온천 일대에서는 1950년대부터 철판에 양고기를 구워 먹는 칭기즈칸 요리를 즐겨 먹었다. 양고기와 각종 채소를 철판에 구워 특제 소스에 찍어 먹는 것이 정석. 밥과 함께 먹기에도, 맥주 한 잔 걸치기에도 딱 좋다.

히토구치 모치젠 ひと口もち膳

'떡의 고장'으로 불리는 이와테현 남부의 이치노세키시의 향토 요리다. 예쁜 도자기 그릇에 팥소, 낫토, 참깨, 즌다(삶은 풋콩을 으깨 만든 것) 등 8가지 고명을 올린 한입 크기의 떡이 한 상에 차려져 나온다. 다양한 맛을 즐길 수 있고 보기에도 좋아서 대접받는 기분을 느낄 수 있다.

과일&간식

린고(사과) リンゴ

아오모리 하면 사과가 바로 떠오를 정도로 생산량과 품종에서 최상급을 자랑한다. 그 종류만도 600여 가지이며, 신맛과 단맛의 폭넓은 맛을 경험할 수 있다. 이를 활용한 사과주와 디저트도 다양한데, 특히 애플파이는 구르메 맵이 있을 정도다.

사쿠란보(체리) さくらんぼ

야마가타현의 사카에시는 일본 최대의 체리 산지다. 즉 젤리, 주스, 사탕, 쿠키 등 체리로 만들 수 있는 모든 종류의 스위츠를 만날 수 있다는 의미! 빨갛게 익은 체리가 보석처럼 반짝이는 다채로운 사쿠란보 스위츠는 선물로도 안성맞춤이다.

목장 유제품
農場ヨーグルト

산림이 풍부한 이와테현과 야마가타현에는 크고 작은 목장이 여럿 있다. 푸릇푸릇한 너른 초원에서 방목하여 자란 건강한 젖소는 품질 좋은 우유를 생산한다. 이 우유로 만든 요거트와 치즈, 소프트아이스크림은 신선하고 진한 맛이 일품이다.

난부 센베이
南部煎餅

흔히 전병으로 알고 있는 센베이, 그중에서도 과거 난부번南部藩에 속한 모리오카시, 니노헤시, 하치노헤시의 전통 과자다. 밀가루 반죽을 깨, 땅콩, 호두 등과 함께 틀에 찍어서 구워낸다. 그래서 과자 가장자리의 얇은 부분이 생기는 것이 특징이다. 대체로 고소하고 맛있다.

즌다 셰이크
ずんだシェイク

즌다는 삶은 풋콩을 으깨어 만든 초록색 페이스트로 주로 떡의 고명으로 많이 쓰인다. 센다이시에서는 이를 다양한 스위츠로 선보이는데, 그중 즌다 셰이크가 가장 유명하다. 바닐라맛 우유 아이스크림에 고소한 즌다 알갱이가 씹히는 즌다 셰이크는 질리지 않는 별미다.

단고 団子

유수의 곡창지대인 도호쿠 지역에는 예로부터 쌀을 이용한 요리가 발달했다. 그중에서도 쌀가루로 동글동글 빚어 만든 단고를 갖가지 맛의 고명과 함께 맛볼 수 있다. 냉동이나 진공 포장으로 판매하는 종류도 다양해 선물용으로 그만이다.

ENJOYING 07
좋은 쌀과 물로 빚은
맛 좋은 술

청정한 물과 양질의 쌀이 풍족한 도호쿠는 술맛을 높이는 최상의 조건을 갖추고 있다. 지역마다 소규모 양조장에서 빚은 개성 넘치는 지자케地酒(지역의 술)를 즐겨보자.

니혼슈란?

쌀과 물, 누룩을 발효해 만든 일본 전통주. 종류에 따라 양조 알코올이 들어가기도 한다. 흔히 사케라고 알고 있는 경우가 많은데, 이는 단순히 술을 뜻하는 일본어로 니혼슈(일본주)가 더 정확한 명칭이지만, 통상적으로 함께 사용하고 있다. 니혼슈는 다른 말로 청주, 즉 '세이슈淸酒'라고도 한다. 또 종종 혼용하는 정종은 니혼슈의 한 브랜드이다.

니혼슈 고르는 요령

와인이나 맥주, 위스키처럼 기본적인 용어와 몇 가지 요령만 알면 니혼슈를 고르는 것도 어렵지 않다.

예산 정하기 니혼슈의 가격은 그야말로 천차만별. 1,000엔~100,000엔까지 다양하며, 2,000~3,000엔 정도면 괜찮은 것이 많고 5,000엔 정도면 최상품을 구매할 수 있다.

종류 고르기 니혼슈는 주재료인 쌀의 정미율, 첨가물, 제법 등에 따라 8가지 종류로 나뉜다. 쌀만을 주원료로 사용한 준마이슈純米酒, 쌀 이외에 양조 알코올을 첨가한 혼조조슈本醸造酒, 그리고 이 둘의 업그레이드 버전에는 특별하다는 의미의 도쿠베츠特別가 앞에 붙는다. 낮은 온도에서 천천히 발효해 화사한 향이 특징인 긴조슈吟醸酒와 그 상위 카테고리인 다이긴조슈大吟醸酒가 있고, 다시 긴조슈를 만들 때 쌀만 주원료 사용한 준마이긴조슈純米吟醸酒, 준마이다이긴조슈純米大吟醸酒로 구분된다. 정미, 즉 쌀의 표면을 많이 깎아낼수록 술 맛이 깔끔하고 순수한 반면 생산량이 적고 시간과 정성이 더 들어가는 만큼 가격도 올라간다.

혼슈의 정미율은 70%, 60%, 50%, 그리고 그 이하가 있다. 70% 이하는 혼죠조슈, 60% 이하는 도쿠베츠혼죠조슈, 도쿠베츠준마이슈, 긴조슈, 준마이긴조슈, 50% 이하는 다이긴죠슈와 준마이다이긴죠슈가 해당된다. 즉, 쌀을 주원료로 가장 많이 도정하고 특별한 제법을 쓴 준마이다이긴죠슈를 선택하면 실패할 확률이 낮다.

아마구치(단맛) vs. 가라쿠치(깔끔한 맛)
니혼슈 판매점이나 시음 코너에서 추천해달라고 하면 직원이 단맛甘い(아마이)을 좋아하는지 묻는 경우가 있다. 니혼슈는 산뜻하고 깔끔한 목 넘김이 특징이지만 과일의 향 같은 화사한 느낌의 니혼슈도 다양하게 나온다. 술을 잘 마시지 못하거나 입문자라면 이쪽을 추천한다.

> **Tip 지역별 추천 니혼슈**
> - **아키타** 넘버식스ナンバーシックス, 유키노비진雪美人, 하루카스미春霞, 시라타키白瀧, 잇바쿠스이세이一白水成, 히라이즈미飛良泉, 다카시미즈高清水
> - **야마가타** 주온다이十四代, 도코東光, 데와자쿠라出羽桜
> - **이와테** 아카부赤株, 남부비진南部美人, 아사비라키あさ開, 요에몬酔右衛門
> - **미야기** 하쿠라쿠세이伯楽星, 갓산勝山, 하기노쓰루萩の鶴
> - **아오모리** 덴슈田酒, 무쓰핫센陸奥八仙, 호하이豊盃, 하토마사무네鳩正宗

니혼슈 판매점

공항, 특산품 매장, 백화점, 도로 휴게소 등에서 니혼슈를 구입할 수 있다. 그중에서도 접근성이 좋은 판매점 리스트를 소개한다.

후지와라야 미치노쿠 슈키코
藤原屋 みちのく酒紀行
미야기현 주류 판매장, 시음 가능
가는 법 JR 센다이역 내 에스팔 동관 2층
전화 022-357-0209 오픈 10:00~21:00

아가랏샤이 あがらっしゃい
야마가타현 특산물 판매장 내 주류 코너

아오모리현 관광 물산관 아스팜

아트리온 아키타현산품 플라자

기키자케야

라라이와테 히라이즈미점

가는 법 JR 야마가타역에서 도보 10분, 베니노쿠라紅の蔵 내 **전화** 023-679-5104 **오픈** 10:00~18:00

아오모리 슌미칸 あおもり旬味館
아오모리현 특산품 판매장 내 주류 코너
가는 법 JR 신아오모리역 내 **전화** 017-752-6557
오픈 09:00~20:00

아오모리현 관광 물산관 아스팜 アスパム
아오모리현 특산품 판매장 내 주류 코너
가는 법 JR 아오모리역에서 도보 8분
전화 017-735-5311 **오픈** 09:00~19:00(11~3월 18:00까지)

아트리온 아키타현산품 플라자
アトリオン秋田県産品プラザ
아키타현 특산품 판매장 주류 코너
가는 법 JR 아키타역에서 도보 5분
전화 018-836-7830 **오픈** 09:30~18:30

기키자케야 岩手の酒屋 KiKiZAKEYA
이와테현 주류 판매장, 시음 가능
가는 법 JR 모리오카역 훼잔 1층 오덴세관おでんせ館 내 **전화** 019-601-8008 **오픈** 09:00~21:00

라라이와테 히라이즈미점 ららいわて 平泉店
이와테현 특산품 판매장 내 주류 코너
가는 법 히라이즈미 주손지 입구에 위치
전화 0191-48-3637 **오픈** 09:30~17:00
휴무 수요일

양조장 견학 투어

술을 빚는 동절기(12~2월)에 양조장 견학 투어가 가능하다. 니혼슈의 양조 과정뿐 아니라 그 양조장의 철학까지 엿볼 좋은 기회이다. 대부분 사전에 예약해야 방문할 수 있고, 때에 따라 5명 이상 단체 예약만 받기도 한다. 견학 과장은 아래와 같이 이루어진다.

❶ 니혼슈의 주재료가 되는 물 시음 물이 니혼슈의 맛을 결정한다.
❷ 누룩실-주모 배양실-발효 및 숙성실-여과실-병입 작업 순으로 양조장 내부를 견학한다.
❸ 대표 니혼슈의 맛을 비교하면 자신의 취향에 맞는 니혼슈를 고른다.
❹ 니혼슈 구입. 이때 안 사면 후회한다. 구하기도 어려울뿐더러 국내 가격은 3~5배 비싸다.

ENJOYING 08
전통과 현대의 조화, **공예품**

도호쿠의 장인들은 박물관에만 있지 않다. 대를 이어 전통을 지키면서 과거에 머물지 않고 현대에도 유용한 공예품을 만든다. 전통의 기술에 모던한 디자인, 생활의 편리함을 더한 공예품은 *모노즈쿠리ものづくり의 새로운 기준을 제시하고 있다.

*물건을 뜻하는 '모노もの'와 만든다는 의미의 '쓰쿠리作り'가 합쳐진 말로 '혼신의 힘을 쏟아 최고의 제품을 만든다'는 일본의 제조 문화를 일컫는 말이다.

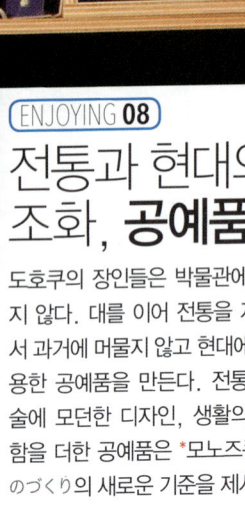

난부텟키 | 南部鉄器

일본 옛 지명 난부에 속한 이와테현의 모리오카시와 오슈시의 미즈사와구에서 생산되는 철기를 총칭하는 말로, 그 역사가 900년에 이른다. 난부텟키는 에도시대 진상품으로 찻주전자를 제작하며 꽃피우게 되었다. 부드러운 찻물을 만드는 단단한 철기 주전자는 여전히 난부텟키의 대표적인 공예품이다. 주전자, 냄비, 솥 이외에도 범종과 불상, 대포까지 다양한 주물 제조가 이루어졌다. 강도가 높고 오래 열을 보존하는 난부텟키는 프라이팬, 전골냄비 등 생활용품으로 진화하고 있다.

가바자이쿠 | 樺細工

산벚나무의 껍질을 벗겨내 문양을 만드는 가바자이쿠(가바 세공)는 산벚나무가 많은 아키타현 가쿠노다테에서 200년간 전승되어온 전통 공예기법이다. 나무의 결과 질감, 광택이 고스란히 느껴지는 가바자이쿠 공예품은 찻통으로 가장 많이 제작되며 고급스러운 공예품으로 손꼽힌다. 최근에는 쟁반, 보관함, 젓가락 받침, 액자 등 일상용품에 널리 활용되고 있다.

마게왓파 | 曲げわっぱ

아키타 삼나무로 만든 판을 구부려서 제작한 원통 상자인 마게왓파는 아키타현의 오데테시에서 계승 및 발전되어 왔다. 단순해 보이지만 가볍고 운반이 쉬우며, 식품 보존도 용이해 도시락통으로 많이 만든다. 아름다운 나무결과 자연스러운 색상, 향기를 지닌 마게왓파는 전통적인 방식을 넘어 시계나 장신구 등의 디자인 제품으로 재탄생하고 있다.

고케시 | こけし

일본 여자아이의 모습을 한 원통형의 목각인형 고케시는 아이의 건강을 기원하는 도호쿠의 민예품이다. 고케시의 머리는 미즈키水木(층층나무) 나무로 만드는데, 미즈키 나무 철자에 물 수水 자가 들어가 있어 집에 두면 화재를 막아준다고 믿기도 한다. 미야기현의 나루코 온천이 가장 오래된 고케시 전수 마을로 알려져 있으며, 지역마다 생김새가 다른 고케시를 발견할 수 있다. 투박하지만 따뜻한 손맛이 느껴지는 고케시는 다양한 제품의 모티브로 폭넓게 사랑받고 있다.

ENJOYING 09
8월 첫째 주, **여름밤 축제**의 향연

전통을 지키고 삶을 소중히 하는 시민들이 만들어가는 도호쿠의 축제. 그중에서도 8월 첫째 주는 단연 축제 주간이다. 도호쿠의 여러 도시에서 동시다발적으로 진행되는 축제는 여름밤을 더욱더 화려하게 달군다.

둥둥 북소리에 흥겨운 춤사위
모리오카시 산사오도리 盛岡 さんさ踊り
8월 1~4일, 모리오카 시내

모리오카시의 전통 산사 춤을 계승하고 널리 알리는 시민 참여 축제. 축제의 얼굴인 미스 산사오도리를 필두로 화려하게 차려입은 무용단과 웅장한 북소리, 피리 소리가 한데 어우러져 형형색색의 거대한 물결을 만든다. 낮에는 동네, 기업, 학교 등 팀을 이뤄 그간 갈고 닦은 춤 솜씨를 겨루는 경연 대회도 진행된다.
홈페이지 www.sansaodori.jp

여름 밤을 밝히는 등롱의 향연
아오모리시 네부타 마쓰리 青森ねぶたまつり
8월 2~7일, 아오모리 시내

역사적 사건이나 설화를 소재로 대나무나 철사로 뼈대를 만들고 색색의 종이로 감싼 등롱인 네부타는 가마까지 더하면 아파트 5층 높이를 훌쩍 넘는 초대형 조형물이다. 20여 대의 네부타 가마 행렬을 중심으로 북, 피리, 꽹과리 연주단이 뒤따르고 무희 하네토跳人가 랏세라ラッセラー라는 구호로 흥을 돋운다.
*비슷한 시기에 히로사키시와 고쇼가와라시에서도 네부타 마쓰리가 개최된다. 일정에 맞는 곳을 선택하자.
홈페이지 www.nebuta.or.jp

황금 벼 이삭이 출렁
아키타시 간토 마쓰리 秋田竿燈まつり
8월 3~6일, 아키타 시내

한 여름밤, 황금색의 벼 이삭 같은 수백 개의 간토 행렬이 아키타 시내 거리를 행진하며 장관을 이루는 간토 마쓰리. '긴 장대에 매달린 등불'을 뜻하는 간토竿燈는 3세부터 80세까지 아키타 남성이라면 누구나 다룰 줄 아는 전통 예능이다. 최대 12m의 대나무 장대에 연령에 따라 24~46개의 등불을 내봉대롱 매단 채 손바닥, 이마, 등, 허리에 올려놓는 경연 대회는 절로 탄성을 자아낸다. 지역이나 소속을 나타내는 서로 다른 200여 개의 간토 문양을 찾아보는 재미도 쏠쏠하다.
홈페이지 www.kantou.gr.jp

붉은 꽃 삿갓 들고 '얏쇼, 마카쇼'
야마가타시 하나가사 마쓰리 山形花笠まつり
8월 5~7일, 야마가타 시내

야마가타시의 거리가 붉은 꽃봉오리로 물드는 퍼레이드. 화려하게 장식한 수레를 선두로, 꽃花 장식을 한 삿갓笠인 하나가사를 손에 들고 민요 하나가사온도花笠音頭에 맞춰 일사 분란한 군무가 펼쳐진다. "얏쇼, 마카쇼ヤッショマカショ"라는 활기찬 구호는 한층 더 신나는 무대를 연출한다. 전통춤을 누구나 쉽게 배울 수 있도록 변형해 관람객이 즉석에서 춤을 배워 참여할 수 있는 점도 하나가사 마쓰리의 묘미다.
홈페이지 www.mountain-j.com/hanagasa/

도시를 알록달록 물들인 색지
센다이시 다나바타 마쓰리 仙台七夕まつり
8월 6~8일, 센다이 시내

견우와 직녀가 만나는 칠월칠석(음력 7월 7일)을 기념해 센다이 시내 전역이 긴 대나무에 알록달록한 종이 장식이 나부끼는 축제의 도시로 화려하게 변신한다. JR 센다이역 주변과 아케이드 상점가에 3,000개의 장식물이 꾸며지고 전야제(8월 5일) 불꽃놀이, 고토다이 공원 야외 음악당의 콘서트, 즈이호덴(다테 마사무네 사당)의 라이트업 등 다채로운 이벤트가 매년 펼쳐진다.
홈페이지 www.sendaitanabata.com

도호쿠 축제 달력

오랫동안 혹독한 추위와 눈을 견디며 살아온 이들의 삶이 녹아있는 겨울 축제와 눈과 벚꽃을 함께 볼 수 있는 도호쿠만의 벚꽃축제, 그리고 여름이 되면 일본에서 가장 권위 있는 불꽃 장인들의 경연 대회인 오마가리시 불꽃 경연 대회가 이어진다. 연중 이어지는 뜨거운 축제 열기를 느껴보자.

오가시 세도 마쓰리

도와다코 후유모노가타리
十和田湖＊冬物語　**2월**

도와다 호수 일대에서 2월 내내 열리는 겨울 축제. 6,000개의 눈 등롱과 불꽃놀이, 샤미센 공연 등이 펼쳐진다.
홈페이지 www.facebook.com/towadakofuyumonogatari/

요코테 가마쿠라 마쓰리
横手かまくらまつり　**2월 14~16일**

에스키모의 집인 이글루 같은 가마쿠라(눈 집) 안에서 동네 아이들이 데운 감주와 구운 떡을 대접하는 행사이다.
홈페이지 www.yokotekamakura.com

오가시 세도 마쓰리 男鹿市
紫灯まつり　**2월 둘째 주 금·토·일요일**

아키타현의 오가반도에서 전해 내려오는 도깨비인 나마하게의 박력 있는 춤사위와 횃불 행렬이 이어지는 축제다.
홈페이지 www.namahage-oga.akita.jp/sedo.html

히로사키시 샤쿠라 마쓰리
弘前桜祭り　**4월 말~5월 초**

도호쿠 최고의 벚꽃 축제이다. 벚나무 약 2,600그루가 피우는 벚꽃이 히로사키 성터 공원 일대에 만발한다.
홈페이지 www.hirosakipark.jp/sakura/

요코테시 가마쿠라 마쓰리

오마가리시 불꽃 경연 대회

오마가리시 불꽃 경연 대회

오마가리시 불꽃 경연 대회 全国花火競技大会「大曲の花火」
8월 넷째 주 토요일

아키타현 다이센시에서 열리는 100년 역사를 자랑하는 불꽃 축제다. 일본 전국에서 내로라하는 불꽃 장인들이 모여 갈고 닦은 실력을 뽐낸다. 불꽃의 모양과 색, 사그라지는 형태 등을 기준으로 점수를 매겨 그해 최고의 불꽃 장인을 뽑는다.

홈페이지 www.oomagari-hanabi.com

하나마키 마쓰리 花巻まつり
9월 둘째 주 금·토·일요일

화려한 150대의 가마와 사슴 춤, 하나마키야바시 춤 등 전통 예능이 어우러진 퍼레이드가 펼쳐진다.

홈페이지 www.kanko-hanamaki.ne.jp/event/event_detail.php?id=48

센다이 히카리노 페전트
SENDAI光のページェント **12월**

느티나무로 조성된 가로수길인 조젠지 거리仙台定禅寺通를 환상적인 조명의 일루미네이션이 장식하는 축제다.

홈페이지 www.sendaihikape.jp

Tohoku By Area
01
아오모리현
青森県

**아오모리시&히로사키시&고쇼가와라시&
하치노헤시&도와다시**

일본의 혼슈(본섬)과 홋카이도를 연결하는
도호쿠 최북단에 자리한 아오모리현은
거대한 산맥과 너도밤나무 원시림을 품고 있는
청정한 '푸른 숲'의 고장이다. 일본 최대 사과
생산량을 자랑하는 사과 왕국이자 삼면의 바다로
둘러싸여 참치, 가리비 등이 풍족해 그야말로
산과 들과 바다의 혜택을 두루 누리고 있다.
11월이면 천연 눈밭에서 스키를 즐길 수 있고,
다른 지역의 벚꽃이 다 떨어진 5월에 만개한
분홍 꽃봉우리를 만날 수 있는 이곳에서
색다른 여행의 즐거움을 발견해보자.

아오모리현
青森県
한눈에 보기

총면적 9,645km² (≒ 우리나라 경기도 면적)
인 구 1,262,823명 (2018년 기준)

아오모리시

한여름 거대한 형상의 등롱으로 불을 밝히는 네부타 축제가 유명하고 오징어, 참치, 가리비 등 각종 해산물 요리를 풍족하게 맛볼 수 있다. 고품격 문화 예술 공간인 아오모리 현립미술관부터 스키와 온천으로 유명한 핫코다산까지 아우르는 지역이다.

히로사키시

도호쿠 유일의 천수각이 자리하면서 벚꽃 명소로 전국에서 알아주는 히로사키성과 100년 전 일본 근대 개화기의 건축물을 둘러보는 여행 일정을 추천한다. 지역 특산품인 사과를 이용한 프렌치 코스 요리로 근사한 한 끼를 즐길 수 있다.

하치노헤시

아오모리현 제2의 도시이자 최대 규모의 어항이 자리한 항구 도시인 하치노헤시는 예스러운 어촌의 풍경과 중소도시의 매력이 공존하는 도시다. 점심에는 어시장에서 신선한 해산물을 맛보고, 저녁에는 활기 넘치는 포장마차 거리에서 시간을 보낼 수 있다.

고소가와라시

지역 사철인 쓰가루 철도의 1량짜리 열차를 타고 시골길을 달려 찾아가는 지역. 대문호 다자이 오사무의 생가를 둘러보고 쓰가루 전통 샤미센 공연을 감상하고 옛 역사에 자리한 찻집에서 시간을 보내는, 소소한 즐거움이 가득한 여행지다.

아오모리현
青森県

무쓰 陸奥

태평양

도호쿠 신칸센

도와다시 | 하치노헤시

이와테현

도와다시

쾅쾅 쏟아지는 계곡 줄기를 따라 푸른 숲과 이끼로 뒤덮인 오이라세 계류와 광대하고 아름다운 도와다 호수로 유명한 지역이다. 여기에 유니크한 현대 예술작품을 만날 수 있는 도와다시 현대미술관도 자리한다. 하치노헤시 또는 아오모리시에서 JR버스로 갈 수 있다.

아오모리현 Keyword

1 사과 왕국
1877년 일본 최초로 사과 재배에 성공한 아오모리현은 현재 일본 사과 생산량의 절반을 차지하는 최대 사과 산지이다. 히로사키시에는 사과나무가 가로수로 심어져 있고, 아오모리현 내 마트나 시장에 가면 수십 가지가 넘는 다양한 색과 맛, 향을 지닌 사과를 만날 수 있다. 사과를 이용한 가공품의 종류도 예상을 뛰어넘는다.

2 불의 축제
음력 칠월칠석 행사에서 발전한 아오모리현 네부타 축제가 매년 여름이면 아오모리현 내 곳곳에서 화려하게 펼쳐진다. 거대한 등롱을 밝혀 밤거리를 행진해 일명 '불의 축제'라 불리며 지역마다 특색 있는 등롱을 선보인다. 표기하는 방식도 아오모리시에서는 'ねぶた', 히로사키시에서는 'ねぷた', 고쇼가와라시에서는 '佞武多'로 구분한다.

3 최대 어장
삼면이 바다로 둘러싸여 4종류의 한류와 난류가 흐르는 아오모리현은 수산업이 발전했다. 일본 내 어획량 1, 2위를 다투는 최대 어장 하치노헤시를 비롯해 무쓰만에서는 가리비, 해삼 등이 많이 잡히고, 쓰가루 해협에서 잡히는 참치 '오마노 마구로大間のマグロ'라는 최고급으로 취급된다.

4 쓰가루
아오모리현 서부를 일컫는 에도 시대 지명으로 현재 아오모리시와 히로사키시 등이 여기에 속한다. 쓰가루 철도, 쓰가루 해협, 쓰가루 칠기 등에 그 이름이 남아있을 정도로 독자적인 문화를 발전시켰다. 이 지역의 사투리 '쓰가루벤津軽弁'은 일본 내에서는 물론 같은 현에서도 의사소통이 어려울 정도로 독특하다.

Aomori
GET AROUND

아오모리현 가는 법

인천에서 가기

인천 공항에서 아오모리 공항까지는 대한항공이 주 3회 직항편을 운행하고 있다. 인천에서 아오모리까지 소요 시간은 2시간 20분 정도.

도쿄에서 가기

신칸센을 이용하면 JR 도쿄역에서 JR 신아오모리역까지 최단 3시간 내로 갈 수 있다. JR 신아오모리역은 JR 동일본 도호쿠 패스로 갈 수 있는 가장 먼 신칸센역이다. JR 히로사키역까지는 JR 신아오모리역에서 약 40분 소요된다. JR 도쿄역에서 JR 하치노헤역은 신칸센으로 3시간 정도 걸린다. 오이세이 게이류를 비롯해 도와다 국립공원으로는 JR 하치노헤역에서 노선 버스를 이용하면 된다. 신칸센 왕복 비용을 비교해 봤을 때 도쿄의 국제공항으로 출입국 하는 2주 이내의 도호쿠 여행 일정이라면 JR 동일본 도호쿠 패스(P.046) 구입을 추천한다. 도와다 국립공원으로 가는 노선버스도 이용할 수 있다.

아오모리 공항

신칸센

아오모리현의 각 지역으로 가는 법

아오모리시

공항 리무진버스

항공 도착 시간에 맞춰 공항 리무진버스가 운행한다. 아오모리 공항에서는 공항 리무진버스를 이용해 JR 아오모리역까지 35분 정도 소요된다.

전화 017-723-1621 **요금** 성인 700엔, 어린이 350엔 **홈페이지** www.jrbustohoku.co.jp/route/

열차

JR 도쿄역에서 신칸센 하야부사新幹線はやぶさ를 이용해 JR 신아오모리역까지 편성에 따라 3시간~3시간 30분 정도 소요된다. JR 신아오모리역과 JR 아오모리역은 오우 본선奥羽本線 열차로 1개 역 떨어진 곳에 위치해 있다.

요금 17,150엔(어린이는 반값) **홈페이지** www.jreast.co.jp

히로사키시&고쇼가와라시

공항 리무진버스
아오모리 공항에서 리무진버스를 이용하면 JR 히로사키역까지 약 1시간 소요된다. JR 고쇼가와라역은 JR 히로사키역에서 오우 본선奥羽本線(고노五能선 직통 운행) 열차를 이용해 40~50분(요금 500엔) 더 가야 한다.

전화 0172-36-5061 **요금** 어른 1,000엔, 어린이 500엔 **홈페이지** www.konanbus.com/airport.html

열차
JR 도쿄역에서 신칸센 하야부사新幹線はやぶさ를 타고 JR 신아오모리역까지 이동한 후 오우 본선奥羽本線(고노五能선 직통 운행) 보통열차로 갈아탄다. JR 도쿄역에서 JR 히로사키역까지 총 3시간 40분, JR 고쇼가와라역까지는 총 4시간 40분여 소요된다.

요금 JR 도쿄역~JR 히로사키역 17,480엔(어린이는 반값) / JR 도쿄역~JR 고쇼가와라역 17,800엔(어린이는 반값) **홈페이지** www.jreast.co.jp

하치노헤시&도와다시

열차
❶ JR 신아오모리역에서 신칸센 하야부사新幹線はやぶさ를 타고 JR 하치노헤역까지 30분 정도 소요된다.

요금 3,650엔(어린이는 반값) **홈페이지** www.jreast.co.jp

❷ JR 아오모리역에서 사철인 아오이모리 철도青い森鉄道를 이용하면 JR 하치노헤역까지 1시간 33분 걸린다. 아오이모리 철도는 속도가 다소 느리지만, 무쓰만과 오가와라 호수 풍경을 차창 넘어로 감상할 수 있다. 주말과 공휴일에는 하루 동안 아오이모리 철도 전선을 자유로이 이용할 수 있는 원데이 패스도 발행된다.

전화 017-752-0330 **요금** 2,280엔(어린이는 반값) / 원데이 패스 어른 2,060엔, 중고생 1,500엔, 어린이 1,030엔 **홈페이지** aoimorirailway.com

❸ JR 도쿄역에서 JR 하치노헤역까지 신칸센 하야부사新幹線はやぶさ로 약 3시간 걸린다.

요금 16,090엔(어린이는 반값) **홈페이지** www.jreast.co.jp

*** Plus Info ***

Information Center
아오모리현 관광 정보 센터 青森県観光情報センター
아오모리현 전 지역의 관광 정보를 취급하는 종합 안내소. 한국어도 가능하다.

Data 가는 법 아오모리현 관광 물산관 아스팜 2층에 위치 **주소** 青森県青森市安方一丁目1-40
전화 017-734-2500 **오픈** 09:00~17:00 **휴무** 12/31 **홈페이지** www.aptinet.jp

아오모리시
青森市

혼슈 최북단의 아름다운 항구 도시 아오모리. 짭조름한 바닷바람이 불어올 때면 혼슈와 홋카이도 사이를 운항하던 세이칸 연락선의 추억이 옅게 흐르고, 한여름인 8월에는 거대한 네부타ねぶた(종이로 만든 거대한 등롱)의 불빛 행렬이 도시 전체를 화려하게 수놓는다.

Aomori
GET AROUND

아오모리시 시내 교통
JR 아오모리역 주변은 도보로 다닐 수 있지만, 아오모리 현립미술관과 핫코다산 권역은 버스를 이용해야 한다. 버스 이용 시 시간표 체크는 필수!

네부탄호 ねぶたん号 (아오모리 셔틀 de 루트버스)

네부탄호

JR 아오모리역 및 JR 신아오모리역과 아오모리 현립미술관, 페리 터미널 등을 연결한다. 하루 5~6편만 운행하므로, 운행 시간을 꼭 확인해야 한다. 1일 승차권은 버스 차장 또는 JR 아오모리역 앞 관광 교류 정보 센터에서 구입할 수 있다.

요금 1회권 300엔, 1일권 700엔(어린이는 반값) **홈페이지** www.aomori-kanko-bus.co.jp

코스1 산나이 마루야마 유적 → 아오모리 현립미술관 → JR 신아오모리역 → 쓰가루 해협 페리 터미널 → 아오모리 기타노마호로바 역사관 → 아오모리현 관광 물산관 아스팜 → JR 아오모리역 → 현립 향토관 → 호텔 아오모리 → 무나카타시코 기념관

JR버스 미즈우미 みずうみ호

JR버스 미즈우미호

JR 아오모리역 및 JR 신아오모리역에서 핫코다산 로프웨이, 스카유 온천을 지나 오이라세 계류, 도와다 호수까지 가는 JR버스 노선. 4월 초부터 11월 초순에는 하루 4회 운행하며, 휴가 시즌에는 1~2회 증편된다.

요금 JR 아오모리역~핫코다산 로프웨이 1,100엔, 스카유 1,340엔, 오이라세 계류(야케야마산焼山) 2,300엔, 도와다 호수 3,090엔(어린이는 반값) **홈페이지** www.jrbustohoku.co.jp/route/

* * * Plus Info * * *

Information Center

아오모리시 관광 교류 정보 센터&버스 센터 青森市観光交流情報センター&バスセンター
아오모리 시내 관광지와 가깝다. 핫코다산과 도와다시로 가는 JR버스의 매표도 가능.
Data **지도** 휴대지도-L, P.86-F **가는 법** JR 아오모리역 앞 버스센터 내 **주소** 青森県青森市新町1丁目1-25 **전화** 017-723-4670 **오픈** 08:30~19:00(12/31, 1/1 17:00까지)

아오모리시 관광 정보 센터 あおもり観光情報センター
아오모리 관광 정보뿐 아니라 홋카이도 신칸센으로 연결되는 하코다테의 관광 정보도 취급한다.
Data **가는 법** JR 신아오모리역 2층 **주소** 青森県青森市石江字高間140-2
전화 017-752-6311 **오픈** 08:30~19:00(12/31, 1/1 17:00까지)

Aomori
ONE FINE DAY IN

항구 도시의 운치를 느끼며 신선한 해산물 요리를 맛보고, 아오모리 현립미술관에서 예술 감성을 채운 뒤 핫코다산 아래 자리 잡은 유서 깊은 유황 온천까지 섭렵하는 꽉 찬 하루 일정이다.

아오모리 교사이 센터
신선한 해산물 덮밥으로
아침 식사하기

→ JR 아오모리역에서 도보 10분

아오이우미 해변 공원
시원한 바닷바람을
맞으며 산책하기

→ 도보 10분

네부타 박물관
박력 넘치는 네부타의
매력에 빠져보기

↓ 네부탄호 36분

아오모리 현립미술관
건축부터 예술, 상설
전시부터 기획 전시까지
모두 관람하기

← 아오모리 현립미술관 내 위치

욘 히키노 네코
아오모리 현립미술관 내
분위기 좋은 카페&
레스토랑에서 점심 먹기

← 네부탄호 15분+ 고속버스 1시간 13분

스카유
뽀얀 유황 온천으로 몸도
마음도 힐링 타임 갖기

↓ 고속버스 1시간 28분

에이 팩토리
사과로 만든 스위츠와
기념품 쇼핑으로
하루를 마무리!

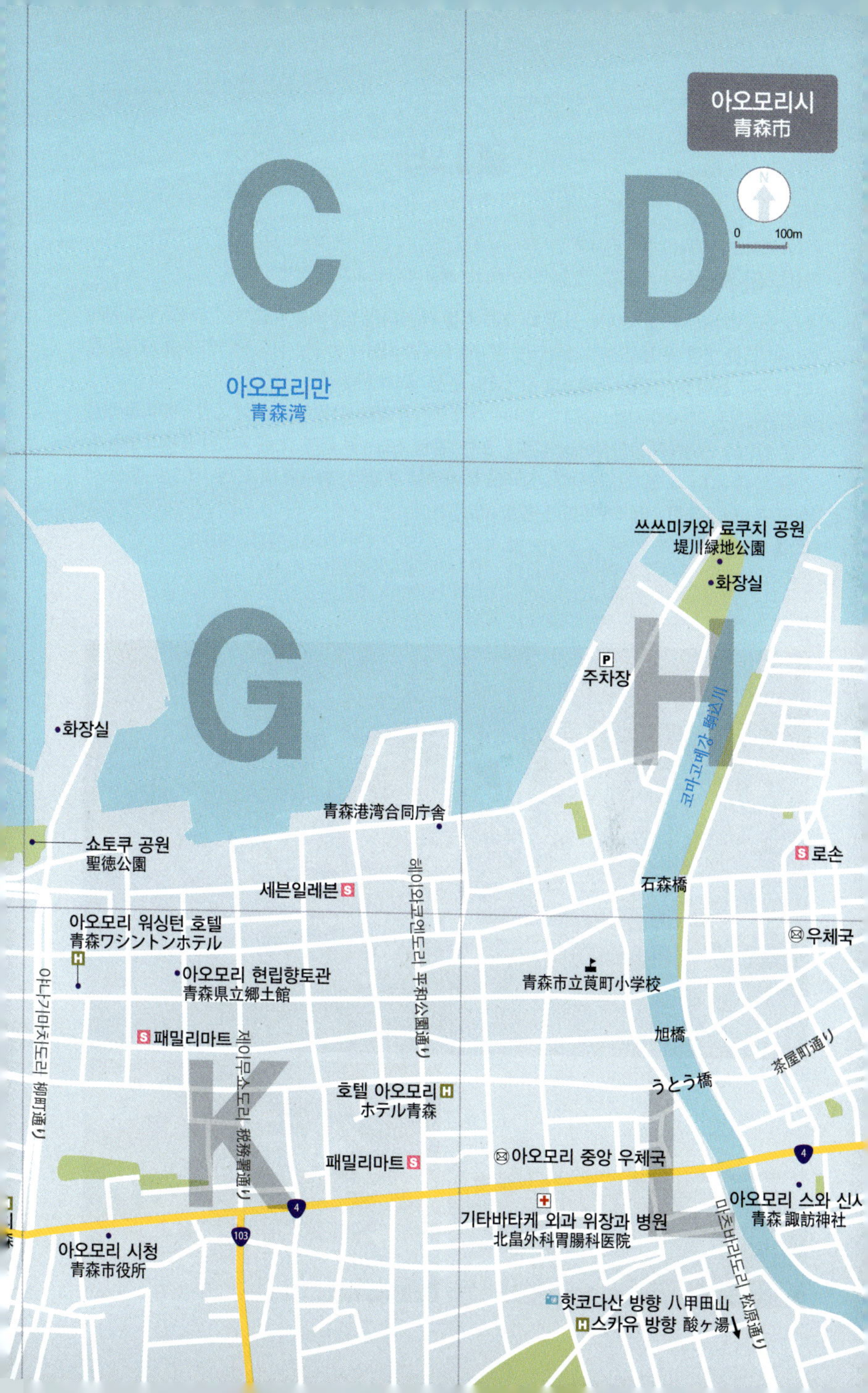

아오모리시
青森市

0 100m

C   D

아오모리만
青森湾

G   H

쓰쓰미카와 료쿠치 공원
堤川緑地公園
• 화장실

P 주차장

• 화장실

쇼토쿠 공원
聖徳公園

青森港湾合同庁舎

S 로손

세븐일레븐 S

石森橋

아오모리 워싱턴 호텔
青森ワシントンホテル
H

• 아오모리 현립향토관
青森県立郷土館

青森市立莨町小学校

✉ 우체국

S 패밀리마트

旭橋

K

호텔 아오모리
ホテル青森

うとう橋

茶屋町通り

패밀리마트 S

✉ 아오모리 중앙 우체국

4

아오모리 시청
青森市役所

103

기타바타케 외과 위장과 병원
北畠外科胃腸科医院

아오모리 스와 신사
青森諏訪神社

핫코다산 방향 八甲田山
스카유 방향 酸ヶ湯

SEE

박력 넘치는 네부타의 매력 속으로
네부타 박물관 ねぶたの家 ワ・ラッセ 네부타노이에 와랏세

아오모리시의 네부타를 테마로 한 문화 교류 시설. '네부타의 집'이라는 이름처럼 축제를 위해 제작된 네부타를 보관 및 전시한다. 네부타는 종이와 철사를 사용해 만드는 장식 행렬인데 그 크기가 무려 폭 9m, 높이 5m, 깊이 7m로, 그 자체로도 큰 볼거리가 된다.
박물관에서는 2D 이미지를 3D로 구현하는 제작 과정을 엿볼 수 있으며, 일생 동안 네부타를 만들어 온 장인을 인터뷰한 동영상이 상영된다. 또한, 중앙 스크린을 통해 그 해 개최된 축제의 촬영 영상을 볼 수 있어 그 열기와 웅장함 간접적으로 체험할 수 있다. 항구를 배경으로 서 있는 붉은 색 철골 구조의 독특한 건물 디자인도 눈길을 사로잡는다.

Data 지도 ● 휴대지도-L, P.86-F **가는 법** JR 아오모리역에서 도보 1분 **주소** 青森県青森市安方1-1-1 **전화** 017-752-1311 **오픈** 09:00~19:00(9~4월 18:00까지) **휴무** 8/9·10, 12/31, 1/1 **요금** 네부타 박물관&네부타 홀 성인 600엔, 고등학생 450엔, 초·중학생 250엔 **홈페이지** www.nebuta.jp/warasse

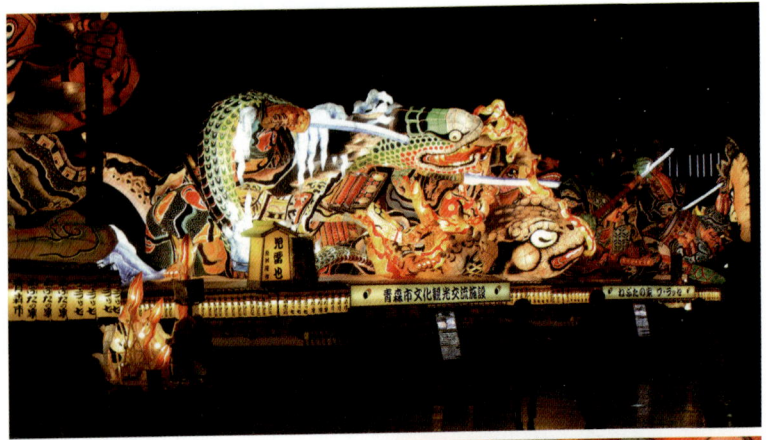

추억의 뱃고동 소리
메모리얼 십 핫코다 마루 Memorial Ship 八甲田丸 🔊 핫코다 마루

1988년 도호쿠의 아오모리현과 홋카이도의 하코다테시를 이어주는 세이칸 해저 터널이 개통하면서 바닷길을 오가던 세이칸 연락선은 운항을 중단한다. 그리고 마지막으로 운항했던 여객선인 핫코다 마루가 과거의 기억을 간직한 채 JR 아오모리역 앞 항구에 영구히 정박하게 된다.
상인들로 늘 북적거리던 항만의 풍경과 선박을 이용하던 사람들의 모습은 영상과 자료를 통해 확인할 수 있다. 또 엔진과 제어실 등 선박의 기계 설비도 공개하고 있다. 특히 철도 차량을 운송하던 1층 격납고의 광경은 그 자체로 압도적이다.

Data 지도 ● 휴대지도-L, P.86-F
가는 법 JR 아오모리역에서 도보 5분
주소 青森県青森市柳川一丁目112-15地先 **전화** 017-735-8150
오픈 09:00~19:00(11~3월 17:00까지) **휴무** 동절기 월요일, 3월 둘째 주 월~금요일 **요금** 성인 500엔, 중·고등학생 300엔, 초등학생 100엔 **홈페이지** aomori-hakkoudamaru.com

아오모리의 랜드마크
아오모리현 관광 물산관 아스팜 青森県観光物産館 アスパム

🔊 아오모리켄 간코붓산칸 아스파므

아오모리의 첫 알파벳 'A'를 형상화한 거대한 삼각형 건물로, 아오모리의 랜드마크다. JR 아오모리역 인근에 에이 팩토리가 들어서면서 명성은 예전만 못하지만 지상 15층, 높이 76m의 거대한 건물은 여전히 아오모리를 상징한다.
항구와 시내를 360도로 전망할 수 있는 13층 전망대를 비롯해 1층에는 아오모리현 특산품을 판매한다. 2층에는 아오모리의 자연과 네부타 마쓰리를 파노라마 스크린을 통해 상영한다. 아스팜 뒤편으로는 아오우미 해변 공원青い海公園이 조성되어 있어 산책하기에 좋다. 공원에는 독특한 청동상이 곳곳에 세워져 있다.

Data 지도 ● 휴대지도-L, P.86-F **가는 법** JR 아오모리역에서 도보 8분
주소 青森県青森市安方一丁目1-40 **전화** 017-735-5311
오픈 전망대 09:00~21:00 **휴무** 12/31
요금 전망대&파노라마 성인 800엔, 중·고등학생 600엔, 초등학생 400엔, 초등학생 미만 100엔(부모 동반 시 무료) **홈페이지** www.aomori-kanko.or.jp

 공통권으로 저렴하게 이용하기
네부타 박물관과 메모리얼 십 핫코다 마루, 아오모리현 관광 물산관 아스팜의 전망대&파노라마를 이용할 수 있는 3종 공통권을 판매한다. 요금은 성인 1,300엔, 고등학생 900엔, 중학생 700엔, 초등학생 500엔으로 성인 기준 약 600엔 저렴하다. 각 매표소에서 구입 가능.

TOHOKU BY AREA 01
아오모리현

5000년 전 선사 시대 속으로
산나이마루야마 유적 三内丸山遺跡 🔊 산나이마루야마 이세키

홋카이도와 기타도호쿠北東北에 주로 분포하고 있는 신석기 조몬 시대繩文時代 유적지 중 최대 규모를 자랑하는 취락 터이다. 산나이마루야마 유적은 조몬 시대 중에서도 약 5500~4000년 전에 조성된 것으로 추정된다.

조몬繩文은 '새끼줄 무늬'를 뜻하며 당시 사용되었던 조몬 토기에서 유래하였다. 땅을 깊이 파고 그 위에 지붕을 올린 수혈주거와 기둥을 박은 후 땅에서 띄워 집을 짓는 굴립주거의 흔적이 수백 동 이상 발견되었다. 특히 3층 높이의 대형 굴립주거터는 당시 꽤 높은 수준의 문화가 발달했음을 말해준다.

유적지에는 그중 일부를 복원해 전시하고 있으며, 박물관에서는 당시의 생활상을 재현한 유물들을 확인할 수 있다. 유적지에 대한 해설을 들을 수 있는 무료 가이드 투어(일본어)가 30분마다 있으니 자세히 알고 싶다면 이용해보자.

Data 지도 ● 휴대지도-P. P.86-I
가는 법 JR 아오모리역에서 네부탄호 버스를 타고 산나이마루야마三内丸山에서 하차(JR 신아오모리역 경유). 총 40분 소요
주소 青森県青森市三内字丸山 305 **전화** 017-781-6078
오픈 박물관 09:00~17:00 (골든위크 및 6~9월 18:00까지)
휴무 넷째 주 월요일, 12/30~1/1
요금 성인 410엔, 고등·대학생 200엔, 중학생 이하 무료
홈페이지 sannaimaruyama. pref.aomori.jp

縄文人のこころ
Jomon World

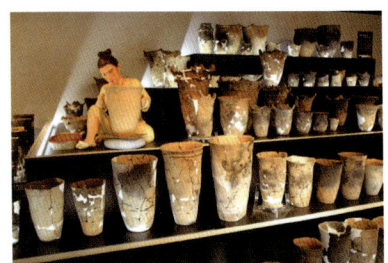

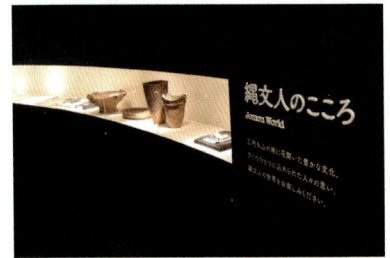

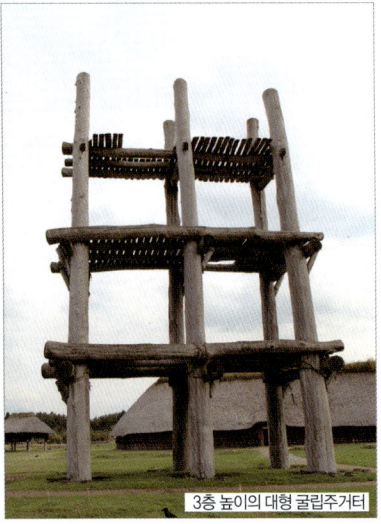

3층 높이의 대형 굴립주거터

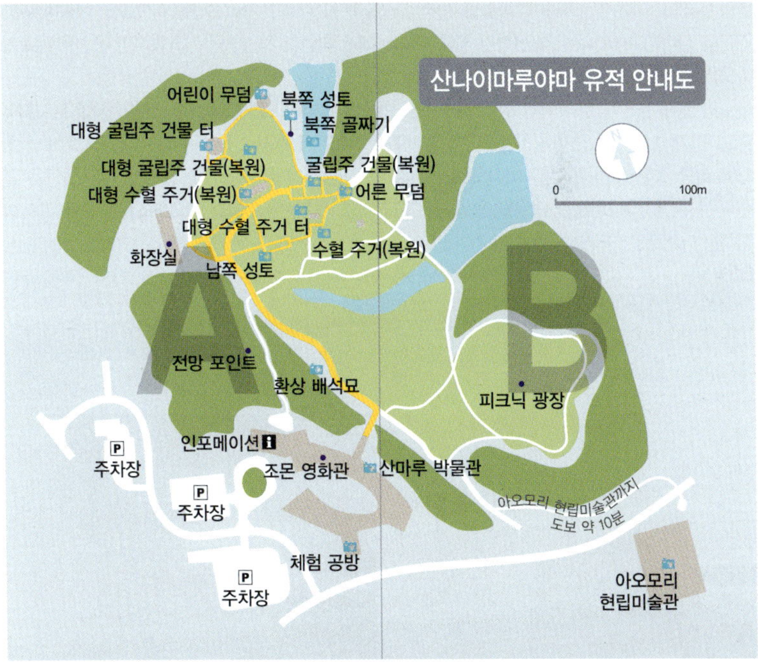
산나이마루야마 유적 안내도
어린이 무덤
북쪽 성토
북쪽 골짜기
대형 굴립주 건물 터
대형 굴립주 건물(복원)
굴립주 건물(복원)
대형 수혈 주거(복원)
어른 무덤
대형 수혈 주거 터
수혈 주거(복원)
화장실
남쪽 성토
0
100m
A
B
전망 포인트
환상 배석묘
피크닉 광장
인포메이션
P
주차장
조몬 영화관
산마루 박물관
아오모리 현립미술관까지
도보 약 10분
P
주차장
체험 공방
P
주차장
아오모리
현립미술관

나라 요시토모의 〈아오모리 개〉

'아오모리 개'가 사는 하얀 집

아오모리 현립미술관 青森県立美術館 🔊 아오모리 켄리츠비주츠칸

히로사키시 출신의 일본을 대표하는 팝 아티스트 나라 요시토모奈良美智를 비롯해 지역 예술가를 널리 알리고, 세계적인 예술 작품들을 지역 주민들과 공유하기 위해 설립된 아오모리 현립미술관. 인근의 산나이마루야마 유적(신석기 시대 취락지)에서 착안한 하얀색의 기하학적인 공간은 건축가 아오키 준青木純이 설계했다.

샤갈이 발레 공연의 무대 배경으로 그린 9m×15m의 유명한 〈알레코Aleko〉 3점이 상설 전시되어 있으며, 개성 넘치는 전시 공간만큼이나 흥미로운 기획전이 수시로 진행된다. 나라 요시토모의 초대형 작품 〈아오모리 개青森いぬ(아오모리 이누)〉는 미술관의 상징이자, 유일하게 사진 촬영을 할 수 있는 작품이다. 미술관 내 기념품 숍에는 오리지널 기념품뿐 아니라 아오모리현과 도호쿠를 상징하는 다채로운 디자인 제품을 판매한다.

Data 지도 ● 휴대지도-P, P.86-I **가는 법** JR 아오모리역에서 네부탄호 버스를 타고 아오모리 켄리츠비주츠칸県立美術館에서 하차(JR 신아오모리역 경유). 총 36분 소요 **주소** 青森県青森市安田字近野185 **전화** 017-783-3000 **오픈** 10~5월 09:30~17:00, 6~9월 09:00~18:00 **휴무** 둘째·넷째 월요일 및 연말 연시, 그 외 부정기적 휴관 **요금** 상설전 성인 510엔, 고등·대학생 300엔, 초·중학생 100엔 / 기획전 입장료 별도 **홈페이지** www.aomori-museum.jp

원시림과 설경 속으로

핫코다산 八甲田山 🔊 핫코다산

아오모리시 남쪽에 자리한 핫코다산은 최고봉인 표고 1,585m의 오다케산大岳를 비롯해 16개의 봉우리로 이루어진 연봉이다. 화산 활동의 흔적인 습원 지대와 원생림, 희귀한 고산 식물을 볼 수 있는 자연의 보고이자 한겨울 최고 높이 9m의 눈 벽과 수빙을 만날 수 있는 폭설 지대로 유명하다. 여름과 가을의 등산 코스, 겨울과 봄에는 스키장을 찾는 관광객의 발길이 끊이지 않는다.
핫코다산 북쪽 표고 1,324m의 다모야치다케산田茂萢岳에 로프웨이가 설치되어 있어서 단 10분이면 정상에 오를 수 있다. 다모야치다케산 주변으로 늪지대와 고산 식물을 관찰하며 걸을 수 있는 산책로가 있으며, 30분과 60분 코스 중 선택할 수 있다. 등산을 할 요량이라면 여기서부터 2시간 30분 걸리는 트레킹 코스인 게나시 파라다이스 라인毛無パラダイスライン을 추천한다. 이 코스 마지막에는 뽀얀 유황 온천의 스카유가 있어서 피로를 풀 수도 있다. 오다케산을 정복하는 종주 코스는 총 4시간 소요되며 정상에서 파노라마로 펼쳐지는 산세를 마주할 수 있다.

Data **지도** ● 휴대지도-T, P.86-L **가는 법** JR 아오모리역에서 JR버스 미즈우미호를 타고 로프웨이 에키마에로프웨이駅前에서 하차(JR 신아오모리역 경유). 총 1시간 7분 소요 **주소** 青森県青森市大字荒川寒水沢1-12 **전화** 017-738-0343 **오픈** 로프웨이 09:00~16:20(11~2월 09:00~15:40) **요금** 로프웨이 왕복 성인 2,000엔, 초등학생 700엔 **홈페이지** www.hakkoda-ropeway.jp

신선한 해산물과 채소 반찬을 내 입맛대로

아오모리 교사이 센터 青森魚菜センター

'후루카와 시장古川市場'이라고도 불리는 아오모리 교사이 센터는 각 가게에서 판매하는 신선한 해산물과 채소 반찬으로 나만의 덮밥을 만들 수 있는 놋케돈のっけ丼의 원조이다. 어머니의 손맛이 듬뿍 담긴 건강하고 맛있는 반찬을 내 입맛대로 고를 수 있다. 시장 입구 판매소에서 식사권 묶음을 5, 10매 단위로 구입한 후 밥과 반찬을 살 때마다 가격만큼 쿠폰을 내면 된다. 참치, 연어, 연어알 등의 해산물은 물론 닭튀김, 채소튀김, 절임 등 종류가 다양하고 맛있다. 완성된 놋케돈은 시장 내 마련된 테이블에서 먹고 갈 수 있다. 식사권은 환불이 안 되므로 적당히 구입하자. 2명이면 5매권 1개와 10매권 1개면 충분하다.

Data 지도 ● 휴대지도-Q, P.86-J
가는 법 JR 아오모리역에서 도보 5분
주소 青森県青森市古川1-11-16
전화 017-763-0085
오픈 07:00~16:00
휴무 화요일(골든위크, 네부타 축제 기간, 연말연시에 휴무일 변동)
요금 식사권 650엔(5매), 1,300엔(10매)
홈페이지 nokkedon.jp

역 앞의 푸근한 해산물 식당
오사나이 お食事処 おさない

JR 아오모리역에서 멀지 않은 곳에 자리한 해산물 식당으로, 호평이 자자한 곳이다. 매일 아침 공수하는 생가리비를 회, 튀김, 구이 등 다양하게 즐길 수 있고 양도 푸짐한 편이다.
가리비를 미소, 달걀, 파 등을 넣고 한소끔 끓여 나온 아오모리 향토 요리인 호타테 카이야키 미소ほたて貝焼き味噌는 이 집의 간판 메뉴. 구수하고 따뜻하고 어딘지 그리운 맛이다. 안주로 먹기 좋은 단품 메뉴도 다양해서 저녁에는 술 한 잔 기울이고 싶은 곳이다.

Data **지도** ● 휴대지도-L, P.86-J
가는 법 JR 아오모리역에서 도보 4분 **주소** 青森県青森市新町1-1-17, 1F
전화 017-722-6834
오픈 11:00~14:00, 16:00~20:00 **휴무** 월요일
요금 호타테 카이야키 미소 정식 1,100엔

호타테 카이야키 미소

이탈리아를 맛보다
린체 Lince

이탈리안 요리를 맛볼 수 있는 레스토랑이자 바. 고급스러운 맛에 값도 비싼 편이지만, 운 좋게 금~일요일 점심시간이라면 이곳을 방문하자. 그날그날 조금씩 다른 런치 메뉴의 가격은 1,000~1,500엔에 음료 포함이고, 런치 코스는 1,700엔 선에서 제공한다. 햄, 육포 등 모두 직접 만든 것을 사용해 신선하다. 점심시간에는 사람이 많으니 조금 느지막이 가도록 하자. 런치로 맛을 보고 나면 밤에도 다시 오고 싶어지는 곳이다.

Data **지도** ● 휴대지도-R, P.86-J
가는 법 JR 아오모리역에서 도보 10분
주소 青森県青森新町2-6-18
전화 017-752-1880
오픈 11:45~14:30, 18:00~23:00 **휴무** 목요일
요금 런치 1,080엔부터
홈페이지 www.lince-aomori.jp

미술관의 오아시스
욘 히키노 네코 4匹の猫

'4마리의 고양이'라는 귀여운 이름의 카페 레스토랑으로, 아오모리 현립미술관 내에 자리한다. 지친 다리를 쉴 겸 출출한 배도 채울 겸 들르기 좋다. 높은 천장과 미술관 공원으로 열린 전창이 시원한 느낌을 준다. 유기농 커피를 사용하는 등 친환경적인 재료를 고집하고 쓰가루 닭, 아오모리 사과와 같은 현지 식재료에 기반한 파스타와 커리 및 디저트 메뉴를 선보인다.

Data 지도 ● 휴대지도-P, P.86-I **가는 법** JR 아오모리역에서 네부탄호 버스를 타고 아오모리 켄리츠비주츠칸에서 하차 후 바로(JR 신아오모리역 경유), 아오모리 현립미술관 내. 약 36분 소요
주소 青森県青森市安田字近野185 **전화** 017-761-1401
오픈 10:30~17:00(10~5월 16:30까지)
휴무 둘째·넷째 주 월요일 및 연말 연시, 그 외 아오모리 현립미술관 임시 휴관일
홈페이지 www.jogakurakanko.jp/yonhikinoneko/index.html

빈에서 즐기는 티타임
슈트라우스 シュトラウス

레드 카펫에 앤틱 테이블과 의자, 샹들리에로 꾸민 유럽 스타일 카페. '왈츠의 왕'이라 불리는 슈트라우스에서 딴 이름에서 짐작하듯 유럽 중에서도 오스트리아 빈의 고풍스러운 카페 분위기 연출했다. 여유로운 공간에 흐르는 클래식 음악을 듣고 있노라면 잠시나마 우아한 귀부인이 된듯하다. 부드러운 우유 거품의 시그니처 커피와 함께 다채로운 케이크가 유명하다. 특히 아오모리산 카시스를 이용한 보랏빛의 상큼한 무스 케이크가 인기. 아오모리 사과를 이용한 계절 한정 디저트 메뉴도 선보인다. 1층에는 테이크아웃 케이크 숍이, 2층에 카페가 자리한다.

Data 지도 ● 휴대지도-J, P.86-Q **가는 법** JR 아오모리역에서 도보 7분 **주소** 青森県青森市新町1-13-21 **전화** 017-722-1661 **오픈** 케이크 숍 10:00~18:30 / 카페 11:00~17:30 **요금** 케이크 1조각 410엔부터, 시그니처 커피 594엔부터 **홈페이지** www.strauss.jp

BUY

아오모리 사과의 무한변신
에이 팩토리 A-FACTORY

'아오모리Aomori'의 첫 번째 알파벳 A를 상징하는 삼각지붕 6개가 나란히 붙어 있는 에이 팩토리는 아오모리 사과의 무한 변신을 엿볼 수 있는 특산품 매장이다. 전체가 2층으로 뚫린 내부에는 사과를 가공한 과실주인 시드르Cidre를 만드는 공방이 통유리 너머 자리하고, 여러 가지를 시음하며 입맛에 맞는 것을 매장에서 구입할 수 있다. 수십 종의 애플파이와 현지 식재료를 이용한 잼, 스프레드 등 가공품은 디자인을 가미해 선물로도 꽤 폼이 난다.

매장 안쪽에 마련된 푸드 코트에는 초밥, 덮밥, 튀김 등 식사로 즐길 만한 메뉴를 판매한다. 여름 밤 테라스 좌석에서 맥주와 시드르 와인을 무제한으로 즐길 수 있는 비어 테라스Beer Terrace가 조성되기도 한다.

Data **지도** ● 휴대지도-L, P.86-F **가는 법** JR 아오모리역에서 도보 2분 **주소** 青森県青森市柳川1-4-2 **전화** 017-752-1890 **오픈** 매장 09:00~20:00(레스토랑 11:00부터)
홈페이지 www.jre-abc.com/wp/afactory/index

현지의 맛과 멋
지바 셀렉트 地場セレクト

아오모리현 각지에서 엄선한 특산품과 수공예품을 판매하는 셀렉트 숍. 아오모리의 채소와 과일 및 해산물을 이용한 가공 식품부터 일상생활에서도 쓰기 좋은 쓰가루 칠기 그릇, 목공예 소품, 사과 디자인이 가미된 패브릭 소품 등 현지의 맛과 멋이 선반마다 가득하다. 작은 매장 안에 빈틈 없이 수납되어 있으니 천천히 시간을 두고 구경하자. 매장 한정의 오리지널 제품도 있고 인기 상품이나 추천 상품은 따로 표기해두어 선택에 도움을 준다.

Data 지도 ● 휴대지도-M, P.86-F
가는 법 JR 아오모리역에서 도보 7분, 아오모리현 관광 물산관 아스팜 1층
주소 青森県青森市安方一丁目1-40 アスパム 1F
전화 017-777-3679
오픈 09:00~19:00(11~3월 18:00까지)
휴무 12/31
홈페이지 jibaselect.blog10.fc2.com

아오모리에서의 마지막 쇼핑
아오모리 슌미칸 あおもり旬味館

도호쿠 신칸센과 홋카이도 신칸센이 오가는 JR 신아오모리역 내의 특산품 매장. 다른 지역으로 떠나기 전 마지막으로 기념품이나 선물을 구입하기에 좋다. 아오모리 오미야게 랭킹 1위의 라구노ラグノオ 스틱 애플파이를 비롯해서 니혼슈, 센베이 등 상품이 다채롭다. 식사 시간이라면 해산물, 라멘, 야키소바 등을 판매하는 푸드 코트에 가거나, 간단하게 요기할 수 있는 즉석 먹거리를 사먹기에도 좋다.

Data 지도 ● 휴대지도-P, P.86-I
가는 법 JR 신아오모리역 내
주소 青森県青森市大字石江字高間140-2
전화 017-752-6557
오픈 09:00~20:00(푸드 코트 21:00까지 / 편의점 06:30~20:30)
홈페이지 www.jre-abc.com/wp/syunmikan/index/

라구노 스틱 애플파이

SLEEP

항구 도시의 운치를 즐길 수 있는 시티 호텔
다이와로이넷 아오모리 ダイワロイネットホテル青森

일본 전국에 50곳이 넘는 다이와로이넷 호텔 그룹이 운영하는 비즈니스호텔이다. 그중에서도 다이와로이넷 아오모리는 2018년 10월 23일에 오픈한 신설 호텔이다. 다이와로이넷 그룹의 모던한 객실 인테리어와 분위기는 물론, 위치, 시설, 가격에서도 검증된 호텔이다. 특히 전 객실이 욕조와 화장실이 분리된 타입으로 설계되어 여성 고객의 평가가 높다.

JR 아오모리역에서 도보 5분 거리이며, 에이 팩토리와도 가까워, 에이 팩토리 테라스 좌석에서 항구 도시의 운치를 즐길 수 있다.

트윈룸

Data 지도 ● 휴대지도-L, P.86-J
가는 법 JR 아오모리역에서 도보 5분
주소 青森県青森市新町1-11-6
전화 017-732-7380 **요금** 싱글룸 1인 7,000엔부터
홈페이지 www.daiwaroynet.jp/aomori/

보양식보다 보양 온천
스카유 酸ヶ湯

핫코다산 중턱에 자리한 일본 보양 온천 1호. 일본 환경부가 온천 치료 효과가 있다고 공표한 온천 중 첫 손에 꼽힐 만큼 온천의 질이 뛰어나고 그 역사도 300년에 이른다. 화산이 선물한 산성 유황천을 노송나무 실내탕에서 즐길 수 있다. 242㎡에 달하는 실내에 온도가 다른 4개의 탕이 있는 센닌부로千人風呂는 스카유의 상징이다. 예부터 남녀노소가 함께 이용한 혼탕이다. 불편하다면 남녀가 분리된 다마노유玉の湯를 이용하자. 수질은 같다.

당일 입욕으로 유명한 곳이지만, 숙박도 가능하다. 장기 체류형의 간소한 방은 공동 화장실과 부엌을 사용해야 하는 대신 저렴하다. 일반적인 료칸의 다다미방도 있다. 숙박객은 혼탕을 여성 전용 시간(오전·오후 8시~9시)에 편하게 이용할 수 있다.

Data 지도 지도 밖 **가는 법** JR 아오모리역에서 JR버스 미즈우미호를 타고 스카유 온센에서 하차(JR 신아오모리역 경유). 총 1시간 18분 소요 / 숙박객은 JR 아오모리역에서 무료 셔틀버스 이용(1일 2편, 예약 필수)
주소 青森県青森市荒川南荒川山国有林酸湯沢50番地 **전화** 017-738-6400
요금 7,560엔(4인 이용 시 1인 요금, 조·석식 포함)부터 / 당일 입욕(혼탕 07:00~18:00, 다마노유 09:00~17:00) 이용료 1,000엔 **홈페이지** www.sukayu.jp

히로사키시&
고쇼가와라시
弘前市&五所川原市

히로사키시와 고쇼가와라시는 에도 시대 쓰가루번의 번영과 메이지 유신 이후 변혁의 과정을 동시에 엿볼 수 있는 도시다. 과거로부터 현재까지 아오모리현의 역사가 차곡차곡 쌓여 있는 이곳으로 시간 여행을 떠나보자. 달콤한 사과 향이 여행 내내 코끝을 간질인다.

Hirosaki · Goshogawara
GET AROUND

히로사키시&고쇼가와라시 시내 교통

히로사키 시내 관광을 편리하게 돕는 100엔 버스가 운행한다. 한겨울이 아니라면 자전거도 괜찮다. 고쇼가와라시와 아오모리시까지 한꺼번에 여행한다면 쓰가루 프리 패스를 추천한다.

쓰가루 프리 패스 津軽フリーパス

히로사키시를 중심으로 주변 관광지를 연결하는 JR 열차의 오우 본선奥羽本線과 고노선五能線, 사철 고난철도弘南鉄道와 쓰가루 철도津軽鉄道, 지역 버스인 고난버스弘南バス의 일부 구간을 2일 동안 무제한으로 이용할 수 있는 교통 티켓. JR 아오모리역까지 이용할 수 있으므로 아오모리 시내와 함께 2박 3일 일정의 여행으로 계획할 때 특히 유용하다.

요금 패스 2일권 성인 2,060엔, 어린이 1,030엔
홈페이지 www.tsugarunavi.jp/freepass/index.html

JR 히로사키역 외관

JR 히로사키역 내관

100엔 버스 100円 バス

전 구간 100엔의 요금이 적용되는 100엔 버스가 운행 중이며, 그중 도테마치 순환버스土手町循環バス와 다메노부호ためのぶ号가 히로사키성 방향의 주요 관광지를 관통한다. 10~15분 간격으로 운행해 편리하다.

운행 4~11월 10:00~18:00(12~3월 17:00까지)
요금 성인 100엔, 어린이 50엔
홈페이지 www.konanbus.com/coin.html

100엔 버스 승차권

100엔 버스 정류장

자전거

히로사키에는 히로사키 관광협회에서 운영하는 자전거 렌털숍이 시내 곳곳에 위치해 있다. 자전거 대여 장소와 반납 장소가 달라도 된다. 자전거를 빌릴 때에는 반드시 신분증(여권)을 제시해야 한다. 대여소에서는 반납 가능한 위치를 알 수 있는 시내 관광지도를 받을 수 있다. 자전거는 오후 5시까지 반납해야 한다.

언덕길을 오를 때 편리한 전동 자전거는 히로사키시 관광 안내소와 히로사키 시립관광관에서만 빌리고 반납할 수 있다. 자전거 대여는 5월 중순부터 11월 초까지만 운영된다.

오픈 JR 히로사키역 1층 관광 안내소 08:45~16:00 / 히로사키 시립관광관 09:00~16:00
요금 일반 자전거 500엔, 전동 자전거 1,000엔

히로사키시는 도로 정비가 잘되어 있어 자전거 여행이 편리하다.

⋆⋆⋆ Plus Info ⋆⋆⋆

Information Center

히로사키시 시립관광관 弘前市立観光館
히로사키시 관광의 중심인 히로사키 성터 인근의 관광 안내소로 각종 지역 특산품 매장도 자리한다. 2층에는 쓰가루 칠기 공예 전시관도 있다. 전동 자전거 대여 가능.
Data **지도** P.104-D **가는 법** 히로사키성 앞 **주소** 青森県弘前市下白銀町2-1
전화 0172-37-5501 **오픈** 09:00~18:00 **휴무** 12/29~1/3

히로사키시 관광 안내소 弘前市観光案内所
JR 히로사키역 내에 자리해 접근성이 좋고 자전거도 대여할 수 있다.
Data **지도** P.104-F **가는 법** JR 히로사키역 1층 **주소** 青森県弘前市表町1 **전화** 0172-26-3600
오픈 08:45~18:00(12/29~1/3 17:00까지)

히로사키시 마치나카 정보 센터 弘前市まちなか情報センター
2004년 문을 연 관광 안내소와 함께 카페와 휴게실을 잘 갖추고 있으며, 히로사키 벚꽃 관련 상품도 판매한다.
Data **지도** P.104-E **가는 법** 100엔 버스를 타고 도테마치土手町에서 하차 후 도보 2분
주소 青森県弘前市大字土手町94-1 **전화** 0172-31-5160 **오픈** 09:00~21:00

Hirosaki · Goshogawara
ONE FINE DAY IN

100년 전 근대 건축물을 발견할 수 있는 건축 역사 여행과 히로사키 네부타, 쓰가루 샤미센으로 대표되는 전통문화와 예술을 모두 놓치고 싶지 않다면 온종일 부지런히 다녀야 한다.

애플파이 메구리
시내 곳곳의 카페,
베이커리를 돌며
애플파이로 아침 먹기

JR 히로사키역에서 도보 25분 →

히로사키 성터
벚꽃 명소로 유명한
아름다운 성에서
타박타박 산책 만끽하기

도보 2분 →

후지타 기념정원
일본식 정원과
서양식 건축의 절묘한
조화 감상하기

↓ 도보 10분

**쓰가루 철도
(고쇼가와라역)**
정감 넘치는 시골 열차 타기

← 도보 6분

**다치네푸타노 야카타
(쓰가루 고쇼가와라역)**
거대한 히로사키 다치네푸타를
관람하기

← 100엔 버스 15분+JR열차 48분+도보 5분

레스토랑 야마자키
맛도 모양도 황홀한
히로사키 프렌치
레스토랑에서 점심 먹기

↓ 쓰가루 철도 20분+도보 10분

**다자이 오사무 기념관
(가나기역)**
다자이 오사무가 나고 자란
저택 탐방하기

도보 1분 →

쓰가루 샤미센 회관
도호쿠의 전통문화와
색이 깃든 현악기인 샤미센
라이브 공연 관람하기

도보 10분+ 쓰가루 철도 20분+JR열차 48분+도보 15분 →

아이야 샤미센 향토 요리
샤미센 연주를 들으며
즐길 수 있는 쓰가루
향토 요리 맛보기

TOHOKU BY AREA 01
아오모리현

히로사키시 弘前市

- 페페 키친 Pepe Kitchen
- 히로사키시 시립관광관 弘前市立観光館
- JR 히로사키역 JR 弘前駅
- 호텔 애플랜드 방향 ホテルアップルランド
- 안젤리크 Angelique
- 弘前市立和徳小学校
- 세븐일레븐
- 弘前市立第一中学校
- 더 스테이블스 The Stables
- 권안온사 護安穏寺
- 약국
- 르 쇼콜라 Le Chocolat
- 르 캐슬 팩토리 Le Castle Factory
- 히로사키시 가톨릭 교회 히로사키 카톨릭 교회 弘前カトリック教会
- 일본 기독교단 히로사키 교회 日本基督教団弘前教会
- 주오도리 中央通리
- 히로사키시 마치나카 정보 센터 弘前市まちなか情報センター
- 아이야 사미센 향토 요리 あいや
- 津軽三味線ライブ郷土料理
- 사이쇼인 오중탑 最勝院五重塔
- 다케 온천 嶽温泉
- 고지마 료칸 小島旅館
- 青森県立弘前中央高等学校
- 주차장
- 히로사키시 그랜드 호텔 弘前グランドホテル
- 레스토랑 야마자키 レストラン山崎
- 스시 다무라 鮨たむら
- 페페리아리
- 히로사키시 중앙역
- 히로사키시 공원점 弘前公園前
- 아오모리 은행 기념관 青森銀行記念館
- 구 도오기주쿠 외국인 선교사관 旧東奥義塾外人教師館
- 히로사키시 관광 안내소 弘前市観光案内所
- 약국
- 히로사키시 대학 병원
- 弘前鷹ヶ丘線
- 히로사키시 다리 鷹匠橋
- 개조바시 下乗橋
- 弘前市立工業高等学校
- 주차장
- 히로사키시 성터 (히로사키 공원) 弘前城跡
- 스타벅스 히로사키시 공원점 Star Bucks 弘前公園前
- 히로사키시 시립박물관 弘前市立博物館
- 히로사키시 시립도서관 弘前市立図書館
- 이와키산 신사 방향 岩木山神社
- 후지타 기념정원 藤田記念庭園
- 다이쇼 로망잇사시쓰 옛 히로사키시 시립도서관 大正浪漫喫茶室 旧弘前市立図書館
- 로손

TOHOKU BY AREA 01
아오모리현

📷 SEE

해자에 흐르는 벚꽃 물길

히로사키 성터(히로사키 공원) 弘前城跡 🔊 히로사키죠 아토

1611년 축성되어 260년간 쓰가루번의 중심이었던 히로사키 성은 히로사키시 관광의 중심이다. 축구장 면적의 70배에 달하는 약 50ha의 부지에 3겹의 해자와 6곳의 성곽으로 구성된 규모는 과거의 위용을 대변한다. 히로사키 성터는 일본에서도 벚꽃 명소로 유명하다. 2,600그루의 벚나무가 만개할 때 장관을 이루고 벚꽃이 질 무렵 떨어진 꽃잎으로 뒤덮인 꽃길과 해자도 아름답다.
성터에 남아있는 천수각, 망루 3동, 성문 5동이 모두 중요문화재이다. 안쪽 해자를 건너는 붉은 다리 뒤로 혼마루가 보이는 게조바시下乘橋 다리가 포토 스폿으로 인기 있다. 혼마루의 천수각에서 보이는 우뚝 솟은 이와키산岩木山도 감동적이다.
가을에는 1,000그루의 단풍나무로 붉게 물들고, 2월 초에는 화려한 눈 등롱 축제가 열린다. 주변의 서양식 건축물 및 후지타 기념정원과 엮어 산책하면 반나절이 꽉 찬다.

Data 지도 P.104-A
가는 법 JR 히로사키역 서쪽 출구에서 100엔 버스를 타고 시야쿠쇼市役所에서 하차 후 도보 4분
주소 青森県弘前市下白銀町1
전화 0172-33-8739
오픈 공원 상시 무료 오픈 / 혼마루&기타노카쿠 4/1~11/23 09:00~17:00 / 벚꽃 축제 기간 07:00~21:00
요금 혼마루&기타노카쿠 성인 310엔, 어린이 100엔
홈페이지 www.hirosakipark.jp

100년 전 히로사키 시간 여행

일본 근대화의 과정에서 상업 도시로 성장했던 히로사키시. 그 당시를 증언하듯 1900년대 초반에 지은 서양식 건물들이 히로사키 성터 주변에 산재해 있다. 100년 전 그 시절로 되돌아가는 건축 여행에는 시대를 앞서간 한 건축가의 흔적과 자주 맞닿는다

#호리에 사키치 堀江佐吉(1845~1907년)

히로사키시 근대 서양식 건축물의 명장

히로사키시 출신의 대목장으로, 히로사키시에 산재한 여러 근대 서양식 건축물을 설계한 인물이다. 대표작으로 아오모리 은행, 히로사키 시립도서관이 있다. 호리에 사키치는 정식으로 서양식 건축 교육을 받은 적은 없으나, 홋카이도 개척 시절 하코다테의 서양식 건축 공사에 참여하면서 기술을 익혔다. 수차례 건축 경험을 통해 말년으로 갈수록 점점 정통 서양식 건축에 가까워진다. 히로사키 성터 주변의 여러 서양식 건축물을 비롯해 약 1,500채를 건설했다고 알려져 있다. 또한 말년에 설계한 다자이 오사무의 생가인 샤요칸은 그의 역작으로 손꼽힌다.

후지타 기념정원 藤田記念庭園  후지타 키넨테엔

도호쿠 최고의 정원

히로사키 출신의 사업가 후지타 겐이치藤田謙一가 1919년 지은 별장과 정원이다. 도쿄의 정원사를 초빙해 조성했으며, 이와키산을 차경으로 한 고지대의 서양식 정원과 지천회유식池泉回遊式(커다란 연못을 조성하고 그 주변으로 산책길을 낸 구조)의 저지대의 정원이 이루어져 총면적이 21,800㎡에 달한다. 팔각형의 탑이 인상적인 2층의 서양식 벽돌 별장 건물은 호리에 사키치의 여섯째 아들과 첫째 아들이 각각 설계와 시공을 맡기도 했다. 현재 다이쇼 시대의 낭만적인 분위기를 간직한 채 카페로 사용 중이다. 목조 단층 건물의 일본식 별채는 후지타 본가에 있던 것을 이축한 것으로 이곳에서 바라보는 정원과 이와키산의 풍경이 감탄을 자아낸다.

Data 지도 P.104-D
가는 법 JR 히로사키역 서쪽 출구에서 100엔 버스를 타고 시야쿠쇼市役所에서 하차 후 도보 5분
주소 青森県弘前市上白銀町8-1 **전화** 0172-37-5525
오픈 4/1~11/23 09:00~17:00
요금 성인 310엔, 어린이 100엔 / 공통 입장권(후지타 기념정원&히로사키성&히로사키성 식물원) 성인 510엔, 어린이 160엔

스타벅스 히로사키 공원점 Star Bucks 弘前公園前店

🔊 스타박스 히로사키 코엔마에텐

쓰가루 컨셉의 스타벅스

1918년 일본 육군 사단장의 관사로 지어진 일본과 서양 절충식 목조 건물로, 히로사키 시장 관사로 사용되다가 2015년 스타벅스가 입점했다. 고베의 기타노 이진칸(기타노 외국인 거리)점에 이어 일본에서 등록유형문화재 건물이 스타벅스가 된 두 번째 사례. 기존 건물의 구조를 그대로 살리고 너도밤나무로 만든 조명, 쓰가루 전통 자수를 이용한 좌석 등 전통공예를 접목해 당시의 멋스러움을 고스란히 전해준다.

Data **지도** P.104-D **가는 법** JR 히로사키역 서쪽 출구에서 100엔 버스를 타고 시야쿠쇼市役所에서 하차 후 도보 2분 **주소** 青森県弘前市上白銀町1-1 **전화** 0172-39-4051 **오픈** 07:00~21:00 **홈페이지** www.starbucks.co.jp/store/search/detail.php?id=1302

옛 히로사키 시립도서관 旧弘前市立図書館

🔊 큐 히로사키 시리츠 토쇼칸

아름다운 팔각 돔

1906년 르네상스 양식으로 지어진 3층짜리 목조 건물. 꼭대기 층의 붉은 색 팔각 돔 탑이 인상적이다. 1931년까지 시립도서관으로 이용되었으며, 자연 채광을 극대화하기 위해 창을 많이 만든 것 특징이다. 히로사키시 출신 대목장 호리에 사키치가 설계와 시공을 맡았을 뿐 아니라 발기인 중 한 명이기도 했다.

Data **지도** P.104-D **가는 법** JR 히로사키역 서쪽 출구에서 100엔 버스를 타고 시야쿠쇼市役所에서 하차 후 도보 2분
주소 青森県弘前市下白銀町2-1
전화 0172-82-1642 **오픈** 09:00~17:00
요금 무료입장

구 도오기주쿠 외국인 선교사관 旧東奥義塾外人教師館

🔊 큐 토오기주쿠 가이진 쿄시칸

근대 히로사키 서양인의 생활

아오모리현 최초의 사립학교인 도오기주쿠의 외국인 선교사가 기거했던 곳이다. 서재나 침실 등 당시의 생활 모습을 엿볼 수 있어서 호기심을 자극한다. 1층에는 카페 레스토랑이 자리하고 있다. 정원에는 히로사키의 서양식 근대 건축물의 10분의 1 사이즈의 미니어처를 전시해놓았는데 꽤 정교해서 볼만하다.

Data **지도** P.104-D **가는 법** JR 히로사키역 서쪽 출구에서 100엔 버스를 타고 시야쿠쇼市役所에서 하차 후 도보 2분
주소 青森県弘前市下白銀町2-1 **전화** 0172-37-5501
오픈 09:00~18:00 **요금** 무료입장

아오모리 은행 기념관 青森銀行記念館

🔊 아오모리 긴코 키넨칸

히로사키 근대 건축의 백미

1879년 설립된 아오모리현 최초의 국립은행이자 국가중요문화재이다. 일본의 59번째 국립은행이라서 '제59 은행'이라 불렸다. 본 건물은 1904년 현재의 위치로 옮기면서 새로 지은 것이다. 목조 2층 건물로 르네상스 양식의 좌우 대칭 구조를 따르고 있지만, 전통 가옥의 지붕 구조를 절충하고 아오모리산 노송나무와 느티나무를 사용하는 등 지역적인 특색도 가미했다. 호리에 사키치의 건축물 중 최고의 걸작으로 평가받고 있다.

Data 지도 P.104-D **가는 법** JR 히로사키역 서쪽 출구에서 100엔 버스를 타고 시야쿠쇼市役所에서 하차 후 도보 5분 **주소** 青森県弘前市元長町26 **전화** 0172-33-3638
오픈 4~11월 09:30~16:30 **휴무** 화요일, 12/29~1/3
요금 고등학생 이상 200엔, 초·중생 100엔 **홈페이지** aoginkinenkan59.ec-net.jp

일본 기독교단 히로사키 교회 日本基督教団弘前教会

🔊 니혼 키도코단 히로사키 쿄카이

아오모리 사과의 기원

1875년 설립된 도호쿠의 가장 오래된 개신교 교회로, 프랑스 파리의 노트르담 성당을 참고한 고딕풍의 목조 건축물이다. 사립학교 도오기주쿠의 영어 교사로 부임한 미국인 선교사 J. 잉그에게 감화된 학생 22명이 세례를 받으면서 이 교회의 역사가 시작되었다. 잉그 선교사는 히로사키시에 사과 묘목을 가져온 인물이기도 하다.

Data 지도 P.104-E
가는 법 JR 히로사키역 서쪽 출구에서 100엔 버스를 타고 시야쿠쇼市役所에서 하차 후 도보 10분
주소 青森県弘前市元寺町48 **전화** 0172-32-3971 **오픈** 09:00~16:00 **휴무** 수·일요일 오전
요금 무료입장 **홈페이지** hirosakichurch.sakura.ne.jp

히로사키 가톨릭 교회 弘前カトリック教会

🔊 히로사키 카토리쿠 쿄카이

성스러운 네덜란드 구신교 제단

1910년 지어진 로마네스크 양식의 건축물이다. 박공지붕과 첨탑이 상징적이고 내부에는 스테인드글라스와 높이 약 8m의 제단을 볼 수 있다. 이 제단은 1866년 네덜란드 암스테르담의 교회에 설치되었던 것으로 1939년 이곳으로 가지고 왔다.

Data 지도 P.104-E **가는 법** JR 히로사키역 서쪽 출구에서 100엔 버스를 타고 시야쿠쇼市役所에서 하차 후 도보 13분 **주소** 青森県弘前市百石町小路20 **전화** 0172-33-0175
오픈 10:00~15:00 **휴무** 일요일 **요금** 무료입장
홈페이지 www.sendai.catholic.jp/hirosakicatholicchurch.html

고고한 아름다움
사이쇼인 오층탑 最勝院五重塔 🔊 사이쇼인 고주노토

도호쿠에서 가장 아름다운 탑으로 일컬어지는 사이쇼인 오층탑. 1667년 건립된 높이 31.2m의 이 목조탑은 못을 하나도 사용하지 않은 것으로도 유명하다. 오층탑이 있는 이 지역은 '젠린가이禅林街'라 불리는데 46개의 절이 모여 있어 독특한 분위기를 풍긴다.

Data **지도** P.104-E **가는 법** JR 히로사키역 서쪽 출구에서 100엔 버스를 타고 혼마치本町에서 하차 후 도보 10분
주소 青森県弘前市銅屋町63 **전화** 0172-34-1123
오픈 09:00~16:30 **홈페이지** www15.plala.or.jp/SAISYOU

쓰가루 민간 신앙의 중심
이와키산 신사 岩木山神社 🔊 이와키산 진자

이와키산 기슭에 자리한 약 1200년 역사의 신사. 삼나무와 신사 그리고 이와키산이 아름다운 조화를 이룬다. 쓰가루 지역의 영산靈山으로 일컬어지는 이와키산이 감싸고 있는 신사는 390년 전에 건축되었으며 몇 차례의 소실과 재건 과정을 거쳤다. 본전, 배전, 중문, 누문 등 6채의 건축물이 중요문화재로 음력 8월 신에게 올리는 제사는 중요무형민속문화재로 재정되었다.

Data **지도** P.104-D **가는 법** JR 히로사키역 서쪽 출구의 고난버스 승강장에서 가레키타이枯木平행(하쿠자와百沢 경유)을 타고 이와키산 진자에서 하차. 총 약 40분 소요
주소 青森県弘前市大字百沢字寺沢27 **전화** 0172-83-2135

산 아래 백색 유황 온천
다케 온천 嶽温泉 🔊 다케 온센

이와키산 아래 350년간 탕치장의 역사를 이어온 온천. 현재 고지마 료칸小島旅館, 조몬진 노아도縄文人の宿, 다케 호텔嶽ホテル, 다자와 료칸田澤旅館, 니시자와 료칸西澤旅館, 야마노 호텔山のホテル 등 6곳의 온천 여관을 영업 중이다. 숙박은 물론 모두 당일 입욕을 할 수 있고, 3곳을 골라 1,000엔에 이용할 수 있는 유메구리 데카타湯めぐり手形도 판매한다.

Data **지도** 지도 밖 **가는 법** JR 히로사키역 서쪽 출구의 고난버스 승강장에서 가레키타이枯木平행(하쿠자와百沢 경유)을 타고 다케 온센에서 하차. 총 50분 소요
주소 青森県弘前市大字常磐野湯の沢19(山のホテル) **전화** 0172-83-2329(야마노 호텔) **홈페이지** www.dake-onsen.com

신령이 깃든 원시림
시라카미 산지 白神山地 🔊 시라카미 산치

아오모리현과 아키타현에 걸쳐있는 약 130,000ha의 광대한 시라카미 산지는 약 8000년 전 탄생한 세계 최대 규모의 너도밤나무 원시림을 간직한 자연의 보고다. 1993년 그 중심부인 약 17,000ha가 일본 최초로 세계자연유산에 등록되었으며, 인위적인 등산로는 배제하고 중심 구역을 통제해 후대에 남겨지도록 보존하고 있다. 스튜디오 지브리의 인기 애니메이션 〈모노노케 히메 もののけ姫(원령공주)〉의 제작 당시 가고시마현의 야쿠시마와 함께 참고를 많이 한 장소로 언급되었을 만큼 사람의 손이 닿지 않은 신령스러운 분위기를 간직하고 있다. 또한 반달곰, 이누와시いぬわし(검둥수리), 구마게라くまげら(까막딱따구리) 등 야생 동물의 낙원이기도 하다.

시라카미 산지의 중심부에는 갈 수 없지만, 그 주변으로 접근할 수 있는 산책로와 등산로가 여러 곳 있다. 그중에서도 니시메야무라西目屋村 지역의 안몬暗門 계곡 주변은 산책로와 등산로가 잘되어 있고 시내에서 접근성도 괜찮아서 인기 있는 코스다. 세계자연유산 등록 지역 내의 너도밤나무 숲길(약 1시간 순회 코스)와 현지에서 오래전부터 명승지로 알려져 즐겨 찾던 안몬 폭포 산책로(왕복 2시간 코스), 쓰가루 토게津軽峠 고개까지 이어지는 다카쿠라 모리高倉森 등산로(편도 약 4~5시간 코스) 중에서 시간과 체력에 따라 선택할 수 있다. 기착지가 되는 안몬 아쿠아 그린 빌리지 내에는 온천, 식당, 매점 등 편의 시설이 잘 갖춰져 있다.

Data 지도 지도 밖
가는 법 JR 히로사키역에서 고난버스 안몬暗門호를 타고 아쿠아 그린 빌리지 안몬アクアグリーンビレッジ ANMON에서 하차. 총 1시간 30분 소요
오픈 6~10월 버스 운행
휴무 동절기 입산 금지
홈페이지 시라카미 산지 www.shirakami-visitor.jp / 아쿠아 그린 빌리지 안몬 www.kumagera.net

시라카미 산지&바다 기차 여행

차창 밖으로 푸르른 바다가 펼쳐지는 관광열차를 타고 세계자연유산인 시라카미 산지와 해안 절경지, 바닷가의 천연 노천탕을 만날 수 있는 특별한 기차 여행을 떠나보자.

리조트 시라카미 リゾートしらかみ

천년 원시림과 광활한 바다를 끼고 달리는 관광열차

도호쿠 서쪽 해안을 따라 JR 아키타역에서 JR 아오모리역까지 이어진 147.2km의 고노선五能線을 운행하는 관광열차다. 시라카미 산지의 명소에서 이름을 따온 아오이케青池, 부나橅, 구마게라くまげら 3개의 열차가 각각 하루 1회씩, 총 3회 왕복 운행하며 시라카미 산지를 비롯해 동해안의 여러 관광지를 연결한다.

시라카미 산지의 주니 호수와 가까운 JR 주니코역, 바닷가 노천탕인 후로후시 온천에 갈 수 있는 JR 웨스파스바키아마역을 지난다. 열차에 따라 해안 절경지인 센조키치와 인접한 JR 센조키지역에서 15분간 정차하기도 한다. 같은 구간을 보통열차도 운행하므로, 이를 연계하면 손쉽게 일정을 짤 수 있다. 시즌마다 출발 시각이 달라지므로 이용 전 홈페이지에서 시간을 확인하도록 하자.

Data 홈페이지 www.jreast.co.jp/railway/joyful/shirakami.html

센조지키 千畳敷

자연이 빚은 조각품

1742년 지진에 의해 지반이 융기하며 조성된 해변 암석 지대다. 과거 영주가 1,000장의 다다미를 깔고 연회를 벌였다는 기록이 있을 정도로 평평한 암석 지대가 넓게 분포되어 있다. 지명 역시 여기서 연유했다. 해 질 녘 석양이 특히 아름답고 여름철에는 캠핑과 해수욕을 즐기기 위한 인파가 몰린다.

Data 가는 법 JR 센조지키역에서 도보 1분 **주소** 青森県深浦町北金ヶ沢字榊原

후로후시 온천 不老ふ死温泉

파도가 들이치는 황금색 온천

파도가 들이칠 정도로 가까운 바닷가에 둥글게 돌을 쌓아 만든 노천탕. '늙지도 죽지도 않는다'는 이름과 맞아떨어지는 비현실적인 풍경과 선명한 주황빛 온천은 보자마자 감탄을 자아낸다. 철 성분이 공기와 만나 띠게 된 특유의 색과 비릿한 냄새, 짠맛까지 천연 온천의 참모습을 확인할 수 있다.

표주박 모양의 혼탕과 낮은 담 하나로 나뉜 여탕이 자리한 노천탕은 씻을 곳은 물론 탈의실도 변변치 않다. 노천탕에서 약 50m 떨어진 건물 내에 실내 탕과 샤워 시설이 있으며, 노천탕을 오갈 때 유카타를 대여해 착용하면 편리하다. 리조트 시라카미 도착 시각에 맞춰 무료 송영차량을 운행한다.

Data 가는 법 JR 웨스파쓰바키야마/ウェスパ椿山역에서 무료 송영 차량으로 7분
주소 青森県西津軽郡深浦町大字舮作字下清滝15 **전화** 017-374-3500
오픈 본관 실내탕 08:00~20:00 / 신관 실내탕 10:30~14:00 / 해변 노천탕 08:00~16:00
(파도가 높은 날은 운영 중단)
요금 당일 입욕 성인 600엔, 어린이 300엔 / 유카타 대여 200엔
홈페이지 www.furofushi.com

고가네자키 후로후시 온천 黄金崎不老ふ死温泉

색다르게 즐기는 참치 스테이크

아오모리현 내 최대 참치 어획량을 자랑하는 후카우라정. 이곳의 최고급 참치를 색다르게 즐길 수 있도록 후카우라 마구로 스테키돈深浦マグロステーキ丼이 개발되었다. 사시미, 한 면 굽기, 양면 굽기를 한 참치를 3가지 양념, 3가지 종류의 덮밥과 함께 입맛대로 맛볼 수 있는 메뉴다.

특히 고추냉이 소스 밥에는 참치회를, 달걀 지단이 올려진 밥에는 참치 스테이크와 함께 먹으면 별미다. 지역 내에 7곳의 전문점이 있으며, 그중 후로후시 온천 본관 1층에 자리한 식당은 노천 온천 후 허기진 배를 맛있게 채울 수 있는 곳이다.

Data 가는 법 후로후시 온천 본관 1층 **전화** 0173-74-3500
오픈 10:30~14:00 **가격** 후카우라 마구로 스테키돈 1,500엔
홈페이지 www.fukauramaguro.com/shop05.html

주니 호수 十二湖

신비로운 푸른 호수

세계자연유산인 시라카미 산지의 호수들을 일컫는 주니 호수. 산 위에서 12개의 호수가 보인다 하여 지어졌으며, 실제 호수는 33개다. 주니코에서 유명한 것은 단연 아오이케青池다. 크기는 작지만, 물에 잉크를 푼 듯한 투명하고 깊은 푸른색이 경외감을 불러일으킨다. 산책로가 조성되어 있는 커다란 호수 게토바노이케鶏頭場の池를 따라 걷다 보면 아오이케에 도달할 수 있다. 여기서 깊고 울창한 너도밤나무 원시림을 지나면 푸른 정도는 다르지만 역시 아름다운 다키쓰보노이케沸壺の池를 감상한 후 다시 원점으로 돌아오는 데까지 1시간 30분 정도 소요된다.

숲의 삼림욕 효과는 물론 계절마다 피고 지는 꽃과 나무의 독특한 자연의 향기에 저절로 오감이 깨어난다. JR 주니코역에서 산책로 입구까지 노선버스가 1일 9회 운행하므로, 열차 운행 시간에 맞춰서 주니 호수 관광을 계획할 수 있다.

Data 가는 법 JR 주니코역에서 고난버스를 타고 오쿠 주니코 추사조奥十二湖駐車場에서 하차. 총 15분 소요 **주소** 青森県西津軽郡深浦町 **전화** 0173-77-3113
오픈 4월 초~11월 중순 **홈페이지** www.shirakami-jyuniko.jp

여기도 가보자! **단보 아트**

이나카다테 단보 아트 田舎館 田んぼアート 이나카다테 탄보 아토

벼와 사람의 합작품

'논 아트'의 발상지가 이곳 이나카다테 마을이다. 1993년 이 지역 쌀을 알리기 위한 홍보 수단으로 출발했으며, 해가 거듭될수록 작품의 수준이 높아져 매년 수십만 명의 관광객이 찾는 명소가 되었다. 아래에서 위로 비스듬히 관람하게 되는 시선까지 고려한 도안 설계에는 탄복하게 된다. 그림에 음영과 색을 입히는 벼 품종도 약 10가지나 된다. 단, 이 품종은 맛이 없어 이듬해의 모종만 남기고 폐기된다고. 모내기와 추수에는 관광객도 지원할 수 있는데, 2017년 모내기 행사에는 3,000명이 참여했다. 전시 기간에는 제1 단보 아트와 제2 단보 아트를 연결하는 셔틀버스를 무료로 운행한다.

제1 단보 아트(이나카다테무라 전망대 田舎館村展望台)

Data **가는 법** 고난철도 이나카다테田舎館역에서 차로 5분 **주소** 青森県南津軽田舎館村大字田舎舘字中辻123-1 **요금** 4층 전망대 성인 300엔, 어린이 100엔 / 6층 전망대 성인 500엔, 어린이 200엔

제2 단보 아트(야요이노사토 전망대 弥生の里展望所)

Data **가는 법** 고난철도 단보 아트田んぼアート역에서 바로 **주소** 青森県南津郡田舎館村高樋八幡10 **요금** 성인 300엔, 어린이 100엔 **전화** 0172-58-2111 **오픈** 6월 초~10월 초 09:00~17:00 / 7/15~8/31 08:30~18:00 **홈페이지** www.inakadate-tanboart.net

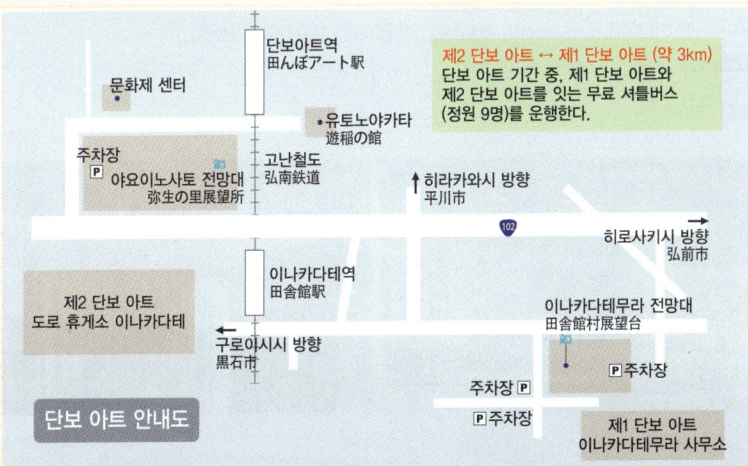

단보 아트 안내도

TOHOKU BY AREA 01
아오모리현

대문호가 태어난 집
다자이 오사무 기념관(샤요칸) 太宰治記念館(斜陽館) 🔊 다자이 오사무 키넨칸

일본 현대문학을 대표하는 소설가 다자이 오사무의 생가이자 기념관으로 국가중요문화재이다. 다자이 오사무가 태어나기 2년 전인 1907년에 완성되었고, 그는 이곳에서 중학교까지 시간을 보냈다. 메이지 시대 대지주였던 그의 부친이 지은 것으로 1층에 11실, 2층에 8실이 있으며, 하인을 포함해 30여 명이 기거했던 대저택이다. 제2차 세계대전이 끝나고 저택을 매각해 료칸(샤요칸)으로 사용되다가 지자체가 매입한 후 1998년 다자이 오사무 기념관으로 개관했다.

일본과 서양의 절충식 대저택은 아오모리 노송나무로 지어져 중후한 멋을 더하고 쌀 창고와 순금으로 된 불당 등은 당시 다자이 집안의 부를 짐작하게 한다. 2,200개의 쌀자루를 넣을 수 있는 곳간과 19개의 방이 있는 집을 그는 작품에서 '크기만 크고 멋대가리 없는 집'이라고 표현했다. 쓰가루 샤미센 회관과 인접해 있으며, 공통권을 발급받으면 100엔이 할인된다.

Data 지도 P.105-F **가는 법** 쓰가루 철도 가나기金木역에서 도보 6분 **주소** 青森県五所川原市金木町朝日山412-1 **전화** 0173-53-2020 **오픈** 5~10월 08:30~18:00 / 11~4월 09:00~17:00 **휴무** 12/29 **요금** 성인 500엔, 고등·대학생 300엔, 초·중학생 200엔 **홈페이지** dazai.or.jp

순금으로 만들어진 불당

출격! 거대 네부타
다치네푸타노 야카타 立佞武多の館 🔊 타치네푸타노 야카타

아오모리 3대 네부타인 고쇼가와라시의 다치네푸타를 알리는 전시관. 고쇼가와라 시내에서 매년 8월 4일부터 8일까지 펼쳐지는 다치네푸타 축제에는 총 15개의 네부타가 수레에 실려 나온다. 그중에서 과수와 같은 압도적인 비주얼의 거대 네부타 3기가 이 축제의 묘미다. 3개의 네부타는 각각 1년 차를 두고 제작되며 1년 차, 2년 차, 3년 차의 다치네푸타를 이곳에서 모두 전시하고 있다.

축제 시에는 통로를 도개교처럼 열고 전시관 옆면을 개방해 빼낸다. 입구에서 엘리베이터를 타고 4층부터 램프 통로를 따라 내려오면서 관람하면 된다. 1층 외부에 전시된 네부타와 기념품 숍, 네부타를 만들고 있는 장소 견학은 입장권 없이도 할 수 있다.

`Data` **지도** P.105-F **가는 법** JR 고쇼가와라五所川原역에서 도보 5분 **주소** 青森県五所川原市大町506-10 **전화** 0173-38-3232 **오픈** 09:00~19:00(10~3월 17:00까지) **휴무** 1/1
요금 성인 600엔, 고등학생 450엔, 초·중학생 250엔 **홈페이지** www.tachineputa.jp

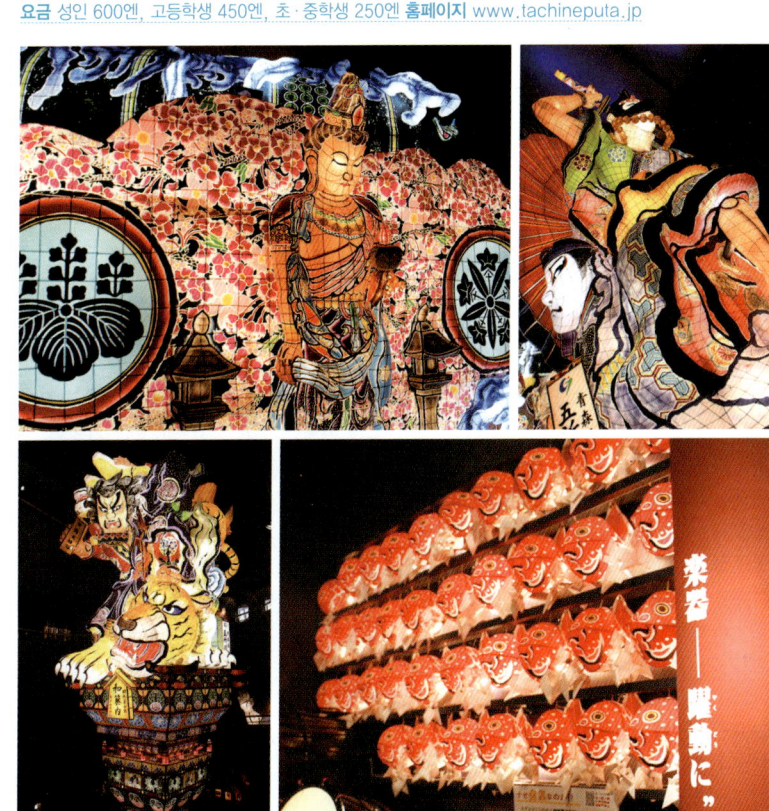

세 가닥 현의 노래
아오모리 쓰가루 샤미센 회관
青森津軽三味線会館

🔊 아오모리 츠가루 샤미센 카이칸

쓰가루 샤미센을 알리고 전승하는 전시관 겸 공연장. 가나기는 쓰가루 샤미센의 발상지이다. 채를 사용해 3개의 현을 뜯어서 연주하는 샤미센은 일본에서 가장 대중적인 전통 악기다. 일본의 전통 음악이나 음색을 떠올렸을 때 연상되는 바로 그 악기 소리. 샤미센은 지역에 따라 연주 기법이 다른데, 쓰가루 샤미센의 연주는 박력이 넘친다.
라이브 홀에서 하루 5~6차례 20분간 진행되는 쓰가루 샤미센 전승자의 연주를 라이브로 들을 수 있다. 짧은 시간이지만, 전승자의 속주와 기교가 더해진 샤미센 연주의 매력을 느끼기에 충분하다.

Data 지도 P.105-E
가는 법 쓰가루 철도 가나기金木역에서 도보 6분
주소 青森県五所川原市金木町朝日山189-3
전화 0173-54-1616
요금 성인 500엔, 고등·대학생 300엔, 초·중학생 200엔
오픈 09:00~17:00 휴무 12/29
홈페이지 www.kanagi-gc.net/syami/

정감 있는 시골 기차
쓰가루 철도 津軽鉄道 🔊 츠가루 테츠도

쓰가루반도 20.7km를 종단하는 지역 사철로, 1량짜리 노란색 열차가 시골 마을 구석구석을 달린다. '완만카ワンマンカー(승무원 없이 운전기사 1인만 있는 열차)'가 흔한 로컬 열차에서 승무원이 익숙한듯 승객 한 명 한 명에게 따스히 눈을 맞추고 인사를 건네는 모습은 따뜻한 시골의 정감을 자아낸다.
이 열차를 타는 관광객 대부분은 다자이 오사무 생가가 있는 가나기金木역이 목적지다. 관광객에게는 승무원이 간단한 안내를 해주기도 한다. 12~3월에는 객차 안에 둥근 화로를 피우는 디젤 기관차인 스토브 열차ストーブ列車가 운행된다. 열차가 처음 운행된 1930년부터 운영된 방식으로 지금까지 유지되고 있다. 스토브 열차는 운임 외에 추가 요금(400엔)이 붙는다.

Data 가는 법 쓰가루 철도 고쇼가와라津軽五所川原역~쓰가루 철도 나카사토津軽中里역(총 12개 역)
주소 青森県五所川原市字大町38(쓰가루 철도 고쇼가와라역)
홈페이지 tsutetsu.com

EAT

히로사키 프렌치
레스토랑 야마자키 レストラン山崎

아오모리의 기적의 사과를 사용한 차가운 사과 수프인 기적의 사과 수프를 맛볼 수 있는 프렌치 레스토랑 야마자키. 기적의 사과 수프 외에도 지역 농민과 농장을 연계하여 생산자가 보이는 로컬 재료로 히로사키 프렌치를 만들어낸다.

레스토랑 야마자키가 부담스럽다면 바로 옆에 붙어 있는 파티세리 야마자키로 발길을 돌려보자. 파티세리 야마자키에서도 기적의 사과로 만든 디저트와 카레 등을 맛볼 수 있다. 특히 기적의 사과를 갈아 튀긴 과자인 가린토かりんとう는 한 번 먹으면 멈출 수 없는 맛의 명품 스낵이다.

기적의 사과 수프

Data 지도 P.104-E 가는 법 JR 히로사키역 서쪽 출구에서 100엔 버스를 타고 시모도테마치下土手町에서 하차 후 도보 2분. 총 17분 소요
주소 青森県弘前市親方町41
전화 0172-38-5515
오픈 레스토랑 야마자키 11:30~14:00, 17:30~20:30 / 파티세리 야마자키 10:00~21:00
휴무 레스토랑 야마자키 월요일
요금 런치 2,160엔(기적의 사과 수프 선택 시 540엔 추가), 기적의 사과 풀 코스 5,400엔
홈페이지 www.r-yamazaki.com

Tip 한 사과 농가의 감동 실화

기적의 사과 奇跡のリンゴ
아오모리현에서 대대로 사과 농장을 운영하던 기무라 아키노리木村秋則(1949년 출생) 씨가 농약 한 방울, 비료 한 줌 없이 자연 농법으로 재배한 기적의 사과. 본래 사과는 오랜 세월 품종 개량을 통해 단맛을 끌어올렸지만, 병충해에 취약해 1년에 수십 차례 농약을 쳐야 했다. 기무라 씨는 농약 때문에 고생하던 아내를 위해 무농약 사과 재배에 도전하였다. 몇 년째 사과가 열리지 않아 좌절도 했지만, 결국 흙이 문제라는 것을 깨닫고 콩을 심어 뿌리혹박테리아를 통해 땅이 본래의 생명력을 회복하길 기다렸다. 미생물이 살게 된 사과밭에는 10년 만에 사과가 열렸고 해가 갈수록 수확량이 늘었다.
또한 기적의 사과 맛은 이전의 사과와는 차원이 달랐으며, 오래 두어도 갈변될 뿐 썩지 않았다. 비싼 값에도 불구하고 매년 판매되자마자 매진되는 이유다. 자연 농법으로 이룩한 이 기적은 여러 매스컴에 소개되며 책으로도 출판되고, 2013년에는 동명의 영화가 개봉하기도 했다.

기적의 사과 생산자인 기무라 아키노리

히로사키 애플파이 메구리

히로사키시의 사과로 만든 것 중 으뜸은 애플파이다. 어디서나 애플파이를 팔고 언제나 기대를 저버리지 않는다. 히로사키시 여행에서의 한 끼는 온전히 애플파이로 채워보자.

다이쇼 로만킷사시쓰 大正浪漫喫茶室

로맨틱한 복고풍 카페

후지타 기념정원 서양관에 자리 잡고 있는 카페. 히로사키시 애플파이 중 최대 7종류를 맛볼 수 있다. 홍옥으로 만든 루비색 사과 필링의 타무라팜タムラファーム, 견과류를 넣은 피터팬 양과자점ピーターパン洋菓子店, 사과 과육 젤리가 큼지막하게 씹히는 나이스 라이프ないすらいふ 등 각기 모양과 맛이 다른 애플파이를 고를 수 있다. 100년의 시간을 간직한 로맨틱한 분위기의 공간에서 커피와 함께 느긋하게 즐기는 여유도 선사한다. 세트로 주문하면 가격이 할인된다.

Data 지도 P.104-D **가는 법** JR 히로사키역 서쪽 출구에서 100엔 버스를 타고 시야쿠쇼市役所에서 하차 후 도보 4분
주소 青森県弘前市上白銀町8-1
전화 0172-37-5690
오픈 09:00~17:00
요금 애플파이 370엔, 애플파이 커피 세트 720엔

르 캐슬 팩토리 Le Castle Factory

단골 손님이 많은 호텔 베이커리

모양도 맛도 애플파이에 기대하는 딱 그 맛을 선사한다. 은은한 시나몬 향과 달콤하고 쫀쫀한 사과 필링, 고소한 버터 향이 가득한 그물코 모양의 파이가 조화를 이룬다. 히로사키시의 터줏대감 호텔인 뉴캐슬 호텔에서 운영하는 베이커리인 만큼 케이크 종류가 다양하고 화려하다. 갓 구워낸 담백한 식사 빵도 판매한다.

Data 지도 P.104-E **가는 법** JR 히로사키역 서쪽 출구에서 100엔 버스를 타고 호텔 뉴캐슬 ホテルニューキャッスル에서 하차
주소 青森県弘前市上鞘師町24-1, ホテルニューキャッスル1F **전화** 0172-36-1211
오픈 09:00~21:00 **요금** 애플파이 324엔
홈페이지 www.newcastle.co.jp/restaurant/factory.html

르 쇼콜라 Le ChoColat

수제 초콜릿&케이크 숍

단맛보다는 신맛이 도드라져 깔끔하게 먹을 수 있는 애플파이. 오븐에 구운 후 마무리로 얹은 살구잼이 맛의 포인트가 되고 계피 맛도 딱 알맞다. 르 쇼콜라는 제철 재료와 계절감을 살린 케이크가 특히 유명하고 수제 트리플 초콜릿과 쿠키도 달지 않아서 좋다. 잼 종류도 다양하다.

Data 지도 P.104-E **가는 법** JR 히로사키역 서쪽 출구에서 100엔 버스를 타고 오카치마치徒町에서 하차 **주소** 青森県弘前市徒町17-1
전화 0172-37-6761 **오픈** 09:00~19:00
휴무 수요일 **요금** 애플파이 324엔
홈페이지 le-chocolat.sakura.ne.jp

안젤리크 Angelique

세련된 디저트 카페

화려한 모양만큼이나 확실한 단맛과 신맛이 혀끝에 감도는 애플파이 맛집. 후지 또는 홍옥 사과를 얇게 썰고 특제 사과 필링과 함께 바삭바삭한 페이스트리에 올린다. 계피는 들어가지 않는다. 히로사키 성터에서 좀 떨어진 곳에 위치해 있지만, 손님이 끊이지 않는 인기 파티세리다. 세련된 만듦새의 케이크와 마카롱이 눈길을 사로잡는다. 2층에 카페도 마련되어 있다.

Data 지도 P.104-C **가는 법** JR 히로사키역 서쪽 출구에서 100엔 버스를 타고 요코초이리 구치 横町入口에서 하차 후 도보 4분
주소 青森県弘前市大字野田1-3-16
전화 0172-35-9894 **오픈** 10:00~19:00
휴무 화요일, 둘째·넷째 주 수요일
요금 애플파이 302엔

> **Tip** 꼭 챙기자! 히로사키 애플파이 가이드 맵
>
> 히로사키 시내 및 근교에 자리한 50곳 남짓의 애플파이 판매점을 모아둔 지도다. 애플파이 사진과 판매점의 정보, 제품의 특징이 잘 정리되어 있다. 또한 단맛, 신맛, 계피 맛을 약에서부터 강까지 1~5단계로 표기해 자신의 입맛에 맞는 애플파이를 고를 수 있도록 돕는다. 히로사키시 관광 안내소에서 무료 배포한다.

샤미센 한 가락에 술 한 잔
아이야 샤미센 향토 요리
津軽三味線ライブ あいや

라이브로 펼쳐지는 샤미센 연주를 감상하면서 쓰가루 향토 요리를 즐길 수 있는 레스토랑. 회, 생선구이, 국, 두부 등의 6가지 요리와 2가지 종류의 음료 및 술로 구성이 된 세트 메뉴는 정갈한 맛과 깔끔한 구성으로 가격대비 만족도가 높다. 그 외에도 단품으로 즐길 수 있는 요리 메뉴가 많다.

맥주를 마시며 샤미센 소리에 귀를 기울이면 마음이 평온해진다. 독주와 합주의 순으로 진행이 되고 약 30분간 공연을 한다. 전통문화와 음식을 함께 경험할 수 있어서 관광객도 많이 찾는다. 오후 7시부터 1회 공연이 진행되고 2회부터는 손님이 들어오는 상황에 맞게 연주가 이루어진다.

Data 지도 P.104-E **가는 법** JR 히로사키역 서쪽 출구에서 도보 15분
주소 青森県弘前市富田2-7-3 **전화** 0172-32-1529
오픈 17:00~22:30 **요금** 쓰가루 향토 요리 세트 3,780엔부터
홈페이지 www.shibutanikazuo.com

꽃처럼 화사한 한 끼
스시 다무라 鮨 たむら

정갈하면서도 세련된 분위기의 스시 레스토랑. 연인들의 데이트 코스로는 물론 가족끼리 오붓하게 외식을 하기에도 괜찮은 곳이다. 쓰가루 해협의 참치를 비롯해 제철 성게, 전복, 연어알 등의 해산물로 만든 스시가 대표 메뉴다. 좀 더 특별한 메뉴를 맛보고 싶다면 바라 지라시バラちらし를 추천한다. 사각 나무 합에 잘게 자른 여러 종류의 회와 달걀지단, 각종 채소를 초밥과 섞은 바라 지라시는 화려한 색감이 마치 만개한 꽃밭을 보는 것 같다.

Data 지도 P.104-E **가는 법** JR 히로사키역 서쪽 출구에서 100엔 버스를 타고 혼마치본초에서 하차 후 도보 5분
주소 青森県弘前市土手町31 土手町コミュニティーパーク ごちそうプラザ **전화** 0172-88-8378
오픈 11:30~13:00, 17:30~22:00(입장 마감 20:30) **휴무** 월·일요일 저녁
요금 바라 지라시 1,620엔 **홈페이지** sushitamura.jp/hiroski

바라 지라시

현지인이 추천하는 수제버거
페페 키친 Pepe Kitchen

히로사키시에서 소문난 수제버거 전문점. 카페 같은 분위기지만 술도 판매한다. 100% 소고기로 만드는 패티를 기본으로 하는 각종 버거에 다채로운 토핑을 추가할 수 있다. 폭신폭신하고 쫄깃한 빵 사이에 신선한 재료를 넘치도록 가득 채워준다. 손으로 살짝 눌러 같이 주는 종이에 잘 넣어 먹으면 된다. 버거에는 기본 웻지 감자튀김이 함께 나온다.
간단한 안주로 즐길 수 있는 감자튀김, 어니언링 등은 400엔 전후이고, 샐러드도 양이 적지 않아 하프 사이즈로 주문할 수 있다. 햄버거와 샌드위치는 포장이 가능하다.

Data 지도 P.104-E
가는 법 JR 히로사키역 동쪽 출구에서 도보 10분
주소 青森県弘前市稲田2-1-1
전화 0172-55-9266
오픈 11:00~14:00, 18:00~21:00 **휴무** 수요일
요금 햄버거 800엔, 아보카도 사워크림 버거 950엔

아보카도 사워크림 버거

온천 후 즐기는 웰빙 솥밥
야마노 호텔 마타기테이 山のホテル マタギ亭

다케 온천의 야마노 호텔 식당에서 '사냥꾼의 밥'이라는 의미를 가진 향토 요리인 마타기한マタギ飯을 맛볼 수 있다. 도호쿠의 명물인 마타기한은 오래전부터 사냥꾼들이 즐겨 먹던 방식으로, 산나물과 고기를 넣어서 만드는 건강식 솥밥이다. 재료는 닭고기, 버섯, 죽순, 우엉, 당근, 곤약 등이 들어간다.
조리하는 데 시간이 오래 걸리므로, 식사 1시간 전에는 예약해야 한다. 마타기한을 예약한 후 호텔 내 온천을 하고 나오면 얼추 시간이 맞는다. 온천을 마치고 즐기는 솥밥은 최고라는 말이 나올 정도로 만족스럽다. 곰, 사슴, 토끼 등 산짐승을 이용한 지비에 요리ジビエ料理, 은어와 메기 요리 등 이와키산의 제철 재료로 만든 음식도 즐길 수 있다.

Data 지도 지도 밖
가는 법 JR 히로사키역 서쪽 출구의 고난버스 정류장에서 가레키타이枯木平행(하쿠자와百沢 경유)을 타고 다케 온센岳温泉에서 하차. 총 50분 소요
주소 青森県弘前市大字常盤野字湯ノ沢19
전화 0172-83-2329
오픈 11:00~16:00(주문 마감 15:00)
요금 마타기한 정식 1,543엔
홈페이지 www.yamanohotel.com/board.html

마타기한 정식

TOHOKU BY AREA 01
아오모리현

레트로한 분위기의 역사 카페
깃사텐 에키샤 喫茶店「駅舎」

옛 아시노코엔 역사驛舎를 활용한 카페. 벚꽃 명소인 아시노 공원 내에 자리한 빨간 지붕의 작은 역은 동화 속 삽화처럼 아기자기하다. 등록유형문화재이자 대문호 다자이 오사무의 소설 〈쓰가루津軽〉에도 등장하는 유서 깊은 역사다. 예전 기차 시간표를 비롯해 오래된 나무 마루와 삐걱대는 창틀까지 오롯이 남아있어 레트로한 분위기를 물씬 느낄 수 있다.
1930년 문을 연 역답게 쇼와 커피昭和コーヒー라는 메뉴가 있고, 천천히 즐기기 좋은 사이폰 커피さいほんコーヒー도 괜찮다. 지방 경제의 활성화를 위해 특별히 개발한 음식인 말고기 카레馬肉カレー 등 식사 메뉴도 준비되어 있다.

Data 지도 P.105-A
가는 법 쓰가루철도 아시노코엔芦野公園역 앞
주소 青森県五所川原市金木芦野84-171 전화 0173-52-3398
오픈 10:00~17:00
휴무 수요일
요금 에키샤 커피 450엔, 사이폰 커피 800엔(2잔), 말고기 카레 780엔
홈페이지 wandono-ekisya.com

🛒 BUY

취향저격 잡화점
더 스태블스 The Stables

일상 속에 즐거움을 더하는 잡화를 모아 놓은 곳. 의류, 인테리어 소품, 테이블 웨어, 패브릭 소품, 생활용품, 먹을거리 등 다양한 잡화가 보기 좋게 진열되어 있다.
작가와 지역에 한정하지 않고 순전히 주인장의 안목으로 고른 잡화는 하나하나 다 탐이 날 정도. 평소 심플하면서 자연 친화적인 일본 잡화를 좋아하는 여행자라면 저절로 지갑이 열릴 것이다. 숍 안쪽에 자리한 갤러리 밀Mill에서는 정기적으로 소품전도 연다.

Data 지도 P.104-E
가는 법 JR 히로사키역 서쪽 출구에서 도보 10분
주소 青森県弘前市代官町14-2 전화 0172-33-9225
오픈 11:00~19:00 휴무 화요일
홈페이지 thestables.jp

SLEEP

가격 대비 만족도가 높은 숙소
히로사키 그랜드 호텔 弘前グランドホテル

히로사키시 여행의 중심지인 히로사키 공원 인근에 자리 잡고 있는 비즈니스호텔이다. 시설이 오래되어 낡은 감이 없지 않지만, 깨끗하게 관리되고 있어 쾌적하고 관광에 편리한 곳에 위치해 있어 히로사키시 여행에 편리하다.

또한 저렴한 숙박비에 비해 편의시설을 잘 갖추었다. 무료 커피 서비스가 제공되고 자전거도 무료로 대여해준다. 만화책이 꽂혀 있는 작은 휴게실에는 전동 안마의자가 놓여 있는데 공짜인 것에 비해 기능이 좋은 편이다.

Data 지도 P.104-E
가는 법 JR 히로사키역에서 도보 20분 / JR 히로사키역에서 100엔 버스를 타고 히로사키 코엔弘前公園에서 하차 후 도보 3분
주소 青森県弘前市一番町1 **전화** 0172-32-1515
요금 싱글룸(조식 포함) 4,300엔부터
홈페이지 breezbay-group.com/hirosaki-gh/

싱글룸

정갈하고 소박한 전통의 멋
고지마 료칸 小島旅館

다케 온천에 자리한 고지마 료칸은 특별한 구석은 없지만 구석구석 잘 관리되어 있다는 인상을 준다. 아오모리히바青森ひば(아오모리 지역의 노송나무)로 만든 실내 탕은 다른 료칸에 비해 널찍하고, 2개 칸으로 나뉜 탕 온도가 달라 자신이 좋아하는 쪽을 선택할 수 있어 좋다.

식사에 특별히 신경을 썼는데, 지역의 재료를 이용해 '싸고 맛있게'를 실천하고 있다. 아침 식사로 가리비에 미소(된장)과 파, 두부 등을 넣고 끓인 아오모리의 명물 카이야키 미소貝焼き味噌(조개 된장 구이)도 맛볼 수 있다.

Data 지도 지도 밖 **가는 법** JR 히로사키역 서쪽 출구의 고난버스 정류장에서 가레키타이枯木平행(햐쿠자와百沢 경유) 버스를 타고 다케 온센岳温泉에서 하차 후 도보 1분. 총 50분 소요
주소 青森県弘前市大字常盤野字湯ノ沢20
전화 0172-83-2130
요금 8,800엔부터(2인 이용 시 1인 요금, 조·석식 포함)
홈페이지 kojimaryokan.com

향긋한 사과 탕과 사과 뷔페

호텔 애플랜드 Hotel Apple Land

드넓은 사과밭 사이에 자리 잡고 있는 온천 료칸이다. '아오모리 사과의 모든 것'이 테마인 곳으로, 사과를 한 손에 번쩍 들고 있는 거대한 관음상과 빨간 사과가 둥둥 떠다니는 노천탕이 상징이다. 객실 냉장고에 준비해둔 웰컴 애플을 시작으로 뷔페 스타일의 저녁 식사에는 주스, 수프, 젤리, 파이, 튀김 등 다채로운 사과 요리를 맛볼 수 있다. 걸어서 갈 수 있는 거리에 대형마트가 위치해 있으며, 호텔 셔틀버스로 히로사키 시내까지 다녀올 수 있어 편리하다.

Data 지도 P.104-F 가는 법 JR 히로사키역에서 송영버스(1일 4회)를 타고 약 20분
주소 青森県平川市町居南田166-3 전화 0172-44-3711
요금 12,700엔부터(2인 이용 시 1인 요금, 조·석식 포함)
홈페이지 www.apple-land.co.jp

자연의 시간에 몸을 맡기다

아오니 온천 青荷温泉

밤이 되면 어둠을 밝힐 것이라고는 램프밖에 없는, 램프의 숙소 아오니 온천. 겨울에는 설상차로 이동해야 할 만큼 눈이 깊은 산속 계곡가에 위치하고 있다. 해가 지면 주변 분위기가 차분히 가라앉아 자신과 대화하게 만드는 곳이다. 아늑한 실내탕 3곳과 계곡 쪽의 노천탕에서는 자연의 시간에 몸의 시간을 맞추는 특별한 경험을 할 수 있다. 노천탕은 혼탕이지만 여성 전용으로 하루 2시간(11:00~12:00, 17:00~18:00) 이용할 수 있다. 가을 이후에는 방이 매우 추우니 든든하게 입을 만한 옷을 챙겨 갈 것.
매주 금요일에는 현지 연주자의 쓰가루 샤미센 공연도 펼쳐진다. 당일치기로 온천과 식사를 하는 일정도 선택할 수 있다. 가는 길은 다소 번거롭지만, 시설 송영차량이 노선버스 시간에 맞춰 운행해 의외로 어렵지 않다.

Data 지도 지도 밖
가는 법 고난철도 구로이시黒石역에서 고난버스를 타고 니지노코 虹の湖에서 하차 후 시설 송영차량 이용. 총 45분 소요
주소 青森県黒石市大字沖浦字青荷沢滝ノ上1-7
전화 0172-54-8588
요금 9,870엔부터(2인 이용 시 1인 요금, 조·석식 포함) / 당일 입욕(10:00~15:00) 520엔 / 당일 입욕+식사 1,300엔부터
홈페이지 www.yo.rim.or.jp/~aoni

하치노헤시 &
도와다시
八戸市&十和田市

태평양에 면한 항구 도시 하치노헤시와 도와다 하치만타이 국립공원을 포함하는 도와다시 여행의 키워드는 단연 자연이다. 장엄한 산과 바다, 청정한 강과 호수의 혜택을 두루 받은 아오모리현 동부 여행을 통해 두고두고 기억에 남는 절경을 두 눈에 담아올 수 있을 것이다.

Hachinohe · Towada
GET AROUND

하치노헤시&도와다시 시내 교통

산과 호수의 자연 관광지가 많은 하치노헤 및 도와다 지역은 렌터카로 다니는 것을 추천한다. 스케줄을 잘 맞추면 JR버스로 다니는 것도 가능하다.

렌터카
아오모리 공항, 또는 신칸센이 정차하는 JR 하치노헤역에서 렌터카를 이용할 수 있다(이용 방법은 P.049 참고).

하치노헤 지역
하치노헤의 중심가와 가까운 역은 신칸센이 정차하는 JR 하치노헤역이 아닌, 보통열차가 다니는 JR 혼하치노헤역이다. JR 하치노헤역에서 시내 중심가인 요카마치八日町까지 운행하는 시내버스가 20분마다 있으며, 약 25분 소요된다.
요금 JR 하치노헤역~요카마치 성인 300엔

JR 혼하치노헤역 외관

JR 혼하치노헤역 내부

도와다 지역
JR버스 오이라세おいらせ호
JR 하치노헤역 서쪽 출구에서 출발해 도와다시 현대미술관을 거쳐 오이라세 계류, 도와다 호수까지 가는 노선. 4월 중순부터 9월 말까지만 운행된다. 동절기에는 운행이 축소 편성되기 때문에 홈페이지에서 노선과 일정을 확인하자.
요금 편도 JR 하치노헤역~도와다시 현대미술관 1,130엔 / 오이라세 계류 1,540엔 / 도와다 호수 2,670엔
홈페이지 www.jrbustohoku.co.jp/route/

JR버스 오이라세호

TOHOKU BY AREA 01
아오모리현

*** Plus Info ***

Information Center

하치노헤 종합 관광 플라자 はちのへ総合観光プラザ
신칸센 역사 내의 관광 안내소. 관광지, 교통, 숙박 정보에 정통한 안내원이 상주한다. 도와다 호수와 오이라세 계류의 관광 및 교통 정보도 얻을 수 있다.
Data **지도** P.132-A **가는 법** JR 하치노헤역 동쪽 출구 2층
주소 青森県八戸市大字尻内町字館田1-1 **전화** 0178-27-4243 **오픈** 09:00~19:00 **휴무** 12/31

하치노헤 포털 뮤지엄 八戸ポータルミュージアム
하치노헤 시내 중심가에 위치하며, 각종 문화 체험과 전시 관람도 할 수 있다.
Data **지도** P.132-D **가는 법** JR 혼하치노헤역에서 도보 10분
주소 青森県八戸市三日町11-1 **전화** 0178-22-8228
오픈 09:00~21:00 **휴무** 둘째 주 화요일, 12/31~1/1, 그외 임시 휴관

도와다시 관광 물산 센터 十和田市観光物産センター
도와다시 관광에서 빼놓을 수 없는 도와다시 현대미술관 인근에 자리한 관광 안내소.
Data **지도** P.133-B **가는 법** 도와다시 현대미술관에서 도보 5분 **주소** 青森県十和田市稲生町15-3 アートステーショントワダ内 **전화** 0176-58-6707 **오픈** 09:00~19:00

무쓰만

Hachinohe · Towada
TWO FINE DAYS IN

신선한 해산물과 특색 있는 향토 요리로 배를 든든히 채우며 떠나는 1박 2일의 그린 에코 투어.
시원하게 쏟아지는 계곡물 소리와 신비로운 숲속의 늪지대가 기다리고 있다.

1일차

미나토 식당
신선한 해산물 덮밥과
구수한 센베지루로
아침을 든든하게 먹기

→ JR버스 1시간 30분

오이라세 계류 트레킹
청정 원시림과 시원하게
쏟아지는 물줄기를 따라
트레킹과 사이클링 즐기기

→ JR버스 20분
*야케야마 출발 기준

쓰타 온천 료칸
유황 온천과 웰빙
식단으로 여행의 피로를
풀고 기운 충전하기

2일차

늪 순례길
너도밤나무 숲길을 따라
6개의 늪 순례 길을
여유롭게 걸어보기

→ 택시 10분 + JR버스 44분

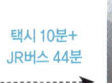

도와다시 현대미술관
참신하고 기발한
현대미술 작품으로
예술 감성 충전하기

→ 도보 4분

쓰카사 바라야키 식당
달콤짭짤한 맛의
바라야키로
맛있게 점심 먹기

↓ JR버스 40분 + JR열차 34분

미로쿠 요코초
밤이 깊어질수록 분위기도
무르익는 포장마차에서
술 한잔하기

← JR열차 25분 + 도보 10분

다네사시 해안
상쾌한 바닷바람을
맞으며 타박타박
산책 만끽하기

가부시마

오이라세 계류관

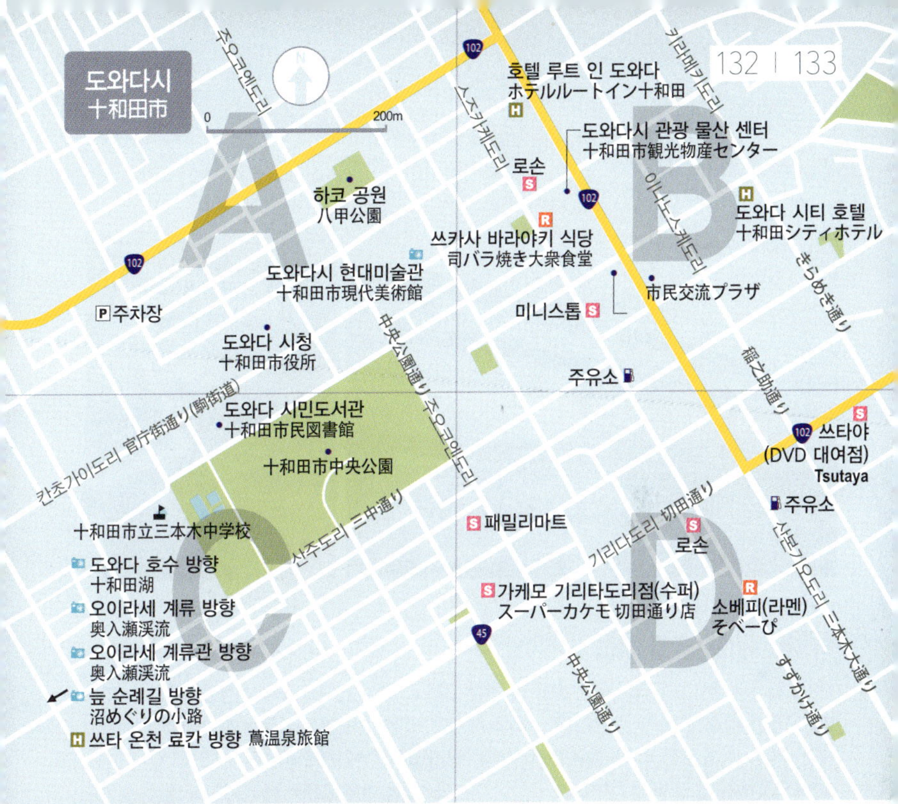
도와다시
十和田市
0
200m
A
B
C
D
호텔 루트 인 도와다
ホテルルートイン十和田
도와다시 관광 물산 센터
十和田市観光物産センター
로손
하코 공원
八甲公園
쓰카사 바라야키 식당
司バラ焼き大衆食堂
도와다 시티 호텔
十和田シティホテル
도와다시 현대미술관
十和田市現代美術館
市民交流プラザ
미니스톱
주차장
도와다 시청
十和田市役所
주유소
도와다 시민도서관
十和田市民図書館
十和田市中央公園
쓰타야
(DVD 대여점)
Tsutaya
주유소
十和田市立三本木中学校
패밀리마트
로손
도와다 호수 방향
十和田湖
오이라세 계류 방향
奥入瀬渓流
오이라세 계류관 방향
奥入瀬渓流
늪 순례길 방향
沼めぐりの小路
쓰타 온천 료칸 방향 蔦温泉旅館
가케모 기리타도리점(수퍼)
スーパーカケモ 切田通り店
소베피(라멘)
そべーぴ
주오코엔도리
스즈키게도리
기라메키도리
이나노스케도리
きらめき通り
稲之助通り
中央公園通り 주오코엔도리
칸초가이도리 官庁街通り(駒街道)
산주도리 三中通り
기리다도리 切田通り
산본기오도리 三本木大通り
すずかけ通り
中央公園通り
102
45

雲井の滝
오이라세 계류

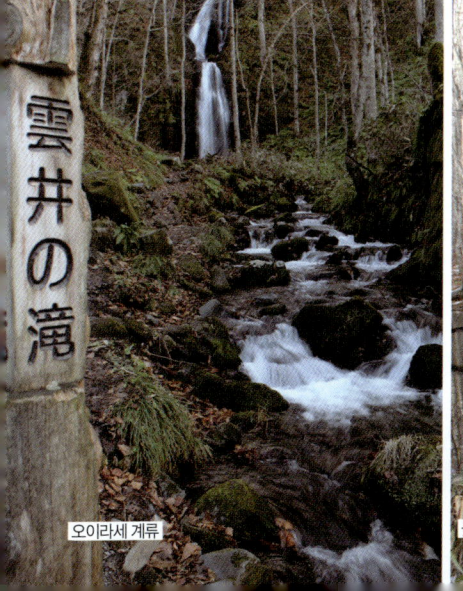

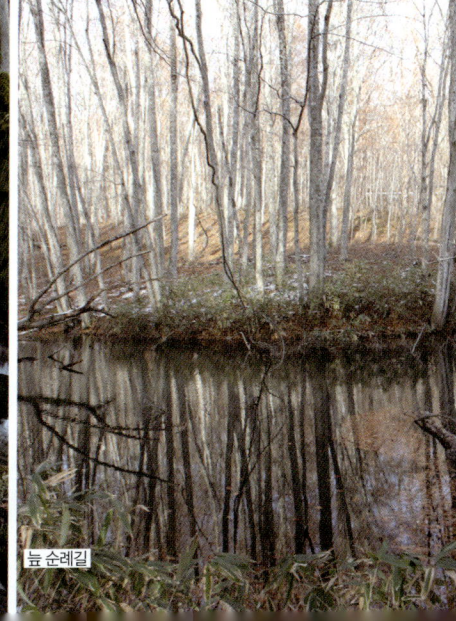

늪 순례길

SEE

하치노헤 여행의 시작

하치노헤 포털 뮤지엄 八戸ポータルミュージアム 🔊 하치노헤 포타루 뮤지아무

하치노헤시의 매력을 알리기 위해 문을 연 관광 교류 시설. 시민의 공모로 선정된 하치はっち라는 별칭은 출발지(포털Portal)라는 뜻으로, 하치노헤시에 왔다면 이곳부터 들르는 게 순서다. 다네사시 해안, 가부시마와 같은 하치노헤시의 자연부터 국가중요무형문화재로 지정된 하치노헤 산샤대제三社大祭와 하치노헤 엔부리えんぶり 춤, 소박한 어촌의 생활상과 전통문화 등이 사진과 영상, 모형으로 총망라되어 있다. 전시 부스가 워낙 보기 좋게 꾸며져 있어서 하치노헤시에 대해 누구나 쉽게 이해할 수 있고, 자신의 취향에 따라 여행 계획을 세우기도 좋다.

또한, 소박한 하치노헤 가정식을 맛볼 수 있는 식당(2층), 난부 직물을 직접 만들어볼 수 있는 공방(4층), 하치노헤시를 비롯한 도호쿠 지역의 수공예품과 한정품을 판매하는 뮤지엄 숍(1층) 등 이곳에서 즐길 수 있는 것들이 다양하다.

Data 지도 P.132-D
가는 법 JR 혼하치노헤역 남쪽 출구에서 도보 10분 / JR 하치노헤역 1번 정거장에서 시영버스市營バス 또는 난부버스南部バス를 타고 요카마치八日町에서 하차 후 도보 2분. 총 27분 소요
주소 青森県八戸市三日町11-1
전화 0178-22-8228
오픈 09:00~21:00
휴무 둘째 주 화요일, 12/31~1/1, 그 외 임시 휴관
홈페이지 hacchi.jp

괭이 갈매기의 집
가부시마 蕪島 🔊 카부시마

가부시마는 천연기념물인 괭이갈매기의 서식지로 유명한 작은 섬이다. 매년 3월 중순경 알을 낳기 위해 수만 마리의 괭이갈매기가 남쪽에서 날아온다. 푸른 바다의 아름다운 경관과 파란 하늘을 자유롭게 날아 다니는 괭이갈매기를 보려는 이들의 발길이 끊이지 않는다. 괭이갈매기는 4월 하순부터 산란을 시작하고 7월부터 알을 깨고 나온 새끼들의 비행 연습이 시작된다. 그리고 8월에는 가부시마를 떠나 다시 남쪽으로 이동한다.

괭이갈매기는 한 번 인연을 맺은 파트너와 생애를 같이 한다고 알려져 있다. 섬의 꼭대기에 있는 가부시마 신사蕪嶋神社는 남녀의 인연을 맺어주는 장소로 인기가 높다. 2020년 3월까지 신사의 재건 공사로 출입을 제한하고 있으니 참고할 것.

Data 지도 지도 밖 **가는 법** JR 사메鮫역에서 도보 10분
주소 青森県八戸市鮫町 **전화** 0178-46-4040(하치노헤시 관광과)

바닷바람 맡으며 트래킹
다네사시 해안 種差海岸 🔊 타네사시 카이간

태평양을 따라 아오모리현 하치노헤시에서 미야기현 마쓰시마까지 이어진 산리쿠三陸 해안의 경승지 중 한 곳. 괭이갈매기 서식지인 가부시마에서 남쪽으로 이어진 약 12km의 해변 공원을 일컫는다. 모래사장과 야생화, 푸릇푸릇한 천연 잔디밭, 소나무 방풍림, 해식 해안 등 다채로운 바다 경관을 보며 걷는 트래킹 코스로 유명하다. 시원한 바닷바람에 몸을 맡기고 해안선을 따라 걸어보자. 전체 코스는 약 4시간 소요되며, JR열차가 이 코스를 따라 운행하므로, 중간에 언제든 열차를 이용할 수 있다. 또는 음성 내비게이션이 탑재된 전동 자전거를 빌려 사이클링을 즐겨도 좋겠다.

다네사시 해안 여행 안내소

Data 지도 지도 밖 **가는 법** JR 다네사시카이간種差海岸역에서 도보 5분
주소 青森県八戸市大字鮫町棚久保14-167 **전화** 0178-51-8500
오픈 09:00~17:00(12~3월 16:00까지, 1/2~3 10:00~15:00)
휴무 12/29~1/1
홈페이지 tanesashi.info

가슴 속까지 시원해지는 청정 계곡
오이라세 계류 奥入瀬渓流 🔊 오이라세 케류

도와다 호수에서 발원한 오이라세 계류는 원시림의 아름다움을 간직한 풍부한 수목과 폭포의 절경으로 유명하다. 특별 명승지 및 천연기념물이자 국립공원에 지정될 정도로 아름다운 경치를 자랑한다. 초록색의 이끼가 가득한 쓰러진 나무도 자연 그대로 둔 채 청정 지역으로 보호되고 있다.

오이라세 계류는 신록으로 우거지는 여름과 형형색색 물드는 가을이면 일본 각지는 물론 전 세계에서 찾아온 관광객들로 붐빈다. 숲 사이로 힘차게 흐르는 계류를 따라서 정비된 산책로를 걷다 보면 시원하게 쏟아지는 14개의 폭포를 만날 수 있다. 맑은 공기를 마시며 흙을 밟고 싶다면, 편안한 옷과 신발을 신을 것.

오이라세 계류관이 위치한 야케야마산焼山에서 도와다 호수 초입의 네노구치子ノ口까지 약 14km의 트래킹 코스는 4시간 30분 정도 소요되고, 자전거를 타면 약 2시간 걸린다. 자전거는 오이라세 계류관, 이시게도石ヶ戸 휴게소, JR버스 정류소 네노구치에서 대여할 수 있다.

Data 지도 P.133-C
가는 법 JR 하치노헤역 서쪽 출구에서 JR버스 오이라세호를 타고 야케야마焼山에서 하차 (오이라세 계류관).
총 1시간 30분 소요 /
JR 아오모리역에서 JR버스 미즈우미호를 타고 야케야마에서 하차. 총 2시간 23분 소요
요금 자전거(4~11월) 4시간 대여 일반 1,000엔 /
전동 자전거 1,500엔
홈페이지 www.oirase.or.jp

오이라세 계류의 시작점
오이라세 계류관 奥入瀬渓流館 🔊 오이라세 케류칸

오이라세 계류 초입에 자리한 관광 안내소 겸 휴게소. 간단한 식사와 차를 즐길 수 있고 지역 특산물과 기념품을 판매한다. 프로 레슬러 출신의 건장한 남성이 이끼로 만든 모스 볼Moss Ball과 표주박 램프를 제작 및 전시, 판매하는 공간도 볼거리다.
오이라세 계류의 자연을 테마로 한 작품이라 더 특별하다. 모스 볼은 30분, 표주박 램프는 1시간 과정으로 워크숍도 진행한다. 함께 재미있는 포즈로 기념촬영을 할 수 있는 건 보너스.

Data 지도 P.133-C
가는 법 JR 하치노헤역 서쪽 출구에서 JR버스 오이라세호를 타고 야케야마焼山에서 하차 후 도보 3분. 총 1시간 30분 소요
주소 青森県十和田市大字奥瀬字栃久保183
전화 0176-74-1233
오픈 09:00~16:30
요금 모스 볼 워크숍 성인 2,000엔, 어린이 1,500엔
홈페이지 www.oirase.or.jp/keiryu/keiryu.htm

모스 볼

너도밤나무 숲길 따라 힐링
늪 순례길 沼めぐりの小路 🔊 누마메구리노 코미치

쓰타 온천 뒤편에 자리한 6곳의 늪을 만날 수 있는 3km의 산책 코스. 너도밤나무 원시림의 맑은 공기를 마시며 숲길을 걷다 보면 쓰타 누마蔦沼·가가미 누마鏡沼·쓰키 누마月沼·나가 누마長沼·스가 누마菅沼·효탄 누마瓢箪沼가 차례로 나타난다.
크고 작은 늪에 거울처럼 반사되는 숲의 풍경은 마치 한 폭의 그림처럼 아름답다. 울긋불긋 총천연색으로 물드는 가을날 숲의 아름다움이 절정에 이른다. 산책로를 한 바퀴를 도는데 약 1시간 소요되며, 어린아이도 걸을 수 있을 정도로 쉽다.

Data 지도 P.133-C
가는 법 JR 하치노헤역 서쪽 출구에서 JR버스 오이라세호를 타고 토와다코 온센쿄十和田湖温泉郷에서 하차 후 택시로 10분. 총 1시간 30분 소요 /
JR 아오모리역에서 JR버스 미즈우미호를 타고 츠타 온센 蔦温泉에서 하차.
총 2시간 10분 소요

TOHOKU BY AREA 01
아오모리현

오토메노조

대자연 유람
도와다 호수 十和田湖 🔊 토와다코

약 2000년 전 화산 활동으로 생겨난 해발 400m의 칼데라 호수. 호수 바닥에 온천수가 흘러 한겨울에도 얼지 않는다. 일본에서 3번째로 깊은 호수로 그 둘레가 무려 46km에 이른다. 사계절 모두 아름답지만, 특히 울긋불긋 단풍이 물드는 가을이 가장 인기 있다.
도와다 호수의 아름다운 풍경과 웅장함을 제대로 감상하고 싶다면 유람선이 제격이다. 50분 동안 운행하며 A코스는 승선과 하선 장소가 다르고 B코스는 같다. 또는 도와다 신사十和田神社나 주변의 숲을 천천히 둘러볼 수도 있다. 호숫가에 자리한 소녀상인 오토메노조乙女の像는 도와다 호수의 트레이드마크다. 이 브론즈 동상은 1953년에 시인이자 조각가인 다카무라 고타로高村光太郎가 제작했다. 두 소녀가 손을 맞대고 서 있는 모습이 호수의 풍경과 어우러지며 근사한 한 컷을 만든다.

도와다 신사

도와다 호수 여행 안내소
Data 지도 P.133-C
가는 법 JR 하치노헤역 서쪽 출구에서 JR버스 오이라세호를 타고 토와다코十和田湖(야스미야休屋)에서 하차. 총 2시간 15분 소요 / JR 아오모리역에서 JR버스 미즈우미호를 타고 토와다코(야스미야)에서 하차. 총 3시간 소요 **주소** 青森県十和田市十和田湖 **전화** 0176-75-2368 **오픈** 4~11월 08:30~17:00, 12~3월 09:00~16:00 **휴무** 12/29~1/3
요금 유람선 성인 1,400엔, 초등학생 이하 700엔
홈페이지 towadako.or.jp /
www.toutetsu.co.jp/ship.html(유람선)

현대예술이 흐르는 작은 도시
도와다시 현대미술관 十和田市現代美術館
🔊 토와다시 겐다이비주츠칸

플라워 호스

아오모리현의 소도시 도와다시가 야심 차게 시작한 '예술을 통한 마을 만들기 프로젝트'의 일환으로 2008년 문을 연 도와다시 현대미술관. 팝 아티스트 최정화의 〈플라워 호스Flower Horse〉를 시작으로 쿠사마 야요이草間彌生, 론 뮤엑Ron Mueck 등 위트 넘치는 작품부터 사색에 잠기게 하는 작품까지 만나볼 수 있다.

현대예술의 진수를 확인할 수 있는 작품 38점이 상설 전시 중이며, 기획 전시도 1년에 3~4회 정도 열린다. 공간 구성에서 특유의 장기를 발휘하는 건축가 니시자와 류에西沢立衛가 설계한 도와다시 현대미술관은 마치 길과 광장 사이로 예술이 흐르는 작은 도시 같다.

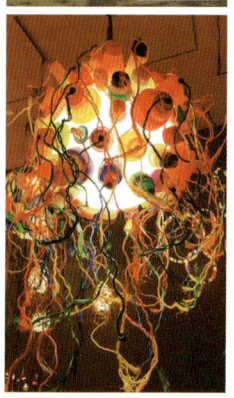

Data 지도 P.133-A 가는 법 JR 하치노헤역 서쪽 출구에서 JR버스 오이라세호를 타고 토와다시 겐다이비주츠칸에서 하차. 총 40분 소요 주소 青森県十和田市西二番町10-9 전화 0176-20-1127 오픈 09:00~17:00 휴무 월요일, 연말연시 요금 기획전·상설전 1,200엔 / 기획전 800엔 / 상설전 510엔 홈페이지 towadaartcenter.com

현지인의 소문난 밥집
미나토 식당 みなと食堂

작지만 활기가 넘치는 미나토 시장에서 모르는 사람이 없는 유명 밥집이다. 소박한 분위기의 식당은 한눈에도 관광객보다 현지인을 위한 곳임을 알 수 있다. 대표 메뉴인 히라메노 츠케돈平目の漬け井은 간장에 절인 광어를 올린 덮밥인데, 재료가 신선해서인지 입에서 살살 녹는다. 성게알, 참치회 등으로 만든 덮밥도 있고 하치노헤시의 식당답게 센베지루せんべい汁도 맛볼 수 있다. 가격 대비 맛도 좋고 양도 많다. 입담 좋은 주인장의 넉살도 기분 좋은 한 끼에 한 몫을 한다.

히라메노 츠케돈

Data 지도 P.132-B
가는 법 JR 무츠미나토陸奥湊역에서 도보 2분
주소 青森県八戸市大字湊町字久保45-1 전화 0178-35-2295 오픈 06:00~15:00
휴무 일요일 가격 히라메노 츠케돈&센베지루 세트 1350엔

TOHOKU BY AREA 01
아오모리현

작고 소중한 와인 바
오리고 Origo

오픈 키친과 8석의 바 테이블 자리가 전부인 작은 와인 바. 작은 공간을 알차게 구성한 주인장의 센스가 돋보인다. 옆 손님과도, 주인장과도 밀착될 수밖에 없어 자연스레 친밀해 진다. 화이트와인과 레드와인 리스트가 꽤 충실하며, 작은 접시에 서빙되는 안주는 가격과 맛 모두 만족스럽다. 연근과 버섯 등을 매실 식초에 절여 만든 수제 피클인 오야사이노 우메즈 피쿠루お野菜の梅酢ピークル가 가장 추천하는 메뉴. 저녁 식사 후 간단히 술을 마시거나 2차로 오기 좋은 곳이다.

Data **지도** P.132-D **가는 법** JR 혼하치노헤역 남쪽 출구에서 도보 15분 **주소** 青森県八戸市鷹匠小路4-8 **전화** 0178-44-6633 **오픈** 18:00~23:00 **휴무** 1~3월 수요일, 4~12월 일요일 **가격** 와인 1잔 400엔부터, 오야사이노 우메즈 피쿠루 800엔 **홈페이지** www.instagram.com/origo4321/

정감 넘치는 포장마차 골목
미로쿠 요코초 みろく横丁

하치노헤시 번화가 뒷골목의 80m 길 양쪽으로 26곳의 야타이やたい(포장마차)가 모여 있다. 큰 도로를 사이에 두고 밋카마치三日町와 무이카마치六日町 2곳에 나뉘어 야타이가 자리해 있는데, 이 주소의 첫 글자에서 따와 '미(3)로쿠(6)'라고 이름 지었다.

대체로 저녁 5~6시에 문을 열며, 밤이 깊어질수록 생선이나 꼬치를 굽는 냄새와 사람들의 이야기 소리가 뒤섞여 활기가 넘친다. 한 야타이가 대체로 10명이면 꽉 찰 정도로 비좁아 국적 불문, 나이 불문 누구나 친구가 될 수 있다. 각종 메뉴가 즐비하지만, 그중에서도 하치노헤시의 해산물 요리를 추천한다. 신선도는 물론 양도 푸짐하다.

Data **지도** P.132-D **가는 법** JR 혼하치노헤역 남쪽 출구에서 도보 10분 **주소** 青森県八戸市 **전화** 0178-29-0815 **오픈** 점포마다 다름 **홈페이지** 36yokocho.com

프리미엄 과일 디저트
오다와라 후르츠 숍&팔러 小田原 Fruit Shop&Parlor

1965년 문을 연 하치노헤시의 오래된 과일 가게에서 엄선한 제철 과일을 판매하며, 그 과일을 이용한 디저트를 선보인다. 일반적인 파르페와 달리 접시에 담겨 나오는 과일 파르페가 가장 인기 있는 메뉴다. 사과, 딸기, 감, 키위, 복숭아, 바나나 등 신선한 과일과 부드러운 생크림의 조화에 입꼬리가 절로 올라간다. 케이크와 타르트 종류도 다양하고 하나 같이 과일이 듬뿍 올라간다. 새로 리뉴얼한 매장과 카페는 세련된 분위기를 풍긴다.

Data 지도 P.132-A
가는 법 JR 혼하치노헤역 남쪽 출구에서 도보 3분
주소 青森県八戸市内丸3-4-3 **전화** 0178-24-5873
오픈 09:00~20:00(일요일·공휴일 19:00까지)
요금 후르츠 파르페 990엔, 후르츠 크림 샌드 520엔
홈페이지 www.banrin.co.jp/shop/fruitparlor-odawara/

도와다식 소불고기
쓰카사 바라야키 식당 司バラ焼き大衆食堂

주차장 한편에 간이음식점처럼 자리한 이 식당은 도와다시에서 가장 인기 있는 바라야키 전문점이다. 바라야키는 원래 전쟁 직후 아오모리현 미사와三沢시의 한 식당에서 미군 기지에서 얻은 값싼 소갈비 살을 맛있게 먹기 위해서 고안된 음식으로, 재일 교포가 조리법을 전수했다.
소갈비 살 위에 양파를 듬뿍 얹어서 간장 양념을 곁들여 구워 먹는 바라야키는 불고기 맛과 비슷하면서도 다른 게 특징이다. 양파의 단맛과 짭짤한 맛의 간장 양념이 우리의 입맛에도 잘 맞는다.

Data 지도 P.133-B **가는 법** JR 하치노헤역에서 JR버스 오이라세호를 타고 토와다시 겐다이비주츠칸 十和田市現代美術館에서 하차 후 도보 4분. 총 45분 소요
주소 青森県十和田市稲生町15-41 **전화** 080-6059-8015
오픈 11:00~14:30, 17:30~23:00 **휴무** 월요일
요금 바라야키 점심 정식 800엔 **홈페이지** tukasatowada.wixsite.com/barayaki

BUY

하치노헤시 쇼핑 1번지

핫쇼쿠 센터 八食センター

시내에서 좀 떨어진 곳에 위치한 대규모 쇼핑센터. 해산물, 과일, 채소와 같은 식자재부터 이를 이용한 각종 가공품, 선물하기 좋은 과자와 니혼슈, 그리고 식당 등 50여 곳의 점포가 들어서 있다. 특히 하치노헤시는 해산물이 유명한 만큼, 점포에서 가리비, 새우, 오징어 등의 싱싱한 해산물을 구입해 바로 숯불에 구워 먹을 수 있는 바비큐 좌석이 넓다. 애주가라면 도호쿠와 아오모리현의 지역 술인 지자케地酒를 시음(유료)한 후 살 수 있는 코너를 놓치지 말자.

Data **지도** P.132-A **가는 법** JR 하치노헤역 동쪽 출구의 4번 정류장에서 100엔 버스를 타고 핫쇼쿠 센터에서 하차. 총 11분 소요 **주소** 青森県八戸市河原木字神才22-2 **전화** 0178-28-9311 **오픈** 09:00~18:00 **홈페이지** www.849net.com

SLEEP

모든 긴장을 내려놓고 오롯이 휴식만

호시노 리조트 오이라세 계류 호텔

星野リゾート 奥入瀬渓流ホテル

오이라세 계류에 있는 유일한 리조트 호텔. 도와다 하치만타이 국립공원의 명승지로 유명한 오이라세 계류는 아름다운 경관을 자랑한다. 계절마다 자연 속에서 온천을 즐기며 산책하면서 조용히 쉬었다 가려는 이들이 주로 찾는다. 청정 지역 내의 리조트 호텔인 만큼 깨끗한 공기, 새들의 지저귐 소리, 물 흐르는 소리까지 오롯이 즐길 수 있다.

주변은 온통 깊은 숲이고, 계류로 이어지는 산책로는 꼭 체험해야 하는 코스다. 계절마다 모습을 바꾸는 노천탕에서는 마치 다른 세계로 빠져들게 한다.

Data **지도** 지도 밖 **가는 법** 아오모리 공항 또는 JR 아오모리역에서 출발하는 무료 송영버스 이용(공항 출발 14:00, 12~3월에는 공항에서는 운행하지 않음). 체크인 3일전까지 예약 필요 **주소** 青森県十和田市大字奥瀬字栃久保231 **전화** 050-3786-1144(해외 전용), 0176-51-1117(무료 송영버스) **요금** 20,000엔부터 (2인 1실 이용 시 1인당 요금 조·석식 포함) **홈페이지** www.oirase-keiryuu.jp/

여행자를 위한 다양한 서비스
다이와로이넷 하치노헤 ダイワロイネットホテル八戸

다이와로이넷 그룹의 비즈니스호텔. 하치노헤시 번화가 뒷골목의 미로쿠 요코초까지 3분 거리로 최적의 위치다. 호텔 1층에는 편의점 로손과 하치노헤산 싱싱한 어패류를 맛볼 수 있는 식당 간토かん東가 자리하고 있으며, 레스토랑에서는 아침 식사를 1,100엔에 이용할 수 있다.

깔끔하고 밝은 분위기와 정돈된 객실로 여성 여행자들에게 평이 좋은 편. 가을 시즌에는 오이라세 계류를 찾는 관광객들로 시내 숙소를 구하기 어려우니 예약을 서둘러야 한다.

트윈룸

Data **지도** P.132-D **가는 법** JR 혼하치노헤역에서 도보 10분
주소 青森県八戸市八日町1-1
전화 0178-73-2555 **요금** 싱글룸 8,900엔부터(조식 불포함)
홈페이지 www.daiwaroynet.jp/hachinohe/

너도밤나무 숲속 천년의 비탕
쓰타 온천 료칸 蔦温泉旅館

너도밤나무 원시림에 둘러싸여 고요하게 자리한 쓰타 온천 유일의 료칸. 천년 전 발견된 원천이 그대로 탕 아래에서 솟아나는 귀한 곳이다. 너도밤나무로 지은 탕은 비록 실내탕이지만, 자연 속에 있는 것 같은 기분을 자아낸다. 가장 오래된 규안노유久安の湯는 원래 혼탕이었으나 지금은 남녀가 시간대를 달리해 사용한다. 또 높은 층고의 이즈미쿄노유泉響の湯는 답답하지 않아 오래 머물 수 있다.

최근에는 침대를 갖춘 특별실을 새로 지어 선택의 폭이 넓어졌다. 료칸 바로 옆에 늪 순례길 입구가 있어서 온천욕과 삼림욕을 동시에 즐기려는 사람들의 발길이 끊이지 않는다.

Data **지도** P.133-C **가는 법** JR 하치노헤역 서쪽 출구에서 JR버스 오이라세호를 타고 토와다코 온센쿄十和田湖温泉郷에서 하차 후 택시 10분. 총 1시간 30분 소요 / JR 아오모리역에서 JR버스 미즈우미호를 타고 쓰타 온센蔦温泉에서 하차. 총 2시간 10분 소요 **주소** 青森県十和田市奥瀬字蔦野湯1 **전화** 0176-74-2311 **요금** 14,150엔부터(2인 이용 시 1인 요금, 조·석식 포함) / 당일 입욕(10:00~16:00) 성인 800엔, 어린이 500엔 **홈페이지** tsutaonsen.com

Tohoku By Area

02

아키타현
秋田県

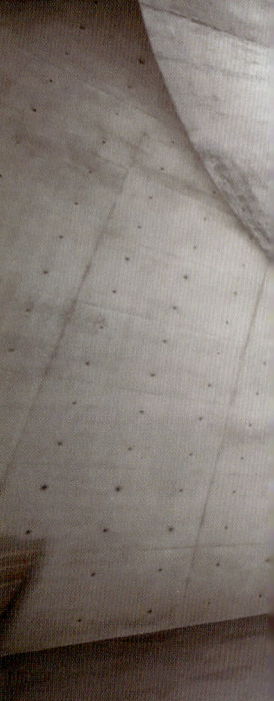

**센보쿠시&아키타시&
요코테시&유자와시**

도호쿠 서북쪽을 차지하는 아키타현은
풍부한 산림과 기름진 평야가 펼쳐진 일본의
대표적인 농촌 지역이다. 뛰어난 품질의 쌀로 만든
니혼슈, 발효 식품이 유명하고 충견의
대명사 '아키타견秋田犬'의 고장이기도 하다.
겨울철 많은 눈은 그림 같은 풍경을 선사하며
'땅을 파면 온천이 나온다'는 말이 있을 정도로
자연 그대로의 온천이 솟아난다. 손을 타지 않은
아름다운 자연과 건강한 식재료, 소박한
사람들을 만날 수 있는 아키타현은 일본
내에서도 웰빙 도시로 손꼽히는 지역이다.

아키타현
秋田県
한눈에 보기

총면적 11,637km² (≒ 우리나라 전라남도 면적)
인　구 980,684명 (2018년 기준)

센보쿠시

깊은 너도밤나무 숲에 자리한 뽀얀 유황 온천의 뉴토 온천향과 슬픈 전설을 간직한 아름다운 다자와 호수, 그리고 '작은 교토'라 불리는 고풍스런 가쿠노다테를 여행할 수 있는 센보쿠시는 아키타현 여행의 1번지. 산채 중심의 청정 식재료로 몸도 마음도 건강해지는 여행을 만끽할 수 있다.

요코테시

폭설에 대비해 지어진 실내 창고가 집집마다 자리해 일명 '창고 마을'이라 불리는 마스다마치가 요코테시에 자리한다. 예스러운 분위기의 마스다마치는 시간 여행을 떠나온 듯 여기저기 기웃거리며 산책하기 좋다.

아키타시

아키타현의 현청 소재지이자 현대적인 분위기의 도시다. 세계적인 건축가 안도 다다오가 설계한 아키타 현립미술관, 마이코 공연을 관람할 수 있는 마쓰시타, 아키타 대표 축제 간토 마쓰리를 체험할 수 있는 시설 등이 자리한다. 세련된 분위기의 카페와 레스토랑, 바 등도 속속 들어서고 있다.

유자와시

유자와시는 일본 3대 우동으로 손꼽히는 이나니와 우동의 본고장이자 다채로운 온천 마을이 자리한 지역이다. 협곡에 자리한 오야스코 온천, 독특한 진흙 온천인 도로유 온천 등 색다른 풍경과 분위기의 온천을 즐길 수 있다.

아키타현 Keyword

1 아키타 미인

북방 민족 특유의 이국적인 외모를 타고난 아키타현은 '미인의 고장'으로 유명하다. 아키타 출신의 여류 시인 오노노 고마치小野小町가 대표적 인물이다. 여기서 착안해 아키타 쌀의 브랜드도 '고마치'이며, 도쿄와 아키타현을 오가는 신칸센 열차의 이름도 '고마치'로 지었다. 사케 중에 '비진美人'이라는 이름이 유독 많이 붙은 것도 이런 이유에서다.

오노노 고마치

아키타 고마치 쌀 브랜드

2 나마하게

아키타현 서쪽 오가男鹿반도에서 전해 내려온 도깨비이자 아키타현의 수호신이다. 머리에 뿔이 달리고 커다란 송곳니가 있으며 지푸라기 옷을 입고 있고 큰 식칼을 들고 있는 나마하게는 섣달그믐 밤 집집마다 돌아다니며 게으름을 꾸짖고 훈계한다고 전해진다. 나마하게 춤 공연이나 아키타현 홍보에 쓰이는 등 중요한 관광 상품으로 자리 잡았다.

아키타현의 수호신, 나마하게

나마하게를 만날 수 있는 오가신잔 전승관

3 아키타견

우리나라에 진돗개가 있다면 일본에는 아키타견이 있다. 도쿄 시부야의 유명한 동상 '하치はち'가 바로 이 아키타견으로, 성격이 차분하고 주인의 명령을 충실히 수행해 충견의 대명사로 불리고 있다. 아키타 시내에서 아키타견과 산책하는 시민을 종종 볼 수 있으며, 오다테시에서는 '노노のの'라는 아키타견이 홍보 부장으로 활약하고 있다.

4 쌀

아키타현은 일본의 대표적인 곡창 지대다. 기름진 평야에서 난 고마치 쌀은 전국적으로 유명하고, 기리탄포(갓 지은 밥을 으깨어 나무꼬치에 둘러 감은 후 구워낸 것) 같은 독창적인 요리나 다양한 발효 식품, 향긋한 술을 빚는 재료로 활용되었다. 특히 니혼슈 소비량 전국 2위에 빛나는 아키타현의 술은 맛이 좋기로 유명하다.

5 드라마 <아이리스>

2009년 방영되어 높은 인기를 끈 KBS 드라마 <아이리스>의 해외 로케이션 촬영지가 바로 아키타현이다. 드라마의 남녀 주인공이 즐기던 로맨틱한 데이트가 다자와 호수, 뉴토 온천향의 쓰루노유 등을 배경으로 펼쳐졌다. 아키타현에서도 드라마 촬영지로 대대적인 홍보를 했으며, 국내에도 생소했던 아키타현을 널리 알리는 계기가 되었다.

Akita
GET AROUND

아키타현 가는 법

인천에서 가기

인천 공항에서 아키타 공항까지 직항으로 가는 정기편은 현재(2019년 3월 기준) 운항하고 있지 않다. 대신 단풍철이나 스키 시즌에 맞춰 전세기가 뜨기도 하니 여행사를 통해 알아보도록 하자. 아키타 공항에서는 셔틀 승합차인 아키타 에어포트라이너(P.154)를 타고 주요 도시 및 각 관광지로 편리하게 이동할 수 있다.

또는 센다이 공항으로 입국한 후 열차를 타고 아키타 지역으로 넘어갈 수 있다. 센다이 공항에서 지하철 공항액세스선으로 JR 센다이역까지 이동한 후(20~30분 소요, 요금 640엔), 신칸센으로 갈아타 JR 다자와코역까지 1시간 15분, JR 아키타역까지 2시간 15분 정도 걸린다. 또한 센다이역 앞 고속버스 센터에서 JR 아키타역 앞과 요코테시, 유자와시까지 버스가 다닌다.

센다이 공항

아키타 공항

도쿄에서 가기

JR 다자와코역

JR 도쿄역에서 신칸센으로 JR 다자와코역까지 2시간 50분 정도, JR 아키타역까지 3시간 50분 정도 소요된다. 요코테 및 유자와 지역은 가장 가까운 신칸센역이 JR 오마가리大曲역으로 JR 도쿄역에서 3시간 10분 정도 걸린다.

신칸센 왕복 비용을 비교해 봤을 때 도쿄의 국제공항으로 출입국 하는 2주일 이내의 도호쿠 여행 일정이라면 JR 동일본 도호쿠 패스(P.046) 구입을 추천한다.

아키타현의 각 지역으로 가는 법

센보쿠시

열차

JR 센다이역

❶ 센다이 공항에서 지하철 공항액세스선으로 JR 센다이역까지 이동 한 후(20~30분 소요, 요금 640엔), 신칸센 고마치こまち로 JR 다자와코역까지 1시간 15분 소요된다. JR 다자와코역에서 JR 가쿠노다테역까지 신칸센 1개 역(요금 1,390엔), 다자와코선으로는 4개 역(요금 320엔) 떨어져 있으며 15~20분 걸린다.
요금 7,870엔(어린이는 반값) **홈페이지** www.jreast.co.jp

❷ JR 도쿄역에서 신칸센 고마치こまち를 타고 JR 다자와코역까지 약 2시간 50분, JR 가쿠노다테역까지 3시간~3시간 10분 소요된다.
요금 JR 도쿄역~JR 다자와코역 15,830엔(어린이는 반값) / JR 도쿄역~ JR 가쿠노다테역 16,470엔(어린이는 반값) **홈페이지** www.jreast.co.jp

---

아키타시

열차

신칸센 고마치

❶ 센다이 공항에서 지하철 공항액세스선으로 JR 센다이역까지 이동 한 후(20~30분 소요, 요금 640엔), JR 센다이역에서 신칸센 고마치こまち를 타고 JR 아키타역까지 약 2시간 10분 소요된다.
요금 10,030엔(어린이는 반값)
홈페이지 www.jreast.co.jp

❷ JR 도쿄역에서 신칸센 고마치こまち를 타고 JR 아키타역까지 약 3시간 50분 소요된다.
요금 17,460엔(어린이는 반값) **홈페이지** www.jreast.co.jp

버스

❶ 아키타 공항에서 셔틀 승합차인 에어포트라이너 하야카고速籠호를 타고 JR 아키타역(총 45분 소요, 요금 1,500엔)에서 내린다. 숙소에 따라 아키타 시청 및 아키타 현청에서도 하차할 수 있다. 예약은 한국 코디네이터 사무소에서 할 수 있다.
전화 018-867-7444(일본), 02-3473-5822(한국)
요금 성인 1,500엔, 어린이 750엔
홈페이지 akita.airportliner.net

❷ 아키타 공항에서 공항 리무진버스를 타고 JR 아키타역 니시구치西口(서쪽 출구)까지 40분 정도 소요된다.
전화 018-823-4411 **요금** 성인 930엔, 어린이 470엔
홈페이지 www.akita-chuoukotsu.co.jp/rimzin.html

❸ 센다이 공항에서 지하철 공항액세스선으로 JR 센다이역까지 이동 한 후(20~30분 소요), JR 센다이역 앞 센다이 고속버스 센터에서 고속버스를 타고 JR 아키타역 히가시구치東口(동쪽 출구)까지 3시간 35분 정도 소요된다.
Data 전화 018-823-4890 **요금** 성인 편도 4,100엔, 왕복 7,400엔(어린이는 반값)
홈페이지 akita-chuoukotsu.co.jp

요코테시&유자와시

열차

❶ 아키타 공항에서 공항 리무진버스를 타고 JR 아키타역 앞까지 이동한 후(40분 소요) JR 아키타역에서 오우 본선奥羽本線으로 환승한다. JR 요코테역까지 약 1시간 20분 소요되고, JR 유자와역은 JR 요코테역에서 남쪽으로 20분 정도 더 가면 된다.
요금 JR 아키타역~JR 요코테역 1,320엔(어린이는 반값) / JR 아키타역~JR 유자와역 1,490엔(어린이는 반값) **홈페이지** www.jreast.co.jp

❷ JR 도쿄역에서 신칸센 고마치こまち를 타고 JR 오마가리大曲역까지 3시간 10분 정도 소요된다. JR 오마가리역에서 오우 본선 열차로 갈아탄 후 JR 요코테역까지 약 20분, JR 유자와역까지는 40분 정도 소요된다.
요금 JR 도쿄역~JR 요코테역 16,790엔(어린이는 반값) / JR 도쿄역~JR 유자와역 17,010엔(어린이는 반값) **홈페이지** www.jreast.co.jp

버스

센다이 공항에서 지하철 공항액세스선으로 JR 센다이역까지 이동한다(20~30분 소요). JR 센다이역 앞 고속버스 센터에서 버스를 타고 요코테 버스터미널까지 약 3시간, JR 유자와역 앞까지 3시간 20분 정도 소요된다.
전화 0182-32-9500 **요금** JR 센다이역 앞~요코테 버스 터미널 편도 3,680엔, 왕복 6,620엔(어린이는 반값) / JR 센다이역 앞~JR 유자와역 앞 편도 3,880엔, 왕복 6,980엔(어린이는 반값)
홈페이지 ugokotsu.co.jp/kosoku/

센보쿠시
仙北市

한적한 시골길을 달려 신비로운 물빛의 호수와 울창한 너도밤나무 숲이 기다리고 있는 힐링 여행지. 자연과 사람이 공존하며 소박한 삶을 영위하는 청정 고장에서 따뜻하고 순수한 동화 같은 일상을 발견할 수 있다.

Senboku
GET AROUND

센보쿠시 시내 교통

첩첩산중의 시골 동네인 센보쿠시에서는 아무래도 렌터카가 편리하다. 대중교통으로는 외국인 관광객을 위한 셔틀 승합차인 에어포트라이너를 이용하면 주요 관광지까지 갈 수 있다.

렌터카
아키타 공항 또는 JR 아키타역, JR 다자와코역 등에서 렌터카를 이용할 수 있다(자세한 이용 방법은 P.049 참고).

아키타 에어포트라이너 Akita Airportliner

아키타 에어포트라이너

아키타 공항에서 셔틀 승합차인 아키타 에어포트라이너가 가쿠노다테, 다자와 호수, 뉴토 온천향까지 1일 3~4회 왕복 운행한다. 반드시 사전 예약을 해야 한다. 아키타현 한국 코디네이터 사무소에서 예약할 수 있다.
전화 018-867-7444(일본), 02-3473-5822(한국) **요금** 아키타 공항~가쿠노다테 2,600엔 · 다자와 호수 3,100엔 · 뉴토 온천향 4,000엔 **홈페이지** akita.airportliner.net

우고 교통버스 羽後交通
1시간에 1대꼴로 운행되는 노선버스. JR 다자와코역에서 다자와 호수까지는 약 12분, 뉴토 온천향까지 약 50분 소요된다. 막차는 오후 6시쯤 있다.
요금 JR 다자와코역~다자와코한 360엔 / JR 다자와코역~뉴토 온천향(가니바 온천) 820엔
홈페이지 ugokotsu.co.jp

*** Plus Info ***

Information Center
센보쿠시 다자와코 관광 정보 센터 포레이크 仙北市田沢湖観光情報センター「フォレイク」
관광지 및 지역 교통 정보를 얻을 수 있고 버스 투어와 같은 관광 상품도 예약 및 판매한다.
Data **지도** P.162-D **가는 법** JR 다자와코역 1층 **주소** 秋田県仙北市田沢湖生保内男坂68
전화 0187-43-2111 **오픈** 08:30~17:30 **홈페이지** tazawako.org

Senboku
TWO FINE DAYS IN

산속에 숨어 있는 온천 마을, 뉴토 온천향을 제대로 만끽하기 위해선 1박은 선택이 아닌 필수다.
온천 숙박 일정의 앞과 뒤에 다자와 호수와 가쿠노다테 무사 마을을 적절히 넣으면 완벽하다.

1일차

뉴토 온천향
물빛과 성분이 다른
7가지 온천 순례
(유메구리) 만끽하기

→ 유메구리호 이용

쓰루노유 or 다에노유 온천
달빛 아래에서 즐기는 뽀얀 유황 온천을
만끽한 후 정갈한 산채 정식 맛보기

2일차

다자와 호수
아름다운 호수 풍경을
눈과 카메라로 담기

→ JR 다자와코역에서 다자와코 일주버스로
가타지리 하차 후 다쓰코 동상 구경,
다시 JR 다자와코역에서 JR 이용 20분

가쿠노다테
고즈넉한 옛 거리
산책 즐기기

↓ JR 다자와코역에서
JR 가쿠노다테역으로
이동 후 도보 20분

아오야기케
가쿠노다테 내 자리한
고풍스러운 사무라이 저택
관람하기

← 무사 마을에서
도보 15분

니시노미야케
가쿠노다테의 매력을
느낄 수 있는 잡화점 겸
레스토랑에서 저녁 먹기

도호쿠의 작은 교토
가쿠노다테 角館  카쿠노다테

고풍스러운 사무라이 가문 저택이 잘 보존되어 있어 '도호쿠의 작은 교토'라 불리는 가쿠노다테. 검은 판자 울타리와 수양벚나무 가로수, 작은 수로가 어우러진 골목을 느릿느릿 걷다 보면 장인의 손맛이 느껴지는 정겨운 공예품 가게와 아늑하고 분위기 있는 카페, 지역 식재료로 맛을 낸 운치 있는 레스토랑을 만날 수 있다.

봄에는 수로를 따라 벚나무가 흐드러져 전국에서 상춘객들이 찾아 든다. 지역 공예품으로 유명한 가바자이쿠樺細工(산벚나무 껍질 세공)는 선물이나 기념품으로 구입하기에 좋다.

Data **지도** P.159 **가는 법** JR 가쿠노다테역에서 도보 5분 / 아키타 공항에서 에어포트라이너 뉴토호를 타고 1시간

Plus Info

렌탈 자전거로 즐기는 가쿠노다테 마을 일주

렌탈 자전거 가게 우오히로魚弘(시모다 자전거下田自転車)
JR 가쿠노다테역에서 사무라이 저택이 보존되어 있는 거리까지 자전거로 일주할 수 있다. JR 가쿠노다테역 관광 안내소인 에키마에 구라駅前蔵 바로 앞에 위치해 있다. 어린이용 자전거도 준비되어 있으며, 무료로 짐을 맡아 준다. 인원이 많은 경우는 사전에 예약하는 것이 좋다.

Data **지도** P.157-K **가는 법** JR 가쿠노다테역 앞에 위치
주소 仙北市角館町上菅沢401-5 **전화** 0187-53-2894 **오픈** 아침~18:00 **가격** 1시간 300엔

가쿠노다테 구석구석 살펴보기

아오야기케 青柳家 ◉) 아오야기케

가구노다테 대표 사무라이 저택

가쿠노다테에 자리한 7곳의 사무라이 저택 중 보존이 가장 잘 되어 있는 아오야기케. 너른 부지에 280년 된 고풍스러운 저택이 자리해 있으며 무기관과 향토관에서 당시 귀족의 생활상을 엿볼 수 있다. 그밖에 공예관, 기념품 가게 등에서는 공예품과 특산물을 구경할 수 있고 쉬어 가기에 좋은 찻집도 자리한다.

Data 지도 P.159-A
가는 법 JR 가쿠노다테역에서 도보 20분
주소 秋田県仙北市角館町表町下丁3
전화 0187-54-3257
오픈 09:00~17:00(12~3월 16:30까지)
요금 성인 500엔, 중·고등학생 300엔, 어린이 200엔
홈페이지 www.samuraiworld.com

가쿠노다테 안내도

- 무사의 저택(오노자키케) 武家屋敷小野崎家
- 히라후쿠 기념미술관 平福記念美術館
- 옛 이시구로 사무라이의 집 旧石黒家
- 이시구로 사무라이의 집 石黒家
- 아오야기케 青柳家
- 가바자이쿠 전승관 樺細工伝承館
- いしばし民芸 (기념품 숍)
- 사쿠라마루 커피(카페) Sakuramaru Coffee
- 후라리안(차&잡화) ふらり庵
- 오무라 박물관 大村美術館
- 사타케 역사문화 박물관 佐竹歴史文化博物館
- 무사의 저택(이와하시케) 岩橋家武家屋敷

부케야시키도리(武家屋敷通り)

가바자이쿠 전승관 樺細工伝承館 🔊 카바자이쿠 덴쇼칸

산벚나무 껍질 공예

산벚나무의 껍질을 벗겨내 문양을 만드는 가바자이쿠 공예품은 산벚나무가 많은 가쿠노다테에서 전승되어온 전통 공예 기법이다. 가쿠노다테의 유일한 서양식 건물인 가바자이쿠 전승관에서 장인이 작업하는 모습을 볼 수 있으며, 전통 생활 도구와 가바자이쿠 공예품을 관람하고 다양한 기념품을 구입할 수 있다.

Data **지도** P.159-B **가는 법** JR 가쿠노다테역에서 도보 20분 **주소** 秋田県仙北市角館町表町下丁10-1 **전화** 0187-54-1700 **오픈** 09:00~17:00(12~3월 16:30까지) **요금** 성인 300엔, 초·중생 150엔 **홈페이지** www.city.semboku.akita.jp/sightseeing/densyo/

히라후쿠 기념미술관 平福記念美術館 🔊 히라후쿠 키넨비주츠칸

회랑이 멋스러운 지역 미술관

가쿠노다테 출신의 화가 히라후쿠 호안平福穂庵과 그의 아들 하쿠스이百穂의 작품을 중심으로 아키타 지역 화가의 그림을 전시하는 미술관이다. 유럽의 신전을 연상케 하는 회랑과 그 앞의 정원이 이국적이면서도 가쿠노다테 거리와 잘 어우러진다.

Data **지도** P.159-A **가는 법** JR 가쿠노다테역에서 도보 25분 **주소** 秋田県仙北市角館町表町上丁4-4 **전화** 0187-54-3888 **오픈** 09:00~17:00(12~3월 16:30까지) **휴무** 12/28~1/4(1/1은 개관) / 12~3월 매주 월요일 **요금** 성인 300엔, 초·중생 200엔 **홈페이지** www.city.semboku.akita.jp/sightseeing/hirafuku/

> **Tip** 전시관 공통권으로 할인받자!
> 가바자이쿠 전승관과 히라후쿠 기념미술관을 모두 관람할 경우 2관 공통권을 구입하면 좀 더 저렴하다. 공통권 요금은 성인 520엔, 초중생 260엔.

산골 마을과 협곡을 달리는 지역 열차
아키타 내륙종관철도 秋田内陸縦貫鉄道 🔊 아키타 나이리쿠 주칸테츠도

센보쿠 지역의 산골 마을 사이사이를 달리는 지역 열차. JR 가쿠노다테역에서 JR 다카노스鷹巣역까지 94.2km(편도 약 2시간 소요)를 남북으로 가로지른다. 1~2량의 완행 열차가 자연 속을 달리는 모습이 마치 장난감 기차처럼 귀엽기도, 달력 사진처럼 서정적이기도 하다. 특히 한겨울에는 사방이 눈으로 뒤덮이는 협곡 철교의 풍경이 아름답기로 유명하다.

아키타 농가 민숙(P.179)을 갈 때 이용할 수 있으며, 해당 구간에서 하루 종일 무제한 타고 내릴 수 있는 프리 티켓을 구입해 아날로그 기차 여행을 즐겨도 좋다. 또한 도시락 열차, 아키타 마이코 공연 열차 등 다양한 이벤트 열차를 운영 중이다.

Data 지도 지도 밖 **가는 법** JR 가쿠노다테역~JR 다카노스역
주소 秋田県北秋田市松葉町3-2(JR 다카노스역) **전화** 0186-60-1111(아키타 내륙선 여행 안내소)
요금 홀리데이(주말·공휴일) 전선 프리 티켓 성인 2,000엔, 어린이 1,000엔 / 홀리데이 A(JR 가쿠노다테역~JR 아니아이역) 프리 티켓 성인 1,000엔, 어린이 500엔 / 홀리데이 B(JR 아니아이역~JR 다카노스역) 프리 티켓 성인 1,000엔, 어린이 500엔 / 평일 전선 프리 티켓 성인 2,500엔, 어린이 1,250엔
홈페이지 www.akita-nairiku.com

> *** Plus Info ***

시골 어머니의 정과 맛이 넘치는 도시락 열차

고쓰오 다마테바코 열차 ごっつお玉手箱列車
센보쿠 지역에서 농가 민숙을 운영하는 어머니들의 맛깔스러운 도시락을 맛볼 수 있는 이벤트 열차. 역마다 열차가 정차하면서 농가 민숙의 어머니들이 그날 아침에 만든 음식을 직접 객차 내에 올려준다. JR 가쿠노다테역에서 JR 아니아이阿仁合역까지 약 1시간 20분 동안 차창으로 고즈넉한 마을 풍경을 바라보며 즐기는 푸짐한 도시락은 힐링의 시간을 선사한다. 주로 토요일이나 일요일, 공휴일에 운행한다. 홈페이지에서 운행 날짜를 확인하고 메일로 예약할 수 있다.

Data 지도 지도 밖 **가는 법** JR 가쿠노다테역에서 출발 **전화** 0186-60-1111(아키타 내륙선 여행 안내소)
요금 성인 6,900엔, 어린이 5,900엔(도시락과 당일 열차 프리 티켓 포함)
홈페이지 tour.akita-nairiku.com/plan/gottso.php

에메랄드빛의 신비로운 호수
다자와 호수 田沢湖 🔊 타자와코

최대 수심 423.4m의 다자와 호수는 일본에서 가장 깊은 칼데라호이자 풍경이 아름다운 호수로 손꼽히는 곳이다. 신비로운 에메랄드빛 호수는 꽃이 만발하는 봄과 초록으로 싱그러운 푸른 여름, 단풍으로 물드는 가을, 흰 눈으로 뒤덮인 겨울 어느 계절이든 한 폭의 그림을 만든다.
호수 주변에는 슬픈 전설이 깃든 다쓰코 동상과 다자와 호수의 신을 모시는 신사, 레스토랑, 허브 농장 등 아기자기한 볼거리가 많다. 또한, 호반 드라이브나 자전거 라이딩 코스로도 인기 있다.

Data 지도 P.163 **가는 법** JR 다자와코역에서 노선버스로 환승 / 아키타 공항에서 에어포트라이너를 타고 다자와 호수에서 하차. 총 1시간 40분 소요 **홈페이지** www.tazawako.org

> **Tip** 노선버스로 다자와 호수 관광하기
> 노선버스인 우고 교통버스의 다자와코잇슈(일주선)선田沢湖一周線은 JR 다자와코역에서 출발해 다쓰코 동상이 있는 가타지리 정류장까지 간 후(30분 소요) 다시 역으로 돌아온다. 되돌아오면서 주요 관광지에 10~20분 정도 정차하는데, 이때를 노려 재빨리 관광도 할 수 있다.
> 버스는 하루 5~6편 운행한다. 또한 호반 라이딩을 하려면 다자와코 레스트하우스에서 자전거를 렌탈하면 된다.

PLUS

다자와 호수 구석구석 살펴보기

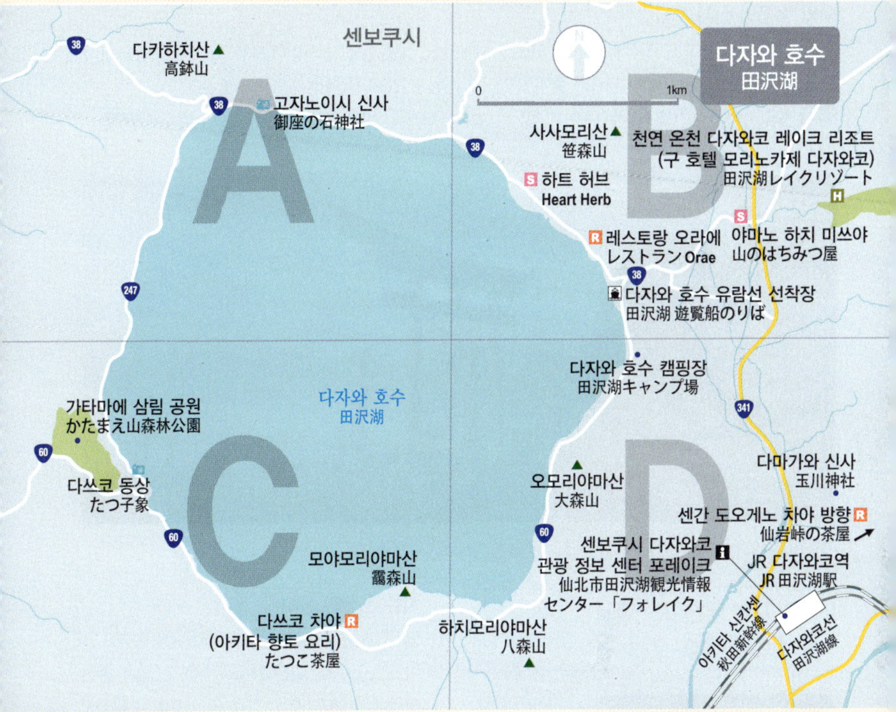

다자와 호수
田沢湖
센보쿠시
다카하치산
高鉢山
고자노이시 신사
御座の石神社
사사모리산
笹森山
천연 온천 다자와코 레이크 리조트
(구 호텔 모리노카제 다자와코)
田沢湖レイクリゾート
하트 허브
Heart Herb
레스토랑 오라에
レストラン Orae
야마노 하치 미쓰야
山のはちみつ屋
다자와 호수 유람선 선착장
田沢湖 遊覧船のりば
다자와 호수 캠핑장
田沢湖キャンプ場
다자와 호수
田沢湖
가타마에 삼림 공원
かたまえ山森林公園
다쓰코 동상
たつ子象
오모리야마산
大森山
다마가와 신사
玉川神社
센간 도오게노 차야 방향
仙岩峠の茶屋
센보쿠시 다자와코
관광 정보 센터 포레이크
仙北市田沢湖観光情報
センター「フォレイク」
JR 다자와코역
JR 田沢湖駅
모야모리야마산
靄森山
다쓰코 차야
(아키타 향토 요리)
たつこ茶屋
하치모리야마산
八森山
아키타 신칸센
秋田新幹線
다자와코선
田沢湖線
0
1km
A
B
C
D

다쓰코 동상 たつ子象 타츠코 조

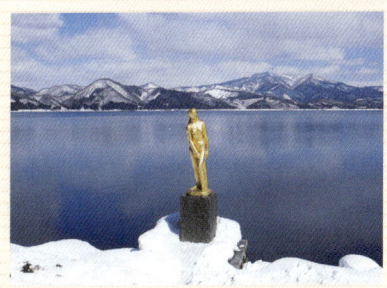

슬픈 전설이 깃들어 있는 동상

아름다움과 젊음을 꿈꾸다 용이 된 소녀, 다쓰코 히메(공주)의 전설을 모티브로 한 황금색 동상. 계절마다 다른 색으로 갈아입는 호수의 풍광과 어우러지며 오묘한 분위기를 자아낸다. 2009년에 방영되었던 KBS 인기 드라마 〈아이리스〉 촬영지로도 유명하다.

Data **지도** P.163-C **가는 법** 아키타 공항에서 에어포트라이너를 타고 다자와코 레스트 하우스田沢湖レストハウス에서 하차 / JR 다자와코역에서 노선버스 다자와코잇슈(일주)선을 타고 가타지리潟尻에서 하차. 총 30분 소요 **주소** 秋田県仙北市西木町西明寺字潟尻

고자노이시 신사 御座の石神社 🔊 고자노이시 진자

미와 젊음의 신사

호수의 수호신이자 미와 젊음의 화신인 다쓰코 히메たつこ姫를 모신 신사이다. 다지와 호수를 전망하기 좋은 평평한 화산암은 아키타 영주가 즐겨 찾았다고 전해져 '귀인의 바위御座の石'라 불린다.

Data **지도** P.163-A **가는 법** JR 다자와코역에서 노선버스 다자와코잇슈(일주)선을 타고 고자노이시御座の石에서 하차. 총 20분 또는 1시간 소요 **주소** 秋田県仙北市西木町桧木内字相内潟

다마가와 온천 玉川温泉
🔊 타마가와 온센

Data **지도** 지도 밖 **가는 법** 아키타 공항에서 에어포트라이너를 타고 2시간 30분 / JR 다자와코역에서 노선버스 다마가와선을 타고 약 1시간 15분
전화 0187-58-3000
홈페이지 www.tamagawa-onsen.jp

치유 온천의 성지

탕치湯治(온천으로 병을 다스리는 것) 풍경이 남아있는 곳으로, 일본에서도 산성도가 높은 온천으로 유명하다. 특히 라듐 등이 포함된 방사성 광물인 북투석北投石 위에서 즐기는 암반욕은 오직 다마가 온천에서만 즐길 수 있다. 강산성의 온천은 살균력과 면역력 개선에 도움을 주고, 특수 광물인 북투석은 자연 치유력을 향상시킨다. 이렇다 보니 관광보다는 치료나 요양을 위해 장기간 투숙하는 사람들이 많이 찾기 때문에 여타 온천 마을과는 다른 분위기를 느낄 수 있다. 흰 연기가 피어오르는 산책로를 따라 곳곳에 침낭이나 돗자리를 펴고 누워 암반욕을 즐기는 이들의 모습이 진풍경이다. 약 2km 떨어진 곳에 있는 신타마가와 온천新玉川温泉은 현대적인 시설이라 관광객이 이용하기에 좀 더 편리하다.

일곱 빛깔 천연 온천
뉴토 온천향 乳頭温泉郷 🔊 뉴토 온센쿄

굽이굽이 산길을 따라 7곳의 온천 숙박 시설이 자리한 뉴토 온천향. 찾아가기도 쉽지 않은 이 작은 온천 마을에 매년 수백만 명의 관광객이 다녀가는 이유는, 그곳에 첫발을 딛는 순간 알 수 있다. 자연의 기운을 머금은 서로 다른 빛깔의 천연 온천과 수천 년 그 자리를 지켰을 너도밤나무 숲이 만드는 환상적인 풍광, 산과 강에서 채취한 자연 재료로 만드는 건강한 음식, 그리고 옛 모습을 지켜나가는 사람들이 있는 뉴토 온천향은 누구나 꿈꾸던 일본 온천의 모습 그대로다.

〈뉴욕타임스〉에도 소개되었던 뽀얀 우유빛의 비탕 쓰루노유, 고급스러운 분위기의 오렌지빛 온천 다에노유, 야생의 박력이 넘치는 구로유, 깊은 숲에 둘러싸인 노천탕 가니바 등 서로 다른 매력의 온천을 섭렵하는 온천 순례인 유메구리湯めぐり도 뉴토 온천향에선 놓칠 수 없는 경험이다.

Data 지도 P.166
가는 법 아키타 공항에서 에어포트라이너의 뉴토호를 타고 2시간 10분 / JR 다자와코역에서 우고 교통버스를 타고 약 50분 또는 에어포트라이너(예약 필수)를 타고 약 40분
홈페이지 www.nyuto-onsenkyo.com/nature.html

구로유

다에노유 온천 전경

가니바 온천

뉴토 온천향 구석구석 살펴보기

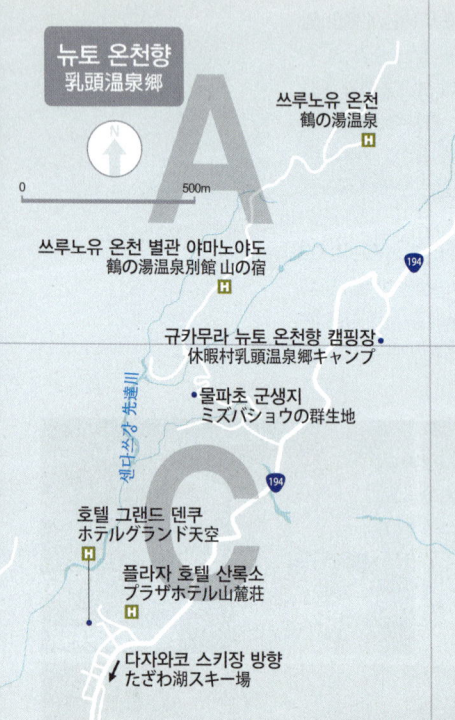

Tip
뉴토 온천향 온천 순례 수첩

유메구리초 湯めぐり帖

뉴토 온천향 온천에 숙박하면 7개의 온천 시설에서 한 번씩 입욕할 수 있는 엽서 형태의 티켓인 유메구리초를 1,800엔에 구매할 수 있다. 보통 당일 입욕료가 600엔이므로, 3군데만 가도 본전은 뽑는다. 사용한 티켓은 기념엽서로도 사용할 수 있다. 유메구리초가 있으면 셔틀 승합차인 유메구리호를 무료로 이용할 수 있어 더욱 편리하게 일곱 곳의 온천을 돌아볼 수 있다.

쓰루노유 온천 鶴の湯温泉 ◀ 츠루노유 온센

우윳빛깔 비탕

뉴토 온천향에서도 단연 비탕으로 손꼽히는 쓰루노유는 KBS 인기 드라마〈아이리스〉를 촬영한 뽀얀 우윳빛의 유황 온천이다. 드라마에서 남녀 주인공을 깜짝 놀라게 했던 혼탕은 350년 역사의 쓰루노유를 제대로 즐길 수 있는 유서 깊은 노천탕이다. 혼탕이지만 탕에 들어가면 전혀 비치지 않는 불투명한 색이라 어느 정도 안심하고 들어갈 수 있다. 여성 전용 노천탕도 2곳 더 있다. 직접 채집한 산나물이나 계곡의 곤들매기 등 자연 재료로 만든 식사는 몸에 좋고 속에 부담이 적다. 전 세계에서 관광객이 찾아오는 인기 온천이라 방을 구하기가 쉽지 않은데, 공용 화장실을 이용해야 하는 2~3호관은 그래도 노려볼 만하다.

Data 지도 P.166-A
가는 법 아키타 공항에서 에어포트 라이너를 타고 쓰루노유 온센에서 하차 / JR 다자와코역에서 노선 버스를 타고 아루파코 마쿠사アルパこまくさ에서 하차 후 쓰루노유 송영차량(예약 필수) 이용
주소 秋田県仙北市田沢湖先達沢国有林50
전화 0187-46-2139
요금 8,790엔부터(2인 이용 시 1인 요금, 조·석식 포함), 당일 입욕료 600엔(10:00~15:00)
휴무 당일 입욕 월요일
홈페이지 www.tsurunoyu.com

남녀가 함께 사용하는 혼탕

여성 전용 노천탕

자연 재료로 만든 저녁 식사

[노천 혼탕]

다에노유 妙乃湯 🔊 타에노유

금빛 오렌지색 탕의 세련된 료칸

시원하게 쏟아지는 폭포 옆에 자리 잡고 있는 다에노유. 뉴토 온천향에서 모던하면서도 세련된 온천 료칸으로 이름을 날리며 여성들에게 특히 사랑받는 온천이다. 객실에 배치된 멋스러운 가구와 은은한 조명, 아기자기한 소품 하나하나가 인상적이다.
폭포수의 물보라가 들이치는 노천 혼탕을 비롯해 총 7개의 탕이 있다. 금빛 오렌지색의 금탕과 무색투명한 은탕에는 2가지 원천이 흐른다. 특히 노천 혼탕은 꼭 경험해봐야 하는데, 여성 고객은 큰 타월을 두른 채 이용할 수 있어서 부담이 적다. 숙박객은 예약제로 가족탕을 사용할 수 있고, 화려한 그릇에 담겨 나오는 가이세키 코스 요리는 다에노유에서의 하룻밤에 화룡정점이다.

[실내 온천]
[가이세키 코스 요리]

Data 지도 P.166-B **가는 법** 아키타 공항에서 에어포트라이너를 타고 다에노유에서 하차 / JR 다자와코역에서 노선버스를 타고 다에노유에서 하차 **주소** 秋田県仙北市田沢湖生保内字駒ヶ岳2-1 **전화** 0187-46-2740 **요금** 13,068엔부터(2인 이용 시 1인 요금, 조·석식 포함) / 당일 입욕료 800엔 (10:00~15:00) **홈페이지** www.taenoyu.com

노천 온천

더블룸 객실

규카무라에서 제공하는 저녁 식사

규카무라 뉴토 온천향 休暇村乳頭温泉郷 🔊 큐카무라 뉴토 온센쿄

현대적이고 편리한 온천 시설

뉴토 온천향에서 유일하게 엘리베이터가 설치되어 있는 규카무라는 가장 현대적이고 깔끔한 온천 숙박 시설이다. 다른 곳에 비해 개성이 덜하다고 느껴질 수도 있지만, 여러 사람의 의견을 조율하기 어려울 때는 무난한 선택이 될 수 있다. 객실 수도 많아서 단체 여행자에게 알맞다.

또한, 뽀얀 빛깔의 단순 유황천에서 제대로 된 온천을 만끽할 수 있다. 식사는 뷔페로 제공되는데, 아침 식사에는 특별히 핸드 드립 커피를 맛볼 수 있다. 호텔에서 숙박하는 손님과 주변 관광객을 대상으로 숲 트레킹, 스노슈 등 다양한 프로그램을 운영하니 홈페이지를 참고하면 유용하다.

Data **지도** P.166-B **가는 법** 아키타 공항에서 에어포트라이너를 타고 규카무라에서 하차 / JR 다자와코역에서 노선버스를 타고 규카무라에서 하차 **주소** 秋田県仙北市田沢湖駒ケ岳2-1 **전화** 0187-46-2244 **요금** 9,300엔부터(2인 이용 시 1인 요금, 조·석식 포함) / 당일 입욕료 600엔(11:00~17:00) **홈페이지** www.qkamura.or.jp/en/nyuto/

너도밤나무 숲 트레킹과 온천을 동시에!
너도밤나무 원시림에 둘러싸여 있는 뉴토 온천향은 곳곳에 트레킹 코스가 조성되어 있다. 그중 규카무라 온천 뒤편 숲길에서 출발해 구로유 온천으로 향하는 약 2km의 길은 트레킹과 온천을 동시에 섭렵할 수 있어 인기 있는 코스다. 삼림욕과 온천욕으로 2배 더 건강해지자.

EAT

절임 채소의 반전 매력

니시노미야케 西宮家

아키타현의 고풍스러운 옛 집과 정원을 살려 공방 겸 잡화점으로 활용하고, 식사를 할 수 있는 카페 및 레스토랑으로 꾸몄다. 나무들이 우거진 부지 내에 잡화점 고메구라米蔵, 레스토랑 기타구라北蔵, 수장품 전시실 분코구라文庫蔵, 절임 판매소 갓코구라ガッコ蔵, 디저트 카페 오모야母屋의 5개 동이 옹기종기 자리를 잡고 있다.

구라蔵는 일본어로 창고라는 뜻. 아키타현은 추운 겨울의 저장 음식이자 산으로 일을 하러 갈 때 싸가는 도시락 반찬으로 절임류가 발달했는데, 이곳의 레스토랑에서 그 특징을 살린 절임 플레이트를 비롯해 그날의 런치 등으로 즐길 수 있다. 채소의 색다른 풍미와 식감에 반할지도 모른다.

Data 지도 P.156-J
가는 법 JR 가쿠노다테역에서 도보 10분
주소 秋田県仙北市角館町田町上丁11-1
전화 0187-52-2438
오픈 10:00~17:00
가격 그날의 런치 850엔
홈페이지 nishinomiyake.jp

향토 퓨전 요리

도마닌 土間人

낮에는 레스토랑으로, 밤에는 향토색 진한 퓨전 요리를 즐길 수 있는 이자카야로 변신한다. 쪽파를 가득 올린 달콤 짭조름한 미소야키みそやき 피자처럼 기발한 창작 요리부터 아키타 향토 요리인 기리탄포きりたんぽ(밥을 꼬치에 꿰어 말려 구운 것), 히나이 토종닭을 사용한 덮밥 등 지역의 대표 요리도 판매한다. 눈앞에서 익혀주는 고등어구이는 술안주로 안성맞춤이며, 숯불에서 구워주는 닭꼬치 구이도 좋다.

미소야키 피자

Data 지도 P.156-J
가는 법 JR 가쿠노다테역에서 도보 12분 주소 秋田県仙北市角館町下中町30
전화 0187-52-1703
오픈 11:00~24:00 휴무 8/13, 12/31~1/1 가격 기리탄포 나베 1,620엔, 미소야키 피자 702엔
홈페이지 oogiri.co.jp/domanin

아키타산 토종닭 카레와 지역 크래프트 맥주
가타이와켄 硬岩軒

전통적인 가게가 많은 가쿠노다테에서 보기 드문 서양식 음식점이다. 주인장이 엄선한 식자재로 만든 음식과 오픈 스타일의 카운터 자리에서 다자와코 크래프트 맥주를 즐길 수 있다. 아키타현산의 다양한 술과 안주를 맛볼 수 있고, 지역 주민과 관광객이 교류할 수 있는 사랑방같은 곳이기도 하다. 2011년, 2012년 세계 맥주 어워드World Beer Award에서 수상한 다자와코 알트Alt 맥주를 추천한다. 아키타 음식문화관 쇼쿠사이 마치야관食彩 町家館 1층에 위치한다.

Data 지도 P.156-F 가는 법 JR 가쿠노다테역에서 도보 15분 주소 角館町横町42-1 食彩町家館 1F 전화 0187-49-6566 오픈 11:00~14:00, 17:30~23:00(계절마다 다름) 휴무 부정기적 가격 모모부타 돼지 스페어립 1,200엔, 다자와코 알트 생맥주 650엔
홈페이지 www.facebook.com/kataiwaken/

호텔식 조식을 맛볼 수 있는 레스토랑
가쿠노다테이 町家館かくのだ亭

우동의 명문으로 유명한 이나니와 우동의 원조 사토 요스케의 이나니와 우동과 아키타 토종닭의 하나이지도리를 사용한 오야코돈(닭고기 달걀덮밥) 등 아키타현의 명물 요리를 맛볼 수 있다. 마치야 호텔 가쿠노다테에서 숙박하는 사람들도 이곳에서 아침 식사를 한다. 쇼쿠사이 마치야관 2층에 위치한다.

Data 지도 P.156-F
가는 법 JR 가쿠노다테역에서 도보 15분
주소 秋田県仙北市角館町横町42-1 2F
전화 0187-49-6069 오픈 호텔 조식 07:00~09:00(전날 18:00까지 예약 필수) / 10:30~16:00 (계절마다 다름) 가격 오야코돈 1,200엔

세련된 창작 가이세키 코스 레스토랑
모미노키테이 レストラン樅の木亭

다마치 부케야시키 호텔 1층에 위치한 모미노키테이는 전통적인 무사 저택 분위기에서 식사를 즐길 수 있는 레스토랑이다. 엄선된 도호쿠 지역의 식자재로 만드는 아키타현 향토 요리를 재해석한 창작 가이세키를 맛볼 수 있다.
예약제로 운영되며 예약은 마치야 호텔 혹은 다마치 부케야시키 호텔에서 하면 된다.

Data 지도 P.156-J
가는 법 다마치 부케야시키 호텔 내
주소 秋田県仙北市角館町田町下丁23
전화 0187-52-1705
오픈 18:00~21:00
요금 가이세키 코스 요리 1인 5,400엔부터

산지 식재료로 차린 웰빙 식탁

레스토랑 오라에 レストランOrae

지역의 신선한 채소로 만든 요리와 수제 맥주를 만끽할 수 있는 자연식 레스토랑. 제철 채소를 가장 맛있게 먹을 수 있도록 개발한 샐러드, 파스타, 소시지 등의 메뉴를 선보인다. 모든 메뉴가 이곳에서 직접 제조한 맥주 고한노모리湖畔の杜의 라거, 필스너, 둔켈 맥주와도 잘 어우러진다.

졸참나무로 만든 묵직한 테이블과 의자에 앉으면, 테라스 창을 통해 다자와 호수가 시원하게 펼쳐지며 사계절 아름다운 풍광을 즐길 수 있다. '오라에'는 아키타 사투리로 '나의 집'이란 뜻. 언제든 집처럼 생각하고 편히 찾아오라는 의미다.

Data 지도 P.163-B **가는 법** JR 다자와코역에서 노선버스 뉴토선을 타고 고엔이리 구치公園入り口에서 하차 후 도보 10분 / JR 다자와코역에서 다자와코 일주선으로 호라이노마츠蓬莱の松에서 하차 후 도보 1분
주소 秋田県仙北市田沢湖沢字春山37-5 **전화** 0187-58-0608
오픈 11:30~20:30(토·일요일, 공휴일 11:00부터) **휴무** 부정기적
요금 맥주 3종 1,080엔, 마늘 소시지 1,188엔
홈페이지 www.orae.net

절경의 휴게소 식당

센간 도오게노 차야 仙岩峠の茶屋

아키타 국도를 달리다가 만나게 되는 휴게소 겸 식당으로 깎아지른 듯한 절벽에 자리 잡고 있어 유리창 밖으로 펼쳐지는 깊은 산세가 감탄을 자아낸다. 이런 풍경을 바라보며 먹는 음식은 어떤 것이든 맛있겠지만, 오랜 시간 푹 끓인 진한 맛의 오뎅과 담백한 산채 소바 등의 메뉴가 기대 이상이다.

산 아래 철로를 따라 신칸센 고마치가 달리는 모습도 볼 수 있다. 이 장면을 놓치고 싶지 않다면 기둥에 붙어 있는 열차 시간표를 눈여겨보도록 하자.

Data 지도 P.163-D **가는 법** JR 다자와코역에서 차로 10분
주소 秋田県仙北市田沢湖生保内近字近藤沢13-1
전화 0187-43-1803 **오픈** 08:45~17:30 **휴무** 수요일
요금 오뎅 600엔, 산채 소바 600엔
홈페이지 www.sengan-oden.com

BUY

벚꽃의 재발견
사토쿠 가든 さとくガーデン

가쿠노다테의 상징인 벚꽃 관련 제품을 판매하는 기념품 매장. 가바자이쿠(산벚나무 껍질세공)의 고급스러운 전통 공예품부터 벚꽃 문양의 귀여운 디자인 제품, 향수 등 다양한 제품으로 구석구석 꽉 채워져 있다. 기념 선물을 구입하기에 안성맞춤인 숍이다.

Data **지도** P.156-F **가는 법** JR 가쿠노다테역에서 도보 15분 **주소** 秋田県角館町東勝楽丁26 **전화** 0187-53-2230 **오픈** 09:00~17:00 **홈페이지** www.satoku-garden.com

전통 간장의 진화
안도 양조원 安藤醸造元

1853년 창업한 일본 전통 간장과 된장 전문점으로, 붉은 벽돌의 본점 건물에서 오랜 역사를 느낄 수 있다. 간장과 된장을 활용한 다양한 조미료뿐 아니라 간장 소프트아이스크림, 간장 마카롱 등 다채로운 디저트까지 개발하여 진화된 맛을 선보이고 있다.
본점을 포함해 4개의 점포가 가쿠노다테 내에 자리하고 있다. 본점은 JR 가쿠노다테역에서 가깝고, 전문 매장인 가조앙花上庵은 가바자이쿠 전승관 앞에 위치해 있어 관광하다가 들르기 좋다.

Data **지도** P.156-J
가는 법 본점 JR 가쿠노다테역에서 도보 5분 / 가조앙 JR 가쿠노다테역에서 도보 15분
주소 본점 秋田県仙北市角館町下新町27 / 가조앙 角館町表町下丁8 **전화** 0187-53-2008
오픈 본점 08:30~18:00(12~3월 17:00까지) / 가조앙 08:30~17:00
홈페이지 www.andojyozo.co.jp

고양이처럼 느긋하게
앤틱 잡화 카페 네즈네코 アンティーク雑貨と喫茶 ねずねこ

옛 주택을 개조해 다이쇼 시대의 레트로풍으로 꾸민 잡화점 겸 카페. 외관의 아기자기한 타일 장식과 실내의 아늑한 조명의 멋스러운 공간에서 앤틱 잡화가 구경하는 재미가 꽤 쏠쏠하다.
그중에 유독 고양이 디자인의 잡화가 눈에 띄는데, 알고 보니 가게 한쪽에 얌전한 고양이 1마리가 함께 살고 있다. 친절한 주인장 부부 덕분에 편하게 구경할 수 있고, 음료 메뉴가 500엔 정도니 잠시 목을 축이며 쉬었다 가도 좋겠다.

Data **지도** P.156-F **가는 법** JR 가쿠노다테역에서 도보 18분
주소 秋田県仙北市角館町小人町38-28 **전화** 0187-54-4212 **오픈** 10:00~17:00 **휴무** 부정기적

취향이 좋은 세련된 디자인 공예품 가게
가즈키 香月

가쿠노다테에서 가장 세련된 기념품을 살 수 있는 셀렉트 매장이다. 가쿠노다테의 전통 공예품인 가바자이쿠樺細工도 기념품이라기 보다는 작품에 가까운 제품들을 둘러볼 수 있다.
또한 고급 우동 그릇으로 사용하는 아키타현의 가와츠라 칠기川連漆器, 아키타현 삼나무 도시락으로 유명한 오다테 마게왓파大館曲げわっぱ, 돈보다마とんぼ玉(유리구슬) 장식품, 찻잔 등 거의 다른 곳에서는 찾아보기 힘든 제품들을 만날 수 있다.

Data **지도** P.156-F
가는 법 JR 가쿠노다테역에서 도보 18분
주소 秋田県仙北市角館町東勝楽丁2-2
전화 0187-54-1565
오픈 09:00~17:00
휴무 8/13, 12/31, 1/1, 1~2월 수·목요일
홈페이지 ac-kazuki.jp

팥의 재발견
모로코시앙 唐土庵

1957년 가쿠노다테에서 창업한 화과자 가게. 팥의 고급스러운 맛을 재발견할 수 있는 팥 생과자가 이 집의 대표 상품이다. 녹차에 곁들여 먹으면 딱 좋다.
가쿠노다테 내에 공장을 포함해 4곳의 점포가 있고 그중 아오야기가 맞은편의 매장이 찾아가기 편리하다. 시식 코너가 마련되어 있어 맛을 보고 구입할 수 있다.

Data **지도** P.156-B **가는 법** JR 가쿠노다테역에서 도보 20분
주소 秋田県仙北市角館町表町下丁17(부케야시키점)
전화 0187-52-8170 **오픈** 08:30~17:30(겨울철 09:00~16:00) **홈페이지** www.morokosian.jp

귀여운 소품이 가득한 잡화점
리토르완 りとる・わん

모던하고 재미있는 잡화를 만날 수 있는 가게. 귀엽고 아기자기한 상품과 화려한 컬러의 상품들이 인기 있다. 구경하는 것만으로 기분이 좋아지는 곳이니, 가쿠노다테를 산책하는 도중에 잠시 들러보자.

Data **지도** P.156-F **가는 법** JR 가쿠노다테역에서 도보 15분
주소 秋田県仙北市角館町横町17 **전화** 0187-54-1170
오픈 10:00~18:00(겨울철 17:00까지) **휴무** 화요일

아키타현 식문화 상품관
쇼쿠사이 마치야관 아그리 가든
食彩町屋館 アグリガーデン

안심하고 먹을 수 있는 지역의 건강 채소와 오리지널 스위츠, 즉석요리까지 갖추고 있다. 일본에서도 인지도가 높은 이부리燻り 훈제 상품과 아키타의 다양한 식문화를 둘러볼 수 있다.

Data **지도** P.156-F
가는 법 JR 가쿠노다테역에서 도보 15분
주소 秋田県仙北市角館町横町42-1 1F
전화 0120-86-4931
오픈 10:00~17:00
홈페이지 www.shokusai-machiyakan.jp/

천연 꿀 셀렉트 숍
야마노 하치미쓰야 山のはちみつ屋

벌집 모양의 벌꿀 셀렉트 숍. 다자와 호수와 하치만타이八幡平산에서 채집한 천연 벌꿀과 세계 여러 나라의 벌꿀을 맛보고 구입할 수 있다. 벌꿀뿐 아니라 시럽과 잼 등 종류가 다양하다. 벌꿀 매장 맞은편 카페에서는 꿀을 이용한 디저트를 판매한다. 촉촉한 롤케이크와 주먹만 한 크기의 슈크림이 인기. 이곳의 마스코트인 2층 빨간 버스 안에서도 쉬었다 갈 수 있다.

Data 지도 P.163-B
가는 법 JR 다자와코역에서 노선버스 다자와코잇슈(일주)선을 타고 다자와코 한田沢湖畔에서 하차 후 도보 25분. 총 40분 소요 **주소** 秋田県仙北市田沢湖生保内字石神163-3
오픈 09:00~17:30(겨울철 17:00까지) **전화** 0120-038-318 **홈페이지** www.bee-skep.com

몸과 마음을 채우는 향긋한 시간
하트 허브 Heart Herb

180여 종의 허브가 자라나는 온실을 비롯해 꽃 정원, 허브 테마 매장 및 체험 교실, 레스토랑을 갖춘 허브 체험 시설이다. 허브 온실에는 각 허브에 관해 친절하게 설명해주는 직원이 상주하고 있으며, 모종이나 허브 재배 키트를 판매하기도 한다.
허브와 에센셜 오일을 이용한 비누, 아로마 캔들, 숙면 베게 만들기 등의 체험(유료)도 할 수 있다. 체험은 현장에서 접수할 수 있고, 체험 종류에 따라 10~40분 정도 소요된다. 하트 허브 내 위치해 있는 레스토랑에서는 허브차와 식사를 즐길 수 있다.

Data 지도 P.163-B
가는 법 JR 다자와코역에서 노선버스 다자와코잇슈(일주)선을 타고 다자와코 한田沢湖畔에서 하차 후 도보 20분. 총 45분 소요 **주소** 秋田県仙北市田沢湖畔沢字潟前78 **전화** 0187-43-2424
오픈 10:00~16:00 / 토·일요일, 공휴일 09:00~17:00(11월 중순~4월 초 토·일요일, 공휴일 10:00~16:00) **요금** 무료입장 **홈페이지** www.heart-herb.co.jp

SLEEP

전통과 현대의 절묘한 조화
다마치 부케야시키 호텔 田町武家屋敷ホテル

가쿠노다테 구석에 있는 호텔. 전통을 보존하면서도 현대적인 스타일을 접목한 점이 인상적이다. 전통적인 외관에서는 고풍스러운 분위기를 느낄 수 있고, 객실은 쾌적한 휴식 공간을 제공한다. 식사는 호텔 내 있는 레스토랑인 모미노키테이에서 제공하며, 아키타현 향토 요리와 제철 식재료로 만든 창작 가이세키 코스 요리도 감동적이다. 늘 관광객으로 가득한 거리지만, 저녁이면 시간이 멈춘 것 같은 가쿠노다테의 진짜 모습을 만날 수 있다. 조용한 거리를 산책하면서 동네 온천이나 작은 선술집을 찾아도 좋겠다.

Data 지도 P.156-J
가는 법 JR 가쿠노다테역에서 도보 15분 **주소** 秋田県仙北市角館町田町下丁23 **전화** 0187-52-1700
요금 16,740엔(2인 예약시 1명당) **홈페이지** www.bukeyashiki.jp

가쿠노다테 관광에 안성맞춤
마치야 호텔 가쿠노다테 町屋ホテル角館

가쿠노다테에서 2017년 4월 새롭게 오픈한 호텔. 비즈니스호텔이지만 전통적인 디자인과 모던한 정취를 느낄 수 있다. 무사 저택 거리 입구에서 도보 2분 거리여서 입지적으로 관광에 안성맞춤이다. 지역 특산품을 소개하는 기념품 가게인 쇼쿠사이 마치야관과 레스토랑 가쿠노다테이가 바로 옆에 있다.

Data 지도 P.156-F
가는 법 JR 가쿠노다테역에서 도보 15분
주소 秋田県仙北市角館町七日町1-1
전화 0187-55-2001
요금 싱글룸 6,850엔부터(조식 포함)
홈페이지 machiyahotel.jp

무사 저택에서의 럭셔리한 하룻밤
가쿠노다테 산소 와비자쿠라 角館山荘 侘桜

모든 객실에 원천을 그대로 흘려보내는 반 노천탕이 준비되어 있는 럭셔리 온천 여관. 가쿠노다테 무사 거리에서 차로 10분 거리이지만, 마을과 떨어진 산속에 위치해 시공간을 잠시 잊고 오롯이 나만의 시간을 보낼 수 있다. 고민가 스타일의 료칸으로 200년 전통의 억새 지붕이 인상적이다. 와비자쿠라 온천은 PH9.6 알칼리 성분으로, 피부 자극이 적어 미용에 효과가 있다.

Data 지도 P.156-A
가는 법 JR 가쿠노다테역에서 송영차량(2일 전까지 예약 필수)으로 환승. 총 10분 소요
주소 秋田県仙北市西木町門屋字笹山2-8
전화 0187-47-3511
요금 43,300엔부터(2인 1실 이용 시 1인당, 조·석식 포함)
홈페이지 www.wabizakura.com

다이쇼 시대의 문화재 료칸
쇼호엔 樅峰苑

녹음이 짙은 고와쿠비 온천향에 숨겨진 온천 료칸인 쇼호엔은 오랜 세월을 견딘 전나무 숲 안에 자리 잡고 있다. 전통적인 건물은 다이쇼 시대(1912~1926년)의 정취를 느낄 수 있는데, 실제로 숙박이 가능한 유형문화재 건물이다. 구석구석 세월의 흔적을 느낄 수 있는 골동품과 가족이 함께 잘 관리해 온 객실과 온천은 따뜻하고 정감 있다. 1분에 200L씩 뿜어져 나오는 풍부한 원천을 그대로 흘려보내는 가케나가시 방식(원천 그대로 탕 안에 흘려보내는 방식)의 온천은 비탕으로 알려져 있다. 저녁 식사에는 참게요리를 비롯한 제철 식재료를 이용한 요리를 맛볼 수 있다.

Data 지도 지도 밖
가는 법 아키타 공항에서 차로 약 16분
주소 秋田県大仙市強首字強首268
전화 0187-77-2116
요금 16,740엔 부터(2인 1실 이용 시 1인당, 조·석식 포함)
홈페이지 www.syohoen.net

나에게 선물하고 싶은 온천
나쓰세 온천 미야코 와스레 夏瀬温泉 都わすれ

뉴토 온천향 다에노유의 자매점으로 전반적인 분위기는 비슷하지만, 그보다 더 고급스럽고 프라이빗한 료칸이다. 면적 33,000㎡의 광대한 숲과 호수에 노천탕이 딸린 9개의 객실과 자쿠지를 갖춘 1개의 객실이 전부다. 객실 노천탕은 숲으로 난 나무 데크 위에 널찍하게 설치되어 있어 숲과 그 아래 계곡의 호수를 보며 호젓하게 노천욕을 즐길 수 있다.

투명한 약알칼리성 온천수는 피부에 매끄럽게 감기고 최상의 지역 식재료로 만든 고급스러운 코스 요리와 프라이빗하면서도 세심한 료칸 서비스는 그야말로 감탄의 연속이다.

Data **지도** 지도 밖 **가는 법** 아키타 공항에서 뉴토乳頭 또는 다마가와玉川 방면 에어포트라이너를 타고 가쿠노다테角館에서 하차 후 송영차량(예약 필요)으로 환승하기. 총 1시간 30분 소요
주소 秋田県仙北市田沢湖卒田字夏瀬84 **전화** 0187-44-2220 **요금** 24,690엔부터(2인 이용 시 1인 요금, 조·석식 포함) **홈페이지** www.taenoyu.com/natuse-top.html

다자와 호수가 발아래
호텔 그랜드 덴쿠 ホテルグランド天空

다자와 호수 고원 온천향에 자리한 호텔로 객실은 물론 로비와 레스토랑, 노천탕에서 다자와 호수가 한눈에 보인다. 마치 구름 위에서 내려다보는 것 같은 비현실적인 풍경 속에서 즐기는 온천과 식사는 특별한 순간을 만든다. 다자와코 스키장과도 가깝고 겨울철에는 하루 1회 셔틀버스도 운행한다.

Data **지도** P.166-C **가는 법** JR 다자와코역에서 노선버스를 타고 가미코겐上高原에서 하차 후 도보 3분. 총 38분 소요 / 아키타 공항에서 에어포트라이너를 타고 약 1시간 40분
주소 秋田県仙北市田沢湖生保内駒ケ岳2-16 **전화** 0187-46-2004
요금 8,500엔부터(2인 이용 시 1인 요금, 조·석식 포함) **홈페이지** www.grand-tencoo.jp

다자와 호수 고원의 효소 온천
플라자 호텔 산록소 プラザホテル山麓荘

아키타현 다자와 호수 고원에 자리하고 있는 이 호텔의 온천은 원천에서 끌어온 온천수를 탕에서 그대로 흘려보내는 가케나가시(かけながし) 방식으로 운영된다. 또한, 쌀겨를 이용한 효소 목욕도 체험할 수 있으며, 온천욕과 함께 효소 찜질을 하면 피부 미용과 디톡스 효과를 함께 즐길 수 있다.

지역의 식재료에 통달한 조리법으로 만든 요리를 맛보며 몸속 가득히 계절 요리의 건강한 맛을 느낄 수 있다. 주변 자연경관과 함께 몸과 마음이 치유되는 온천 숙소다.

Data **지도** P.166-C **가는 법** JR 다자와코역에서 뉴토 온센 방면 버스를 타고 스기야지杉谷地에서 하차 후 도보 2분. 총 47분 소요 / JR 다자와코역에서 셔틀버스(15:30, 17:30 운영. 예약 필수) 운영
주소 秋田県仙北市田沢湖生保内字駒ケ岳 2-32 **전화** 0187-46-2131
요금 8,640엔부터(2인 1실 1인 요금. 조·석식 포함) **홈페이지** sanrokusou.com

아키타현 명물로 채워진 리조트 호텔
천연 온천 다자와코 레이크 리조트(구 호텔 모리노카제 다자와코)
天然温泉田沢湖レイクリゾート(旧: ホテル森の風田沢湖)

다자와 호수에서 차로 5분 거리에 자리 잡고 있는 온천 시설이다. 가쿠노다테, 뉴토 온천향과 가까운 곳에 위치해 있어서 관광에 편리하다. 객실에서는 따뜻한 나무 온기를 느낄 수 있으며, 주변의 대자연을 한눈에 바라볼 수 있다.

저녁 식사 시간에는 나마하게(아키타현 오가 지역의 도깨비 신) 복장을 하고 직접 이시야키(구운 돌을 이용한 생선찌개)를 만들어서 나누어준다. 떠들썩한 나마하게 등장은 축제의 한 장면을 재현한 것으로 덕담을 주고받으며 기념사진을 찍을 수 있다.

Data **지도** P.163-B
가는 법 JR 다자와코역에서 노선버스를 타고 15분, 송영버스 있음(예약 필수)
주소 秋田県仙北市 田沢湖生保内字下高野82-117 **전화** 0187-46-2016
요금 10,445엔부터(2인1실 1인 요금. 조·석식 포함) **홈페이지** www.tazawako-lakeresort.com

진짜 아키타를 만나는 시간, 농가 민숙

아키타의 진정한 매력은 소탈하고 정 많은 아키타 사람들이다. 시골 농가의 가족과 하룻밤 생활하며 사귈 수 있는 농가 민숙은 아키타의 참모습을 확인할 수 있는 시간. 한가롭고 아름다운 자연 속에서 직접 기른 채소 위주의 건강하면서도 맛있는 음식을 맛보며 다양한 전통 문화 체험, 농사 체험까지, 기대하지 않았던 즐거움이 곳곳에서 펑펑 터진다.

농가 민숙 체크 리스트

1. 인근에 편의점이 없는 경우가 많다. 필요한 물품(음료 포함)은 준비해오자.
2. 칫솔과 수건 등의 세면도구는 지참하자.
3. 너무 늦게 잠자리에 들지 않도록 한다. 함께 거주하는 가족이 있음을 명심하자.
4. 밤늦게 집 밖 멀리 나서는 것은 금물. 가로등이 적고 집도 드문드문 있어 길을 잃기 쉽다.
5. 숙박 요금은 아침과 저녁 식사가 포함된 1박이 성인 7,000엔, 어린이 4,000엔으로 거의 같다. 식사 여부는 선택 사항이나, 가능한 2끼 모두 먹기를 권한다.
6. 하루 숙박 인원은 최대 5명. 그 덕에 시골 친척 집에 놀러 온 듯 쉬었다 갈 수 있다.
7. 욕실은 공동으로 이용하며, 때에 따라 외부 공중목욕탕(유료)을 안내해주기도 한다.
8. 사전에 예약하면 JR 가쿠노다테역까지 송영해주기도 한다(시간은 농가 민숙에 따라 상이).

추천 농가 민숙

구리노키 農家民宿 くりの木

정겨운 밤나무 집

일본에서 가장 큰 밤인 사이묘지 밤나무 농장을 운영하는 농가에서 묵을 수 있다. 가을에는 밤을 따는 체험을 할 수 있고, 수확한 밤으로 만든 밤밥도 맛볼 수 있다. 할머니와 함께 3대가 생활하는 집에서 저녁에는 기리탄포나 전통 떡인 유베시ゆべし 등을 만들어 먹으며 추억을 쌓을 수 있다.

Data 가는 법 아키타 내륙 종관철도 야쓰八津역에서 도보 13분
주소 秋田県仙北市西木町小山田字鎌足186 **전화** 0187-47-3046
홈페이지 www.akita-gt.org/stay/minshuku/kurinoki.html

세이세쓰칸 農家民宿 星雪館

슬로 푸드의 명가

일본의 〈슬로 푸드Slow Food〉라는 책에도 소개된 농가 민숙이다. 어머니와 딸이 직접 기른 채소로 껍질부터 뿌리까지 조리하는 건강한 요리와 다채로운 색의 컬러 푸드를 선보인다. 별채 2층에 숙소가 마련되어 있으며, 겨울에 장작 난로에서 고구마를 구워 먹는 재미도 쏠쏠하다.

Data 가는 법 아키타 내륙 종관철도 우고나가토로羽後長戶呂역에서 도보 15분
주소 秋田県仙北市西木町桧木内字大台野開404 **전화** 0187-48-2914
홈페이지 www.akita-gt.org/stay/minshuku/seisetsukan.html

이치스케 農家のそば屋 一助

소바 농가 레스토랑

소바(메밀국수) 레스토랑과 농가 민숙을 함께 운영하는 이치스케. 직영 농장에서 재배한 메밀을 손수 수확해 빻고 수타로 반죽하는 소바가 유명하다. 100년 된 농가에서 머물며 소바 반죽 체험도 할 수 있다.

Data 가는 법 아키타 내륙 종관철도 야쓰八津역에서 차로 5분
주소 秋田県仙北市西木町西明寺字梨子木台84-1 **전화** 0187-47-2148
홈페이지 www.akita-gt.org/eat/restaurant/itisuke.html

사토노아카리 民宿 里の灯

샤미센 한 가락

텃밭에서 키운 식재료로 준비한 음식과 손수 가꾼 정원, 큰 잉어가 사는 작은 연못을 만날 수 있는 농가 민숙. 저녁이면 전통문화에 관심 많은 주인아저씨가 그림을 그려주거나 샤미센을 연주해준다.

Data 가는 법 아키타 내륙 종관철도 사이묘지西明寺역에서 차로 7분
주소 秋田県仙北市西木町小渕野字小渕野194 **전화** 0187-47-2732
홈페이지 www.akita-gt.org/stay/minshuku/satonoakari.html

노도카 農家民宿 のどか

할머니와 손녀의 이중주

살뜰히 챙겨주는 할머니와 씩씩한 손녀가 사는 노도카. 꽃 정원과 각종 채소가 주렁주렁 열린 텃밭이 두 사람의 조화처럼 잘 어우러진 곳이다. 손발을 척척 맞춰 내오는 음식도 하나하나가 별미다. 부끄럼쟁이 강아지 하치도 같이 산다.

Data 가는 법 아키타 내륙 종관철도 사이묘지西明寺역에서 차로 5분
주소 秋田県仙北市西木町上荒井字下橋元97-2 **전화** 0187-47-2540
홈페이지 www.akita-gt.org/stay/minshuku/nodoka.html

후루사토 農家民宿 ふる里

마음의 고향

'고향'이라는 의미처럼 시골의 정취가 만끽할 수 있는 곳. 농사로 여념이 없는 주인 부부가 살갑게 투숙객을 맞는다. 한가로운 시골 풍경이 보이는 다다미방에는 소박하면서도 맛깔 나는 가정식 한 상이 차려진다.

Data 가는 법 JR 쇼덴生田역에서 차로 5분
주소 秋田県仙北市田沢湖町田代字野中清水424
전화 0187-44-3641 **홈페이지** sembokugt.exblog.jp/24763485/

다이잔도 泰山堂

센보쿠시 농가 민숙 1호

22년 전 목수인 주인아저씨가 손수 지은 별채에서 농가 민숙을 시작한 다이잔도. 농가 민숙 1호 타이틀에 걸맞게 연륜과 여유가 느껴지는 하룻밤을 선사한다. 출중한 요리 실력으로 소문난 주인아주머니가 텃밭에서 손수 기른 채소로 건강한 식탁을 뚝딱 차려낸다.

Data 가는 법 JR 가쿠노다테역에서 차로 15분(픽업 가능)
주소 秋田県仙北市西木町小渕野字落合56 **전화** 0187-47-3103
홈페이지 www.akita-gt.org/stay/minshuku/taizandou.html

아키타시
秋田市

아키타현의 현청 소재지이자 경제, 문화, 교육의 중심지인 아키타시. 조금은 심심하다고 여겨지던 이 소도시에 몇 해 전부터 젊은 창작자들이 하나둘 모여들기 시작했다. 감각적인 수공예품 숍과 트렌디한 카페, 전통과 현대를 넘나드는 문화예술 공간이 속속 생겨나면서 여행자들의 발길도 부쩍 잦아지고 있다. 일상의 안온함이 감도는 평화로운 소도시에 기분 좋은 변화의 바람이 불고 있다.

Akita
ONE FINE DAY IN

수준 높은 미술관과 전통문화 시설, 아기자기한 상점이나 트렌디한 카페들이 시내 곳곳에 자리하고 있으니 산책과 관광을 즐기며 여유로운 하루를 보낼 수 있다.

센슈 공원&마쓰시타
가볍게 산책한 후
가와바타 마이코 공연
관람하기

→ 도보 6분 →

아베야
히나이 토종닭으로
만든 웰빙 밥상으로
점심 식사하기

→ 도보 4분 →

아키타 현립미술관
안도 다다오가 설계한
아키타의 근현대
미술관 관람하기

↓ 도보 8분

네부리 나가시관
도호쿠 3대 축제인
간토 마쓰리 체험하기

← 도보 6분 ←

가와바타 중앙 빌딩
아키타의 창작자들과
만나는 공간 구경하기

← 도보 8분 ←

**가메노초 스토어&
비어 플라이트**
핫한 카페와 펍에서 쉬기

아키타시 시내 교통

JR 아키타역을 중심으로 도심 하천인 아사히카와강까지 아우르는 시내는 도보 20분 내외라서 충분히 걸어 다닐 수 있다.

--- Plus Info ---

Information Center
아키타시 관광 안내소 秋田市観光案内所
관광지, 맛집, 쇼핑에 관한 정보를 얻을 수 있다. 또한 자전거 대여(4~11월, 무료), 숙소로 짐을 보내는 서비스(유료) 등을 이용할 수 있다.
Data 지도 P.186-F JR 아키타역 내 **주소** 秋田県秋田市中通7-1-2 **전화** 018-832-7941
오픈 09:00~19:00(11~3월 18:00까지) **휴무** 12/31~1/2

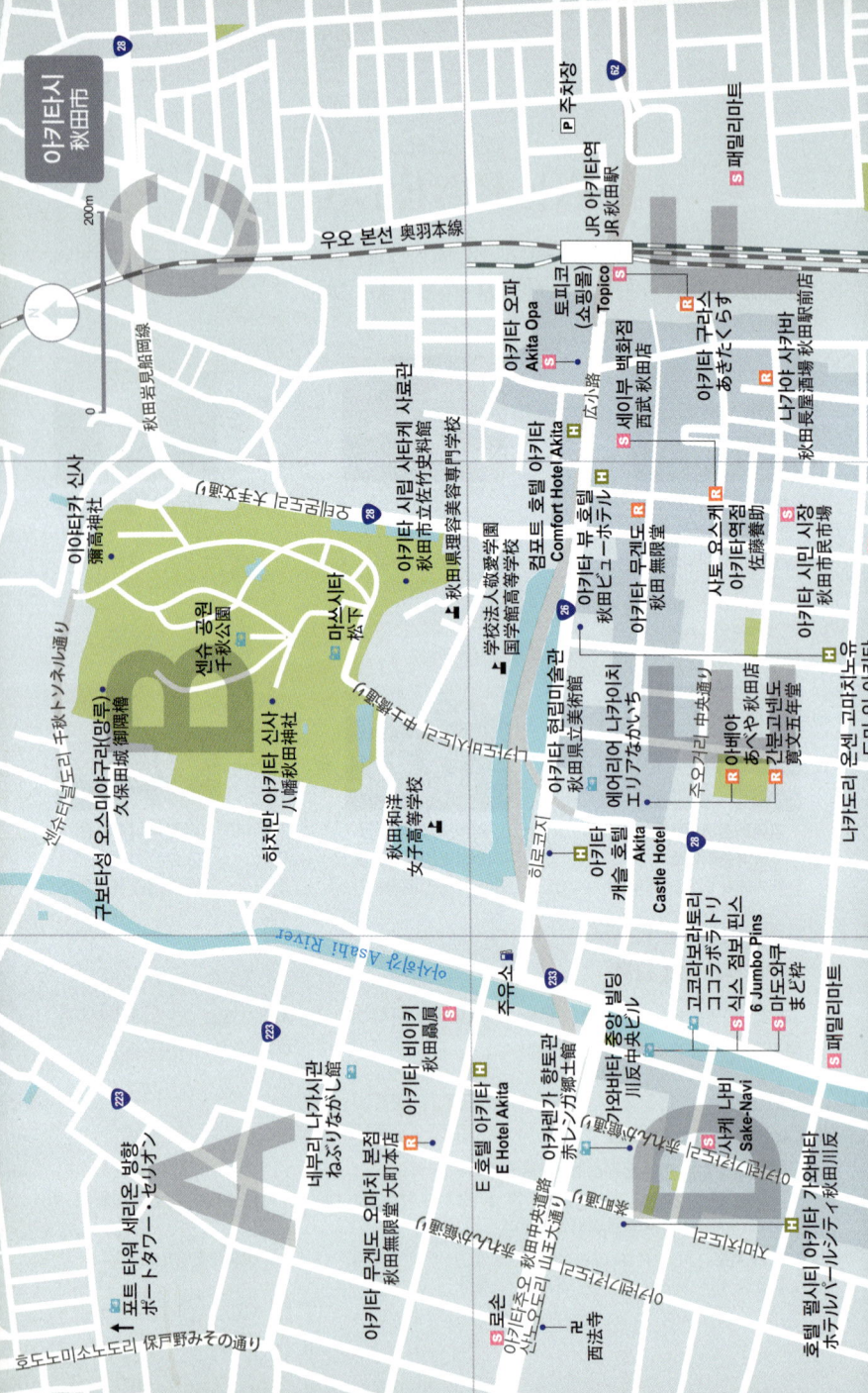

센슈 공원

네부리 나가시관

포트 타워 세리온

\ 📷 SEE /

아침 산책을 즐기자

센슈 공원 千秋公園 🔊 센슈 코엔

아키타가 구보타번窪田藩으로 불리던 17세기 초, 초대 번주인 사타케 요시노부佐竹義宣가 축성한 구보타성久保田城 주변에 조성된 공원이다. 구보타성은 19세기 말 대화재로 전소되었으며, 현대에 들어서 오스미야 구라御隅櫓(망루)와 오모테문表門이 복원되었다. 공원의 가장 안쪽 높은 곳에 자리한 오스미야 구라에서는 시내를 조망할 수 있다. 4월 벚꽃철과 5월 철쭉철, 10월 단풍철에 한껏 멋을 뽐내지만 특별할 것 없는 날 가볍게 아침 산책을 하기에도 그만이다.

Data **지도** P.186-B **가는 법** JR 아키타역 서쪽 출구에서 도보 5분 **주소** 秋田県秋田市千秋公園1 **오픈** 오스미야 구라(망루&무기 창고) 09:00~16:30 **요금** 공원 무료입장 / 공원 내 오스미야 구라 성인 100엔, 고등학생 이하 무료 **홈페이지** www.city.akita.lg.jp/kurashi/doro-koen/1003685/1007159/index.html

아키타의 미(美)를 담다

아키타 현립미술관 秋田県立美術館 🔊 아키타 켄리츠비주츠칸

아키타의 사계절과 축제, 사람들을 생동감 있게 표현한 세로 3.65m, 가로 20m의 초대형 벽화〈아키타의 행사秋田の行事〉를 상설 전시하는 현대미술관. 아키타의 자산가이자 미술품 수집가였던 히라노 마사키치平野政吉가 화가 후지타 쓰구하루藤田嗣治에게 의뢰해 1937년 완성했다. 이외에도 후지타 쓰구하루 작품을 다수 소장하고 있으며, 도호쿠 지역 작가들의 기획 전시를 선보인다.
노출 콘크리트의 담백한 건축 공간은 세계적인 건축가 안도 다다오安藤忠雄가 설계했으며, 2013년에 완공되었다. 로비의 기둥 없는 나선 계단과 2층 라운지의 띠 창에서 바라보는 센슈 공원의 아름다운 풍광도 이 미술관의 빼놓을 수 없는 전시 목록 중 하나다.

Data **지도** P.186-E
가는 법 JR 아키타역 서쪽 출구에서 도보 7분
주소 秋田県秋田市中通1丁目4-2
전화 018-853-8686
오픈 10:00~18:00
휴무 부정기적 **요금** 성인 310엔, 대학생 210엔, 고등학생 이하 무료, 특별 기획전 요금 별도
홈페이지 www.akita-museum-of-art.jp

옛 요정에서 마이코 공연을
마쓰시타 松下 🔊 마츠시타

다이쇼 시대의 낭만을 간직한 옛 요정 건물이 아키타현의 다양한 문화를 경험할 수 있는 공간으로 재탄생했다. 유리 한 장, 나무판 하나까지 공들여 복원한 공간에서는 가와바타 게이샤의 공연도 열린다. 명맥이 끊겼던 가와바타 게이샤가 2014년 〈아키타 마이코〉라는 이름으로 부활한 것. 아키타 민요에 맞춰 절도 있는 동작을 선보이는 마이코 공연을 바로 코앞에서 즐길 수 있다.

관내에는 37종의 아키타 니혼슈를 맛볼 수 있는 스탠딩 바 마쓰시타 슈보松下酒房가 있고, 바로 옆 건물에는 토스트와 커피를 판매하는 카페 마쓰시타 사료松下茶寮도 자리한다. 센슈 공원 초입에 있으니 산책 후 들르기에 안성맞춤이다.

Data 지도 P.186-B
가는 법 JR 아키타역 서쪽 출구에서 도보 5분, 센슈 공원 내
주소 秋田県秋田市千秋公園1-3
전화 018-827-3241
오픈 마쓰시타 사료 07:00~18:00 / 마쓰시타 슈보 14:00~20:00(토요일 10:00부터, 일요일 10:00~15:00)
휴무 월요일
요금 아키타 마이코 공연(2인 이상 가능, 예약 필수) 1,200엔부터
홈페이지 www.matsushita-akita.jp

1년 내내 간토 축제
네부리 나가시관 ねぶりながし館 🔊 네부리 나가시칸

도호쿠 3대 축제로 손꼽히는 간토 마쓰리竿燈祭를 체험할 수 있는 민속예능 전승관이다. 간토竿頭는 최대 12m 높이의 대나무 장대에 연령에 따라 24~46개의 등불을 매단 것으로, 3살부터 80살까지의 아키타현 남성이라면 누구나 다룰 줄 아는 전통예능이다. 간토 마쓰리의 하이라이트는 기다란 장대에 등불을 단 간토를 손바닥, 이마, 등, 허리 등에 올려놓는 묘기를 선보이는 경연 대회이다.
경연 대회에서는 지역이나 소속을 나타내는 고유 문양이 그려진 등을 사용하는데, 제각기 다른 200여 개의 간토가 네부리 나가시관에 전시되어 있다. 또한, 간토 다루는 법을 보여주고 관람객이 직접 긴 대롱 끝에 매달린 간토의 균형을 잡는 체험도 해볼 수 있다. 본덴 마쓰리梵天祭, 히키야마 마쓰리曳山祭 등 아키타현의 3대 축제도 상설 전시된다.

Data 지도 P.186-A 가는 법 JR 아키타역 서쪽 출구에서 도보 15분 주소 秋田県秋田市大町1丁目3-30
전화 018-866-7091 오픈 09:30~16:30 휴무 연말연시 요금 100엔, 고등학생 이하 무료
홈페이지 www.city.akita.lg.jp/kanko/kanrenshisetsu/1003644/index.html

도호쿠 지역의 유리공예 중심지
아라야 유리공방 新屋ガラス工房 🔊 아라야 가라스 코보

젊은 유리공예 작가와 아키타 공립미술대학 졸업생들의 활동을 지원하는 장소. 무료로 견학할 수 있으며, 유리 불기(유료), 유리공예 만들기 등 다양한 유리공예 체험도 할 수 있다. 단, 체험 시 만든 유리공예 작품은 유리를 일주일 정도 식혀야 하므로, 바로 가져갈 수 없다는 것을 참고할 것.
또한, 공방 소속 작가들과 아키타현 유리공예 작가들의 작품을 판매하는 숍과 공방에서 만든 유리잔과 접시에 음료와 음식이 서빙되어 나오는 카페도 자리하고 있다. 카페에서 요리가 담겨 나오는 접시나 유리잔은 숍에서 판매하므로, 사용해본 후 마음에 든다면 기념품으로 구입해도 좋겠다.

Data 지도 P.187-I 가는 법 JR 아라야역에서 도보 12분 /
JR 아키타역 서쪽 출구에서 주오코츠 아라야선中央交通新屋線 버스를
타고 아라야역 이리 구치新屋駅入り口에서 하차
주소 秋田県秋田市新屋表町5番2号 전화 018-853-4201
오픈 09:00~17:00 휴무 화요일
요금 무료입장 / 유리 불기 3,240엔(예약 필수)
홈페이지 www.araya-glass.akita.jp/

아키타의 젊은 감각이 모이다
가와바타 중앙 빌딩 川反中央ビル 🔊 카와바타 추오비루

아사히카와 강변에 위치한 3층의 옛 인쇄소 건물이 최근 아키타의 젊은 감각이 모여드는 문화 기지로 주목받고 있다. 하늘색의 문을 통해 들어가면 1층에 지역 작가를 알리는 전시 및 이벤트 공간 고코라보라토리가 자리하고 있고, 2층에는 아늑한 카페, 3층에 개성 만점의 오리지널 티셔츠 숍과 감각적인 메이드인 아키타 공예품 및 잡화를 판매하는 숍 등 흥미로운 공간을 만날 수 있다

Data **지도** P.186-D
가는 법 JR 아기타역 서쪽 출구에서 도보 15분
주소 秋田県秋田市大町3丁目 1-12

마도와쿠 まど枠
지역 창작자의 마켓

아키타를 비롯해 도호쿠 지역 작가들의 공예품을 만나볼 수 있는 잡화점. 소규모 출판사로 시작해 지금은 책, 테이블 웨어, 액세서리, 인테리어 소품, 의류 등 감각적이면서 실용적인 잡화를 판매한다. 꾸준히 공예 작가의 작품 전시나 팝업 스토어를 기획하는 등 단순히 판매를 넘어 지역의 공예를 알리겠다는 주인장의 의지가 느껴지는 곳이다.

지도 P.186-D **가는 법** 가와바타 중앙 빌딩 3층
전화 018-827-6212 **오픈** 11:00~18:00
휴무 월·화요일 **홈페이지** madowaku.jp

식스 점보 핀스 6 Jumbo Pins
개성만점 티셔츠 천국

'내가 입고 싶은 티셔츠'가 모토인 티셔츠 전문숍. 이곳의 오리지널 티셔츠를 비롯해 개성 만점의 티셔츠가 가득하다. 자신의 취향과 맞는다면 천국 같은 곳. 가게 안쪽 벽면 빼곡히 실크 스크린 판이 꽂혀 있어서 직접 원하는 그림을 고를 수도 있다. 단, 다양한 색을 쓰려면 그만큼 판을 만들어야 하므로 값이 올라간다. 귀여운 그림의 에코백도 판매한다.

지도 P.186-D **가는 법** 가와바타 중앙 빌딩 3층
전화 080-3338-9569 **오픈** 12:00~19:00
휴무 월·화요일 **홈페이지** 6jumpopins.stores.jp

고코라보라토리 ココラボラトリー

지역 문화 발신 기지

아키타 출신의 사사오 치구사笹尾千草 씨가 고향으로 돌아와 지역의 창작자들이 모이는 공간을 만들었다. 고코는 '여기ここ'라는 의미의 일본어와 개인個々를 뜻하는 일본어, 공동Co-을 나타내는 영어로, 중의적인 의미를 담고 있다. 여기에 실험실이라는 의미의 라보라토리Laboratory가 합쳐진, 고코라보라토리는 '각 개인의 재능을 모아 다 함께 지역을 풍요롭게 만드는 실험실'이라는 모토를 가졌다. 전시와 문화 행사를 통해 아키타현 및 도호쿠에서 활동하는 작가들을 소개하는 한편, 직접 소비자와 만날 수 있는 장을 마련한다. 1년에 1번 이와테현, 아오모리현, 아키타현의 작은 가게와 공방 축제인 산가쿠자さんかく座를 기획하는 등 도호쿠의 새로운 문화를 알리는 일에도 열심이다.

지도 P.186-D
가는 법 가와바타 중앙 빌딩 1층
전화 018-866-1559
오픈 전시에 따라 다름
홈페이지 cocolab.net

붉은 벽돌 집
아카렌가 향토관 赤レンガ郷土館 🔊 아카렌가 쿄도칸

1912년 지어진 옛 아키타 은행 본점을 활용한 향토 전시관. 외관은 르네상스식 양식으로, 내부는 바로크 양식으로 꾸며져 있다. 건물 내에는 전통 공예품을 전시하고 있다. 전통 판화가, 은세공 작가의 기념 전시관도 갖추고 있어 구경할 것이 많은 곳이다.

Data **지도** P.186-D
가는 법 JR 아키타역 서쪽 출구에서 도보 15분
주소 秋田県秋田市大町3丁目3-21
전화 018-864-6851
오픈 09:30~16:30
요금 성인 200엔, 고등학생 이하 무료

거대한 삼나무 우산 아래
아키타 국제교양대학 나카지마 기념 도서관
秋田国際教養大学 中嶋記念図書館 🔊 아키타 코쿠사이 쿄요다이가쿠 나카지마 키넨 토쇼칸

아키타 국제교양대학의 나카지마 기념 도서관은 일본 전국의 도서관 중 가장 아름다운 도서관으로 손꼽히는 곳이다. 콜로세움과 같은 원형 극장 형태의 공간에 우산 살을 본떠 만든 삼나무의 거대한 목구조가 마치 숲속 한가운데 들어온 듯한 기분을 자아낸다.
건축가 센다 미츠루仙田滿가 설계했으며, 각종 건축상과 디자인상을 휩쓸기도 했다. 아키타 시내에서 좀 떨어진 곳에 위치하지만, 건축에 관심이 있다면 꼭 들러보자. 국제대학으로 무려 70,000권의 책을 소장하고 있는데, 그중 60%가 영어 서적으로, 외국인이 볼 수 있는 책도 다양하다.

Data **지도** P.187-I **가는 법** JR 와다和田역에서 중앙교통버스 와다선을 타고 아키타 국제교양대학에서 하차. 총 15분 소요 / JR 아키타역에서 버스를 타고 이온몰 아키타에서 하차. 중앙교통버스 고쇼노선으로 환승해 국제교양대학에서 하차. 총 45분 소요 **주소** 秋田県秋田市雄和椿川字奥椿岱193-2
전화 018-886-5907 **오픈** 08:30~22:00(토요일·공휴일 10:00~18:00, 일요일 10:00부터)
홈페이지 web.aiu.ac.jp/library/outline/

아키타가 한눈에
포트 타워 세리온 ポートタワー・セリオン 🔊 포토 타와 세리온

아키타 항구의 미치노에키道の駅(국도 휴게소)에 자리한 높이 143m의 전망 타워. 지상 100m의 전망대에서 아키타 항만과 아키타 시내, 멀리 오가반도 및 초카이산 등을 360도로 전망할 수 있다. 1층에는 아키타 특산품 판매장 세리온 가든과 지역 농가의 채소를 이용한 런치 레스토랑 세리온 키친도 자리해 있다.

Data **지도** P.186-A **가는 법** JR 아키타역 서쪽 출구의 버스터미널 4번 정거장에서 세리온선 버스를 타고 세리온 버스정류장에서 하차. 총 25분 소요 / JR 츠치자키土崎역에서 도보 25분
주소 秋田県秋田市土崎港西1丁目9-1 **전화** 018-857-3381
오픈 전망대 09:00~21:00 / 세리온 가든 09:00~18:00
(12~3월 17:00까지) / 세리온 키친 11:00~15:00
요금 전망대 무료입장 **홈페이지** www.selion-akita.com

아키타 카페 트랜드의 선두주자
가메노초 스토어 Kamenocho Store

최근 아키타 시내에 트렌디한 카페가 속속 생겨나고 있는데, 그 중심에 가메노초 스토어가 있다. 중심가에서 좀 떨어진 한적한 주택가의 오래된 3층 건물을 되살려 1층 한쪽에는 카페 겸 잡화점 가메노초 스토어, 그 옆에는 맥주 펍인 비어 플라이트가 문을 열었다.

외관은 거의 손대지 않았고 내부 역시 노출 콘크리트로 인테리어 해 빈티지한 멋이 물씬 풍긴다. 카페에서는 일본 각지에서 이름난 로스터리 카페의 스페셜티 커피를 엄선해 내놓고 갓 구운 빵과 지역 식재료로 만든 브런치를 즐길 수 있다. 또한 수공예 잡화, 지역 특산품 등을 판매하는 코너도 마련되어 있어서 선물이나 기념품을 구입하기에 좋다.

Data **지도** P.187-G **가는 법** JR 아키타역 서쪽 출구에서 도보 20분 **주소** 秋田県秋田市南通亀の町4-15 **전화** 018-893-6783 **오픈** 08:00~23:00(월요일 17:00까지) **휴무** 화요일
요금 모닝 세트(토스트+커피) 500엔 **홈페이지** www.facebook.com/kamenochostore/

현지인의 수제 맥주 펍
비어 플라이트 Beer Flight

원래 옛 건물에 양조 회사가 있었는데, 여기서 착안한 수제 맥주 펍이다. 라인업이 조금씩 달라지는 11종류의 수제 맥주와 식사부터 디저트까지 다양한 안주 메뉴를 갖추고 있다. 수제 맥주가 낯선 손님에게는 주인장이 친절하게 하나하나 맛과 향을 설명해준다. 그래도 고르기 어려울 때는 작은 사이즈(100ml) 잔으로 4가지 종류의 맥주를 고를 수 있는 테이스팅 세트가 정답이다. 주인장과 단골 손님이 스스럼없이 농담을 주고받는 편안한 분위기의 펍이다.

테이스팅 세트(100ml, 맥주 4종류)

Data **지도** P.187-G **가는 법** JR 아키타역 서쪽 출구에서 도보 20분 **주소** 秋田県秋田市南通亀の町4-15 **전화** 018-838-4773
오픈 18:00~다음날 02:00(금요일 17:00부터, 토요일 15:00부터, 일요일 15:00~23:00) **휴무** 월요일
요금 수제 맥주 250ml 700엔, 473ml 1,200엔 / 테이스팅 세트 (100ml, 4종류) 1,500엔
홈페이지 beerflightakita.jimdo.com

아키타 향토 요리 전문점

나가야 사카바 秋田長屋酒場 秋田駅前店

'아키타의 모든 것을 경험하게 해주겠다'는 원대한 목표를 실천하고 있는 향토 요리 전문 이자카야. 아키타의 도깨비 신인 나게하마가 간판 위에서 손님을 맞이하고, 매일 저녁 7~8시까지 가게에 직접 등장해 흥을 돋우기도 한다.

육류보다는 해산물 메뉴가 풍부하다. 아키타현의 향토 요리인 기리탄포 나베가 이 집의 추천 메뉴. 기리탄포 나베는 직접 테이블 옆에서 조리해준다. 3~4인분은 됨직한 닭고기 튀김도 이곳을 찾는 사람들이 좋아하는 메뉴다.

Data 지도 P.186-F
가는 법 JR 아키타역 서쪽 출구에서 도보 3분
주소 秋田県秋田市中通4-16-17
전화 018-837-0505
오픈 17:00~다음 날 01:00
요금 기리탄포 나베 2,900엔
홈페이지 marutomisuisan.jpn.com/nagaya-akita

트랜디한 술집

가메바루 酒場かメバル

가메노초 스토어 자매점 격인 가메바루는 빈티지하면서도 세련된 가메노초 지역의 라이징 스타로 떠오른 술집이다. 가메노초에 있는 다누키코지 골목 한 켠에 위치해 있는데, 제철 식재료를 사용한 스페인 요리와 엄선된 와인이 이 집의 자랑거리다.

현지인에게 아키타에서 젊고 세련된 분위기를 찾는다고 하면 단연 이곳을 추천해준다. 카운터석에 앉은 손님끼리나 셰프와 이야기를 나눌 수 있는 점도 이 레스토랑의 좋은 점이다.

Data 지도 P.187-G
가는 법 JR 아키타역에서 도보 20분
주소 秋田市南通亀の町5-15
전화 018-874-8655
오픈 17:30~다음 날 03:00(월요일 24:00까지)
휴무 화요일
홈페이지 kamebar.com/

아키타 **이나니와 우동** 최고는 나야나!

일본의 3대 우동으로 손꼽히는 아키타의 고급 건면인 이나니와 우동. 이미 일본 전역에 퍼져 있지만, 본고장에서 즐기는 이나니와 우동은 특별하다. 저마다의 솜씨를 발휘하는 이나니와 우동집을 비교해가며 맛볼 수 있는 것. 현지에서 정평이 난 이나니와 우동 전문점 3곳을 만나보자.

#이나니와 우동

이나니와 우동은 에도 시대 초기에 밀 산지였던 이나니와 마을(지금의 유자와시)에서 영주의 명으로 양질의 밀가루를 사용해 수타 제법의 건면을 만든 것이 시초로 알려져 있다. 좋은 재료로 만들었을 뿐만 아니라, 손이 많이 가고 생산량이 적어 주로 왕족과 귀족이 즐겼고, 메이지 시대에는 오직 궁에만 상납 되면서 고급 면의 대명사로 널리 알려지게 되었다.
건조를 위해 납작하게 눌러 만든 면발과 일반적인 우동과 소면의 중간 굵기로, 옅은 황색을 띠는 크림색이 특징이다. 닭 육수에 버섯, 파 등을 넣고 따뜻하게 즐기는 방법과 차가운 면을 특제 소스에 찍어 먹는 2가지 메뉴가 있다.

이나니와 우동 추천 맛집

이나니와 우동 사토 요스케 쇼텐 佐藤養助商店

역사와 전통의 이나니와 우동

'이나니와 우동' 하면 첫 손에 꼽히는 원조집이다. 아키타 이나니와 우동의 시초라 알려진 이나니와 마을에서 대대로 전해 내려온 사토 요스케는 그야말로 이나니와 우동의 산 역사다.
본점은 유자와시에 있으며, 도쿄의 긴자를 비롯해 여러 지역 직영점에서도 즐길 수 있다. 얇고 찰진 매끄러운 건면 우동인 이나니와 우동을 삶은 후 찬물에 씻어 사리를 말아 소스에 찍어 먹는 세이로せいろ(냉우동)를 추천한다. 소스도 일반 간장, 다시 국물로 맛을 낸 쯔유, 참깨 소스, 그린 커리와 레드 커리 등 다양하게 맛볼 수 있다.

Data **지도** P.186-E **가는 법** JR 아키타역 서쪽 출구에서 도보 5분, 세이부 백화점 지하
주소 秋田県秋田市中通2-6-1 **전화** 018-834-1720 **오픈** 11:00~20:00
가격 세이로 간장 소스 780엔 **홈페이지** www.sato-yoske.co.jp/shop/akita.html

간분고넨도 寛文五年堂

생면으로 즐기는 이나니와 우동

건면이 전통적인 이나니와 우동을 이곳에서는 생면으로 맛볼 수 있다. 손으로 직접 만드는 건면의 부드러운 쫄깃함에 생면의 부드러움까지, 서로 다른 매력을 비교하며 먹을 수 있는 메뉴인 츠메타이 나마멘토 츠메타이 간멘노 아지쿠라베冷たい生麺と冷たい乾麺の味比べ(생면&건면 냉우동)를 추천한다. 냉우동과 온우동으로 모두 즐길 수 있다. 점심 한정으로 제철 회와 튀김, 우동 등이 미니 가이세키처럼 제공되는 우동 점심 세트うどん点心セット도 인기 있다.

Data 지도 P.186-E **가는 법** JR 아키타역 서쪽 출구에서 도보 7분, 에어리어 나카이치 1층. **주소** 秋田県秋田市中通1-4-3 エリアなかいち 1F **전화** 0120-1728-86 **오픈** 11:00~22:00 **가격** 생면&건면 냉우동 1,025엔 / 우동 점심 세트 2,565엔 **홈페이지** www.kanbun5.jp

아키타 무겐도 秋田 無限堂

다양한 향토 요리와 함께

이나니와 우동과 함께 아키타의 향토 요리를 맛보고 싶다면 아키타 무겐도로 가자. 전통 제법에 기초한 이나니와 우동은 고급스럽고 깔끔한 맛을 자랑한다. 또한, 히나이 토종닭 요리와 기리탄포 나베, 하타하타はたはた(도루묵) 등 아키타 지역의 제철 식재료로 만든 음식 종류가 다채롭다. 아키타 지역의 니혼슈도 10여 종이 준비되어 있어 술 한잔 곁들이기에도 좋다.

오마치 본점
Data 지도 P.186-A **가는 법** JR 아키타역 서쪽 출구에서 도보 20분 **주소** 秋田県秋田市大町1-3-2 **전화** 018-825-0800 **오픈** 11:00~14:00, 17:00~22:00(토·일요일11:00~22:00) **가격** 이나니와 우동 680엔, 기리탄포 나베 2,710엔

JR 아키타역점
Data 지도 P.186-E **가는 법** JR 아키타역 서쪽 출구에서 도보 5분 **주소** 秋田県秋田市中通2丁目4-12 **전화** 018-825-0800 **오픈** 11:00~14:00, 17:00~22:00(토·일요일 11:00~22:00) **홈페이지** www.mugendo.jp

웰빙 토종닭 한 상
아베야 あべや 秋田店

청정 지역에서 방사해 150~180일 사육하는 아키타현의 토종닭 브랜드 히나이지도리比内地鶏는 웰빙 식재료의 대명사다. 이 히나이지도리 전문점인 아베야에서는 아키타에서 전통적으로 닭 육수를 사용하는 명물 요리 기리탄포 나베 외에도 닭고기 꼬치구이, 달걀과 닭고기를 아낌없이 사용하는 오야코돈おやこどん(덮밥), 닭 육수로 맛을 낸 라멘 등 다양하게 맛볼 수 있다. 다소 생소할 수 있는 닭고기 육회도 이 집만의 별미다. 그 외에도 히나이지도리의 달걀로 만든 푸딩과 아이스크림 등 다채로운 디저트도 준비되어 있어 더욱더 만족스러운 곳이다.

Data 지도 P.186-E
가는 법 JR 아키타역 서쪽 출구에서 도보 7분, 에어리어 나카이치 1층
주소 秋田県秋田市中通1-4-3 エリアなかいち 1F
전화 018-825-1180
오픈 점심 11:00~15:00(토·일요일, 공휴일 17:00까지), 저녁 17:00~23:00
요금 오야코돈 980엔
홈페이지 www.honkeabeya.com

열차 기다리면서 사케 한 잔
아키타 구라스 あきたくらす

아키타 지역의 좋은 쌀과 맑은 물로 빚어낸 술을 잔술로 맛볼 수 있는 스탠딩 바. 열차를 기다리며 한 잔 할 수 있고 옆 매장에서 구입할 수도 있다. 저마다 개성이 다른 아키타현의 술을 마셔보고 입맛에 맞는 술을 찾아낼 수 있다. 아키타현의 관문인 JR 아키타역 내에 자리 잡고 있어 아키타현의 숨은 매력을 소개한다는 취지로, 바의 잔과 그릇 등도 지역 작가들이 만든 수공예품을 사용하고 있다.

Data 지도 P.186-F
가는 법 JR 아키타역 내 토피코 Topico 2층
주소 秋田県秋田市中通7-1-2 トピコ 2F
전화 018-827-6362
오픈 월~금요일 11:00~21:00 / 토·일요일 10:00~21:00
요금 잔술 400엔부터
홈페이지 akitakurasu.jp

BUY

아키타시의 부엌

아키타 시민 시장 秋田市民市場

60년 넘는 세월 동안 아키타시의 밥상을 책임져 온 전통 시장. 아키타의 명물인 하타하타(도루묵)과 같은 생선부터 사과, 포도 등 당도 높은 과일, 이부리갓코(훈제 단무지)를 비롯한 아키타현 특산품까지 구경하는 재미가 쏠쏠하다.
덤으로 이것저것 챙겨주는 인심도 후해 더 정이 가는 곳이다. 구입한 생선회나 과일은 시장 곳곳에 마련된 쉼터에서 먹고 가도 좋다.

Data 지도 P.186-E
가는 법 JR 아키타역 서쪽 출구에서 도보 3분
주소 秋田県秋田市中通 4-7-35
오픈 05:00~18:00
휴무 일요일
홈페이지 www.akitashimin ichiba.com

아키타현 술 총집합

사케 나비 Sake-Navi

아키타현의 양조장 37개소에서 생산되는 사케를 한 자리에서 만날 수 있는 안테나 숍. 스탠더드, 미들, 프리미엄의 3개 그룹으로 구분되어 있어 자신의 예산에 맞춰 고를 수 있다. 점원이 사케를 추천해주고 각 사케가 맛있는 온도를 알려주는 등 선택에 도움을 준다.
시음 세트 또는 잔술로 사케를 맛볼 수 있도록 스탠딩 바도 마련되어 있다. 니혼슈를 좋아하는 애주가라면 꼭 들러야 할 곳.

Data 지도 P.186-D
가는 법 JR 아키타역 서쪽 출구에서 도보 15분
주소 秋田県秋田市大町5丁目 2-1 전화 018-893-6405
오픈 16:00~21:00(금·토요일 21:30까지) 휴무 일요일
요금 시음 세트(40ml 스탠다드 3종류) 500엔
홈페이지 sake-navi.akita.jp

메이드 인 아키타
아키타 비이키 秋田贔屓

1892년 지어진 술도가가 아키타현 작가들의 수공예품을 만날 수 있는 잡화점으로 변모했다. '편애하다'라는 뜻의 이름대로 '메이드 인 아키타'를 고집한다. 아키타현에서 활동하는 작가 약 80명의 칠기, 목공예, 유리공예, 가구, 화장품 등 수공예품을 판매하며, 주문 제작도 할 수 있다.
전통과 현대의 조화로운 멋을 발견할 수 있는 수공예품과 함께 100년 세월의 묵직한 공간도 이곳의 빼놓을 수 없는 매력이다.

Data 지도 P.186-A 가는 법 JR 아키타역 서쪽 출구에서 도보 20분
주소 秋田県秋田市大町1丁目2-40 전화 018-853-7470
오픈 10:00~18:30 휴무 수요일 홈페이지 akita-biiki.sakura.ne.jp

센스 있는 주인의 취향으로 채운 셀렉트 숍
블랑크 플러스 Blank+

주인장의 취향이 반영된 문구, 액세서리, 인테리어 소품 등을 판매하는 셀렉트 숍. 교토, 오사카, 덴마크, 모로코, 한국 등 세계 각지에서 수집한 각종 잡화가 1층 공간을 가득 채우고 있다. 그중에는 앤틱 철제 손잡이나 나사처럼 엉뚱한 물건도 종종 섞여 있다. 홈페이지에서도 구입할 수 있다. 옛집의 모습을 그대로 살린 2층에서는 테마 전시를 하거나 이벤트를 연다.

Data 지도 P.186-H 가는 법 JR 아키타역 서쪽 출구에서 도보 20분
주소 秋田県秋田市楢山本町2-2 전화 018-811-0171 오픈 11:00 ~19:00 휴무 일요일, 첫째 주 월요일 홈페이지 blank-plus.com

젊은 감각의 쇼핑몰
아키타 오파 AKITA OPA

2017년 10월 JR 아키타역 바로 옆에 문을 연 패션 빌딩. 아키타의 젊은이들에게 인기가 많은 의류 브랜드와 화장품, 음식점, 100엔숍, 타워레코드, 카페, 서점 등이 입점해 있다. 쇼핑을 즐긴 후에는 1층에 있는 아키타 로컬 커피숍 나가하마 커피ナガハマコーヒー에서 잠시 쉬었다 가는 것도 좋겠다.

Data 지도 P.186-F 가는 법 JR 아키타역에서 도보 2분
주소 秋田県秋田市千秋久保田町4-2 전화 018-838-7733
오픈 10:00~20:00(점포에 따라 다름, 휴무일은 홈페이지 참고)
홈페이지 opa-club.com/akita

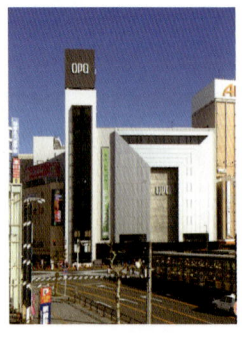

SLEEP

노천 온천에서 여행의 피로 풀기
나카도리 온센 고마치노유 도미인 아키타
中通温泉こまちの湯 Dormy Inn Akita

11층 옥상에 널찍한 실내탕과 아담한 노천탕을 갖추고 있는 호텔이다. 뜨끈한 온천에서 여행의 피로를 풀기에 안성맞춤이다. 노천탕에는 계절마다 다른 과일을 띄워 주기도 한다(목·일요일 한정). 일반적인 싱글룸 외에 다다미가 깔린 침대방도 선택할 수 있다. 도미인 호텔 하면 빼놓을 수 없는 무료 야식 라멘(21:30~23:00)도 놓치지 말자.

Data 지도 P.186-E 가는 법 JR 아키타역 서쪽 출구에서 도보 5분
주소 秋田県秋田市中通2-3-1 전화 018-835-6777
요금 싱글룸 7,000엔부터(조식 포함)
홈페이지 www.hotespa.net/hotels/akita/

아키타 시내의 대규모 호텔
아키타 뷰 호텔 秋田ビューホテル

아키타 시내에 우뚝 솟아 있는 뷰 호텔은 거리의 랜드마크가 되는 대규모 호텔이다. 웨딩홀을 갖추고 있어서 1층의 로비가 꽤 넓고 호화롭게 꾸며져 있다. 지은 지 30년을 넘겨 전반적으로 시설이 낡았지만 관리가 잘되어 있고 비즈니스호텔 중에서는 방 크기가 넉넉한 편이다. JR 아키타역에서부터 아케이드로 연결되어 있어서 궂은 날에도 편리하다.

Data 지도 P.186-E 가는 법 JR 아키타역 서쪽 출구에서 도보 3분 주소 秋田県秋田市中通2-6-1
전화 018-832-1111 요금 싱글룸 4,700엔부터 홈페이지 www.viewhotels.co.jp/akita/

가성비 최고
컴포트 호텔 아키타 Comfort Hotel Akita

아키타 뷰 호텔 맞은 편에 비교적 최근에 지어진 비즈니스호텔. 군더더기 없이 똑 떨어지는 깔끔한 방과 숙면에 최적화된 침구는 가격 대비 괜찮은 편. 조식이 무료이다 보니 큰 기대가 없었는데 3~4종류의 빵과 삼각김밥, 제철 과일, 신선한 채소는 더할 나위 없이 만족스럽다. 전 객실 금연.

Data 지도 P.186-F **가는 법** JR 아키타역 서쪽 출구에서 도보 3분
주소 秋田県秋田市千秋久保田町3-23 **전화** 018-825-5611 **요금** 싱글룸 4,400엔부터(조식 포함)
홈페이지 www.choice-hotels.jp/hotel/akita/

휴식과 관광 모두 만족
아키타 캐슬 호텔 Akita Castle Hotel

아키타 현립미술관 바로 맞은 편에 위치하며, 바로 옆에 센슈 공원이 자리 잡고 있어서 한적하게 아키타 시내를 즐기기 좋은 호텔이다. 1층 레스토랑의 뷔페식 조식 메뉴로 아키타현의 이나니와 우동과 카레는 맛보길 추천한다. 예약제로 이용할 수 있는 암반욕은 면역력에 탁월한 다마가와 북투석으로 만들어져 건강한 휴식을 모두 챙길 수 있다. 미스트 사우나 설비와 최고급 개인 휴식 공간도 남녀별로 준비되어 있다.

Data 지도 P.186-E **가는 법** JR 아키타역에서 도보 7분 **주소** 秋田県秋田市中通1-3-5
전화 018-834-1411 **요금** 싱글룸 8,532엔부터(조식 포함) **홈페이지** www.castle-hotel.jp

요코테시&
유자와시
横手市&湯沢市

낯설고 생소한 만큼 아키타현의 또 다른 매력을 발견할 수 있는 아키타현 남부 도시들. 번성했던 상업 도시가 오랜 세월 간직한 비밀스러운 공간과 유황 연기 폴폴 피어오르는 협곡의 온천 마을, 한여름 밤의 꿈처럼 환상적인 축제가 멀리서 찾아올 손님을 손꼽아 기다리고 있다.

요코테시&유자와시 시내 교통

Yokote · Yuzawa
GET AROUND

렌터카가 아니면 여행이 쉽지 않던 요코테시와 유자와시에 관광 택시와 버스가 생기면서 접근성이 좀 나아졌다.

고마치 셔틀 こまちシャトル

대중교통이 불편한 유자와시의 온천 명소와 관광지를 연결하는 관광 택시다. JR 유자와역에서 출발해 가와라게 지옥, 도로유 온천, 오야스쿄 온천 등을 편리하게 다닐 수 있다. 예약제 운행.
전화 0183-55-8180 **오픈** 8/1~10/31 **요금** 코스에 따라 1인 1,000~2,000엔
홈페이지 komachi-shuttle.com

고마치 클래식호 こまち藏しっく号

JR 오마가리역에서 출발해 요코테시(마스다마치), 유자와시(오야스쿄 온천향) 등을 도는 기간 한정 관광 버스. 주로 가을 단풍철에 맞춰 운행한다. JR 오마가리역 내 뷰 플라자에서 출발일 5일전 2인 이상 예약을 받는다.
전화 018-837-6512(뷰 플라자 예약 센터) **요금** 성인 3,800엔, 어린이 3,000엔

가와라게 지옥 전경

Yokote · Yuzawa
TWO FINE DAYS IN

유자와시의 산속 온천 마을을 연결하는 관광 셔틀이 생겨 대중교통으로도 여행이 가능해졌다. 미리 버스와 열차 시간표를 숙지해서 계획을 짜도록 하자.

1일차

아키타 후루사토무라
아키타현의 맛과, 예술,
자연을 한곳에서 만끽하기

→ 셔틀버스 15분+JR열차 20분+노선버스 10분

마스다마치
집집마다 비밀스럽게
간직한 창고 구경하기

↓ 마스마다치 내 도보 이동

다로베에 료칸
12대 전통의 료칸에서
느긋한 한 때 보내기

← 마스다 모토마치초 요코테오야스 노선버스를 타고 JR 유자와역 도착 후 호텔 송영버스 이용(사전 예약)

**사토 요스케
우루시구라 요신앙**
탱탱 쫄깃한 면발의
이나니와 우동으로 점심 먹기

2일차

오야스코 협곡 걷기
오야스코 협곡 트레킹
협곡을 따라 걷는
다이훈토 길 산책

→ 고마치 셔틀 40분(오야스쿄 관광 물산관 앞에서 승차. 다로베에 료칸에서 관광 물산관까지 도보 5분)

가와라게 지옥
유황 증기 뿜어져
나오는 절경의 계곡
감상하기

→ 도보 35분

도로유 온천
1200년 역사의
진흙 노천탕에서
여행의 피로 풀기

레트로한 분위기의 거리
마스다마치 增田町 ◀» 마스다마치

메이지 시대에 상업 도시로 번창했던 당시의 분위기를 고스란히 간직하고 있는 마스다마치. 마치 과거로 시간 여행을 온 듯 여기저기 기웃거리며 거닐기에 좋다. 폭설에 대비해 지어진 집 안의 금고인 우치구라內蔵와 너비가 좁고 안쪽으로 긴 건축 구조 등 곳곳에 숨겨진 이야기가 여행자의 상상력을 자극한다.
버스정류장에서 시작해 약 300m의 거리 양쪽에 143개의 건조물이 중요 전통적 건조물군에 지정되었으며, 그중 20곳 정도를 일반에 공개하고 있다. 시간 예약을 해야 하거나 집주인이 직접 안내를 해주는 곳도 있으니 관광 안내소에서 미리 문의해두자.

Data 지도 P.208
가는 법 JR 주몬지十文字역에서 마스다 방면 우고 교통버스를 타고 요츠야카도四ツ谷角에서 하차. 총 10분 소요

Tip

우치구라内蔵란?
글자 그대로 실내 창고를 의미하는데, 마스다마치에서는 겨울철 폭설로부터 집안의 귀중품을 보호하기 위해 거대한 문을 단 금고를 가리킨다. 우치구라 안에는 값비싼 재화나 보물, 곡물뿐 아니라 관혼상제와 관련된 물품 등을 보관하기도 하고, 가족 웃어른이 기거하는 등 집집마다 다양하게 활용되었다.

메이지 시대로의 시간 여행 **마스다마치**

관광 물산 센터 구라노에키
観光物産センター蔵の駅(旧石平金物店) 칸코붓산센타 쿠라노에키

마스다마치의 시작점

옛 철물점 공간에 자리한 관광 안내소 겸 기념품 숍. 마스다마치의 특산품이나 관련 서적을 판매하며 도보 맵을 포함해 각종 관광 지도를 비치해두고 있다.
도로에 면한 폭이 좁고 안으로 길게 이어진 옛 상가의 전형적인 모습을 하고 있으며, 가장 안쪽에는 우치구라가 자리한다. 마스다마치 거리 중간쯤에 위치한다.

Data 지도 P.208 가는 법 요츠야카도四ツ谷角에서 도보 1분
주소 秋田県横手市増田町増田字中町103
전화 0182-45-5541 오픈 09:00~17:00
휴무 12/29~1/3 홈페이지 masudakanko.com

마스다마치 안내도

- 사토 요스케 우루시구라 요신앙 / 佐藤養助 漆蔵資料館 養心庵
- NS.커피 스탠드 / NS.Coffee Stand
- 옛 이시다리키치 주택 / 旧石田理吉家
- 요코테시 마스다 만화 미술관 / 増田まんが美術館
- 옛 이사미코마주조 / 旧勇駒酒造
- 관광 물산 센터 구라노에키 / 観光物産センター蔵の駅(旧石平金物店)
- 清真苑
- 사토마타로쿠 저택 / 佐藤又六家
- 구 무라타약국 / 旧村田薬局
- 슌사이 미소차야 구라오 / 旬菜みそ茶屋くらを
- 横手市立増田小学校
- 주오 지도 공원 / 中央児童公園
- 히노마루 양조장 / 日の丸醸造株式会社
- 관광 안내소 / 増田町観光協会 増田の町並み案内所 「ほたる」

사토마타로쿠 저택 佐藤又六家 ◀》 사토마타로쿠케

국가등록 유형문화재로 이 지역 특유의 폭이 좁고 안쪽으로 길게 배치된 집이다. 아담한 입구와 달리 길이 100m에 달하는 내부에는 거대한 우치구라와 비밀스러운 정원이 숨어 있다. 붉은색으로 도장된 덮개와 뱀과 은행잎 등 다양한 문양으로 장식된 우치구라는 미적 가치에서도 높은 평가를 받는다. 화재를 대비해 천장에 설치한 사다리도 볼거리. 마스다마치가 번성했던 시절 거상의 생활상도 엿볼 수 있다.

Data 지도 P.208-A **가는 법** 요츠야카도四ツ谷角에서 도보 1분 **주소** 秋田県横手市増田町増田字中町63 **전화** 0182-45-3150 **오픈** 09:00~16:00 **요금** 300엔

옛 이사미코마주조 旧勇駒酒造 ◀》 큐 이사미코마슈조

옛 양조장 건물로 술통 모양을 본뜬 입구 장식이 상징이다. 우치구라 내부의 온도가 일정하게 유지된다는 점을 활용해 술 저장고로 사용된 드문 경우로, 국가등록 유형문화재로 지정되었다. 현재 누룩을 이용한 카페와 잡화점 '미소차야 구라오'가 자리하고 있다. 우리나라 식혜와 비슷한 술인 지게미酒かす 음료도 판매한다.

Data 지도 P.208-A **가는 법** 요츠야카도四ツ谷角에서 도보 1분 **주소** 秋田県横手市増田町増田字中町64 **전화** 0182-45-3710 **오픈** 사전 예약(당일 가능) **휴무** 수요일

요코테시 마스다 만화 미술관
増田まんが美術館 ◀》 요코테시 마스다 망가비주츠칸

1995년 출간한 유명 만화 〈낚시꽝 산페이釣りキチ三平〉의 작가 야구치 다카오矢口高雄의 고향에 지은 일본 최초의 만화 미술관이다. 야구치 다카오의 작품 세계뿐 아니라 일본 만화의 역사와 유명 만화가의 원화가 숲속 같이 따뜻한 전시 공간에 펼쳐진다.

Data 지도 P.208-B **가는 법** 요츠야카도四ツ谷角에서 도보 10분 **주소** 秋田県横手市増田町増田新町285 **전화** 0182-45-5569 **오픈** 09:00~17:00 **휴무** 월요일 **요금** 상설전 무료, 특별 기획전 유료 **홈페이지** manga-museum.com

옛 이시다리키치 주택
旧石田理吉家 ◀》 큐 이시다리키치케

마스다마치에서 드문 삼층 목조 주택. 고급 자재를 썼을 뿐 아니라, 일본식과 서양식이 혼재되어 있다. 우치구라는 흙벽으로 된 별채에 있다. 우치구라 내부는 1층에 집안 웃어른이 기거하는 다다미방이 있고 2층에 수장고를 두었다. 수장고에는 귀중품이 보관되었다고 한다.

Data 지도 P.208-A **가는 법** 요츠야카도四ツ谷角에서 도보 4분 **주소** 秋田県横手市増田町増田字中町95 **전화** 0182-45-5588 **오픈** 09:00~16:00 **휴무** 월요일, 12/29~1/3 **요금** 300엔, 고등학생 이하 무료

영하 10도의 눈 집
후레아이 센터 가마쿠라관 ふれあいセンターかまくら館
🔊 후레아이센타 카마쿠라칸

요코테의 겨울을 밝히는 가마쿠라 축제를 1년 내내 체험할 수 있는 가마쿠라관를 비롯해, 갤러리와 콘서트홀을 갖춘 문화 복합 시설이다. 영하 10도로 유지된 가마쿠라관에는 진짜 요코테시의 눈으로 만든 눈의 집(가마쿠라)이 있어서 어느 계절이든 설국의 기분을 만끽할 수 있다. 판타지 갤러리에서는 가마쿠라 축제를 패널과 영상으로 관람할 수 있다. 관내에는 관광 안내소를 비롯해, 특산물 판매소 등이 있어서 여행을 준비하기에 편리하다.

Data 지도 P.206-E
가는 법 JR 요코테역에서 도보 10분
주소 秋田県横手市中央町8-12 전화 0182-33-7111
오픈 09:00~17:00 휴무 12/29~1/3
요금 가마쿠라관 무료입장 / 판타지 갤러리 100엔, 중학생 이하 무료 홈페이지 www.yokotekamakura.com

가마쿠라관

아키타현 명물이 한 자리에
아키타 후루사토무라 秋田ふるさと村
🔊 아키타 후루사토무라

아키타현 최대의 기념품 매장을 갖춘 후루사토무라는 쇼핑은 물론 별을 관측하는 플라네타륨, 트릭 아트 미술관, 공예 전시관, 아키타현립 근대미술관 등 볼거리가 가득한 종합 테마파크다.
아키타현을 비롯해 도호쿠 지역의 전통공예를 한자리에 모든 공예 전시관과 지역 작가의 작품을 기획전으로 감상할 수 있는 근대미술관에서 지역의 역사와 문화를 만날 수 있다면, 트릭 아트 미술관과 드넓게 펼쳐진 야외 조각 공원 및 잔디 광장은 소풍 나온 듯 쉬었다 가기에 좋다. 후루사토 요리관에서는 요코테 야키소바, 이나니와 우동 등 아키타현의 향토 음식도 맛볼 수 있다.

Data 지도 P.206-G
가는 법 JR 요코테역에서 셔틀버스를 타고 15분
주소 秋田県横手市赤坂字富ケ沢62-46
전화 0182-33-8800 오픈 09:30~17:00
요금 무료입장 홈페이지 www.akitafurusatomura.co.jp

요코테시가 한눈에
요코테 공원&요코테성
橫手公園 · 橫手城 ◀)) 요코테 코엔&요코테죠

요코테성이 자리한 도심 공원으로 아키타현에서 가장 큰 규모다. 요코테성은 원래 천수각이 없었는데, 1965년 향토 자료관과 전망대를 겸한 모의 천수각을 지었다. 천수각은 언덕 위에 자리 잡고 있어 요코테 시내를 조망할 수 있고 맑은 날에는 아키타의 후지산이라 불리는 초카이산鳥海山까지 보인다. 4월의 벚꽃 시즌과 2월의 가마쿠라 축제가 열리는 장소로 특히 유명하지만, 사계절 내내 요코테 시민들이 즐겨 찾는 쉼터이다.

Data 지도 P.206-C **가는 법** JR 요코테역에서 도보 30분 **주소** 秋田県橫手市城山町
오픈 향토 자료관 및 전망대 09:00~16:30 **휴무** 동절기(12~3월)
요금 전망대 100엔 **홈페이지** www.city.yokote.lg.jp/kanko/page000011.html

온몸으로 즐기는 진흙탕
도로유 온천 오쿠야마 료칸
泥湯温泉 奥山旅館 ◀)) 도로유 온센 오쿠야마 료칸

1200년의 역사의 유서 깊은 온천탕. 도로泥(부드러운 진흙)가 가득 담긴 혼류의 노천탕이 유명하다. 3가지 종류의 노천탕은 각기 성분이 다르고 강이나 유황 연기가 피어오르는 계곡 등이 보이는 풍경도 다르니 모두 경험해보자. 2016년 화재로 전소된 숙박동을 복구해 2019년 4월부터 영업을 재개했다.

Data 지도 지도 밖 **가는 법** JR 유자와역에서 고마치 셔틀을 타고 도로유 온센泥湯温泉에서 하차. 총 45분 소요 / 아키타 공항에서 에어포트라이너 구리코마栗駒号 이용(6~11월 중순까지, 예약 필수)
주소 秋田県湯沢市高松泥湯沢25 **전화** 0183-79-3021
요금 16,200엔부터(2인 이용 시 1인 요금, 조·석식 포함) **홈페이지** www.doroyu.com

일본 최고의 온천 폭포수
가와라게 지옥 川原毛地獄 ◀)) 가와라게 지고쿠

일본의 3대 영지로 불리는 유황 계곡. 헐벗은 암반 사이로 증기가 솟아나고 코를 찌르는 유황 냄새에 지옥이라는 이름이 괜히 붙은 것이 아님을 알 수 있다. 폭포 아래에는 천연 노천 온천으로 누구나 즐길 수 있다. 7월 초순에서 9월 중순까지가 입욕하기 좋은 계절이고 겨울에는 눈이 많이 쌓여서 통행이 금지된다.

Data 지도 지도 밖 **가는 법** JR 유자와역에서 고마치 셔틀을 타고 도로유 온센泥湯温泉에서 하차 후 도보 35분. 총 1시간 20분 소요 / 고마치 셔틀 비탕선을 타고 6분 소요

협곡 트레킹과 온천

오야스쿄 온천 小安峽温泉 🔊 오야스쿄 온센

V자로 깎아지른 오야스쿄 협곡 상류에 자리한 온천 마을. 협곡 트레킹과 풍부한 온천을 함께 즐길 수 있는 곳이다. 도보 1시간 이내의 트레킹 코스를 걷다 보면 협곡 사이로 98도의 온천 증기가 뿜어져 나오는 다이훈토大噴湯의 절경을 감상할 수 있다.

협곡을 따라 난 국도 양옆으로 11곳의 온천 숙소가 있으며, 에도 시대의 탕치장湯治場 모습이 남아있는 료칸에서 피로를 풀 수 있다. 단풍은 10월 중순부터 11월 초까지 절정을 이룬다. 이 기간에 투어 버스인 고마치 클래식호를 이용하면 당일치기 온천과 관광을 편리하게 즐길 수 있다.

오야스쿄 온천 풍경

오야스쿄 온천 족욕탕

Data **가는 법** 아키타 공항에서 에어포트라이너 구리코마栗駒호를 타고 2시간 20분 / JR 유자와역에서 우고 교통버스를 타고 오야스쿄 온센에서 하차(1일 4회 왕복 운행). 총 1시간 소요
전화 0183-47-5080 **홈페이지** www.oyasukyo.jp

오야스쿄 온천 **추천 료칸**

다로베에 료칸 多郎兵衛旅館 🔊 다로베에 료칸

12대 전통의 료칸
100년 된 아키타 삼나무로 짓고 아소산의 돌로 탕을 만든 실내 대욕장이 고급스럽다. 도자기로 만든 탕, 대자연에 감싸인 노천탕, 가족끼리 이용할 수 있는 전세탕 등 총 5곳의 온천이 있다. 대형 버섯요리 누키우치 등 진미가 풍성하다. JR 유자와역에서 무료 송영버스(전날까지 예약 가능, JR 유자와역 14:00 출발) 이용 가능.

Data **지도** P.212-B **가는 법** JR 유자와역에서 오야스쿄 온천행 우고 교통버스를 타고 모토유元湯에서 하차. 총 1시간 소요 **주소** 秋田県湯沢市皆瀬字湯元121-5 **전화** 0183-47-5016 **요금** 10,650엔부터(2인 이용 시 1인 요금, 조·석식 포함) / 당일 입욕(10:30~15:00) 성인 500엔 **홈페이지** www.tarobee.com

아베 료칸 阿部旅館 🔊 아베 료칸

자연과 동화되는 산속 온천탕
구리코마산 서쪽 기슭에 자리한 료칸. 긴 복도 끝에 나오는 노천탕에서는 강물 소리와 나무가 바람에 흔들리는 소리, 새와 벌레 우는 소리만 들려 온다. 방은 9개뿐이지만 온천은 4곳. 7~9월까지는 강바닥에서 솟아나는 온천수를 가두어 만든 혼욕 천연 온천이 하나 더 추가된다. 성분은 단순 유황천으로 무색투명하다. 식사는 산채가 중심이지만 스테이크도 선택할 수 있다.

Data **지도** P.212-A **가는 법** 아키타 공항에서 구리코마栗駒号를 타고 2시간 20분 / JR 유자와역 또는 JR 주몬지역에서 오야스쿄 온천행 우고 교통버스를 타고 도리타니鳥谷에서 하차 후 송영버스(예약 필수) 이용. 총 1시간 10분 **주소** 秋田県湯沢市皆瀬小安奥山国有林34 **전화** 0183-47-5102 **요금** 10,950엔부터 (조·석식 포함) / 당일 입욕(08:00~20:00) 성인 500엔 **홈페이지** www.abe-ryokan.jp

모토유 구라부 元湯くらぶ 🔊 모토유 구라부

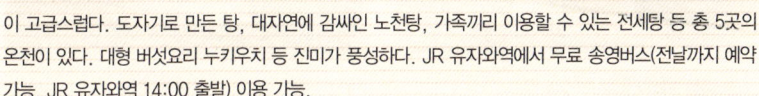

원천에 가장 가까운 탕
다로베에 료칸 바로 옆에 위치한 온천으로, 12대 다로베에 씨의 여동생이 30년 전쯤 문을 연 곳이다. '모토유'라는 이름처럼 원천과 가장 가까운 자연 그대로의 온천을 널찍한 노천탕과 전세탕(유료)에서 즐길 수 있다. 객실은 다다미방 12실이 전부이며, 가정적인 분위기가 특징이다. 현지의 제철 요리와 직접 재배한 흑미로 지은 밥이 일품이다.

Data **지도** P.212-B **가는 법** JR 유자와역에서 오야스쿄 온천행 우고 교통버스를 타고 모토유元湯에서 하차. 총 1시간 소요 **주소** 秋田県湯沢市皆瀬字湯元100-1 **전화** 0183-47-5151 **요금** 11,000엔부터(조·석식 포함) / 당일 입욕(10:30~16:00) 성인 500엔 **홈페이지** www.motoyukurabu.jp

EAT

누룩 발효식품의 깊고 정겨운 맛
슌사이 미소차야 구라오
旬菜みそ茶屋 くらを

누룩 발효 식품을 3대째 만들고 있는 이 집에서 그 깊은 감칠맛을 경험할 수 있다. 계절 재료와 정성이 담긴 된장국과 절임 반찬으로 구성된 런치 세트는 흰 쌀밥과 찰떡궁합. 엄마가 집에서 해주던 정성까지 느껴진다. 누룩을 볶아 만든 누룩차는 은은한 단맛이 매력적이다.

Data 지도 P.208-A
가는 법 JR 주몬지十文字駅역에서 마스다 방면 우고 교통버스를 타고 요츠야카도四ツ谷角에서 하차 후 도보 1분. 총 11분 소요 주소 秋田県横手市増田町増田字中町64 전화 0182-45-3710
오픈 10:00~16:00 휴무 수요일
요금 런치 세트(이로하 세트) 1,200엔
홈페이지 www.facebook.com/kurawo/

대저택에서 맛보는 이나니와 우동
사토 요스케 우루시구라 요신앙
佐藤養助 漆蔵資料館 養心庵

마스다마치 창고 마을에 자리한 요신앙은 대지주의 저택으로 아름다운 정원과 호화롭게 꾸며진 우치구라가 인상적이다. 이곳은 현재 사토 요스케의 레스토랑이자 자료 전시관, 지역 특산물 판매장으로 사용되고 있다.

Data 지도 P.208-A 가는 법 JR 주몬지十文字역에서 마스다 방면 우고 교통버스를 타고 요츠야카도四ツ谷角에서 하차 후 도보 4분. 총 14분 소요
주소 秋田県横手市増田町増田字本町5
전화 0182-45-5430 오픈 요신앙11:00~17:00 / 자료관 09:00~17:00 휴무 11/19~4월말 월요일
요금 냉우동(간장 소스+참깨 소스) 880엔
홈페이지 www.sato-yoske.co.jp/shop/urushigura.html

창고에서 맛보는 커피 한잔
NS.커피 스탠드 NS.Coffee Stand

최근 마스다마치에 오픈한 세련된 작은 창고 카페. 작은 공간이지만, 구석구석 주인장의 세련된 취향이 느껴진다. 직접 볶아서 내리는 커피와 런치 메뉴, 디저트를 맛볼 수 있다. 입구의 야외석은 햇볕이 따뜻한 날에는 테이크아웃으로 즐겨도 좋다.

Data 지도 P.208-C 가는 법 JR 주몬지十文字역에서 마스다 방면 우고 교통버스를 타고 요츠야가쿠四ツ谷角에서 하차 후 도보 1분. 총 11분 소요 주소 横手市増田町増田字中町74 전화 0182-23-9201
오픈 10:00~18:00(저녁 예약이 있을 경우 일찍 닫음), 17:00~23:00(예약 필수) 휴무 화요일
요금 런치 세트(이로하 세트) 1,200엔 홈페이지 www.facebook.com/ns.coffee.stand/

SLEEP

JR 요코테역 앞 온천
호텔 플라자 아넥스 요코테 Hotel Plaza Annex Yokote

JR 요코테역에서 도보 1분 거리에 있는 온천 호텔. 호텔 플라자의 별관인 아넥스는 더 최신의 시설이다. 다마가와 온천의 북투석을 이용한 암반욕과 전망 좋은 전세 온천탕도 만끽할 수 있다. 숙박객은 인근의 당일 입욕 시설인 유유 플라자ゆうゆうプラザ의 대욕장을 무료로 사용할 수 있다.

Data 지도 P.206-G
가는 법 JR 요코테역에서 도보 1분
주소 秋田県横手市駅前町7-7
전화 0182-32-7777
요금 싱글룸 5,800엔부터
홈페이지 www.yokote.co.jp/annex/

산속 온천에서 즐기는 건강한 식탁
우에하타 온천 사와라비 上畑温泉さわらび

요코테산 중에 자리 잡은 온천이다. 차분한 실내 분위기와 정성스러운 료칸 서비스를 느낄 수 있다. 발효 음식이 유명한 요코테 특산품과 아키타현의 향토 요리를 접목한 코스 요리는 아키타현의 사계절을 느낄 수 건강한 맛이다. 실내 온천과 노천탕은 물론 가케나가시 방식(원천 그대로 탕 안에 흘려보내는 방식)의 가족탕도 있어서 커플이나 가족 단위로 온천과 휴식을 즐기기에 적당하다.

Data 지도 지도 밖
가는 법 JR 주몬지十文字역 역에서 하차 후 셔틀버스 이용 (예약 필수)
주소 秋田県横手市増田町狙半内字古家沢口15
전화 0182-55-5050
요금 9,840엔부터(2인 1실 이용 시 1인 요금, 조·석식 포함)
홈페이지 sawarabinoyu.com

여기도 가보자! **오마가리&오가**

불꽃 축제의 향연 **오마가리** 大曲

아키타현 남부 길목에 자리한 다이센시의 오마가리는 일본 전국에서 찾아오는 불꽃 축제의 고장이다. 4~11월까지 매달 불꽃놀이가 열리고 전국의 불꽃놀이 장인이 펼치는 전국 불꽃 경기 대회는 평생 잊지 못할 황홀한 순간을 선사한다. 중심 역인 JR 오마가리역은 신칸센이 관통해 아키타현의 주요 도시뿐 아니라 도쿄에서도 편리하게 오갈 수 있다.

 전국 불꽃 경기 대회

오마가리 불꽃 축제란?
매년 8월 마지막 토요일에 펼쳐지는 오마가리 불꽃 축제는 1910년에 불꽃 경기 대회를 시작으로 2018년 현재 92회를 맞는 100년 역사의 불꽃 경연 대회다. 단 하루 동안 관람객만 80만 명이 모여들 정도로 대성황을 이루는 이유는 바로 전국 최고의 불꽃놀이를 볼 수 있기 때문이다. 전국의 내로라하는 불꽃 장인이 갈고 닦은 기예를 뽐내고 불꽃의 형태와 색, 사그라지는 형태 등을 기준으로 점수를 매겨 그해 최고의 불꽃 장인을 가려낸다.

Data 홈페이지 www.oomagari-hanabi.com

하나비아무 花火伝統文化継承資料館 はなび・アム 하나비아무

오마가리 불꽃놀이 전통문화 계승 자료관

하루 밤의 화려한 오마가리 불꽃 축제를 연중 체험할 수 있는 시설로 오픈한 하나비아무는 불꽃놀이의 역사와 제조 과정을 상설 전시한다. 최신식 멀티시어터 장비를 통해 머리 위에서 쏟아지는 듯한 불꽃 축제 영상을 실감나게 체험할 수 있다.
일본 여러 다른 지역의 불꽃놀이를 소개하거나, 장난감 불꽃놀이 전시회 같은 흥미로운 기획 전시도 연다.

Data 가는 법 JR 오마가리역에서 도보 10분
주소 秋田県大仙市大曲大町7番19号
전화 0187-73-7931
오픈 전시 09:00~16:00
휴무 월요일, 연말연시
요금 무료입장
홈페이지 hanabimuseum.jp

마이니치 오마가리&민카 毎日大曲&ミンカ 마이니치 오마가리&민카

매일매일이 불꽃 축제

마이니치 오마가리는 1년에 단 하루, 한여름 밤을 화려하게 달궜다 사그라지는 불꽃 대회를 매일매일 기억할 수 있기를 바라며 지역 주민들이 만든 공간이다. 80년 된 창고를 개조하고 옛날 의자와 책상을 놓은 공간은 아늑하고 정겹다. 불꽃 대회를 모티브로 한 디자인 제품을 비롯해 지역의 특산품을 구입할 수 있다.
입구 바로 앞에 자리한 잡화점 민카에서는 아기자기한 생활용품, 인테리어 소품, 패브릭 제품 등을 판매한다. 오리지널 앞치마와 같이 기념될만한 제품이 다양하다.

Data 가는 법 JR 오마가리역에서 도보 2분
주소 秋田県大仙市大曲通町2-33 **전화** 0187-88-8824
오픈 10:00~19:00(금·토요일 20:00까지) **휴무** 목요일
홈페이지 마이니치 오마가리 www.facebook.com/HinabiOmagari / 민카 minca76.web.fc2.com

도깨비 신 나마하게의 고장 **오가 男鹿**

아키타현 서쪽 바다를 향해 도끼 모양으로 튀어나온 오가반도는 도깨비 신이자 아키타의 수호신 나마하게의 고장이다. 마을 입구에는 거대한 나마하게 동상이 위풍당당 서 있고 연말연시 나마하게 전통 행사를 비롯해 2월 나마하게 세도 축제, 나마하게 전승관 등 곳곳에서 나마하게를 만날 수 있다. JR 아키타역에서 오우 본선 열차로 JR 오가역까지 1시간 정도 소요되며, 나마하게를 모티브로 한 열차도 운행한다.

Tip **정의의 수호자, 나마하게**なまはげ

추운 겨울 화롯가에서 불을 쬐면 생기는 붉은 반점을 나모미なもみ라 하는데, 이 나모미가 있는 사람은 게으름뱅이라 여겨졌다. 게으름을 퇴치한다는 의미로 '나모미를 떼어낸다'라는 일본말 '나모미오하구なもみを剝ぐ'에서 나마하게 라는 말이 나왔다고 한다. 즉, 나마하게는 게으름뱅이를 혼내면서 집 안의 잡귀를 쫓아내는 신령스러운 존재로 추앙받았다.

세도 마쓰리 柴灯まつり 🔊 세도마츠리

오가의 나마하게 축제

아키타현 오가의 기타우라 지역에 있는 신잔 신사에서 열리는 겨울 축제. 오가의 대표적인 축제로 2월 2번째 금·토·일요일 3일간 개최된다. 축제가 시작되면 신잔 신사 경내에서 장작불을 피우고, 산신인 나마하게의 행렬과 나마하게 북공연, 나마하게 춤 등을 볼 수 있다.
전통 제사 의식이자 민속 의식인 나마하게 풍습과 관광 행사가 접목되어 매년 겨울 축제 기간이면 많은 관광객들이 찾는다. 원초적이고 웅장한 나마하게 퍼포먼스는 신비한 분위기를 자아낸다. 시간이나 일정은 매년 달라질 수 있으므로 홈페이지를 통해서 확인할 것.

Data 가는 법 JR 오가역에서 합승택시인 나마하게 셔틀なまはげシャトル 이용
주소 秋田県男鹿市北浦真山字水喰沢97(신잔 신사) **오픈** 매년 2월 2번째 금~일요일
홈페이지 oganavi.com/sedo/

오가신잔 전승관 男鹿真山伝承館 🔊 오가신잔 덴쇼칸

매일매일이 나마하게 축제

나마하게 축제를 전시하는 나마하게관과 바로 옆에 오가 지방의 전통 민가 건축 양식으로 지은 오가신잔 전승관이 있다. 매일 나마하게 풍습을 학습하는 강좌가 열리며, 해설 후에는 실제 나마하게 행사를 재현한다. 재현 행사는 아키타현 사투리로 진행되며, 박력 넘치는 나마하게의 모습에 깜짝 놀라는 사람도 많다. 축제 기간이 아니더라도 지역 전통 풍습을 간접적으로 체험할 수 있는 시설이다.

Data 가는 법 JR 오가역에서 합승택시인 나마하게 셔틀なまはげシャトル 이용
주소 〒010-0686 男鹿市北浦真山字水喰沢 **전화** 0185-22-5050
오픈 4~11월·1/1~1/2 09:00~11:30, 13:30~16:30(30분 간격) / 12~3월, 토·일요일, 공휴일, 12/31 09:30~15:30(1시간 간격) **요금** 신잔 전승관·나마하게관 공통 입장료(4~11월) 성인 864엔, 초·중학생 540엔 / 12~3월 성인 1080엔, 초·중학생 756엔
홈페이지 namahage.co.jp/namahagekan/denshokan.php

Tohoku By Area
03

이와테현
岩手県

**모리오카시&하치만타이&
하나마키시&히라이즈미**

서쪽으로 거대한 오우 산맥이 버티고
동쪽으로는 산리쿠 해안이 펼쳐진 이와테현.
도호쿠에서 가장 넓은 면적을 차지하는 지역으로
헤이안 시대 불교 유적인 세계문화유산
히라이즈미부터 모리오카시와 같이 매력적인
도시 풍경과 자연의 시간으로 살아가는
농어촌의 일상이 느슨하게 자리한다.
청정한 협곡의 강줄기를 따라 자리한
유서 깊은 온천 마을까지 만끽할 수 있는
이 여행에 도호쿠 신칸센이 편리함을 더한다.

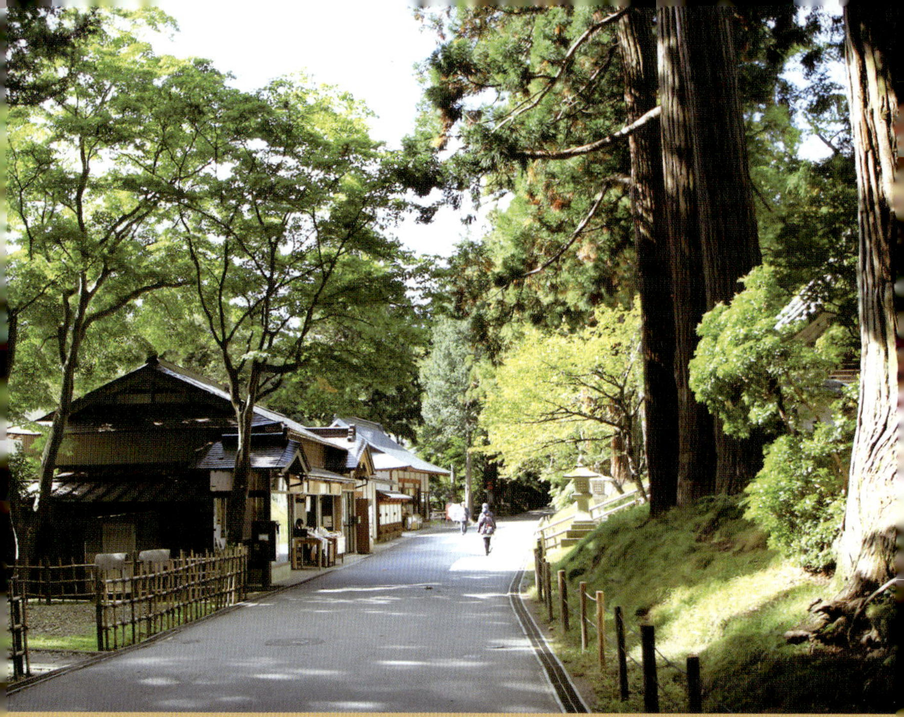
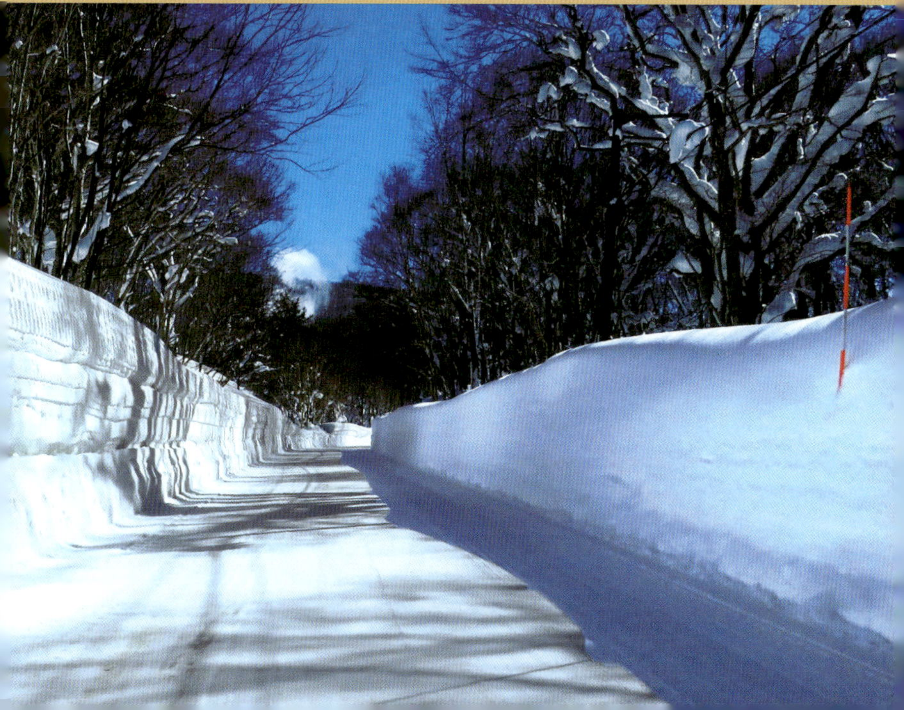

이와테현
岩手県
한눈에 보기

총면적 15,275km²(≒ 우리나라 충청도 면적)
인　구 1,240,522명(2018년 기준)

모리오카시

이와테현의 현청 소재지이자 도호쿠 신칸센의 허브로 어디서든 접근성이 좋은 중소 도시. 모리오카성을 중심으로 관광지가 조성되어 있으며 모리오카 냉면, 완코소바, 쟈쟈멘 등 다양한 향토 면 요리를 즐길 수 있다.

하치만타이

이와테현과 아키타현에 걸쳐 있는 고원의 화산 지대로 곳곳에 형성된 늪지대 트레킹이 유명하다. 일정과 체력에 따라 다양한 코스를 선택할 수 있다. 백색의 유황 온천으로 유명한 마츠카와 온천도 이곳에 자리하며, 하치만타이 트레킹 프로그램도 진행한다.

하나마키시

이와테현 출신의 동화 작가 미야자와 겐지의 고향으로 기념관과 테마 거리, 테마 열차를 만날 수 있다. 서쪽의 계곡을 따라 하나마키 온천향이 자리하며 고풍스러운 전통 료칸부터 편리한 리조트 온천 호텔까지 선택이 폭이 넓다.

히라이즈미&이치노세키시

히라이즈미는 유네스코 세계문화유산에 지정된 헤이안 시대 불교 유적으로 건축이나 역사에 관심이 있다면 반드시 가봐야 할 곳이다. 신칸센 역이 자리한 이치노세키시는 기암괴석과 청정 계류가 이어진 계곡 겐비케이가 유명하다.

이와테현 Keyword

주손지

1 히라이즈미
도호쿠 최초로 유네스코 세계문화유산에 등재된 헤이안 시대의 불교 유적지가 이와테현 남부에 자리한다. 일본 국보 1호인 황금불당 곤지키도를 비롯해 크고 작은 불당이 길목마다 자리한 주손지와 불교에서의 극락정토를 정원으로 구현한 모쓰지 등 천년 전 헤이안 시대의 유적을 만날 수 있다.

2 난부
에도 시대 난부번(모리오카번)은 현재 이와테현 중북부와 아오모리현 동부를 아우르며 모리오카성을 중심으로 약 270년간 난부 가문이 통치했다. 이 시기에 쇠주전자 등 주물 기술이 발전해 '난부 텟키(난부철기)'라는 브랜드로 널리 알려졌다. 밀가루 반죽으로 만든 전병 난부 센베이 또한 과거 난부번에 속한 지역의 전통 과자다.

난부 센베이

3 미야자와 겐지
이와테 출신의 동화 작가이자 애니메이션 〈은하철도 999〉의 원작이 된 〈은하철도의 밤〉의 저자이다. 미야자와 겐지의 고향인 하나마키시에는 그의 작품 세계를 엿볼 수 있는 기념관과 동화마을이 자리하고, 애니메이션 〈은하철도 999〉를 본뜬 증기기관차가 이벤트 열차로 운행하는 등 문학 테마 여행으로 찾는 이들이 많다.

미야자와 겐지 동화마을

〈은하철도 999〉를 본뜬 증기기관차인 SL 은하

Iwate
GET AROUND

이와테현 가는 법

인천에서 가기

이와테현 내에 인천 공항으로 가는 직항편은 없지만, 인접한 미야기현의 센다이 공항(P.285)이나 아오모리현의 아오모리 공항을 통해 입국할 수 있고 신칸센을 이용하면 빠르게 주요 도시로 갈 수 있다.

센다이 공항에서 지하철로 JR 센다이仙台역까지 이동한 다음, 신칸센으로 갈아타 히라이즈미와 가까운 신칸센 역인 JR 이치노세키一ノ関역까지 약 30분, 하나마키 온천향으로 갈 수 있는 JR 신하나마키新花巻역까지는 약 1시간, 중심 도시인 JR 모리오카盛岡역까지 약 40분 소요된다. JR 센다이역에서 거리상으로는 JR 신하나마키역이 더 가깝지만, 정차 역이 더 적은 JR 모리오카역으로 가는 것이 시간이 덜 걸린다. 교통 비용을 절약하고 싶다면 JR 센다이역 앞 버스터미널에서 각 지역으로 가는 고속버스를 이용하는 방법도 있다. 대신 시간은 좀 더 걸린다.

센다이 공항

도쿄에서 가기

JR 도쿄역에서 신칸센으로 JR 이치노세키一ノ関역까지 열차 편성에 따라 2시간~2시간 30분, JR 신하나마키新花巻역까지 약 3시간, JR 모리오카盛岡역까지 2시간 20분 정도 소요된다. 신칸센 왕복 비용을 비교해봤을 때 도쿄의 국제공항으로 출입국 하는 2주일 이내의 도호쿠 여행 일정이라면 JR 동일본 도호쿠 패스(P.046) 이용을 추천한다.

이와테현의 각 지역으로 가는 법

모리오카시

열차

❶ 센다이 공항에서 JR 센다이역까지 공항 액세스선을 타고 이동한 후(20~30분 소요), JR 센다이역에서 신칸센 하야부사はやぶさ 또는 고마치こまち로 JR 모리오카역까지 약 40분, 신칸센 야마비코やまびこ까지는 1시간 15분 소요된다.

요금 신칸센 하야부사 · 고마치 6,470엔, 신칸센 야마비코 5,940엔(어린이는 반값)
홈페이지 www.jreast.co.jp

❷ JR 도쿄역에서 도호쿠 신칸센 하야부사はやぶさ 또는 아키타 신칸센 고마치こまち를 이용해 JR 모리오카역까지 약 2시간 20분 소요된다.

요금 신칸센 하야부사 · 고마치 14,540엔(어린이는 반값) **홈페이지** www.jreast.co.jp

버스

센다이 공항에서 공항액세스선을 타고 JR 센다이역으로 이동한다. JR 센다이역 앞 고속버스 센터에서 고속버스를 이용해 JR 모리오카역(서쪽 출구)으로 갈 수 있다. 오전 7시부터 오후 8시까지 운행하며 2시간 30분 정도 소요된다.

JR 모리오카역

요금 2,980엔(어린이는 반값)
홈페이지 www.jrbustohoku.co.jp

하나마키시

열차

❶ 센다이 공항에서 JR 센다이역까지 공항 액세스선을 타고 이동한 후(20~30분 소요), JR 센다이역에서 신칸센 야마비코やまびこ를 이용해 JR 이치노세키一ノ関역까지 30분, 도호쿠 본선으로 갈아타고 JR 히라이즈미역까지 2개 역 떨어져 있다.

또한 JR 센다이역에서 신칸센 야마비코やまびこ를 타고 JR 신하나마키新花巻역까지 약 1시간 소요된다. JR 신하나마키역과 JR 하나마키역은 가마이시釜石선으로 2개 역 거리다.

요금 JR 센다이역~JR 히라이즈미역 3,780엔(어린이는 반값) / JR 센다이역~JR 하나마키역 5,810엔(어린이는 반값) **홈페이지** www.jreast.co.jp

❷ JR 도쿄역에서 JR 이치노세키一ノ関역까지 신칸센 하야부사はやぶさ을 이용해 약 2시간, 신칸센 야마비코やまびこ를 이용하면 2시간 30분 소요되고 JR 신하나마키新花巻역까지 신칸센 야마비코やまびこ를 이용해 약 3시간 걸린다.
요금 JR 도쿄역~JR 이치노세키역 신칸센 하야부사 13,030엔 · 야마비코 12,300엔(어린이는 반값) / JR 도쿄역~JR 신하나마키역 12,840엔(어린이는 반값) **홈페이지** www.jreast.co.jp

JR 하나마키역

JR 히라이즈미역

버스

❶ 센다이 공항에서 하나마키선 직통버스가 마쓰야마시를 지나 JR 히라이즈미역과 주손지, 하나마키 공항, 하나마키 온천까지 운행한다. 센다이 공항에서 히라이즈미 주손지까지 2시간 50분 정도, 하나마키 온천까지는 4시간 정도 소요된다. 이 버스를 5일 동안 이용할 수 있는 프리 패스권도 판매한다.
전화 022-259-8151
요금 센다이 공항~히라이즈미 편도 2,500엔(어린이 반값) / 프리 패스권 4,500엔
홈페이지 www.sendai-airportbus.jp/matsushima_hiraizumi/

❷ 센다이 공항에서 공항액세스선을 타고 JR 센다이역까지 이동한 후, 역 앞 고속버스 센터에서 고속버스가 히라이즈미 주손지까지 운행한다. 4~11월까지 가는 편이 오전 3회, 오는 편이 오후 3회 있으며, 1시간 50분 정도 소요된다.
전화 022-218-3131
요금 편도 1,700엔 / 왕복 3,000엔(어린이는 반값)
홈페이지 www.higashinippon.co.jp/highway/hiraizumi.html

❸ 센다이 공항에서 공항액세스선을 타고 JR 센다이역까지 이동하면 역 앞 고속버스 센터에서 고속버스 겐지 라이너けんじライナー가 JR 하나마키역까지 운행한다. 가는 편이 오후 3회, 오는 편이 오전 3회이며 2시간 30분 정도 소요된다.
전화 0198-23-1020
요금 편도 2,600엔 / 왕복 4,700엔(어린이는 반값)
홈페이지 www.iwatekenkotsu.co.jp/kenji.html

모리오카시
盛岡市

400여 년 전 2개의 강줄기가 합류하는 구릉지에 모리오카성을 축성하며 조성된 성곽 도시, 모리오카. 이와테산이 굽어보고 아름다운 강줄기가 휘감아 돌아가는 평온한 풍경 속에 숨은 매력이 가득하다.

Morioka
GET AROUND

모리오카시 시내 교통

JR 모리오카역에서 모리오카 성터 공원까지는 걸어서 갈만하지만, 그 이상은 버스를 타는 것이 좋다. 역 앞에서 출발하는 버스가 여럿이라 헷갈릴 수 있으니 버스 안내소에 문의하면 확실하다.

덴덴무시 でんでん虫

'달팽이'라는 뜻의 모리오카 시내 순환버스. JR 모리오카역을 기준으로 오른쪽 방향과 왼쪽 방향으로 순환하는 2개 노선이 있으며, 한 바퀴 도는데 약 35분 소요된다. 모리오카 버스터미널을 회기점으로 해서 JR 모리오카역으로 되돌아온다고 생각하면 된다.

전화 019-662-2111(오른쪽 순환), 019-696-3151(왼쪽 순환)
요금 1회권 성인 100엔, 어린이 50엔 / 1일권 성인 300엔, 어린이 150엔
홈페이지 www.iwatekenkotsu.co.jp/denden-annai.html

덴덴무시 버스

덴덴무시 버스 티켓

Tip 모리오카 버스 패스포트

원데이&와이드 盛岡 Bus Passport One Day & Wide

덴덴무시 버스와 현립미술관을 갈 수 있는 세이난 루프200盛南ループ200 버스를 하루 동안 이용할 수 있는 원데이 버스 패스포트와, 여기에 더해 고이와이 목장, 쓰나기 온천 등으로 가는 버스 노선까지 2일간 이용할 수 있는 와이드 버스 패스포트가 있다.

요금 원데이 성인 700엔, 어린이 350엔 / 와이드 성인 1,500엔, 어린이 750엔
홈페이지 www.iwatekenkotsu.co.jp/freetiket-ondaypassport-morioka-PR.html

--- Plus Info ---

Information Center

모리오카 시내를 비롯해 이와테현의 여행 정보를 안내해줄 뿐만 아니라, 영어를 할 수 있는 직원이 항상 상주하고 있다.

이와테&모리오카 광역 관광 센터
いわて・盛岡広域観光センター
Data 지도 P232-F
가는 법 JR 모리오카역 2층
주소 岩手県盛岡市盛岡駅前1-48 JR 盛岡駅 2階
전화 019-625-2090
오픈 09:00~17:30 **휴무** 12/30~1/2

모리오카시 관광 문화 정보 센터(오뎃테)
盛岡市観光文化情報センター(おでって)
Data 지도 P233-G **가는 법** 모리오카 버스 센터에서 도보 2분, 오뎃테 관광 문화 플라자 2층
주소 岩手県盛岡市中の橋通1-1-10 プラザおでって2階 **전화** 019-604-3305
오픈 09:00~20:00
휴무 둘째 주 화요일, 12/29~1/3

Morioka
ONE FINE DAY IN

근교의 체험 시설과 온천을 시작으로 시내 관광, 쇼핑, 먹부림을 알차게 채운 일정이다. 걷기 좋은 거리에 궁금한 가게가 골목마다 숨어 있는 도시 여행의 즐거움에 빠져보자.

JR 모리오카역
모리오카시 여행의 출발점!

→ 노선버스 30분 →

쓰나기 온천
보들보들한 온천을 즐긴 후 점심 먹기

시내 방면 노선버스를 타고 모리오카죠 아토 코엔 하차 후 도보 3분

로쿠가쓰노시카
고즈넉한 카페에서 티 타임 만끽하기

← 도보 3분 ←

모리오카 성터 공원
옛 성의 흔적을 그리며 공원 거닐기

← 도보 7분 ←

이와테 은행 아카렌카관
아름다운 서양식 벽돌 건물 앞에서 기념 촬영하기

↓ 도보 5분

히메쿠리
도호쿠 작가의 오리지널 상품을 만날 수 있는 잡화점 구경하기

→ JR 모리오카 역으로 돌아와서 도보 2분 →

가네이리 스탠다드 스토어
갖고 싶고 선물하고 싶은 도호쿠의 공예품 쇼핑하기

→ 도보 2분 →

세이로가쿠
야키니쿠와 모리오카 냉면으로 푸짐한 저녁 식사하기

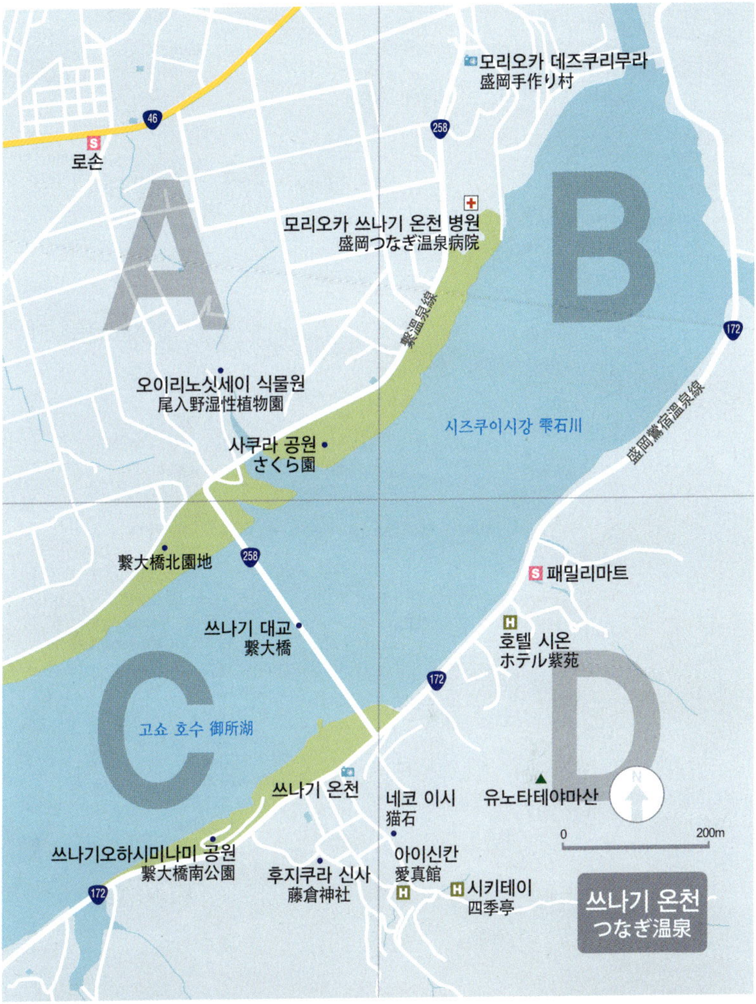
모리오카 데즈쿠리무라
盛岡手作り村
46
258
로손
A
B
모리오카 쓰나기 온천 병원
盛岡つなぎ温泉病院
繋温泉線
172
오이리노싯세이 식물원
尾入野湿性植物園
시즈쿠이시강 雫石川
盛岡鶯宿温泉線
사쿠라 공원
さくら園
繋大橋北園地
258
패밀리마트
쓰나기 대교
繋大橋
호텔 시온
ホテル紫苑
172
C
D
고쇼 호수 御所湖
쓰나기 온천
네코 이시
猫石
유노타테야마산
N
0
200m
쓰나기오하시미나미 공원
繋大橋南公園
후지쿠라 신사
藤倉神社
아이신칸
愛真館
시키테이
四季亭
172
쓰나기 온천
つなぎ温泉

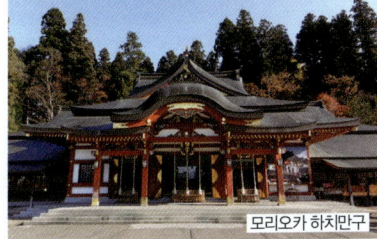

모리오카 하치만구

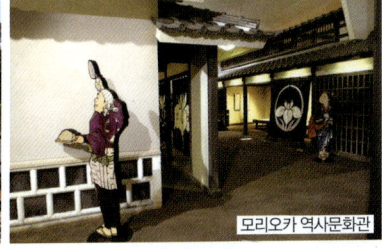

모리오카 역사문화관

SEE

모리오카시의 중심
모리오카 성터 공원 盛岡城跡公園 🔊 모리오카죠 아토 코엔

400년 전 축성된 모리오카성을 중심으로 번성한 성곽 도시(조카마치城下町)인 모리오카. 메이지 유신 때 성은 해체되어 석벽만 남은 채 도심 공원으로 변모했다. 벚꽃과 매화, 수국, 장미 화원과 어우러져 있어서 꽃과 단풍을 즐기기에 좋고 나무가 많아 더운 날에도 선선한 바람이 분다. 공원은 30분 정도면 돌아볼 정도로 크지 않은 대신 성곽 도시의 흔적이 성 바깥까지 뻗어 있다. 모리오카성은 성곽 바깥으로 해자가 하나 더 있는 이중 구조를 하고 있는데 이는 귀족이 거주하던 우치마루 内丸를 경계하던 용도였다.

이곳에 현대적인 건물이 들어서면서 과거와 현재가 공존하는 독특한 분위기를 자아낸다. 이 우치마루 일대는 현재 현청사와 법원, 경찰서 등이 들어선 관청 지구다. 이와테 가정법원 앞에는 돌 사이에 자란 벚나무 이시와리 자쿠라石割桜가 있는데, 360년 수령의 천연기념물로 유명하다.

Data 지도 P.235 **가는 법** JR 모리오카역에서 도보 15분 / 덴덴무시(왼쪽 순환)를 타고 모리오카죠 아토 코엔에서 하차 후 바로. 총 6분 소요 **주소** 岩手県盛岡市内丸
전화 019-604-3305(모리오카시 관광 문화 정보 센터) **요금** 무료입장
홈페이지 www.moriokashiroato.jp

모리오카 성터 공원 구석구석 살펴보기

모리오카 역사문화관 もりおか歴史文化館 🔊 모리오카 레키시분카칸

모리오카시의 과거와 현재

모리오카성이 번성했던 시절을 전시하는 곳. 성곽 도시의 풍경을 재현한 영상에 사투리 음성을 입힌 파노라마 극장과 모리오카성 복원 축소 모형을 볼 수 있다. 또한 난부 가문의 유물 전시도 흥미롭다. 그 밖에 가을 축제 盛岡秋まつり 때 사용되는 9m 높이의 다시山車(수레) 전시와 모리오카 산사오도리 영상, 차구차구 우마코チャグチャグ馬コ(노동에 감사를 전하며 화려하게 치장한 말들이 행하는 축제) 때 말들이 하는 장식도 볼 수 있다.

Data 주소 岩手県盛岡市内丸1-50 **전화** 019-681-2100 **오픈** 09:00~19:00(11~3월 18:00까지) **휴무** 셋째 주 화요일 **요금** 성인 300엔, 고등학생 200엔, 초·중학생 100엔 **홈페이지** www.morireki.jp

사쿠라야마 신사 桜山神社 🔊 사쿠라야마 진자

모리오카의 수호신

모리오카번의 시조를 비롯해 난부 가문의 주요 인물 4인을 모시는 신사. 모리오카시의 수호신으로 여겨지고 있다. 도심 한복판에 자리하며, 모리오카 산사오도리 축제 때 신사 앞에 수많은 야타이やたい(포장마차)가 들어서기도 한다.

Data 주소 岩手県盛岡市内丸1-42 **전화** 019-622-2061 **요금** 무료입장 **홈페이지** www.sakurayamajinja.jp

모리오카 성터 공원 안내도

모리오카시를 상징하는 아름다운 붉은 벽돌 건축물
이와테 은행 아카렌가관 岩手銀行赤レンガ館

🔊 이와테 긴코 아카렌가칸

모리오카시의 상징이자 국가중요문화재이다. 1911년부터 모리오카 은행 본점으로 완공된 후 이와테 은행으로 이름을 바꿔 2012년까지 사용되다가, 공간을 재정비해 2016년 일반에 공개되었다. 길모퉁이에 팔각형 탑을 올리고 양팔을 벌린 듯한 건물 구조로, 붉은 벽돌에 화강암으로 띠를 둘러 화려한 외관을 뽐낸다. 이 건물과 이와테현 금융의 역사를 전시하고 있으며, 개업 당시부터 사용하던 금고실이 볼만하다. 도쿄의 일본은행 본점, 일제강점기 때의 조선은행 본점(현재의 한국은행 화폐금융공사) 등 서양 근대식 은행 건축으로 유명한 타츠노 킨고辰野金吾가 설계했다.

Data 지도 P.233-H
가는 법 JR 모리오카역에서 덴덴무시(왼쪽 순환)를 타고 모리오카 버스 센터에서 하차 후 도보 1분. 총 18분 소요
주소 岩手県盛岡市中ノ橋通1-2-20 **전화** 019-622-1236
오픈 10:00~17:00 **휴무** 화요일 **요금** 성인 300엔, 초·중학생 100엔
홈페이지 www.iwagin-akarengakan.jp

도호쿠 문화 창고
옛 이시이켄레이테이 旧石井県令私邸

🔊 큐 이시이켄레시테

벽돌 벽을 타고 오른 담쟁이덩굴과 삐걱대는 나무 계단이 묘한 분위기를 자아내는 옛 2층 주택. 이와테 현령으로 부임한 이시이 쇼이치로石井省一郞의 사저로, 1886년 완공된, 모리오카시에서 가장 오래된 서양식 벽돌 건물이다. 현재는 도호쿠와 관련된 문화 행사와 전시 장소로 활용 중이다.
공식 홈페이지에 그 달의 행사가 공지되며, 특히 매년 10월에 열리는 도호쿠 수공예품 마켓인 엔트와인Entwine은 도호쿠의 젊은 예술가와 장인을 만날 수 있는 기회. 예술과 공예에 관심이 있다면 엔트와인 공식 홈페이지(entwine-tohoku.com)를 확인하자.

Data 지도 P.233-K **가는 법** JR 모리오카역에서 도보 20분 / 덴덴무시 버스(왼쪽 순환)를 타고 6분 후 모리오카 시로아토 코엔 하차 후 도보 8분
주소 岩手県盛岡市清水町7-51
전화 019-651-1606 / 090-7322-6197
오픈 11:00~18:00(11~4월 견학은 예약제) **요금** 전시 마다 다름
홈페이지 kenreitei.exblog.jp

동화처럼 아름다운 공간

고겐샤 光原社 ◀) 코겐샤

고겐샤는 동화작가 미야자와 겐지 생전 유일의 동화집 〈주문이 많은 요리점注文の多い料理店〉을 낸 출판사다. 일본 동화의 걸작으로 평가받는 이 동화집은, 안타깝게도 당시에는 판매가 저조했다. 농업 관련 서적을 취급하던 이 작은 출판사는 궁여지책으로 난부철기를 제작 및 판매하기 시작했는데, 오히려 이쪽의 반응이 더 좋아 업종을 변경해 지금에 이르렀다. 대신, 미야자와 겐지가 직접 지은 출판사 이름만은 바꾸지 않았다. 차도를 사이에 두고 신관과 구관이 마주 보고 있으며, 인근에 미야자와 겐지 동상도 놓여있다. 구관에는 출판사 시절을 가늠할 수 있는 건물과 정원이 그대로 남아있고 〈주문이 많은 요리점〉의 출판 기념비가 세워져 있다.

특히 여러 채의 건물이 옹기종기 모여 만들어진 공간과 정원의 풍경은 미야자와 겐지의 동화처럼 감상적이고 아름답다. 고겐샤 내에는 정원을 바라보며 커피를 즐길 수 있는 작은 찻집인 가히칸可否館이 들어서 있다. 커피 향과 분위기, 그리고 미야자와 겐지를 그리며 찾아오는 이들이 많다.

Data 지도 P.232-F 가는 법 JR 모리오카역에서 도보 10분 주소 岩手県盛岡市材木町2-18
전화 019-622-2894 오픈 10:00~18:00 휴무 매월 15일 요금 무료입장, 커피 500엔
홈페이지 morioka-kogensya.sakura.ne.jp

미야자와 겐지 宮沢賢治 (1896~1933년)

일본 환상문학의 선구자인 이와테현 출신의 동화작가. 대표작 〈은하철도의 밤銀河鉄道の夜〉은 만화 〈은하철도 999〉의 모티브가 되기도 했다. 또한 그는 평생 농민을 위해 헌신한 농업 교육가이기도 하다. 유복한 집안에서 태어났음에도 가난한 농민과 똑같이 생활하며 농업과학 연구와 기술보급에 힘썼다. 시대를 너무 앞선 나머지 정작 농민들에게 외면받았지만, 끝까지 그의 이상과 신념을 놓지 않고 희생하는 삶을 살다가 37세에 세상을 떠났다. 그의 작품에 드러난 자연과의 조화와 교감, 그리고 희생정신은 그의 삶을 고스란히 투영하고 있다.

신사의 테마파크

모리오카 하치만구 盛岡八幡宮 모리오카 하치만구

모리오카 시민들이 인생의 결정적인 순간에 꼭 방문하는 신사. 남녀의 인연을 맺어주는 사당, 순산과 여성의 병 치유를 기원하는 사당, 오장의 건강을 기원하는 사당, 재물과 사업의 번창을 기원하는 사당, 합격을 기원하는 사당, 의식주에 관해 기원하는 사당, 자신의 띠를 향해 기원하면 수호해 주고 재난을 방지한다는 십이지신十二支神 사당 등 신이 필요한 상황이 총망라되어 있다. 그래서 '신사의 테마파크'라 불리기도 한다.
1680년 건립되었으며 오래된 역사에 비해 경내가 깨끗하고 잘 정비되어 있어서 마치 공원을 산책하는 기분이 든다.

Data 지도 P.233-L
가는 법 JR 모리오카역에서 덴덴무시(왼쪽 순환)를 타고 모리오카 버스 센터 하차 후 도보 10분. 총 27분 소요
주소 岩手県盛岡市八幡町13-1
전화 019-652-5211
요금 무료입장
홈페이지 morioka8man.jp/db10/

익살스런 500가지 표정
모리오카 호온지·고햐쿠라칸

盛岡報恩寺 · 五百羅漢 🔊 모리오카 호온지·고햐쿠라칸

모리오카시 지정 유형문화재인 호온지는 오백나한五百羅漢(불교에서 깨달음을 얻은 500명의 성자, 아라한 또는 줄여서 나한)이 모시는 사찰이다. 오백나한의 표정은 각기 다 다르고 익살스럽다. 인도나 중국, 중앙아시아의 승려를 연상시키는 복장의 불상도 있으며, 이 가운데는 마르코 폴로와 칭기츠칸을 본뜬 것도 있다.
500개의 오백나한 중 지금은 499상만이 남아있다. 이곳에서는 반야심경을 그림문자로 표현한 재미있는 기념품도 판매한다.

Data **지도** P.233-D
가는 법 JR 모리오카역에서 327번 버스를 타고 기타야마北山에서 하차 후 도보 5분. 총 15분 소요 / 모리오카 버스 센터에서 315 · 316번 버스를 타고 기타야마北山에서 하차 후 도보 5분. 총 13분 소요
주소 岩手県盛岡市名須川町 31-5 **전화** 019-651-4415
오픈 09:00~16:00
요금 중학생 이상 300엔, 초등학생 100엔

예술 감성 충전
이와테 현립미술관

岩手県立美術館
🔊 이와테 켄리츠비주츠칸

이와테현 출신 작가들의 작품을 소개하고 다양한 기획 전시를 선보이는 이와테 현립미술관. 시내에서 벗어난 한적한 모리오카시 중앙 공원 내에 자리 잡고 있다. 남북으로 길게 자리한 미술관은 공원을 감싸 안듯 부드럽게 휘어진 대공간인 그랜드 갤러리를 중심으로 이와테산과 공원의 풍경을 아름답게 담아낸다.
이와테현 출신의 서양 화가인 요로즈 데쓰고로萬鐵五郎, 마쓰모토 슌스케松本竣介와 조각가 후나코시 야스타케舟越保武 등 지역 대표 작가들의 작품을 다수 소장 및 전시하고 있다. 또한, 일본뿐만 아니라 전 세계의 다양한 테마에 의한 기획 전시도 꽤 충실한 편이다. 미술에 관심이 있다면 홈페이지에서 전시 일정을 체크해두자.

Data **지도** P.232-I **가는 법** JR 모리오카역에서 세이난 루프 200번 버스를 타고 이와테 켄리츠비주츠칸에서 하차 후 도보 5분. 총 18분 소요 **주소** 岩手県盛岡市本宮字松幅12-3 **전화** 019-658-1711
오픈 09:30~18:00 **휴무** 월요일, 12/29~1/2 **요금** 상설전 성인 410엔, 대학생 310엔, 고등학생 이하 무료 / 기획전 별도 요금 **홈페이지** www.ima.or.jp

손으로 만드는 즐거움
모리오카 데즈쿠리무라 盛岡手づくり村 🔊 모리오카 테즈쿠리무라

'손으로 만드는 마을'이라는 뜻의 이름처럼 모리오카시의 수공예를 테마로 한 시설이다. 장인이 수공예 작품을 만드는 모습을 볼 수 있을 뿐만 아니라, 다양한 체험 프로그램에 참여할 수도 있다. 수제 과자 공방, 모리오카 센베이 가게, 모리오카 냉면 공방, 가구 제작소, 염색 공방, 상감 공방, 난부 철기 공방 등 15곳을 운영 중이다. 센베이 굽기(1인 2장 100엔, 5분 소요)가 가장 인기 있다. 종합 안내소가 있는 진흥 센터 1층은 넓은 판매장이 있어 둘러 보기에 좋다. 시즈쿠이시강雫石川이 고쇼코御所湖 호수와 만나는 어귀에 있어, 날이 좋으면 산책하기에도 좋다.

Data 지도 P.231-B 가는 법 JR 모리오카역에서 쓰나기 방면 버스를 타고 모리오카 데즈쿠리무라마에서 하차 후 바로. 총 25분 소요 주소 岩手県盛岡市繋字尾入野64-102
전화 019-689-2201 오픈 08:40~17:00 휴무 12/29~1/3 요금 무료입장 / 2층 전시 자료실 입장료 100엔, 각종 체험은 별도 홈페이지 tezukurimura.com / 공방 www.ginga.or.jp/morihand

보들보들 피부 미인 되기
쓰나기 온천 つなぎ温泉 🔊 츠나기 온센

온천 개탕 900년의 모리오카 쓰나기 온천. 고즈넉한 분위기의 고쇼코 호숫가에 자리하고 있는 온천가는 사계절 각기 다른 아름다운 풍광을 자랑한다. 온천 시설을 갖춘 12곳의 온천 숙박 시설이 있으며, 시내에서 멀지 않아 방문객의 발길이 끊이지 않는다.
온천은 단순 유황천으로, 알칼리성이라 피부 각질을 제거하는 효과가 있다. 또한, 천연 보습 성분인 메타규산이 함유되어 있어 온천을 한 후에는 피부가 매끄러워지는 것을 느낄 수 있다.

Data 지도 P.231-C 가는 법 JR 모리오카역에서 쓰나기 방면 버스를 타고 쓰나기 온센에서 하차. 총 30분 소요 주소 岩手県盛岡市つなぎ字湯の舘121-1 홈페이지 www.tsunagionsen.com

아름다운 고산 늪지대 트래킹
하치만타이 八幡平 ◀)) 하치만타이

이와테현과 아키타현에 걸쳐 있는 해발 1400~1600m 고원의 완만한 화산 지대로 도와다 하치만타이十和田八幡平 국립공원에 속한 생태자연의 보고이다. 수천 년 전 화산 폭발로 생긴 분화구가 물에 잠기며 곳곳에 형성된 늪지대는 하치만타이의 가장 큰 볼거리다.

하치만타이 정상 입구인 레스트 하우스를 기점으로 산책 코스가 잘 정비되어 있다. 울창한 너도밤나무 숲속에서 에메랄드색으로 빛나는 아름다운 늪지대 하치만누마八幡沼를 중심으로 1바퀴 도는데 2시간 30분 정도 소요된다. 봄부터 가을까지는 고산 식물과 야생화 군락이 활짝 피어서 천상의 숲을 걷는 기분을 만끽할 수 있다.

하치만타이 정상까지 닿는 산악도로 하치만타이 아스피테 라인八幡平アスピーテライン은 이와테산을 조망할 수 있는 다이내믹한 절경의 드라이브 코스로, 4~5월에는 도로 양옆으로 5m 높이의 거대한 눈벽이 장관을 이룬다. 화산 지대의 기운을 머금은 다양한 빛깔의 천연 온천은 하치만타이를 찾는 또 하나의 이유가 된다. 백색의 유황 온천으로 유명한 마쓰카와 온천松川温泉을 비롯해 곳곳에 온천 숙소와 당일 입욕 시설이 자리하고 있다.

Data 지도 지도 밖 가는 법 JR 모리오카역에서 이와테 켄포쿠岩手県北버스(1일 1회 왕복, 11~4월 휴무)를 타고 하치만타이 산초八幡平山頂(정상)에서 하차. 총 1시간 50분 소요. 마쓰카와 온천까지는 약 1시간 50분 소요(1일 3회 왕복) 홈페이지 www.env.go.jp/park/towada/hachimantai

EAT

재일 동포가 재현한 고향의 맛

뽕뽕샤 ぴょんぴょん舎

함흥이 고향인 재일 동포가 평양냉면과 함흥냉면을 참고해 탄생시킨 모리오카 냉면. 고깃국물과 동치미 국물을 기본으로 매콤한 소스를 더하고, 메밀 대신 밀가루로 만든 탱글탱글한 밀면을 말아 넣었다. 고명으로는 수박(겨울에는 배)과 편육, 무 절임, 오이, 삶은 달걀 등이 올라간다.
모리오카 냉면은 원래 구운 고기를 먹은 후 먹는 식사 냉면으로, 진한 양념의 야키니쿠를 먹은 후 입가심으로 제격이다. 부침개, 돌솥비빔밥, 육개장, 설렁탕 등의 한국 요리도 즐길 수 있다.

JR 모리오카역 앞점
Data 지도 P.232-F
가는 법 JR 모리오카역에서 도보 1분
주소 岩手県盛岡市盛岡駅前通 9-3 **전화** 019-606-1067
오픈 11:00~24:00
가격 모리오카 냉면 900엔, 부침개 550엔
홈페이지 www.pyonpyonsya.co.jp/shop/shop02

모리오카 냉면 유행의 주역

세이로가쿠 盛楼閣

모리오카 냉면의 원조가 뽕뽕샤라면, 세이로가쿠는 모리오카 냉면을 유행시킨 일등 공신이라고 할 수 있다. 인기 비결은 JR 모리오카역에서 지하 보도를 통해 바로 연결되는 편리한 위치와 넓은 홀에 냉면 전용 카운터석까지 갖추고 있는 것. 그래도 역시 중요한 것은 맛이다.
모리오카 냉면의 새콤하고 시원한 맛은 야키니쿠와 찰떡궁합을 이룬다. 야키니쿠 정식은 양념된 갈빗살과 등심 1인분에 날달걀, 국, 밥, 김치가 나오는데, 2명이라면 야키니쿠 정식을 각각 시키고 모리오카 냉면을 1개 시켜서 나누어 먹으면 딱 알맞다.

세이로가쿠의 모리오카 냉면

Data 지도 P.232-F
가는 법 JR 모리오카역에서 도보 2분, 지하로 연결
주소 岩手県盛岡市盛岡駅前通 15-5 ワールドインGENプラザ 2F
전화 019-654-8752
오픈 11:00~02:00
가격 모리오카 냉면 1,000엔, 야키니쿠 정식(보통) 1,200엔
홈페이지 www.gen-plaza.com

하이볼과 참치회

세이지로 清次郎 フェザン店

JR 모리오카역과 이어져 있어 관광객도 찾아가기 편하고 현지인에게도 인기가 좋아 점심시간이면 어김없이 긴 줄을 서는 인기 회전 초밥집이다. 누구나 꼭 시킨다는 마구로 샤미모리まぐろ三昧盛り는 당일 들어온 참치(마구로)의 상태를 보아 좋은 부분을 3종류 올린다. 냉동 레몬을 가득 넣어 시원하고 향긋한 하이볼은 첫 잔 540엔, 하이볼만 추가하는 경우 324엔에 즐길 수 있다.
생선초밥 외에도 유바湯葉(두유를 끓이며 생기는 얇은 막) 초밥, 옥수수 구이 초밥 등 다양한 메뉴가 있어 회를 좋아하지 않는 사람이라도 선택의 폭이 넓다.

Data 지도 P.232-J
가는 법 JR 모리오카역에서 연결, 도보 3분
주소 岩手県盛岡市盛岡駅前通1-44フェザンB1F
전화 019-654-8015
오픈 10:00~22:00
가격 마구로 산미모리 648엔, 각종 초밥 98엔부터
홈페이지 sushi.seijiro.jp/moriokaekimae.html

모리오카 시민의 소울 푸드 후쿠다빵

이와테 데토테토 イワテテトテト

이와테 사람이라면 모르는 이가 없다는 후쿠다빵福田パン을 JR 모리오카역에서 만날 수 있다. 학교 매점 빵처럼 친숙한 맛과 푸짐한 양은 후쿠다빵이 70년 동안 사랑받아온 비결이다. 큼직하고 쫄깃쫄깃한 곳페빵コッペパン(타원형 모양의 일본 빵)에 팥, 크림, 잼을 넣은 간식 대용 빵과 샐러드, 야키소바 등을 넣은 식사 대용 빵이 있으며 전체 종류는 50가지가 넘는다.
또한 취향대로 2가지 재료를 반씩 넣을 수 있는 즉석 주문이 유명한데, 본점보다 재료 가짓수는 적지만 가장 인기 있는 앙버터 조합은 이곳에서도 주문할 수 있다.

후쿠다빵

Data 지도 P.232-F
가는 법 JR 모리오카역 2층 북쪽 개찰구 앞
주소 岩手県盛岡市盛岡駅前通1-48
전화 050-5590-3072
오픈 07:15~21:00
가격 후쿠다빵 170엔부터

건강 빵과 유기농 식료품
고쿠 国産小麦のパン工房穀

간판도 없이 유리문에 가게 이름을 손으로 적은 비밀스러운 베이커리다. 들어가 보면 한쪽에는 갓 구운 빵이 놓여 있고, 다른 쪽에는 식료품이 보기 좋게 진열되어 있다. 천연효모로 만든 식사 빵을 기본으로 크루아상, 비건 쿠키 등이 있고 지역 농가의 토마토, 바질 등을 이용한 포카치아 샌드위치는 여성들에게 특히 사랑받는다. 판매하는 식료품도 유기농 위주이고 커피도 유기농 원두로 내린다.

좌석 수는 적지만 혼자 먹고 가기에 좋은 편안한 분위기다. 목요일부터 토요일에는 한정으로 한 접시에 그날의 유기농 빵과 샐러드가 소담하게 담겨 나오는 런치 세트(11:00~14:00)도 판매한다.

Data **지도** P.233-G **가는 법** JR 모리오카역에서 도보 12분 / 덴덴무시(왼쪽 순환)를 타고 사이엔카 와도쿠菜園川徳에서 하차 후 도보 1분. 총 6분 소요
주소 岩手県盛岡市菜園1-6-9 菱和第10ビル 1-A
전화 019-623-2702 **오픈** 09:00~18:00
휴무 일요일 **가격** 고쿠 런치 1,020엔부터
홈페이지 www.facebook.com/bakerykoku/

모리오카 쟈쟈멘의 원조
파이론 白龍

한눈에도 역사가 느껴지는 작은 식당. 일본식 자장면인 모리오카 쟈쟈멘じゃじゃ麺의 원조 집이다. 쟈쟈멘은 초대 점주가 중국 만주(현재 중국의 동부 지역)에서 맛본 자장면을 참고해 재창조한 요리다. 춘장보다는 된장에 가까운 소스는 한국식 자장면보다 덜 자극적이고 담백하며, 단맛은 전혀 없고 짠맛이 조금 느껴진다. 고명으로 얹은 파, 오이 등 채소는 식감과 향을 살려준다.

얼추 면을 먹은 후에는 식탁에 놓인 날달걀을 하나 깨서 휘휘 젓고 직원에게 주면 뜨거운 육수와 된장 소스를 추가해 달걀국을 만들어 주는데, 구수한 맛이 입가심도 되고 술술 넘어간다. 본점 바로 옆에 분점이 하나 더 있으며, JR 모리오카역 내 오덴세관에도 지점이 있다.

Data **지도** P.233-G **가는 법** JR 모리오카역에서 도보 15분 / 덴덴무시(왼쪽 순환)를 타고 모리오카 죠 아토 코엔盛岡城跡公園에서 하차 후 도보 3분. 총 9분 소요
주소 岩手県盛岡市内丸5-15
전화 019-624-2247 **오픈** 09:00~21:00
(일요일 11:30~18:45) **가격** 쟈자멘(소) 450엔
홈페이지 www.pairon.iwate.jp

시간이 머무는 곳

로쿠가쓰노시카 六月の鹿

에도 시대 귀족과 무사의 거주지였던 우치마루에 자리한 작은 로스팅 카페. 카페 창밖으로 보이는 연못은 모리오카성의 해자 일부이다. '6월의 사슴'이라는 의미의 서정적인 이름에 걸맞게 이곳만 시간이 천천히 흐르는 것 같다.

일일이 손으로 커피콩을 고르고 소형의 로스팅 기계에서 매일 조금씩 커피를 볶는 바리스타의 마음이 커피 한 잔에 오롯이 담겨 나온다. 천천히 내린 넬 드립 커피는 맛이 부드럽고 이 집의 바삭하고 담백한 스콘과 잘 어울린다.

Data 지도 P.233-G
가는 법 JR 모리오카역에서 도보 15분 / 덴덴무시(왼쪽 순환)를 타고 모리오카 시로아토 코엔盛岡城跡公園에서 하차 후 도보 3분. 총 9분 소요
주소 岩手県盛岡市内丸5-5 **전화** 019-654-1671
오픈 12:00~19:00 **휴무** 일·월요일
가격 핸드 드립 커피 500엔부터, 스콘 250엔
홈페이지 6gatsunoshika.blog109.fc2.com

탁탁 그릇 쌓이는 맛

아즈마야 東家

이와테현 시골 마을 잔칫상에 꼭 올라오던 소바를 여러 사람이 조금씩 나누어 먹던 풍습에서 유래한 완코소바. '완코わんこ'는 붉은색의 작은 소바 그릇을 의미하는데, 여기에 두어 젓가락 양의 소바를 그만 먹겠다고 할 때까지 계속 담아준다. 식탁 옆으로 그득그득 붉은 소바 그릇이 쌓이고, 후루룩 입에 넣으면 틈을 주지 않고 다음 소바가 탁, 내 그릇으로 들어온다. 더 이상 못 먹겠으면 직원보다 더 빠르게 그릇을 엎어 두어야 한다.

100그릇 이상을 먹으면 오리지널 명패를 기념으로 받을 수도 있다. 그렇다고 괜한 경쟁심에 무리하지는 말자. 완코소바에 참치회, 김, 연어알 등 갖가지 고명과 곁들여서 천천히 맛있게 즐기면 된다.

Data 지도 P.233-H **가는 법** JR 모리오카역에서 덴덴무시(왼쪽 순환)를 타고 모리오카 버스 센터에서 하차 후 도보 1분. 총 13분 소요
주소 岩手県盛岡市中ノ橋通1-8-3 **전화** 019-622-2252
오픈 11:00~15:30, 17:00~20:00 **가격** 완코소바 2,920엔
홈페이지 www.wankosoba-azumaya.co.jp

BUY

이와테 특산품이 한자리에
오덴세관 おでんせ館

JR 모리오카역 내에 자리한 오덴세관 1층에는 이와테현의 특산품이 총 집합해 있다. 가장 유명한 난부 센베이를 비롯해, 이와테 지역의 술, 농장 유제품, 해산물 가공품, 난부철기 등 이와테현을 대표하는 상품이 한자리에 모여 있어서 선물이나 기념품을 구입하기에 좋다.
또한 기차 안에서 먹을 수 있는 도시락이나 빵도 판매할 뿐만 아니라, 쟈쟈멘이나 모리오카 냉면과 같은 지역 명물 음식을 비롯해 해산물 덮밥인 가이센돈, 스시, 라멘, 소바 등을 즐길 수 있는 식당가도 자리한다.

Data **지도** P.232-F **가는 법** JR 모리오카역에서 연결
주소 岩手県盛岡駅前通1-44 1F
전화 019-654-1188 **오픈** 09:00~21:00(지하 10:00부터)
홈페이지 www.fesan-jp.com/fesan/floor/?floor=o1f

오덴세관 구석구석 즐기기

이와테야 南部せんべい乃 巖手屋

할머니 손맛의 센베이

화롯불에서 센베이를 굽는 할머니 그림으로 유명한 이와테야. 1948년 이와테현 니노헤시二戸市에서 문을 연 난부 센베이 전문점으로, JR 모리오카역 내 특산품 매장 오덴세관에서도 구입할 수 있다. 대표 상품인 참깨ごま(고마) 센베이를 비롯해 땅콩 맛, 검은깨 맛의 익숙한 센베이부터 건조한 사과나 오징어를 얹은 센베이 등 종류가 무궁무진하다. 이와테 여행 선물로 인기 만점.

Data **지도** P.232-J **가는 법** JR 모리오카역 훼잔 1층 오덴세관 내 **전화** 019-654-7160 **오픈** 09:00~21:00 **홈페이지** www.iwateya.co.jp

긴가도 1890 銀河堂 1890

지역 밀과 우유로 만든 빵

진한 버터 향과 유리 진열대의 빵들이 발길을 붙잡는 베이커리 카페. 매일 매장에서 직접 굽는 빵은 이와테의 밀과 우유로 만들었다. JR 모리오카역 안에 있으니 기차에서 먹을 빵을 고르거나 점심을 먹기에도 좋다. 런치 메뉴(11:00~15:00)는 샌드위치나 파스타를 선택하면 수프, 빵, 샐러드가 곁들여져 나오고 후식으로 커피나 차가 나와 꽤 든든하다.

Data **지도** P.232-J **가는 법** JR 모리오카역 훼잔 1층 오덴세관 내 **전화** 019-681-1890 **오픈** 09:00~22:00 **가격** 파스타 런치 세트 1,050엔 **홈페이지** www.fesan-jp.com/fesan/gingado1890/

기키자케야 岩手の酒屋 Kikizakeya

이와테현의 사케 총집합

일본 3대 도지杜氏(전통 양조의 최고 책임자)로 꼽히는 난부 도지의 발상지 이와테현. 역 내에 자리한 주류 매장 기키자케야에서는 22곳 양조장에서 엄선한 니혼슈를 비롯해 와인, 맥주 등을 판매한다. 니혼슈는 8종류를 유료로 시음할 수 있다. 이와테현의 대표 와이너리 에델 와인Edel Wein과 미야자와 겐지의 동화 일러스트가 그려진 자비루(지역 맥주) 긴가고겐銀河高原(은하 고원) 등 기념품으로 좋은 술도 갖추고 있다.

Data **지도** P.232-J **가는 법** JR 모리오카역 훼잔 1층 오덴세관 내 **전화** 019-601-8008 **오픈** 09:00~21:00 **가격** 니혼슈 시음 100~300엔

런치 메뉴

긴가고겐

갖고 싶은 도호쿠 공예품
가네이리 스탠다드 스토어 カネイリスタンダードストア

이와테현을 중심으로 도호쿠의 공예품과 디자인 아트 상품, 서적 등을 판매하는 셀렉트 숍. 단순히 물건을 파는 것을 넘어, 도호쿠 전통 공예의 매력을 발굴하고 널리 알리는 역할을 하고 있다. 전통 공예품은 값비싸고 실용적이지 못하다는 고정관념이 있었다면 이곳을 방문해보자.
도호쿠 각 지역의 특징과 전통문화를 모티브로 한 아기자기한 각종 소품과 문구, 패션 아이템, 그릇 등을 만날 수 있다. 특히 이와테현의 전통 철기 기법에 현대적인 디자인을 가미한 주전자와 프라이팬은 하나쯤 장만하고 싶은 아이템이다.

Data **지도** P.232-F **가는 법** JR 모리오카역 훼잔 테라스 1층
주소 岩手県盛岡市盛岡駅前通1-44 フェザンテラス 1F **전화** 019-613-3556 **오픈** 10:00~20:30
홈페이지 tohoku-standard.jp/standard/iwate/kaneiri-standardstore/

취향저격 잡화점
자카 히나 雑貨 Hina

세상의 온갖 귀여운 것들을 모아둔 잡화점 자카 히나. 양말, 모자, 엽서, 머그잔, 접시, 코스터 등 어느 하나 귀엽지 않은 것이 없다. 여자아이를 의미하는 '히나'라는 이름처럼 소녀 취향의 사랑스러운 물건들이 선반마다 가득 쌓여 있다.
특히 위트가 넘치고 예쁜 일러스트 상품이 많아서 눈길이 닿는 곳마다 저절로 미소가 번진다. 평소 일본의 아기자기한 디자인 소품을 좋아했다면 발길이 쉽게 떨어지질 않을 마성의 잡화점이다.

Data **지도** P.232-F
가는 법 JR 모리오카역에서 도보 6분
주소 岩手県盛岡市開運橋通1-6
전화 019-654-3277
오픈 10:30~19:30(일요일, 공휴일 19:00까지)
휴무 화요일
홈페이지 zakka-hina.com

이와테 아티스트의 사랑방
히메쿠리 ひめくり

유유히 흐르는 나카츠가와 강변의 잡화점 겸 갤러리. 한적한 위치에 규모도 크지 않지만, 내공이 심상치 않다. 패브릭 소품, 난부철기, 디자인 서적, 도자기, 바구니 등 다양한 상품이 있음에도 하나하나 주인공이 되도록 진열되어 있다. 이와테현을 비롯해 도호쿠 지역 작가들의 오리지널 수공예품을 판매하면서 달마다 기획 전시도 하고 있는 주인장의 안목이 새록새록 느껴진다.

일본어로 일력을 뜻하는 가게 이름은 날마다 새로운 만남을 기대하며 지은 것이자 주인장이 기르는 2마리 고양이, 히메ひめ(공주)와 구리くり(밤)의 이름이라고 한다.

Data 지도 P.233-H 가는 법 JR 모리오카역에서 덴덴무시(왼쪽 순환)를 타고 켄초·시야쿠쇼県庁·市役所에서 하차 후 도보 5분. 총 14분 소요 주소 岩手県盛岡市紺屋町4-8 전화 019-681-7475 오픈 10:30~18:30 휴무 목요일, 첫째·셋째 주 수요일 홈페이지 himekuri-morioka.com

소스도 스타일리시하게
구라비요리 食楽日和

100년 전통의 모리오카 간장과 된장을 만드는 양조 회사 아사누마 쇼유텐浅沼醤油店의 직영점. 옛날 공법 그대로 만든 된장과 간장을 비롯해 식초, 드레싱, 고추기름, 과일청 등 다양한 소스를 선보인다. 화학조미료를 일절 사용하지 않고 천연 재료 본연의 맛을 살린 오리지널 소스. 맛이 궁금한 소스는 시식도 할 수 있다. 과일식초는 여성 고객들에게 특히 인기 있는 제품으로 더운 여름날 시원하게 얼음물에 타서 마시기 좋다.

Data 지도 P.233-H
가는 법 JR 모리오카역에서 덴덴무시(왼쪽 순환)를 타고 모리오카 버스 센터에서 하차 후 도보 3분. 총 15분 소요
주소 岩手県盛岡市中ノ橋通り1-8-2 전화 0120-970-473
오픈 09:30~18:00
홈페이지 www.kurabiyori.jp

SLEEP

일본식 정원 풍경과 온천을 동시에
시키테이 四季亭

쓰나기 온천 마을에서 보기 드문 일본 전통 스타일 료칸. 아늑하고 고풍스러운 로비에 들어서면, 계절마다 다른 자연을 느낄 수 있는 일본식 중정이 반겨준다. 천연 유황 온천을 즐길 수 있는 노천탕과 실내탕에서는 물론 객실에서도 정원의 풍경이 펼쳐져 고즈넉한 시간을 보낼 수 있다. 시키테이는 숙박객을 위해 다양한 플랜을 제안하는데, 모리오카 왕복 택시를 포함한 숙박 플랜부터 노천탕이 딸린 객실 플랜 등 여행 목적에 따라 선택하면 된다. 오후 3시부터 5시에는 쓰나기 온천 버스정류장에서 무료 셔틀(예약 필수)이 다닌다.

Data **지도** P.231-D **가는 법** JR 모리오카역에서 쓰나기 방면 버스를 타고 쓰나기 온센에서 하차 후 도보 8분. 총 38분소요
주소 岩手県盛岡市繋字湯の館137 **전화** 019-689-2021
요금 16,200엔부터(2인 이용 시 1인 요금, 조 · 석식 포함)
홈페이지 www.shikitei.jp

18종의 온천탕 즐기기
아이신칸 愛真館

선사 시대 움막을 테마로 한 정원 노천탕을 비롯해 18종류의 탕에서 온천욕을 할 수 있고, 널찍한 전세탕에서 가족끼리 오붓한 시간을 보낼 수도 있는 료칸이다. 이와테산과 호수가 보이는 깔끔한 다다미방은 휴식하기에 안성맞춤이다. 시내에서 가까워 가볍게 당일 온천을 즐겨도 좋다.
특히 아이신칸은 당일 온천과 식사가 포함된 플랜을 추천한다. 온천 앞 족욕 시설 네코이시아시유猫石足湯(08:00~20:00)은 누구나 무료로 이용할 수 있다. 하루 3번 JR 모리오카역에서 아이신칸까지 무료 셔틀가 운행한다.

Data **지도** P.231-D **가는 법** JR 모리오카역에서 쓰나기 방면 버스를 타고 쓰나기 온센에서 하차 후 도보 5분. 총 35분 소요. / 무료 셔틀버스(예약 필수)를 타고 25분
주소 岩手県盛岡市繋字塗沢40-4 **전화** 019-689-2111
요금 12,445엔부터(2인 이용 시 1인 요금, 조 · 석식 포함) / 당일 입욕(07:00~18:00) 성인 800엔, 어린이 400엔
홈페이지 www.aishinkan.co.jp

도심 속 휴식

모리오카 그랜드 호텔 盛岡グランドホテル

모리오카 시내를 내려다볼 수 있는 아타고야마愛宕山 산등성이에 자리 잡고 있는 모리오카 그랜드 호텔은 1965년 '이와테의 영빈관'이라 불리며 문을 열었다. VIP 손님들이 머물던 유서 깊은 호텔로 최근에는 결혼식이나 연회장으로도 자주 이용되고 있는 모리오카시의 사교와 교류 장소다.

모리오카 시내에서는 좀 떨어져 있는 대신 레스토랑과 객실 전망이 탁월하고 곳곳에 고풍스러운 분위기가 묻어난다. 지역의 제철 식재료로 만든 아침 식사는 일식, 양식 중 선택할 수 있다.

Data 지도 P.233-D
가는 법 JR 모리오카역 11번 버스 정류장에서 마츠조노야마기시 松園山岸선 버스를 타고 주오코민칸中央公民館에서 하차 후 도보 5분 / JR 모리오카역에서 무료 셔틀버스(금~일요일 운영) 이용
주소 岩手県盛岡市愛宕下1-10
전화 019-625-2111
요금 15,200엔부터(1인 1실, 조식 포함)
홈페이지 www.m-grand.jp

모리오카 관광 거점으로

모리오카 그랜드 호텔 아넥스

盛岡グランドホテルアネックス

모리오카 성터 공원 인근에 자리한 비즈니스호텔. 번화가와 관공서가 가깝기 때문에 관광객이나 비즈니스 손님에게도 편리하다. 시설이 전반적으로 오래되었지만 그 대신 객실 크기가 넓은 편이다. 근처에 360년 수령의 천연기념물인 이시와리 자쿠라石割桜 벚꽃나무가 있어 벚꽃 명소로도 유명하다.

Data 지도 P.233-G
가는 법 JR 모리오카역에서 도보 15분
주소 岩手県盛岡市中央通1-9-16 전화 019-625-5111
요금 6,480엔부터(1인 1실, 조식 포함)
홈페이지 www.m-grand-annex.jp

마음도 몸도 건강해지는
앗피 리조트 安比リゾート

국립공원 하치만타이에서 이어지는 마에모리야마前森山와 니시모리야마西森山의 산자락 고원에 자리 잡고 있는 리조트 호텔이다. 봄과 가을에는 트레킹, 여름에는 골프, 겨울에는 스키 등 사계절 다양한 스포츠와 체험 활동을 만끽할 수 있다. 수분이 극도로 적어서 일명 '아스피린 스노アスピリン·スノー'라 불리며 최상의 설질을 자랑하며 국내외 스포츠 마니아들에게 인기 있는 곳이다. 스쿼시, 수영 등 실내 스포츠는 물론 봄부터 가을까지는 너도밤나무 숲 트레킹, 여름밤에는 반딧불 감상 투어, 겨울에는 스노슈 산책 등 가족 단위의 체험 휴양을 만끽할 수 있다.
최근에는 온천을 대대적으로 리뉴얼했다. 개방감 있는 넓은 노천 온천탕에서 자작나무 숲을 바라보며 온천욕을 할 수 있고, 매끄러운 온천은 피부 미용과 피로 회복에 효과가 있다고 알려져 있다. 특히, 직접 운영하는 목장에서 생산하는 유제품은 조식에서 꼭 맛보길 추천한다.

Data **지도** 지도 밖 **가는 법** JR 앗피고원코겐安比高原역에서 무료 셔틀버스로 약 10분
주소 岩手県八幡平市安比高原 **전화** 0195-73-5111
요금 6,264엔부터(앗피 그랜드 호텔 본관 2인 이용 시 1인 요금, 조식 포함)
홈페이지 www.appi.co.kr

오묘한 우윳빛깔의 온천

마쓰카와 온천 교운소 松川温泉 峽雲荘

하치만타이 표고 800m의 마쓰카와 계곡에 자리한 마쓰카와 온천. 각기 원천이 다른 3곳의 온천 숙소가 있으며, 비취색이 섬인거리는 오묘한 우윳빛의 천연 온천을 제대로 만끽할 수 있다. 너도밤나무 숲에 둘러싸인 산장 스타일의 교운소는 그중에서도 단연 인기 있는 온천 숙소다. 로비부터 방까지 나무의 따스함이 느껴지는 공간과 자연에 안긴 노천탕은 온갖 시름을 잊게 만든다.

옛 모습을 그대로 간직한 곳이다 보니 혼탕이 남아있고, 여성 전용 노천탕이 따로 있다. 식사는 지역 명물인 뿔닭 요리를 중심으로 곤들매기, 산나물, 버섯 등 현지 식재료를 살려 담백하고 건강하게 즐길 수 있다. 아침마다 직원의 안내로 숙소 인근 산을 산책하는 서비스를 무료로 제공하며, 전문 가이드가 딸린 본격적인 하치만타이 트레킹(코스별 요금 별도)도 신청할 수 있다.

Data **지도** 지도 밖
가는 법 JR 모리오카역에서 이와테 켄포쿠岩手県北버스(1일 3회 왕복)를 타고 마쓰카와 온센에서 하차. 총 1시간 50분 소요 **주소** 岩手県八幡平市松尾寄木松川温泉 **전화** 0195-78-2256
요금 11,490엔부터(2인 이용 시 1인 요금, 조·석식 포함) / 당일 입욕(08:00~19:00) 성인 600엔, 어린이 300엔 **홈페이지** www.kyounso.jp

녹색의 진귀한 온천

구니미 온천 이시즈카 료칸 国見温泉 石塚旅館

녹차를 풀어놓은 듯 녹색의 진귀한 온천을 만날 수 있는 구니미 온천. 이와테현과 아키타현의 경계, 하치만타이 남단의 표고 850m에 위치해 있는 산중 온천 마을이다. 겨울철에는 폭설 때문에 운영을 중단하므로, 5월 중순부터 11월 초순까지만 방문할 수 있다. 찾아가기 어렵지만 온천 효능이 탁월해서 에도 시대 말 이와테현의 주인이었던 난부 가문의 전용 온천장으로, 그 후에는 요양이나 보양이 필요한 사람들의 안식처로 사랑받고 있다.

유황 성분을 함유하고 있어서 특유의 냄새가 나며 천연 온천임을 말해주는 온천 침전물 유노하나 湯の花가 막을 형성하고 바닥에도 부드럽게 쌓여 있다. 료칸은 아키타코마가타케秋田駒ケ岳 등산로 입구에 있어서 등산객이 즐겨 찾는다. 천연기념물로 지정된 고산 식물과 야생화를 볼 수 있는 표고 1,600m의 정상까지는 약 2시간 30분 소요된다.

Data 지도 지도 밖
가는 법 JR 시즈쿠이시雫石역 또는 JR 다자와코田沢湖역에서 차로 30분
주소 岩手県岩手郡雫石町橋場 国見温泉
전화 019-692-3355
요금 10,950엔부터(2인 이용 시 1인 요금, 조·석식 포함) / 당일 입욕(10:00~16:00) 성인 600엔, 어린이 300엔
홈페이지 www5.famille.ne.jp/~kunimihp

하나마키시&히라이즈미
花卷市&平泉

헤이안 시대 무쓰陸奧 또는 오슈奧州라 불리며 찬란한 불교 문화를 꽃피웠던 이와테현 남서부. 불교의 극락을 실현하고자 했던 지방 호족의 꿈은 세계문화유산이 되어 도호쿠의 가장 유명한 역사 유적으로 거듭났다.
한편, 이 지역은 일본 교과서에 여러 작품이 실리며 일본의 국민작가로 손꼽히는 미야자와 겐지의 고향이기도 하다. 환상적인 문학 세계의 뿌리가 된 그의 고향에는 문학비와 동상을 곳곳에서 만날 수 있다.

Hanamaki · Hiraizumi
GET AROUND

하나마키시&히라이즈미 시내 교통

국내외 관광객이 늘 북적이는 히라이즈미는 지역 노선버스나 관광 셔틀버스를 잘 갖추고 있다. 하나마키 시내는 넓지 않아 도보로 다닐만하다. 시간에 구애 받지 않고 여유롭게 여행하고 싶다면 렌터카도 괜찮은 선택이 될 수 있다.

렌터카

하나마키 공항, 또는 신칸센이 정차하는 JR 신하나마키역에서 렌터카를 이용할 수 있다(이용 방법은 P.049 참고).

하나마키시

이와테켄 교통 岩手県交通

하나마키시의 노선버스로, JR 신하나마키역과 JR 하나마키역에서 주요 관광지 및 온천을 연결한다.

전화 019-654-2141
요금 JR 하나마키역~하나마키 온천 460엔, 오사와 온천 620엔 / JR 신하나마키역~겐지키넨칸구치(미야자와 겐지 기념관) 150엔(어린이 반값) **홈페이지** www.iwatekenkotsu.co.jp/hanamaki_tiku.html

JR 하나마키역

무료 온천 셔틀버스 無料送迎シャトルバス

하나마키 온천향의 숙박자에 한해 온천 셔틀버스를 무료로 이용할 수 있다. JR 신하나마키역과 JR 하나마키역에서 하루 3~4회 운행한다. 이용 노선에 따라 사전 예약을 해야 하는 경우도 있으니, 예약 전 홈페이지를 확인하도록 한다.

홈페이지 www.kanko-hanamaki.ne.jp/access/index.html

히라이즈미

룬룬버스 るんるんバス

JR 히라이즈미역에서 출발해 히라이즈미의 주요 관광지를 순환하는 관광셔틀 버스다. 평일에는 30분 간격, 주말과 휴일에는 15~20분 간격으로 운행한다.

요금 1회 150엔, 원데이 패스 400엔
전화 0191-23-4250
홈페이지 www.iwatekenkotsu.co.jp/runrun_huyu.html

룬룬버스

이와테켄 교통 岩手県交通

히라이즈미시의 노선버스. JR 히라이즈미역과 JR 이치노세키역에서 세계문화유산, 겐비케이 계곡 등 주요 관광지를 연결한다.

전화 019-654-2141 **요금** JR 히라이즈미역~게이비케이 480엔(어린이 반값) **홈페이지** www.iwatekenkotsu.co.jp/ichinoseki_hiraizumi.html

JR 히라이즈미역

··· Plus Info ···

Information Center

하나마키시 관광 센터
花巻観光センター
각종 관광 팜플렛을 비치해두고 있으며 관광지와 교통, 온천 숙소에 관해 문의할 수 있다.
Data 지도 P.261-D
가는 법 JR 신하나마키역 내
주소 岩手県花巻市矢沢10-87-7 新花巻駅内
전화 0198-31-2244
오픈 09:00~18:00(10~3월 17:30까지, 휴식 시간 13:00~14:00)

하나마키시 관광 안내소
花巻観光案内所
하나마키 시내 관광 지도 및 팜플렛 등을 무료로 제공해줄 뿐만 아니라 온천 숙소에 관해 문의할 수도 있다.
Data 지도 P.260-A **가는 법** JR 하나마키역 내
주소 岩手県花巻市大通り1丁目1-43-2 JR花巻駅 **전화** 0198-24-1931
오픈 09:00~18:00(10~3월 17:30까지, 휴식 시간 13:00~14:00)

JR 히라이즈미역 앞 관광 안내소
平泉駅前観光案内所
관광 지도나 팜플렛을 얻을 수 있고 룬룬 버스 원데이 티켓도 판매한다.
Data 지도 P.263-K
가는 법 JR 히라이즈미역에서 도보 1분
주소 岩手県西磐井郡平泉町平泉字泉屋61-7
전화 0191-46-2110
오픈 08:30~17:00
홈페이지 hiraizumi.or.jp

이치노세키시 관광 안내소
一関市観光案内所
이치노세키 시내 관광 지도나 팜플렛을 구비하고 있으며, 노선 버스 등의 교통 정보를 얻을 수 있다.
Data 지도 P.259-F
가는 법 JR 이치노세키역 내
주소 岩手県一関市駅前67 JR一ノ関駅
전화 0191-23-2350
오픈 09:00~17:30

TOHOKU BY AREA 03
이와테

Hanamaki · Hiraizumi
TWO FINE DAYS IN

히라이즈미 세계문화유산을 중심으로 하나마키의 미야자와 겐지 테마 코스와 청정 계곡의 온천 마을까지 섭렵하면 짜임새 있는 1박 2일 이와테 남부 여행이 완성된다.

1일차

JR 신하나마키역
JR 신하나마키역에서 여행 시작!

→ JR 신하나마키역에서 노선버스 2분+도보 2분 →

미야자와 겐지 동화 마을
미야자미 겐지의 환상적인 동화 속 세계 탐험하기

→ JR 신하나마키역으로 돌아와 온천 무료 셔틀 30분 or 유구치湯口선 노선버스로 25분 →

2일차

오사와 온천 기쿠스이칸
미야자와 겐지도 즐겨 찾던 청정 계곡의 보양 온천 만끽하기

← JR 신하나마키역에서 노선버스를 이용해(20분 소요) JR 이치노세키역으로 이동 ←

겐비케이 계곡
기암괴석의 계곡을 날아다니는 단고 바구니 구경하기

← 노선버스를 타고 JR 이치노세키역으로 이동

산사이칸 후지세이
떡 한 상으로 점심 식사하기

→ JR 히라이즈미역까지 이동 후 룬룬버스로 7분 →

주손지
일본 국보 제1호의 황금 불당 구경하기

→ 도보 30분 →

모쓰지
헤이안 시대의 연못 정원에서 산책하기

이토 요카도(쇼핑몰) S
イトーヨーカドー花巻店

미야자와 겐지 동화 마을 방향 →
宮沢賢治童話村

JR 신하나마키역 방향
JR 新花巻駅

하나마키시 관광 센터 방향
花巻観光センター

야마야(주류) S
やまや花巻店

도야가사키 공원
鳥谷ヶ崎公園

하나마키성
花巻城

하나마키 초등학교
花巻市立花巻小学校

하나마키 종합병원
総合花巻病院

하나마키 유치원
花巻幼稚園

하나마키 시민 체육관
花巻市民体育館

신바시(스시) 하나마키 시청
新ばし 花巻市役所
R

부란(카페) R
ぶらん

아이리시 퍼브 R
(더 케그)
Irish Pub(The Keg)

가단(카페, 경양식) R
茶寮かだん

오바라 내과 소화기과 클리닉
おばら内科・消化器科クリニック

주유소

마치나카 비지터 센터 S
まちなかビジターセンター

다이쇼쿠도 R
大食堂

마루칸 빌딩 S
マルカンビル

0 50m

하나마키시
花巻市

동화 속 환상의 세계

미야자와 겐지 동화 마을 宮沢賢治童話村 🔊 미야자와 겐지 도와무라

미야자와 겐지의 상상 속 세계를 구현한 전시관과 야외 공원. 기차역을 본뜬 은하 스테이션으로 들어가면 넓은 잔디 공원이 나오고, 오솔길을 따라가면 별자리가 새겨진 천공의 광장을 통해 메인 전시관인 겐지의 학교로 입장할 수 있다. 이곳에서는 겐지의 동화에 모티브가 된 이야기들이 5개의 구역에서 차례로 펼쳐진다. 은하가 쏟아지는 하늘 아래 앉아 보고, 거대한 만화경에 들어가보고, 몽실몽실한 구름 위를 걸어보고, 거대한 곤충과 어울리는 등 작가의 상상 속 세계를 탐험할 수 있다.
또한, 겐지의 교실이라는 이름의 7개의 통나무 집에서는 겐지의 동화와 관련된 자료가 전시 중이다. 바위, 새, 별, 식물 등에 관한 미야자와 겐지의 수집품을 통해서 자신의 둘러싼 세계에 관심이 많았던 겐지의 호기심 어린 시선을 따라 가볼 수 있다.
인근에는 그의 생애를 다룬 미야자와 겐지 기념관인 겐지 키넨칸宮沢賢治記念館과 문학관인 미야자와 겐지 이하토브칸宮沢賢治イーハトーブ館이 있으니, 시간이 된다면 함께 둘러보자. 이하토브칸에는 그와 관련된 오리지널 상품이 다채롭다. 참고로 이하토브는 겐지가 꿈꾸는 평등하고 자유로운 이상향으로 그의 책에 등장하는데 고향인 이와테현에서 따온 것이다.

Data 지도 P.261-D
가는 법 JR 신하나마키역에서 노선버스 쓰치자와土沢선을 타고 겐지 키넨칸 구치賢治記念館口에서 하차 후 도보 2분. 총 5분 소요 **주소** 岩手県花巻市高松26-19 **전화** 0198-31-2211
오픈 08:30~16:30 **요금** 성인 350엔, 고등학생 250엔, 초・중학생 150엔
홈페이지 www.city.hanamaki.iwate.jp/miyazawakenji/dowamura

미야자와 겐지 기념관

은하철도가 달린다

SL 은하 SL銀河 🔊 SL 긴가

미야자와 겐지의 동화 〈은하철도의 밤〉을 모티브로 탄생한 관광 열차로, 2014년 4월 첫 운행을 시작했다. 옛 증기기관차 C58239호를 복원한 것으로, 석탄이 동력이기 때문에 회색 연기를 내뿜으며 달린다. 객차 외관은 은하수와 별자리를 표현한 일러스트로, 객차 내부는 겐지가 살았던 다이쇼·쇼와 시대의 레트로한 분위기를 재현하고 가스등 모양의 조명과 스테인드글라스 등으로 아기자기하게 꾸몄다. 그의 세계관을 엿볼 수 있는 4가지 테마의 자그마한 갤러리도 자리한다.

4~9월에는 JR 하나마키역에서 JR 가마이시釜石역까지 토요일에는 상행, 일요일에는 하행으로 나뉘어 운행하며, 점심시간에는 JR 도노遠野역에서 1시간가량 정차한다. 일반 열차로는 1시간 20여 분이면 닿는 거리가 4시간 30분가량 걸리니 여행 일정에 따라 중간에 일반 열차로 갈아탈 수도 있다. 열차 티켓은 주요 역의 티켓 창구みどりの窓口(미도리노 마도구치)나 뷰 플라자View Plaza에서 발권할 수 있고, JR패스가 있다면 자유롭게 승하차할 수 있다.

Data 홈페이지 www.jreast.co.jp/railway/joyful/galaxysl.html

청정 계곡을 따라 자라한 10곳의 온천
하나마키 온천향 花巻温泉郷 🔊 하나마키 온센쿄

하나마키시 서쪽 계곡을 따라 자리한 온천을 통칭하는 하나마키 온천향. 도요사와강豊沢川를 따라 남북으로 이어진 마츠쿠라 온천松倉温泉、시도타이라 온천志戸平温泉、와타리 온천渡り温泉、오사와 온천大沢温泉、야마노카미 온천山の神温泉、다카쿠라야마 온천高倉山温泉、나마리 온천鉛温泉、신나마리 온천新鉛温의 8개의 온천과, 산 너머의 하나마키 온천花巻温泉, 다이 온천台温泉이 이에 속한다.

각각의 온천에는 적으면 1~2곳, 많으면 5~6곳의 숙소 및 온천이 운영 중이며, 온천 치료를 위해 장기간 머무는 온천 숙소부터 단체 관광객을 위한 대형 온천 호텔까지 선택의 폭이 넓다. 차로 이동하며 저마다 개성이 뚜렷한 온천을 경험하는 온천 순례가 적합하다. 노선버스가 1시간에 1대꼴로 운행하니, 시간을 잘 맞추면 대중교통으로 다닐 수 있다.

Data **지도** P.259 **가는 법** JR 하나마키역에서 노선버스 이용. 숙소에 따라 20~40분 소요
홈페이지 www.kanko-hanamaki.ne.jp/spa/

쇼와 시대로 타임슬립
야마노에키 쇼와 학교 山の駅昭和の学校
🔊 야마노에키 쇼와노갓코

시도타이라 온천 인근의 폐교된 초등학교가 쇼와 시대의 학교로 2014년 새롭게 문을 열었다. 일본 경제가 부흥하고 물건이 넘쳐나던 1950~1980년대는 일본인들의 향수를 불러일으키는 시절이다. 이 학교의 교장인 데루이 마사카츠照井正勝 씨가 20여 년 동안 도호쿠 지역에서 수집한 쇼와 시대의 물건 50,000여 점을 전시해 그 시절로 관람객을 소환한다.

책, 음반, 장난감, 카메라, 시계, 그릇, 가전제품, 의류 등 거의 모든 물건을 총망라하고 있으며, 그 집요하고 방대한 양에 혀를 내두르게 된다. 천천히 둘러보면 1~2시간은 순식간에 지나간다. 매점에서는 추억의 과자도 판매하고 있다.

Data **지도** P.259-A **가는 법** JR 하나마키역에서 유구치湯口선 노선버스 이용. 총 27분 소요 **주소** 岩手県花巻市下シ沢字牛角86-1
전화 0198-29-4919 **오픈** 09:00~17:00(11~3월 10:00~16:00) **휴무** 화요일 **요금** 성인 500엔, 어린이 250엔
홈페이지 www.showanogakko.jp

현세에 구현한 불교의 이상 세계

히라이즈미 세계유산 平泉の世界遺産 🔊 히라이즈미 세카이이산

일본에서 12번째, 도호쿠에서는 최초로 2011년 〈히라이즈미 불교 국토(정토)를 나타내는 건축·정원 및 고고학적 유적군〉으로 세계유산에 등재되었다. 헤이안 시대 말 불교의 정토 사상과 일본의 자연 숭배 사상에 따라 건립된 사원과 정원은 현세에 불교의 이상 세계인 극락정토極樂淨土를 구현한 것으로 전 세계에서 유례가 없다는 평가를 받았다.

헤이안 시대는 불교가 국가의 종교이자 이념으로서 숭배되던 시기였다. 특히 잇따른 전란으로 황폐해진 11세기 말에는 공덕을 쌓으면 사후 극락에서 왕생할 수 있다는 정토교淨土敎가 널리 퍼져 나갔다. 당시 오슈 일대의 대호족인 오슈 후지와라奧州藤原 가문은 정토교에 심취하여 사찰 건립에 공을 들였다. 1대 기요히라淸衡가 주손지中尊寺를, 2대 모토히라基衡가 모쓰지毛越寺를 재건하였고, 그의 부인은 정원인 칸지자이오인觀自在王院을, 3대 히데히라秀衡가 정원 무료코인無量光院을 완성했다. 칸지자이오인과 히데히라는 소실되어 현재 모쓰지에 터만 남아있다.

모쓰지와 주손지 중간에서 경총(경전을 묻은 무덤)을 간직한 긴케이산金鷄山은 변함없이 히라이즈미의 중심이 되고 있다. 3대에 걸쳐 90여 년간 히라이즈미에 불국 정토를 건설하고 그들은 바람대로 황금 불당에 안치되었으며, 후대에는 길이 남을 유산을 남겼다.

Data 지도 P.262-F
가는 법 JR 히라이즈미역에서 룬룬버스 이용 / JR 이치노세키역에서 노선버스 이용
홈페이지 hiraizumi.or.jp

황금 불당이 위치해 있는 곤지키도

일본 국보 제1호의 황금 불당

주손지 中尊寺 🔊 추손지

헤이안 시대 대승려인 엔닌円仁이 850년 창건한 주손지는 오슈의 호족 후지와라노 기요히라藤原清衡에 의해 황금기를 맞는다. 2번의 전란으로 가족을 잃은 그는 적군이든 아군이든 전쟁으로 죽은 이들을 극락정토로 인도하고 도호쿠 지역에 불교 문화를 꽃피우겠다는 일념으로 수많은 사원과 가람(승려가 살면서 불도를 닦는 곳)을 주손지에 건립하였다.

그중에서 지금까지 거의 온전히 남아있는 곤지키도金色堂는 주손지의 백미다. 1124년에 완성된 곤지키도는 빛이 가득한 부처의 세계를 화려한 황금으로 그려낸 불당이다. 높이 8m, 폭 5m의 불당 안팎으로 금박을 입혔으며, 야광 조개를 이용한 나전 세공, 보석과 상아 장식 등 헤이안 시대 후기 공예기술이 총 결집된 건축물이다. 일본의 국보 건조물 제1호로 지정된 곤지키도는 현재 새로 지은 콘크리트 건물 내에 유리로 둘러싸여 보호되고 있다.

주손지 입구에서 300~400년 수령의 삼나무 터널을 지나면 깊은 산중의 오솔길을 따라 크고 작은 사원과 석상, 연못, 정원 등이 자리하고 그 길 끝에 곤지키도가 있다. 곤지키도 옆 박물관에는 불상, 경전 등 일본의 국보가 즐비해 찬란한 일본의 불교 문화를 엿볼 수 있다.

박물관

Data 지도 P.262-A
가는 법 JR 히라이즈미역에서 루룬버스로 10분
주소 岩手県西磐井郡平泉町平泉字衣関202
전화 0191-46-2211
오픈 08:30~17:00(11~2월 16:30까지)
요금 곤지키도+박물관 입장료 성인 800엔, 고등학생 500엔, 중학생 300엔, 초등학생 200엔
홈페이지 www.chusonji.or.jp

헤이안 시대 정토 정원
모쓰지 毛越寺 🔊 모츠지

대승려 엔닌円仁이 850년 창건했으며, 후지와라의 2대 모토히라에서 시작해 3대 히데히라에 걸쳐 많은 가람을 지었다. 당시 당과 탑이 40기, 승방이 500채에 달해 주손지를 능가하는 규모였을 것으로 추정된다. 수차례의 화재로 전각은 소실되었으나, 경내에 조성된 정토 정원이 헤이안 시대의 정원 양식을 전하는 유일한 사례로 남아있다. 동서 약 180m, 남북 약 90m의 연못 오이즈미가이케大泉が池가 중심에 있는 넓고 개방적인 정원으로, 수면에 비친 풍경이 시시각각 변하고 연못 가장자리의 수석과 조화를 이루어 아름답다. 연못 중앙에는 곡옥 모양의 섬이 자리해 있는데, 이 섬을 건너는 다리가 있었다는 기록이 전해진다.

연못의 동북쪽에 물을 끌어들이기 위해 만든 야리미즈遣水는 헤이안 시대 유일한 유구로, 굽이굽이 흐르는 수로의 물을 멈추거나 넘고, 나누는 등의 석조가 배치되어 있다. 매년 5월, 이 수로에 술잔을 띄우고 와카和歌(일본 고유 형식의 시)를 읊는 헤이안 시대의 연회가 재현된다. 6월 중순부터 7월 중순까지는 300종 30,000그루의 꽃창포가 피어 장관을 이룬다. 본당은 1989년 헤이안 양식으로 새로 건립되었다.

Data 지도 P.262-J
가는 법 JR 히라이즈미역에서 룬룬버스로 3분
주소 岩手県平泉町字大沢58
전화 0191-46-2331
오픈 08:30~17:00(11/5~3/4 16:30까지)
요금 성인 500엔, 고등학생 300엔, 초·중학생 100엔
홈페이지 www.motsuji.or.jp

기암괴석의 계곡에서 즐기는 신선놀음
겐비케이 厳美渓 🔊 겐비케이

약 2km에 걸쳐 기암괴석과 에메랄드빛 계류가 이어지는 계곡. 쾰쾰 쏟아지는 물소리에 가슴 속까지 시원해지는 겐비케이는 소라토부 단고 空飛ぶだんご(하늘을 나는 단고)로 입소문이 난 갓코 단고 郭公だんご로 더 유명하다.
1907년 개업한 노포의 단고 점포 갓코야 郭公屋의 독특한 배달 시스템으로, 계곡 정자에서 밧줄에 매달린 바구니에 주문서와 돈을 넣고 나무망치로 판자를 치면 계곡 반대편의 가게 직원이 밧줄을 당겨 올리고 곧이어 바구니에 단고와 차를 담아 정자로 내려보낸다. 맛에 재미까지 보장하는 겐비케이의 명물로, 일찌감치 완판되니 이 단고가 목적이라면 오전에 방문하길 추천한다.

Data **지도** 지도 밖 **가는 법** JR 이치노세키역에서 노선버스로 20분 **홈페이지** www.genbikei.info

갓코야
Data **지도** 지도 밖 **가는 법** 겐비케이 버스정류장에서 도보 1분 **주소** 岩手県一関市厳美町字滝ノ上211 **오픈** 3~11월 09:00~17:00 **요금** 소라토부 단고 400엔 **전화** 0191-29-2031

동네 사랑방 같은 소바 맛집
가지야 嘉司屋

1904년 창업한 소바 노포 가지야. 전국에 완코소바를 알리게 된 '완코소바 전일본대회'가 처음 시작된 가게에서 완코소바 원조의 맛을 즐길 수 있다. 관광객은 물론, 현지의 단골 손님으로 점심시간에는 늘 북적인다. 4인석 테이블뿐 아니라 바 좌석이 있어서 직원과 대화를 나누며 식사를 즐기는 이도 심심치 않게 보인다.
완코소바 외에 냉·온 소바, 덮밥, 장어 요리 등 메뉴가 다양하고 계절마다 제철 메뉴를 내기도 한다. 소바는 담백하면서도 풍미가 깊고, 튀김은 엄지손가락을 치켜들 정도로 맛이 좋다.

Data **지도** P.261-L **가는 법** JR 하나마키역에서 도보 15분 **주소** 岩手県花巻市東町2-19 **전화** 0198-22-3322 **오픈** 11:00~15:00, 17:00~21:00 **휴무** 수요일 **가격** 냉소바 450엔부터, 덮밥 680엔 **홈페이지** www.wankosoba-kajiya.jp

쇼와 시대 백화점의 성공적 부활
마루칸 빌딩 マルカンビル

1973년 문을 연 하나마키시 번화가의 상징인 쇼핑센터. 지역 주민들에게는 하나마키 시내가 내려다보이는 6층의 널찍한 식당가 다이쇼쿠도大食堂(대식당)에서 소프트아이스크림이나 나폴리탄 같은 메뉴를 가족이나 친구들과 함께 즐기던 추억의 장소다. 그러나 2016년 경영악화로 40여 년 만에 폐업 위기에 처했는데, 시민들이 크라우드 펀딩에 나서 영업을 재개하게 되었다.

이곳의 키워드가 추억이니만큼 과거의 모습을 유지하는 것이 최대 관건. 분위기와 맛뿐 아니라 양과 가격까지 예전 그대로다. 복고풍의 식탁과 의자에 주황색 플라스틱 젓가락통이 예전처럼 놓였고, 나이 지긋한 어르신부터 교복을 입은 학생들까지 다시 이곳에 모여들었다. 다이쇼쿠도의 대성황에 힘입어 1층에는 카페와 잡화점도 들어섰다. 하나마키를 비롯해 이와테현의 특산품과 수공예품을 판매하고 플리 마켓 같은 지역 이벤트를 꾸준히 개최하는 등 마루칸 빌딩은 지역 사회의 새로운 이정표로 자리 잡았다.

Data **지도** P.261-K **가는 법** JR 하나마키역에서 도보 15분
주소 岩手県花巻市上町6-2 **전화** 0198-29-5588
오픈 11:00~18:30 **휴무** 수요일
가격 소프트아이스크림 180엔, 나폴리탄 500엔
홈페이지 marukanshokudo.business.site

미야자와 겐지가 앉아 있을 것만 같은 카페

린푸샤 林風舎

미야자와 겐지의 동화 〈주문이 많은 요리점〉을 테마로 한 카페 잡화점. 따뜻하고 아늑한 느낌의 2층 집으로 입구에는 '이하토보 IHATOVO(겐지의 동화 속 이상향)'라고 쓰인 부엉이 간판이 걸려 있다. 1층에는 부엉이와 겐지를 모티브로 한 기념품을 판매하며, 2층은 카페다. 다이쇼 시대가 연상되는 앤틱 가구와 장식품, 괘종시계, 벽난로로 멋스럽게 공간을 채웠다. 마음에 드는 자리에 앉아서 커피와 케이크를 즐기며 겐지의 책을 읽어도 좋겠다.

Data 지도 P.260-A
가는 법 JR 하나마키역에서 도보 3분
주소 花巻市大通り1-3-4
전화 0198-22-7010
오픈 10:00~18:00 휴무 목요일
가격 커피 케이크 세트 1,000엔
홈페이지 www.e-haweb.com/home/rinpoosha/

패키지도 사랑스러운

겐지 모나카 본점 賢治最中本舗

미야자와 겐지의 동화를 모티브로 한 모나카를 판매하는 화과자집. 팥뿐만 아니라 초콜릿, 머랭, 견과류 등을 넣은 색다른 맛의 모나카를 선보인다. 색과 모양에 걸맞게 디자인한 네이밍과 패키지는 신의 한 수. 비싼 가격에도 구매 욕구가 솟는다.
모나카의 껍질과 내용물을 따로 포장해서 오래도록 바삭하게 맛볼 수 있도록 한 수제 모나카는 은하철도를 그린 패키지로, 내용물은 먹고 패키지만 기념품으로 가져도 좋다. 화과자 외에 휘낭시에, 바움쿠헨 같은 서양식 구움 과자도 판매한다.

Data 지도 P.260-F 가는 법 JR 하나마키역에서 도보 10분
주소 岩手県花巻市大通り2-7-13 전화 0198-23-2532
오픈 09:00~16:30 휴무 일·화요일
가격 수제 모나카 300엔 홈페이지 www.kenjimonakahonpo.jp

보기도 먹기도 좋은 떡 요리
산사이칸 후지세이 三彩館ふじせい

지역의 떡 요리를 더욱 다채롭게 대접하기 위해 고안한 히토쿠치 모치젠ひと口もち膳의 원조집. 이치노세키시는 이와테현 남부의 곡창 지대로 예로부터 떡의 고장이라 불리며, 관혼상제뿐 아니라 농사를 마무리한 다음, 한 해가 시작되거나 끝났을 때 등 다양한 이유로 떡을 만들어 먹었다.
떡 종류도 300가지가 넘는데, 그중에서 골라 도자기 그릇에 보기 좋게 담은 것이 히토쿠치 모치젠이다. '한 입의 떡'이라는 이름처럼 딱 한 입 거리의 몰캉몰캉한 수제 떡에 팥소, 낫토, 참깨, 새우, 즌다(삶은 풋콩을 으깨 만든 것) 등 8가지 고명을 올리고 정 중앙에는 소화를 돕는 간 무를 담아낸다. 곁들여 나오는 떡국은 국물에 버섯, 우엉, 무 등이 듬뿍 들어가서 담백하면서도 시원한 맛으로 입가심으로 좋다. 사전에 예약하면 도시락으로도 주문할 수 있다.

Data **지도** P.259-F **가는 법** JR 이치노세키역에서 도보 2분 **주소** 岩手県一関市上大槻街3-53 **전화** 0191-23-4536 **오픈** 11:00~14:00, 17:00~21:00 **휴무** 월요일 **요금** 히토쿠치 모치젠 1,620엔 **홈페이지** fujisei.co.jp

특별한 소스의 돈가스 덮밥
쇼치쿠 和風レストラン 松竹

1920년 창업한 소박한 역 앞 식당으로 장어 덮밥과 돈가스 덮밥(가츠돈カツ丼) 전문점이다. 고급스러운 장어 덮밥이 부담스러운 이들을 위해 특제 장어 소스를 돈가스 덮밥에 뿌려 냈는데, 그 맛이 일품이라 일명 이치노세키의 소스 가츠돈ソースカツ丼으로 유명세를 얻었다. 고기 두께와 튀김의 정도, 밥의 찰기, 달착지근한 소스의 맛이 모자람 없이 딱 어울린다. 2대가 함께 식당을 경영하는 가족적인 분위기도 여행자에게는 소소한 추억이 된다.

Data **지도** P.259-F **가는 법** JR 이치노세키역에서 도보 1분 **주소** 岩手県一関市上大槻街2-1 **전화** 0191-23-3318 **오픈** 11:00~14:00, 17:00~19:00 **휴무** 비정기적(홈페이지 확인) **요금** 소스 가츠돈 870엔 **홈페이지** shochiku1920.jp

BUY

옛 창고의 관광 센터
마치나카 비지터 센터 まちなかビジターセンター

하나마키 시내에 흐르는 작은 실개천 옆으로 한가로이 자리한 관광 안내소 겸 특산물 판매장. 흰 벽의 옛 창고를 개조한 건물이 이색적이다. 관광 안내소의 위치로는 다소 동떨어진 느낌이 들지만, 주변 공원이나 실개천과 묘하게 어우러진 풍경을 만든다. 작은 공간에서는 하나마키 우산, 고케시小芥子(목각인형) 등의 공예품이나 지역 특산품, 미야자와 겐지 기념품 등을 판매한다. 주말에는 이 일대에서 플리 마켓이 열리기도 한다.

Data **지도** P.261-K
가는 법 JR 하나마키역에서 도보 13분
주소 岩手県花巻市上町1-10
전화 0198-21-5353
오픈 09:00~18:00(11~3월 17:30까지)

전통 공예품부터 기념품까지
라라이와테 히라이즈미점 ららいわて 平泉店

히라이즈미와 오슈 지역을 비롯해 이와테현의 특산품과 공예품, 과자 등을 판매한다. 난부 철기 주물 주전자, 히라이즈미의 전통 옻칠인 히데히라누리秀衡塗り 그릇 등도 쇼핑할 수 있다. 오슈 지역의 특산품 사과주스나 브랜드 와규인 마에사 와규前沢牛, 이와테의 니혼슈나 지역 맥주, 와인 등도 갖추고 있다. 겐지와 관련된 일러스트 패키지의 과자나 사탕은 소소한 기념품으로 좋다. 소프트아이스크림도 인기 만점.

Data **지도** P.262-B **가는 법** JR 히라이즈미역에서 루룬버스를 타고 주손지에서 하차 후 도보 1분. 총 11분 소요
주소 岩手県西磐井郡平泉町平泉字衣関39 **전화** 0191-48-3637
오픈 09:30~17:00(12~3월 16:00까지) 휴무 수요일
홈페이지 www.iwatekensan.co.jp/shop/lala_hiraizumi/

100년 된 양조장의 수제 맥주
세키노이치 주조 世嬉の一酒造

1918년 창업한 이래 오우 산맥의 청정 지하수와 엄선된 쌀로 니혼슈를 빚어온 세키노이치 주조. 선대가 남긴 술 창고 6동에 각각 술 박물관, 향토 요리 레스토랑, 카페, 술 직매장, 양조장 등이 옹기종기 모여 있다. 4대를 이어온 양조 기술과 경험을 바탕으로 1995년부터 수제 맥주도 선보이고 있다. 세키노이치의 맥주 브랜드 이와테쿠라いわて蔵는 필스너, 바이젠, 스타우트와 같이 기본에 충실한 맥주 외에 산리쿠의 굴(오이스터 스타우트), 이치노세키의 산초(스파이스 에일), 난부 호박(펌킨 에일) 등 지역 특산물을 활용한 특색 있는 맛을 즐길 수 있다.

지역 명소와 맥주를 절묘하게 라벨링한 곤지키도金色堂 골든 에일이 대표 맥주로, 적당한 무게감에 과일과 꽃 향이 풍부한 것이 특징이다. 레스토랑에서 니혼슈와 수제 맥주의 테이스팅 세트도 판매하니 먼저 맛을 본 후 구입을 결정해도 된다.

Data 지도 P.259-A **가는 법** JR 이치노세키역에서 도보 10분 **주소** 岩手県一関市田村町5-42 **전화** 0191-21-1144 **오픈** 매장 09:00~18:00 / 카페 10:00~17:00 / 레스토랑 11:00~14:00, 17:00~21:00(저녁은 예약제) **휴무** 레스토랑 1~3월 화요일 **홈페이지** sekinoichi.co.jp

지역 농산물의 집합소
국도 휴게소 히라이즈미 道の駅 平泉

히라이즈미 세계유산 인근에 2017년 4월 문을 연 신생 미치노에키道の駅(국도 휴게소). 내부는 목재로 지어 따뜻한 분위기이며 높은 층고의 개방적인 공간이다. 지역 농가에서 생산된 신선한 농산물을 비롯해 이 지역 술이나 떡, 오미야게 같은 각종 특산품을 구입하기에 좋다.
깔끔한 식당에서는 지역 농축산물을 맛볼 수 있는 메뉴를 판매한다. 관광 안내소도 운영하고 있으며 쉬어갈 수 있는 자리도 넉넉하다.

Data 지도 P.263-L
가는 법 JR 히라이즈미역에서 루룬버스를 타고 18분 또는 도보 15분
주소 岩手県西磐井郡平泉町平泉字伽羅楽 112-2 **전화** 0191-48-4795
오픈 매장 09:00~18:00(겨울 17:00까지) / 식당 11:00~18:00 **홈페이지** 道の駅平泉.com

즐길 거리가 대채로운 가족 리조트 온천
하나마키 온천 호텔 고요칸 花卷温泉 ホテル紅葉館

하나마키 시내가 내려다보이는 북서쪽 산기슭에 위치해 있는 하나마키 온천은 예로부터 가족 나들이나 단체 관광객들이 즐겨 찾던 근교 온천이다. 이곳에는 호텔 고요칸, 호텔 센슈카쿠千秋閣, 호텔 하나마키가 우뚝 서 있다. 3개의 관은 연결 통로로 이어져 있어서 어느 곳에 묵더라도 3곳의 온천을 모두 자유롭게 이용할 수 있다. 그중에서 고요칸은 은은한 조명의 노천탕과 사우나, 통유리의 밝은 대욕장 등 시설이 가장 다채로운 온천 호텔이다.

온천은 약알칼리성이라 몸에 부담 없이 매끄러우며 각종 스트레스 증상을 완화해주는 효과가 있다. 센슈카쿠에서는 여성 숙박객을 위한 장미탕(14:00~21:00)이 유명하다. 온천 이외에도 450종, 6,000그루의 장미로 꾸민 장미 정원과 특산품 매장인 하나마키 온천 스토어, 흰 벽에 검은 지붕의 옛 창고를 개조한 카페 등 별도의 시설이 관내에 있어서 지루할 틈이 없다.

Data 지도 P.259-E 가는 법 JR 하나마키역에서 하나마키 온센선花卷温泉 노선버스를 타고 20분 / JR 신하나마키역에서 무료 셔틀버스 이용(숙박자 전용) 주소 岩手県花巻市湯本第1地割125 전화 0198-37-2140 요금 13,275엔부터(2인 이용 시 1인 요금, 조·석식 포함) / 당일 입욕(12:00~21:00) 성인 800엔, 어린이 400엔 홈페이지 www.hanamakionsen.co.jp/koyokan

고급스러운 성인의 시간
시도타이라 온천 유센 시다테
志戸平温泉 游泉 志だて

전 객실에 노천탕이 딸린 고급 료칸. 일본 전통의 다다미방을 현대적으로 재해석한 객실은 구조와 전망에 따라 4가지 타입이 있으며, 강과 정원이 보이는 발코니가 운치를 더한다. 또한 정원에 둘러싸인 바위탕과 아오모리 히바(히노키)탕, 석조탕에서 노천 온천을 즐길 수 있다.
강물 소리를 들으며 담소를 나눌 수 있는 라운지와 일본 정원을 바라보는 고즈넉한 족욕 시설까지 군더더기 없이 깔끔하다. 대접받고 싶을 때 추천할만한 료칸이다. 숙박객은 인근의 호텔 시도타이라의 온천을 무료로 이용할 수 있다.

Data **지도** P.259-F **가는 법** JR 하나마키역에서 유구치湯口선 노선버스로 23분 / 온천 무료 셔틀버스 이용 (숙박자 전용)
주소 岩手県花巻市湯口志戸平11-2 **전화** 0198-25-3939
요금 25,200엔부터(2인 이용 시 1인 요금, 조·석식 포함) **홈페이지** www.shidate.jp

가족이나 단체 여행으로 추천
유노모리 호텔 시도타이라
湯の杜 ホテル志戸平

최대 1,000명까지 수용할 수 있는 대규모의 호텔로, 시도타이라 온천의 터줏대감이다. 폭 25m의 실내 대욕장을 비롯해 강을 조망할 수 있는 널찍한 바위 노천탕, 편백나무의 반노천탕 등 온천의 총면적이 이와테현에서 가장 넓다. 시설은 오래된 편이지만 넓은 방을 갖추고 있어서 소수의 개별 여행자보다는 여럿이 머물기에 좋다. 하루씩 번갈아 남녀 온천이 바뀌므로, 다음 날 아침의 온천을 놓치지 말자.
이곳의 자랑은 뷔페 식사. 가짓수는 많아도 대체로 손이 잘 가지 않는 뷔페 요리와 달리, 즉석에서 조리해주는 메뉴가 다양하고 맛이 좋은 편이다.

Data **지도** P.259-F **가는 법** JR 하나마키역에서 유구치湯口선 노선버스로 23분 / 온천 무료 셔틀버스 이용(숙박자 전용)
주소 岩手県花巻市湯口志戸平27-1
전화 0198-25-2011
요금 10,500엔부터(2인 이용 시 1인 요금, 조·석식 포함) / 당일 입욕(11:00~20:00) 성인 900엔, 어린이 500엔
홈페이지 www.shidotaira.co.jp

역사 깊은 요양 온천의 풍경
오사와 온천 기쿠스이칸·산스이카쿠 大沢温泉 菊水舘·山水閣

힘차게 흐르는 도요사와가와강을 사이에 두고 3곳의 숙박동과 6곳의 온천탕이 자리한 오사와 온천. 에도 시대의 초가지붕이 남아있는 기쿠스이칸, 장기간 투숙하며 온천 요양을 할 수 있는 도지야湯治屋, 세련된 목조 건축물의 산스이카쿠山水閣가 모여 있다. 산스이카쿠 숙박객 전용 탕을 제외한 5곳의 탕은 숙박객이라면 누구나 이용할 수 있다. 또 주변 산세와 강 풍경을 오롯이 담아내는 전망이 감탄을 자아낸다. 영화 세트장 같은 예스러운 매점에는 직접 음식을 조리하는 도지야의 숙박객들을 위해 채소도 판매하는 등 역사 깊은 요양 온천의 풍경을 곳곳에서 만날 수 있다.
기쿠스이칸과 도지야를 연결하는 목조 다리를 건너다보면 강으로 개방된 혼탕 오사와노유大沢の湯가 당황스러울 수 있지만, 이곳의 역사와 전통을 대변하는 풍경이기도 하다. 오사와노유는 저녁에 1시간 정도 여성 전용으로 운영되며, 공동 화장실을 이용하는 기쿠스이칸은 숙박료가 저렴하다.

Data 지도 P.259-E 가는 법 JR 하나마키역에서 유구치湯口선 노선버스로 25분 / 온천 무료 셔틀버스 이용 (숙박자 전용) 주소 岩手県花巻市湯口字大沢181 전화 0198-25-2233
요금 7,710엔부터(2인 이용 시 1인 요금, 조·석식 포함) / 당일 입욕(07:00~20:30) 성인 600엔, 어린이 300엔 홈페이지 www.oosawaonsen.com/kikusui/

발 아래 원천이 솟아나는 천연 바위탕
나마리 온천 후지산 료칸
鉛温泉 藤三旅館

온천이 솟아나는 곳에 천연의 바위를 도려내 만든 시로자루노유白猿の湯가 명물인 온천 료칸. 층고가 높은 지하에 이 바위탕이 자리하고 있어서 독특한 분위기를 자아낸다. 탕의 수심이 1.25m로 서서 즐길 수 있는데, 발바닥에서 온천이 몽글몽글 솟아나는 것이 느껴진다. 혼욕이 기본이지만 아침과 오후, 저녁에 1시간 정도 여성 전용으로 운영된다.

강 쪽으로 탁 트인 작은 노천탕과 강으로 떨어지는 폭포 전망의 실내탕 2곳이 더 있는데, 각기 원천이 다르다. 나마리 온천의 역사는 약 600년 되었으며, 후지산 료칸은 1841년 개업해 메이지 시대 많은 문인이 찾았다. 목조 3층의 본관은 투박하면서 아련한 향수를 자극하는 멋이 있다.

Data 지도 P.259-E
가는 법 JR 하나마키역에서 유구치湯口선 노선버스로 32분 / 온천 무료 셔틀버스 이용 (숙박자 전용)
주소 岩手県花巻市鉛字中平75-1
전화 0198-25-2311
요금 10,000엔부터(2인 이용 시 1인 요금, 조·석식 포함) / 당일 입욕(07:00~21:00) 성인 700엔, 어린이 500엔
홈페이지 www.namari-onsen.co.jp

Tohoku By Area

04

미야기현
宮城県

미야기현 동쪽에는 일본 3대 절경이라
일컬어지는 마쓰시마가 태평양을 배경으로
자리하고 서쪽으로는 자오산맥,
구리코마산과 같은 장대한 산맥이 감싸고 있다.
중심부의 너른 평야에 예로부터 번성해온
대도시 센다이를 중심으로 활기가 넘친다.
다채로운 쇼핑과 세계 각국의 음식 문화를
경험할 수 있는 도시 여행의 기쁨을 누리면서도
언제든 근교 온천이나 고즈넉한
역사 유적지로 훌쩍 떠날 수 있는 점이
미야기 여행의 매력이다.

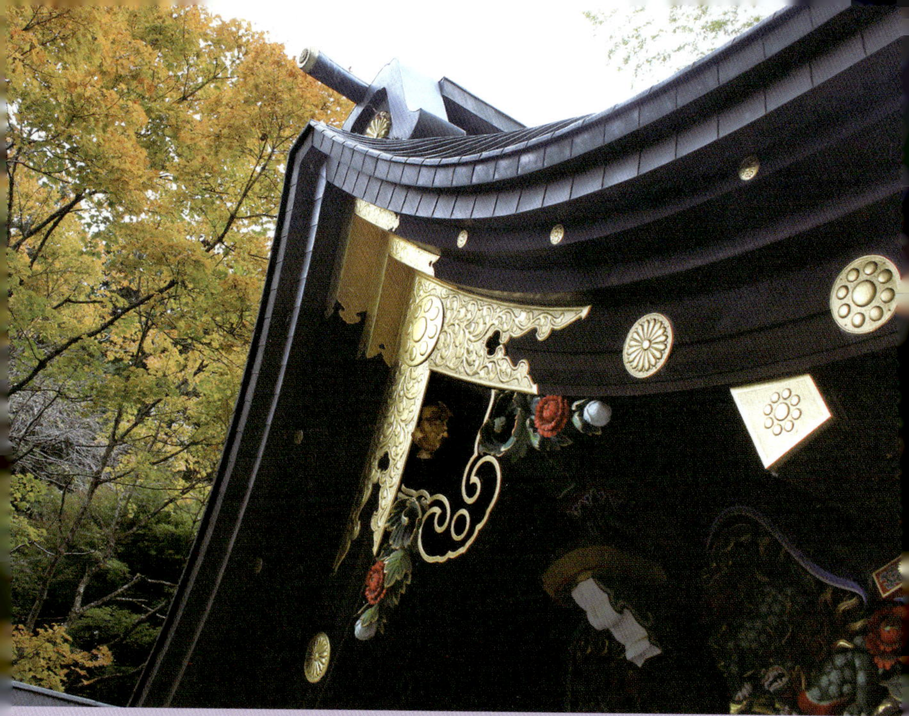
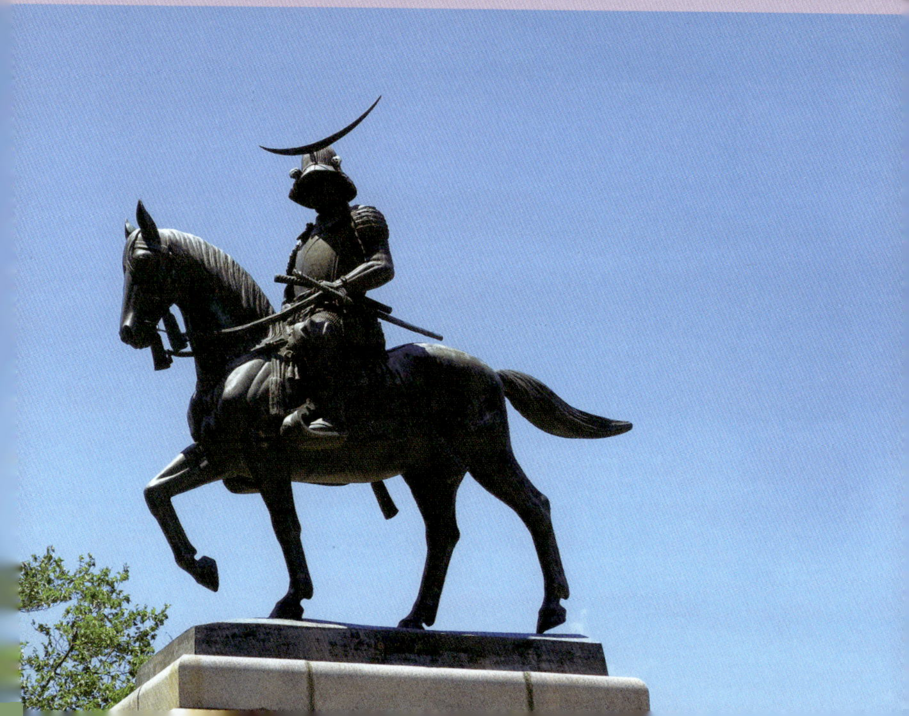

미야기현
宮城
한눈에 보기

총면적 7,282km² (≒ 우리나라 충청북도 면적)
인　구 2,313,215명 (2018년 기준)

센다이시

인구 100만의 도시이자 센다이 국제공항이 자리한 도호쿠의 관문이다. 규모가 큰 백화점과 쇼핑몰, 마트 등이 자리하고 수많은 사람들로 활기가 넘치는 아케이드 거리는 늦은 밤까지 불야성을 이룬다.

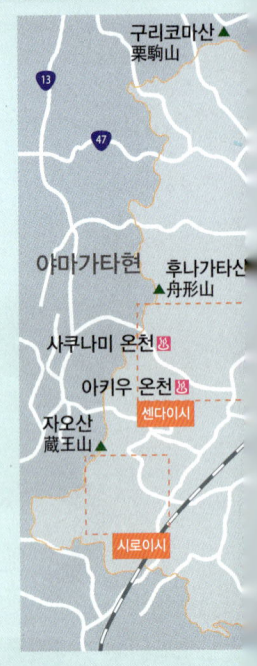

마쓰시마

일본의 삼경으로 불리는 해안 절경지 마쓰시마는 도호쿠를 대표하는 관광지이자 센다이시의 근교 여행지다. 아름다운 자연 절경과 역사 유적지가 한데 모여 있어 한나절 알차게 시간을 보낼 수 있다. 마쓰시마 특산품으로는 장어 덮밥과 굴이 유명하다.

사쿠나미 온천

자연 그대로의 계곡 노천탕이 유명한 온천 마을로 센다이 시내에서 가기에도 편리해 많은 여행자들이 당일 온천을 즐기기 위해 찾는다. 홋카이도에서 탄생한 닛카 위스키의 제2증류소가 인근에 자리하고 있는데, 술 애호가라면 꼭 들러야 할 곳이다.

아키우 온천

센다이 시내에서 교통이 편리하고 온천가와 관광 시설 및 계곡 산책로 등이 잘 정비되어 있어서 관광객이 많이 찾는 온천 마을이다. 온천 후 아키우 공예 마을에서 고케시(목각인형) 등을 만드는 체험도 가능하다.

시로이시

자오 연봉 서쪽 자락에 위치한 지역으로 어디서나 청정한 산의 기운을 느껴지고 주변에 온천이 산재한다. 특히 천연 온천과 풍부한 자연을 오롯이 누릴 수 있는 도갓타 온천이 유명하다. 100여 마리의 여우를 만날 수 있는 자오 여우 마을에서 색다른 자연 체험도 즐길 수 있다.

미야기현 Keyword

1 200만 인구
미야기현은 도호쿠에서 면적은 가장 작지만 유일하게 인구 200만이 넘는 현이다. 현청 소재지인 센다이시는 도호쿠의 경제, 교육, 문화의 중심이자 쇼핑과 유행의 선두주자이면서 교통의 허브이기도 하다. 농촌과 어촌, 소도시가 대부분인 도호쿠의 다른 지역과는 확연히 다른 분위기를 느낄 수 있다.

2 다테 마사무네
센다이번의 초대 번주이자 도시의 기틀을 세운 인물로 그가 이룩한 건축, 음식, 패션, 예술 분야는 일명 다테 문화는 일본문화유산에 지정되기도 했다. 미야기현 곳곳에 그와 관련된 유적이 산재해 있다.

3 마쓰시마
총면적 126km², 해안선의 길이 33km에 이르는 해상에 크고 작은 200여 개의 섬이 있는 마쓰시마는 미야기현을 대표하는 관광지이자 일본 3대 절경으로 손꼽히는 빼어난 경관을 자랑한다. 또한 미슐랭 가이드에서 별 3개를 받아 세계적으로 인정받는 경승지인 만큼 도호쿠 여행에서 절대 빼놓을 수 없는 곳이다.

4 규탄(우설)
미야기현 먹거리 소개에서 빠지지 않는 것이 바로 우설, 규탄이다. 특히 규탄야키(우설 구이)하면 아예 센다이 규탄야키를 가리킬 정도로 유명하다. 숯불에 구워 먹는 규탄야키뿐 아니라 스튜, 카레, 덮밥, 꼬치 등 다양한 요리로 맛볼 수 있으며 냉동 포장된 제품도 마트, 편의점, 기념품 매장 등에서 손쉽게 구할 수 있다.

Miyagi
GET AROUND

미야기현 가는 법

인천에서 가기

인천 공항에서 센다이 공항까지 가는 직항편은 아시아나항공이 매일 운항하고 있다. 전일본항공(ANA)와 공동으로 운항하며 운행 시간이 요일에 따라 다르거나 편성이 변경되는 경우도 있으므로, 예약전 항공사 홈페이지를 통해 꼭 확인하도록 하자. 인천 공항에서 센다이 공항까지의 운항 시간은 2시간 10분 정도다.

센다이 공항에서는 센다이 지하철 공항액세스선으로 JR 센다이역까지 20~30분 정도 소요되며 대표 관광지인 마쓰시마를 비롯해 현 내 온천 마을로 가는 공항 직통 버스가 운행되기도 한다.

홈페이지 아시아나항공 flyasiana.com / 전일본항공 www.ana.co.jp/ko/kr

도쿄에서 가기

JR 도쿄역에서 신칸센으로 JR 센다이역까지 신칸센으로 편성에 따라 1시간 30분에서 2시간 정도 소요된다. 신칸센 왕복 비용을 비교해 봤을 때 도쿄의 국제공항에서 출입국 하는 2주일 이내의 도호쿠 여행 일정이라면 JR 동일본 도호쿠 패스(P.046) 이용을 추천한다. JR 센다이 앞 버스터미널에서 센다이 주요 관광지와 온천 마을로 가는 버스가 운행한다.

JR 센다이역

미야기현의 대표 관광지인 마쓰시마에서 꼭 봐야 할 즈이간지

미야기현의 각 지역으로 가는 법

센다이시

열차

❶ 센다이 공항에서 JR 센다이역까지 공항 액세스선을 타고 이동하면 27분(쾌속열차 17분 정도) 정도 소요된다.

전화 022-383-0150 **요금** 성인 650엔, 어린이 330엔
홈페이지 www.senat.co.jp

JR 도쿄역 창구

❷ JR 도쿄역에서 JR 센다이역까지 신칸센 고마치こまち・하야부사はやぶさ로 1시간 30분, 신칸센 야마비코やまびこ를 타고 2시간 정도 소요된다.

요금 신칸센 고마치・하야부사 11,200엔, 신칸센 야마비코 10,370엔 **홈페이지** www.jreast.co.jp

센다이시 근교

원데이 센다이 에어리어 패스는 센다이 근교의 당일치기 일정에 최적화된 교통 패스다. 하루에 센다이시 근교 2곳 정도만 가더라도 본전 이상은 확실히 뽑는다.

렌터카

시간에 구애 받지 않고 여유롭게 여행하고 싶다면 렌터카를 추천한다. 센다이 공항 또는 JR 센다이역에서 렌터카를 이용할 수 있다(이용 방법은 P.049 참고).

> **Tip**
>
> **원데이 센다이 에어리어 패스 One Day Sendai Area Pass**
>
> 센다이시, 마쓰시마, 사쿠나미, 야마데라(야마가타), 시로이시 구간의 JR선과 센다이 공항 액세스선, 시내 교통편인 루플센다이, 센다이 지하철, 센다이 시영버스 등을 하루 종일 승・하차할 수 있는 교통 패스다. JR 티켓 형태로 되어 있어서 역 개찰구에 투입할 수 있고, 버스를 탈 때는 차장에게 보여주기만 하면 된다. 외국인 전용이므로 구입 시 여권이 필요하며 센다이 시내 여러 관광 시설의 입장권을 할인받을 수 있다. JR 센다이역 2층 뷰 플라자에서 구입할 수 있다.
>
>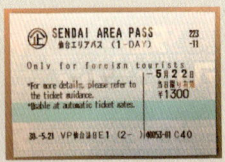
>
> **요금** 성인 1,300엔, 어린이(12세 미만) 650엔 **홈페이지** sendaitravelpass.jp/1day/kr/

센다이시
仙台市

반듯반듯 정갈한 도로와 빌딩이 울창한 느티나무 가로수와 조화를 이룬 '숲의 도시' 센다이. 400여 년 동안 미야기현의 중심지로 지역 경제와 문화의 선두를 지켜온 센다이시는 인구 100만의 도호쿠 최대 도시다. 사람이 모이고 유행을 선도하는 도시 곳곳에는 활기가 넘쳐나 여행자의 발걸음 또한 바빠진다.

센다이 시내 교통

시내 관광에는 관광 셔틀버스와 지하철, 시내 버스를 이용하면 된다. JR 센다이역에서 이치반초 상점가까지는 걸어서 가기에 큰 무리가 없다.

루플센다이 るーぷる仙台

JR 센다이역에서 반시계 방향으로 시내의 주요 관광지 15곳을 지나 역으로 되돌아오는 관광버스. 시내 관광지를 여러 곳 방문할 때 유용하다. JR 센다이역 서쪽 출구 앞 16번 정거장에서 출발한다.
전화 022-268-9568(센다이 관광국제협회)
요금 성인 1회 승차권 260엔 / 1일 승차권 620엔
홈페이지 www.sentabi.jp/loople-sendai.jp

루플센다이

지하철

시내를 남북으로 연결하는 난보쿠南北선과 동서를 이어주는 도자이東西선의 2개 노선이 운행 중이다. 스이카 Suica, 이코캐COCA 등 IC 카드를 사용할 수 있다.
전화 022-224-5111 **요금** 거리에 따라 200~300엔
홈페이지 www.kotsu.city.sendai.jp/subway/

루플센다이 정류장

* * * **Plus Info** * * *

Information Center

센다이시 관광 정보 센터
仙台市観光情報センター
시내 관광 전반에 대한 정보를 영어로 안내받을 수 있다. 미야기현뿐 아니라 도호쿠 지역의 주요 관광지 팜플렛이 비치되어 있다.
Data 지도 ● 휴대지도-14, P.293-K
가는 법 JR 센다이역 2층 뷰 플라자 내
주소 仙台市青葉区中央1-1-1 JR仙台駅2F びゅうプラザ内 **전화** 022-222-4069
오픈 08:30~19:00

센다이 투어리스트 인포메이션 데스크
Sendai Tourist Information Desk
외국인 전용 관광 안내소. 영어는 물론, 한국어도 웹을 통한 통역 서비스를 제공한다.
Data 지도 ● 휴대지도-12, P.292-I
가는 법 지하철 아오바도리이치반초青葉通一番町역에서 연결, 후지사키 본관 1층
주소 仙台市青葉区一番町3-2-17 藤崎本館1F
전화 080-2815-8321 **오픈** 10:00~19:30
홈페이지 www.i-sendai.jp

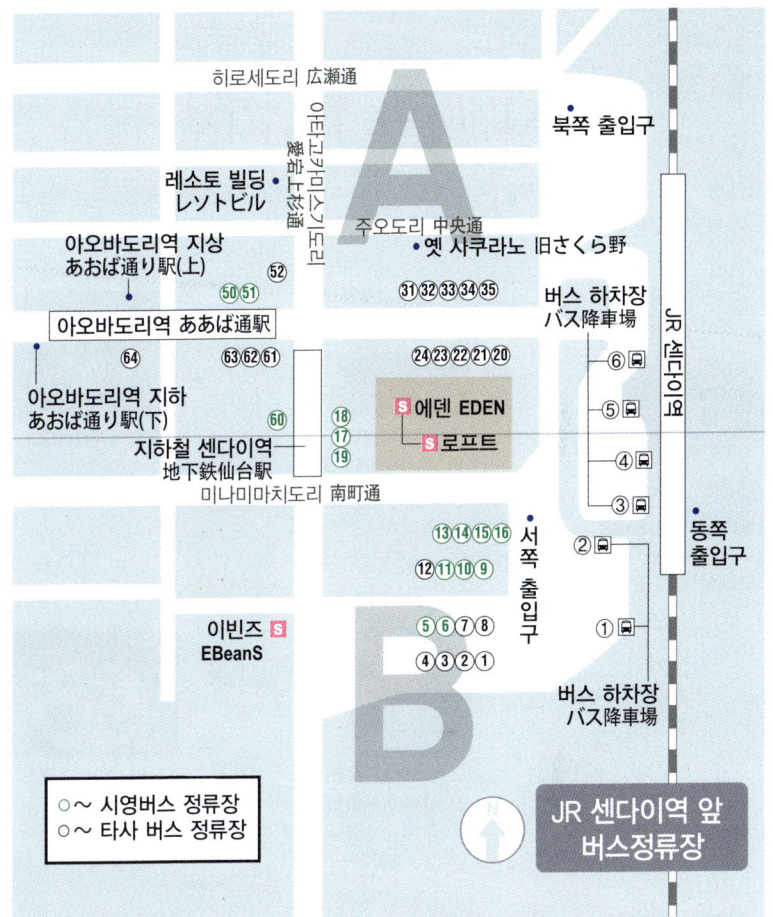

Tip
센다이 시내버스 정거장 찾아가기

센다이 시내와 교외를 연결해주는 센다이 시내버스는 센다이시에서 운영하는 시영버스 외에 일반 버스 회사에서 운영하는 것까지 여럿이다. 각 회사에 따라 버스정류장이 다르기 때문에 꼭 버스 번호와 버스정류장 번호를 같이 알아 두어야 한다.

JR 센다이역 서쪽 출구 앞쪽에 40곳 남짓의 버스정류장이 있으며, JR 센다이역 고가보도를 통해 연결되어 있으니 표지판을 따라 버스정거장을 찾아가자. JR 센다이역에서 멀리 떨어진 곳도 있기 때문에 미리 위치를 파악해두어야 버스를 놓치는 낭패를 막을 수 있다.

Sendai
ONE FINE DAY IN

오전에는 레트로 셔틀버스인 루플센다이를 타고 센다이시의 관광지를 섭렵한 다음, 오후에는 쇼핑과 먹부림으로 늦은 저녁까지 시내 구석구석을 누벼보자.

즈이호덴
모모야마 건축 양식의
호화로운 사당 둘러보기

→ 즈이호덴에서 루플센다이로 7분

센다이 성터
센다이 시내 풍경을 전망하고
기념 사진도 남기기

→ 센다이 성터에서 루플센다이로 17분

센다이 미디어테크
센다이 시민의 하이테크
건축물 구경하기

↓ 루플센다이 15분

JR 센다이역 내 규탄도리
규탄야키로 든든하게
점심 식사하기

← 도보 3분

에스팔&파르코
최신 유행이 모여 있는
JR 센다이역 내 쇼핑센터에서
쇼핑하기

← 도보 10분

이치반초 상점가
센다이시 최대 쇼핑가를
구석구석 누비며
쇼핑 만끽하기

→ 도보 2분

가즈노리 이케다 인디비주얼
보석 같이 예쁜 디저트와
함께 티 타임 갖기

→ 도보 2분

분카 요코초
서민적인 분위기가
물씬 풍기는 골목에서
술 한잔 즐기기

다테 마사무네 伊達政宗 (1567~1636년)

센다이시의 영웅

한국 사람들에게는 단지 임진왜란의 왜장으로 알려져 있지만, 센다이 시민들에게는 전설의 영웅과도 같은 위인 다테 마사무네. 어린 시절 앓은 천연두로 인해 한 쪽 시력을 잃어 독안룡이라는 별명으로 불린 그는, 15세부터 전장에 참여하고 오슈奧州 일대(현재 이와테현 남서부 지역)를 정복하며 도호쿠 지역 통일에 가장 근접했던 인물로 손꼽힌다.

또한, 센다이번仙台藩의 초대 번주로서 도시의 기틀을 닦고 번영을 이루어내 시민들의 존경을 한 몸에 받았다. 그는 음식에도 조예가 깊어 직접 요리를 개발하기도 한 미식가였으며, 초승달 장식의 멋들어진 투구와 화려한 갑옷을 직접 디자인한 패션 리더이기도 했다. 전장의 무사이자 야심 찬 정치가였으며, 타고난 예술가이기도 했던 그는 역사 속 인물을 넘어 현대의 게임, 소설, 드라마에서 재조명되고 있다.

미야기현을 여행하다 보면 삼각김밥 얼굴에 반달 장식의 투구를 쓰고 있는 캐릭터를 자주 볼 수 있다. 다테 마사무네를 모티브로한 미야기현 홍보 캐릭터 무스비마루むすび丸인데, 미야기현 여행 기념품으로 하나 구매하는 것도 괜찮겠다.

무스비마루

센다이 시민들의 영웅, 다테 마사무네 동상

다테 마사무네의 묘가 안치된 즈이호덴

센다이 성터 공원에 있는 다테 마사무네의 동상

TOHOKU BY AREA 04
미야기

TOHOKU BY AREA 04
미야기

SEE

센다이의 기틀이 된 천연 요새
센다이 성터(아오바 성터) 仙台城跡(青葉城跡) 센다이죠 아토(아오바죠 아토)

다테 마사무네가 400년 전에 세웠던 센다이 성터를 포함하는 공원. 해발 131m의 언덕 위에 자리 잡은 성은 동쪽으로는 히로세가와広瀬川, 남쪽으로는 깎아지른 협곡이 있는 천연 요새의 입지를 자랑한다. 현재 주요 건물은 남아있지 않지만, 돌담과 망루가 당시의 위용을 짐작하게 한다.
공원에서 센다이 시내가 내려다보이는 자리에 초승달 모양의 투구를 쓰고 말을 탄 다테 마사무네의 동상이 있다. 일몰 이후에는 동상과 성곽에 조명이 비추어 도심 야경과 함께 즐기기 좋다. 아오바 성 자료 전시관에서는 컴퓨터 그래픽으로 복원한 센다이성을 볼 수 있다.

Data 지도 P.294-C 가는 법 루플센다이를 타고 센다이죠 아토에서 하차
주소 宮城県仙台市青葉区川内1 오픈 자료 전시관 09:00~17:00(11/4~3/31 16:00까지)
요금 자료 전시관 성인 700엔, 중·고등학생 500엔, 초등학생 300엔
홈페이지 honmarukaikan.com/date/sendaijo.htm

모모야마 건축의 진수

즈이호덴 瑞鳳殿 🔊 즈이호덴

센다이번의 초대 번주인 다테 마사무네의 묘가 안치된 장소. 센다이번의 기틀을 닦고 번성을 이루어낸 인물의 사당인 만큼 화려함의 극치를 보여준다. 섬세한 금공예 장식과 형형색색의 단청으로 치장된 일본 모모야마桃山 건축양식의 진수를 확인할 수 있다.

본전과 배전, 공양소, 열반문으로 구성되며 국보로 지정되었다. 현재 건물은 1945년 전쟁 중 전소된 것을 재건한 것으로, 2001년에 대대적인 보수공사를 통해 창건 당시 모습을 거의 되찾았다. 울울창창한 삼나무가 양옆으로 뻗어 있는 입구 돌계단 길과 사당을 에워싸고 있는 정원 또한 매우 아름답다. 2대 번주 다테 다다무네伊達忠宗의 사당 간센덴感仙殿, 3대 번주인 다테 쓰나무네伊達綱宗의 사당 젠노덴善応殿을 비롯해 다테 가문의 여러 묘소가 자리한다.

Data **지도** P.294-D **가는 법** 루플센다이를 타고 즈이호덴에서 하차 후 도보 10분
주소 宮城県仙台市青葉区霊屋下23-2 **전화** 022-262-6250
오픈 09:00~16:30(12~1월 16:00까지) **요금** 성인 550엔, 고등학생 400엔, 초·중학생 200엔
홈페이지 www.zuihoden.com

센다이의 보물

오사키 하치만궁 大崎八幡宮 오사키 하치만구

1607년 다테 마사무네가 창건한 신사다. 신전은 일본 신사의 건축양식 중 하나인 곤겐즈쿠리権現造り를 볼 수 있는 가장 오래된 건축물로서 국보로 지정되었다. 곤겐즈쿠리는 한 용마루 아래 배전과 본전이 돌바닥과 일체형으로 된 일본 신사 건축 양식을 일컫는다. 안팎으로 옻칠과 호분 채색을 하고 지붕의 박공벽에는 호화로운 금 조각과 금구 장식이 되어 있는 등 모모야마 건축의 걸작으로 평가받는다.

또한, 신전 앞에 지어진 나가토코長床가 국가중요문화재인데, 신전과 달리 단아한 모모야마 건축 양식을 엿볼 수 있다. 미야기현 중요문화재로 지정되어 있는 이시도리이石鳥居(돌로 된 도리이)를 비롯해 일직선으로 된 3개의 도리이鳥居(신사 앞에 세워진 기둥 문)를 통과해 신전으로 들어간다.

Data 지도 P.294-A
가는 법 루플센다이를 타고 오사키 하치만구에서 하차 후 도보 5분
주소 宮城県仙台市青葉区八幡 4-6-1
전화 022-234-3606
오픈 06:00~18:00
요금 무료입장
홈페이지 www.oosaki-hachiman.or.jp

시민과 성장해가는 지식의 숲

센다이 미디어테크 Sendai Mediatheque
🔊 센다이 메디아테크

도서뿐 아니라 비디오, 오디오의 미디어 자료를 수집 및 보관하면서 시민들에게 제공하고, 각종 전시회와 음악회를 개최해 센다이시의 문화예술의 발신지 역할을 하는 복합 문화 시설이다.
인근 가로수 길인 조젠지 거리를 모티브로 하여 배전, 리프트 등의 기능을 탑재한 13개의 철 구조물이 나무처럼 1층부터 7층까지 지지하고 유리로 에워싸인 개방적인 건축물은 2001년 당시 21세기 하이테크 건축으로 큰 반향을 일으켰다. 설계를 맡은 건축가 이토 도요伊東豊雄는 2013년 건축계의 노벨상이라 불리는 프리츠커 상을 수상했다.

Data 지도 P.294-A 가는 법 루플센다이를 타고 센다이 메디아테크에서 하차 / JR 센다이역 서쪽 출구에서 도보 20분 주소 宮城県仙台市青葉区春日町2-1 전화 022-713-3171
오픈 미디어테크 09:00~22:00 / 도서관 10:00~20:00(토·일요일, 공휴일 18:00까지)
휴무 미디어테크 넷째 주 목요일·연말연시 / 도서관 월요일, 연말연시
요금 무료입장(전시회 요금 별도) 홈페이지 www.smt.jp

숲의 도시 센다이의 심장

조젠지 거리 定禅寺通り 🔊 조젠지 도리

센다이시 중심부를 가로지르는 느티나무 가로수길. 니시西 공원과 고토다이勾当台 공원을 잇는 약 700m의 길을 따라 하늘로 곧게 뻗은 느티나무가 초봄에서 초가을까지 신록의 나뭇잎 터널을 만들고, 겨울에는 일루미네이션이 도시를 밝힌다. 또한 가을에는 조젠지 스트리트 재즈 페스티벌의 무대가 되는 등 사계절 내내 축제가 열린다. 공원 중간중간 놓인 〈여름의 추억〉, 〈오디세우스〉, 〈목욕하는 소녀〉 등의 청동상은 야외 갤러리 같은 분위기를 조성하며 기념사진의 배경으로도 인기 있다.

Data 지도 P.292-A 가는 법 루플센다이를 타고 조젠지 도리 시야쿠쇼定禅寺通りにて下車에서 하차 / JR 센다이역 서쪽 출구에서 도보 15분(고토다이 공원)

센다이 밤의 골목
이치반초 상점가 一番町商店街 🔊 이치반초 쇼텐가이

센다이 쇼핑 1번가이자 도호쿠 최대의 아케이드 상점가다. 백화점과 쇼핑몰, 드러그스토어, 100엔숍, 개성 만점의 셀렉트 숍이 넓은 보행자 도로 양옆으로 줄지어 서있다. 도호쿠 유일의 애플 스토어도 이곳에 위치해 있다.
젊은이들이 모이고 유행을 선도하며 센다이의 맛과 멋이 시작되는 곳이다. 늦은 밤까지 즐길 수 있는 뒷골목 이자카야도 이쪽에 많다. 도심의 밤 문화를 만끽하고 싶다면 이치반초로 가자.

Data **지도** ● 휴대지도-1, P.292-A **가는 법** 루플센다이 또는 지하철을 타고 아오바도리이치반초青葉通一番町駅역에서 하차 / JR 센다이역 서쪽 출구에서 도보 10분

센다이 시내가 발 아래
아에루 전망 테라스
AER展望テラス 🔊 아에루 텐보 테라스

JR 센다이역과 고가 도로로 연결된 아에루 빌딩의 최상층인 31층에는 벽면이 통유리로 된 전망 테라스가 있다. 지상 145.5m의 높이에서 낮에는 센다이 시내와 저 멀리 바다까지 조망할 수 있고 밤에는 전망대가 무료로 개방된다.
이 전망 테라스로 올라가는 엘리베이터는 오피스 빌딩으로 들어가는 안쪽에 별도로 위치하니 헷갈리지 않도록 주의하자.

Data **지도** ● 휴대지도-9, P.293-G
가는 법 JR 센다이역 서쪽 출구에서 도보 3분
주소 宮城県仙台市青葉区中央1-3-1 AER 31F
오픈 10:00~20:00
요금 무료입장
홈페이지 www.sendai-aer.com

센다이시의 부엌
센다이 아침 시장
仙台朝市 🔊 센다이 아사이치

센다이 시민들의 소박한 일상을 엿볼 수 있는 시장이다. 역에서 멀지 않은 100m 정도의 골목을 따라 제철 채소를 비롯해 생선, 건어물, 절임, 두부 등을 판매하는 작은 노점과 음식점 등 약 70개의 점포가 모여 있다.
바로 먹을 수 있는 먹거리도 판매하므로, 구경하며 끼니를 해결해도 좋다. 아침 시장이라는 이름과 달리 오후에 인파로 붐빈다.

Data **지도** ● 휴대지도-13, P.293-K
가는 법 JR 센다이역 서쪽 출구에서 도보 5분
주소 宮城県仙台市青葉区中央4丁目
전화 022-262-7173 **오픈** 08:00~18:00
휴무 일요일, 공휴일(점포마다 다름)
홈페이지 www.sendaiasaichi.com

사사카마보코

보고 만들고 먹고
사사카마관 다나바타 박물관 笹かま館 七夕ミュージアム

🔊 사사카마칸 타나바타 뮤지아무

센다이시를 대표하는 축제인 다나바타 마쓰리(칠월칠석)와 사사카마보코ささかまぼこ(조릿대 잎 모양으로 만든 어묵)를 한 자리에서 만날 수 있는 문화체험 시설. 약 400년 전통의 다나바타 마쓰리는 풍년을 기원하기 위해 형형색색의 종이로 만든 칠석 장식을 신에게 바치는 것에서 유래되었으며, 매년 200만 명이 다녀갈 정도로 인기 있는 센보쿠시의 여름 축제.

이곳에서는 화려하게 장식된 칠석 장식을 관람할 수 있으며, 칠석 장식 만들기도 체험할 수 있다. 한편, 센다이시의 명물인 사사카마보코의 제작 공정을 전시하는 가네자키 어묵 팩토리에서는 즉석에서 어묵을 만드는 체험을 할 수도 있다. 바로 만든 따끈한 어묵은 담백하고 고소한 맛이 일품이다. 아이들과 함께 하는 체험으로도 좋다.

Data **지도** 지도 밖 **가는 법** 지하철 아라이荒井역 1번 탑승장에서 오카다&신요코하마岡田&新浜방면 시영 버스를 타고 오로시 마치히가시 고초메 기타卸町東五丁目北에서 하차
주소 宮城県仙台市若林区鶴代町6-65 **전화** 022-238-7170 **오픈** 10:00~17:30
요금 무료입장, 다나마타 장식 미니어처 체험교실 800엔(예약 필수)
홈페이지 www.kanezaki.co.jp/shop/belle_factory/

규탄 정식

전국적 규탄야키
리큐 牛たん炭焼 利久

센다이 규탄야키를 일본 전국으로 알린 규탄야키 전문점. 일본 전역에 체인점이 있으며, 맛과 가격에 있어서는 대중적으로 검증된 곳이다. 또 스튜, 카레, 파스타 등 규탄 메뉴만 20가지가 넘어 다양한 맛의 규탄야키를 즐길 수 있다.
그래도 역시 밥과 꼬리곰탕, 채소 절임과 규탄야키로 구성된 규탄 정식牛たん定食이 가장 인기 있는 메뉴. 두툼한 소 혀 구이의 식감은 쫄깃하고 맛은 담백하다. 센다이 시내에만 지점이 10곳이 넘으니 가까운 곳으로 들어가면 된다.

JR 센다이역점
Data 지도 ● 휴대지도-14, P.293-K
가는 법 JR 센다이역 3층 규탄도리 내
주소 宮城県仙台市青葉区中央 1-1-1 仙台駅 3F
전화 022-214-3255
오픈 10:00~22:30
가격 규탄 정식 1,782엔
홈페이지 www.rikyu-gyutan.co.jp

아이들 입맛에도 딱
기스케 味の牛たん 喜助

규탄야키 전문점으로 인기 있는 식당. 숙성한 규탄을 숯불에 구워내 불맛이 제대로 난다. 양념은 소금(시오), 간장(쇼유), 된장(미소) 중 선택할 수 있다. 소금이 기본이고, 간장과 된장은 달착지근한 양념 덕분에 아이들도 먹기 좋다. 정식 메뉴에 곁들여 나오는 꼬리곰탕은 8시간 이상 끓여 국물이 담백하면서도 깊은 맛이다. 본점은 이치반초 상점가에 위치해 있으며 도쿄, 오사카 등에도 지점이 있다.

JR 센다이역점
Data 지도 ● 휴대지도-14, P.293-K 가는 법 JR 센다이역 3층 규탄도리 내 주소 宮城県仙台市青葉区中央1-1-1 仙台駅 3F
전화 022-221-5612 오픈 10:00~22:30
가격 규탄야키 정식 1,674엔 홈페이지 www.kisuke.co.jp

즌다 셰이크

웰빙 그린 디저트

즌다 사료 Zunda Saryo

삶은 풋콩을 으깨어 만든 즌다ずんだ는 떡고물이나 나물 양념 등 도호쿠 향토 요리 자주 이용되는 초록색의 페이스트다. 쫄깃한 즌다 모치는 기념 선물로 빠지지 않는 품목인데, 최근에는 다양한 즌다 스위츠를 선보이고 있다.

그중에서도 즌다 사료의 즌다 셰이크가 유명하다. 바닐라 맛 우유 아이스크림에 고소한 즌다 알갱이가 씹히는 즌다 셰이크는 매일 먹어도 질리지 않는 맛이다. 아이스크림, 롤케이크, 푸딩 등의 즌다 메뉴도 건강한 단맛을 느낄 수 있다. JR 센다이역 내에 3곳의 매장이 있으며, 센다이 공항에도 매장이 있다.

Data 지도 ● 휴대지도-14, P.293-K
가는 법 JR 센다이역 2~3층 / 에스팔 지하 1층
주소 宮城県仙台市青葉区中央 1-1-1
전화 022-715-1081
오픈 매장 08:00~21:30 / 카페 09:00~21:00
가격 즌다 셰이크 250엔부터
홈페이지 zundasaryo.com

TOHOKU BY AREA 04
미야기

센다이시의 인기 라멘 맛집

라멘 구로쿠 らーめん くろく

센다이시의 라멘 맛집으로 통하는 구로쿠는 유명세와 달리 캘리그래피로 작게 쓴 간판은 지나치기 십상이다. 조개와 닭 뼈로 육수를 내어 은은하게 해산물 향이 나는 시원하고 고소한 국물에 심플한 중간 꼬불 면이 어우러진다. 소금, 닭고기 등의 재료도 신뢰할 수 있는 엄선한 것들을 사용한다. 멘마(발효 죽순)가 두껍고 캐러멜 향이 나며 달착지근하다. 달걀은 하나를 통째로 넣어 준다.
입구의 식권 판매기에서 원하는 메뉴를 구매하는 방식은 여느 라멘 집과 비슷하지만, 메뉴 사진이 붙어있어 일본어를 몰라도 메뉴를 고르기 편리하다.

Data **지도** ● 휴대지도-10, P.293-H **가는 법** JR 센다이역 동쪽 출구에서 도보 1분
주소 宮城県仙台市宮城野区榴岡2-2-12 アーバンライフ橋本 1F **전화** 022-298-7969
오픈 11:30~14:00, 18:00~23:00(토·일요일, 공휴일 11:30~22:00) **휴무** 월요일
가격 시오(소금) 라멘 750엔, 소유(간장) 라멘 770엔 **홈페이지** https://twitter.com/ramenquroku

세련된 스페인 요리주점

리골레토 타파스 라운지 Rigoletto Tapas Lounge

30여 가지의 타파스를 골라 먹는 재미가 있는 스페인 요리주점. 가장 인기 있는 감바스 알 아히요Gambas al Ajillo(마늘을 넣은 올리브유에 새우를 튀긴 요리)는 물론 조개 와인 찜, 꼬치구이, 소시지, 채소볶음 등 술 안주로 좋은 요리가 1~2인분으로 나와 여러 가지를 시켜 나누어 먹기에 좋다.
80종 이상의 와인 리스트도 눈 여겨 볼 것. 멋진 샹들리에와 붉은 색의 좌석으로 꾸며진 화려한 라운지에서 밤늦도록 왁자지껄하게 놀 수 있는 곳이다.

Data **지도** ● 휴대지도-9, P.293-G **가는 법** JR 센다이역 서쪽 출구에서 도보 5분 **주소** 宮城県仙台市青葉区中央1-6-1 Herb Sendai 1F·2F **전화** 022-716-0678
오픈 11:30~다음 날 02:00(금·토요일 다음 날 04:00까지)
가격 타파스 540엔, 상그리아(스몰 피처) 1,620엔, 파에야 1,620엔
홈페이지 www.rigoletto.jp/sendai/

일본 수제 맥주가 한 자리에

크래프트맨 센다이 Craftsman Sendai

문을 열고 들어서자마자 보이는 수십 개의 맥주 탭 핸들이 맥주 덕후들의 가슴을 뛰게 만든다. 일본 전역에서 공수한 31개의 수제 맥주를 골라 마실 수 있는 세련된 분위기의 펍이다. 보통 잔의 절반 정도가 나오는 테이스팅 세트가 있어서 여러 종류의 맥주를 조금씩 비교하며 마시기에 좋다. 여기에 잇 로컬Eat Loca이라는 모토로 도호쿠 지역의 식자재를 사용한 이탈리안 요리가 찰떡같이 어울린다. 생선과 채소, 육류 등 다채로운 요리뿐만 아니라 채식주의자를 위한 메뉴도 준비되어 있다. 따뜻한 계절에는 야외의 테라스에 자리를 잡는 것도 좋겠다.

Data 지도 ● 휴대지도-8, P.292-F
가는 법 JR 센다이역 서쪽 출구에서 도보 8분 / 지하철 아오바도리 あおば通역에서 도보 3분
주소 宮城県仙台市青葉区中央 2-2-38 フォーシーズン 1F
전화 050-7576-4480
오픈 17:00~다음 날 01:00(토·일요일, 공휴일 11:30부터)
가격 맥주 테이스팅 세트(150ml 3종) 1,110엔, 애피타이저 플레이트(8종) 1,450엔
홈페이지 craftsman-sendai.com

보석처럼 빛나는 스위츠

가즈노리 이케다 인디비주얼 Kazunori Ikeda Individual

프랑스로 유학을 떠났던 파티시에가 고향으로 돌아와 자신의 이름을 딴 파티세리를 열었다. 유리 케이스 안에서 보석처럼 반짝이는 케이크, 타르트, 몽블랑, 밀푀유, 에클레어, 마카롱 등 달콤하고 예쁜 스위츠를 보는 순간 행복해진다. 포장해 가는 손님들이 대부분이지만, 시간적 여유가 있다면 한쪽 바에서 여유롭게 먹고 가기를 권한다. 새하얀 도화지에 그림을 그리듯 예쁘게 플레이팅 해준다. 선물하기 좋은 초콜릿, 사탕, 잼도 종류가 다양하다. JR 센다이역 에스팔 동관과 조젠지 거리 인근에도 매장이 생겼다.

Data 지도 ● 휴대지도-12, P.292-J **가는 법** JR 센다이역 서쪽 출구에서 도보 12분 / 지하철 아오바도리이치반초青葉通一番町역에서 도보 3분, 이치반초 상점가 내 **주소** 宮城県仙台市青葉区一番町2-3-8 **전화** 022-748-7411 **오픈** 11:00~20:00(토요일 10:00부터, 일요일 19:00까지) **가격** 케이크 400엔부터, 마카롱 180엔 **홈페이지** www.kazunoriikeda.com

미야기현의 술
센다이 니혼슈 바 푸랏토 仙臺驛日本酒バル ぷらっと

신칸센을 기다리며 가볍게 니혼슈 한 잔을 즐길 수 있는 바이다. 미야기현의 니혼슈 25종을 갖추고 있으며, 잔술로 판매해 다양한 종류의 니혼슈의 맛을 비교해가며 시음할 수 있다. 깔끔하게 내는 생선회에 니혼슈 한 잔을 곁들이며 여행의 긴장과 피로를 잠시 날려보자.
카페 같은 밝고 세련된 분위기의 내부 공간에는 2~4인석의 테이블 자리뿐만 아니라 혼자서도 부담 없이 즐길 수 있는 바 테이블 자리도 마련되어 있다.

Data 지도 ● 휴대지도-14, P.293-K
가는 법 JR 센다이역 1층 **주소** 宮城県仙台市青葉区中央1-1-1 仙台駅1F
전화 022-393-5032 **오픈** 11:00~22:30
가격 사케 1잔 510엔, 모듬회 710엔 **홈페이지** www.facebook.com/sendaiplat/

센다이시 직장인들의 심야 식당
분카 요코초 文化横丁

오피스 빌딩과 인접한 골목에 50여 곳의 음식점과 이자카야가 밀집해 있는 분카 요코초. 해가 지면 퇴근 후 술 한잔 기울이려는 정장 차림의 직장인들을 여기저기서 만날 수 있는 곳이다. 현지인들이 즐겨 찾는 곳이다 보니 맛에서는 어느 정도 보증된다.
인근의 이로하 요코초에 비해 단골이 많은 인상을 주며 관광객, 특히 외국인이 가게 안으로 들어서면 시선을 한 몸에 받기도 한다. 일요일과 공휴일에 문을 닫는 곳이 많다.

Data 지도 ● 휴대지도-12, P.292-I **가는 법** JR 센다이역 서쪽 출구에서 도보 10분 / 지하철 아오바도리이치반초青葉通一番町역에서 도보 3분, 이치반초 상점가 내

분카 요코초 구석구석 살펴보기

핫센 八仙

분카 요코초의 교자 명가

1953년 문을 연 이래 센다이의 교자 맛집으로 손꼽히는 집이다. 한입 크기의 야키교자(군만두)는 바삭하고 쫄깃한 만두피 안에 돼지고기, 양배추, 양파 등으로 꽉 채워져 있어 맥주를 절로 부르는 맛이다. 물만두와 찐만두도 있으며 새우 춘권도 인기 메뉴다. 세월의 흔적이 느껴지는 아담한 2층 건물로 1층에는 카운터석, 2층에는 다다미방이 마련되어 있다.

Data 지도 ● 휴대지도-12, P.292-I **가는 법** 분카 요코초 내 **주소** 宮城県仙台市青葉区一番町2-4-13 **전화** 022-262-5291 **오픈** 17:00~22:30(토요일 12:00~14:00) **휴무** 일요일, 공휴일 **가격** 군만두(8개) 580엔

야키도리 기무라 焼き鳥きむら

퇴근길의 꼬치구이

분카 요코초의 인기 있는 야키도리(꼬치구이) 맛집. 10명 남짓이면 꽉 차는 가게는 초저녁부터 퇴근길에 들린 회사원들로 가득하다. 꼬치구이 메뉴는 부타미소야키豚みそ焼き(돼지고기 된장양념 구이)와 부타바라야키豚バラ焼き(돼지고기 갈비양념 구이), 호르몬야키モツ焼き(곱창구이) 정도로 단출하다. 숯불에 꼬치를 굽는 자욱한 연기 속에서 사람 냄새가 느껴지는 곳이다.

Data 지도 ● 휴대지도-12, P.292-I **가는 법** 분카 요코초 내 **주소** 宮城県仙台市青葉区一番町2-4-17 **전화** 022-227-0708 **오픈** 17:00~23:00 **휴무** 일요일, 공휴일, 부정기적 토요일 **가격** 야키도리 90엔부터

고반 스시 小判寿司

정겨운 스시의 맛

스시 요리점이라고 하면 어쩐지 고급스러운 이미지라 문턱을 넘기 어려웠던 여행자에게 이곳을 추천한다. 편안한 분위기의 가게에서 스시 장인이 하나하나 손수 만든 스시를 즐길 수 있다. 현지의 식재료를 적극 활용한 스시는 신선하고 정성이 느껴지는 맛이다. 점심시간에는 특별히 좀 더 싸게 정식 메뉴로 즐길 수 있다. 게를 넣고 끓인 장국도 맛이 아주 깊다.

Data 지도 ● 휴대지도-12, P.292-J **가는 법** 분카 요코초 내 **주소** 宮城県仙台市青葉区一番町2-3-41 **전화** 022-222-0354 **오픈** 점심 11:30~13:30, 저녁 17:00~21:30 **휴무** 일요일, 공휴일 **가격** 런치 스시 정식 1,620엔부터 **홈페이지** www.koban-sen.jp

나를 위한 홍차 타임
르 카페 드 헤리슨 Le café de Hérisson

독일 명품 티 브랜드 로네펠트Ronnefeldt의 홍차를 즐길 수 있는 카페다. 로네펠트 사에서 티 골드 마스터를 취득한 주인장이 70여 종류의 로네펠트 홍차를 그날의 기분과 취향에 따라 고를 수 있도록 손수 메뉴판을 제작했다. '일반적인 홍차', '힐링이 필요해', '산뜻한 리프레시' 등 장르로 구분된 홍차 메뉴가 한눈에 쏙 들어온다.

과일 타르트, 쿠키, 스콘과 같은 디저트는 쇼 케이스에서 직접 보고 고를 수 있고 판매용 홍차도 시향 할 수 있다. 프랑스어로 '고슴도치'라는 뜻을 가진 해리슨이라는 이름에 걸맞은 아기자기한 소품들도 눈요기로 할 만하다.

Data 지도 ● 휴대지도-8, P.292-F **가는 법** JR 센다이역 서쪽 출구에서 도보 8분 / 지하철 히로세도리広瀬通역에서 도보 2분 **주소** 宮城県仙台市青葉区中央2-11-11 大友ビル2F **전화** 022-302-6062
오픈 카페 11:00~19:00(토・일요일 18:30까지) / 점심11:00~14:30 **휴무** 수요일
가격 케이크 홍차 세트 1,080엔부터, 런치 플레이트 1,296엔부터
홈페이지 www.facebook.com/lecafedeherisson

다채로운 복고풍 골목
이로하 요코초 壱弐参 横丁

세련된 이탈리안 바와 깊은 내공의 이자카야, 한국식 삼겹살 집이 오묘한 조화를 이루고 있는 먹자골목 이로하 요코초. 쇼와 시대 복고풍의 분위기를 간직한 옛 상가 건물 내에 두 갈래로 나누어져 양옆으로 빼곡히 들어찬 점포만 130곳이 넘는다.

잡화점이나 옷 가게, 카페도 있지만 늦은 밤까지 문 여는 술집과 음식점이 압도적으로 많다. 골목을 여기저기 기웃거리며 보물찾기 하듯 자신의 취향에 맞는 곳을 발견하는 재미가 쏠쏠하다.

Data 지도 ● 휴대지도-12, P.292-I **가는 법** JR 센다이역에서 도보 12분 / 지하철 아오바도리이치반초青葉通一番町역에서 도보 3분, 이치반초 상점가 내 **홈페이지** www.sendai-iroha.com

유기농 웰빙 식탁

모로야 팜 키친 もろや ファームキッチン

가족이 경영하는 농장의 유기농 채소를 사용해 건강한 음식을 만드는 모로야 팜 키친. 직접 재배한 토마토, 가지, 오이, 완두콩, 옥수수, 무, 배추, 순무, 파, 양배추, 시금치 등 유기농 식재료로 만든 음식은 현지인 사이에 입소문이 자자하다.

간단한 차림이지만 신선함을 느낄 수 있는 음식은 감탄을 자아내게 한다. 센다이 시내에서 좀 떨어져 있지만 진정한 웰빙 음식을 맛보고 싶다면 꼭 한 번 들러보자. 사사카마관 다나바타 박물관(P.299)과 함께 일정을 짜면 좋다.

Data 지도 지도 밖 **가는 법** 지하철 아라이荒井역에서 하차 후 도보 약 1분 **주소** 宮城県仙台市若林区荒井字東87-2 ヤマカビル2F **전화** 022-288-6476 **오픈** 점심 11:00~15:00, 카페 15:00~17:00 **휴무** 월요일, 첫째·셋째·다섯째 주 일요일 **가격** 오늘의 국과 4가지 반찬 세트 800엔, 제철 채소 점심 코스(전날 예약 필수) 1,600엔 **홈페이지** www.moroya-farm.com

이탈리안 감성 공간

레스토랑&카페 에우루 Restaurant&Café Eur

오래된 상가 골목 분위기와 대비되는 세련된 이탈리안 레스토랑. 작은 공간이지만 구석구석 이탈리아 감성이 뚝뚝 묻어난다. 점심에는 샐러드, 빵, 그날의 파스타, 커피로 구성된 런치 메뉴가 알차고 저녁에는 단품 메뉴는 물론, 코스 요리도 즐길 수 있다. 소믈리에가 추천해주는 이탈리아 와인 한 잔과 함께라면 금상첨화. 혼자서도, 친구나 연인과 오기에도 좋은 곳이다.

Data 지도 ● 휴대지도-12, P.292-l **가는 법** 이로하 요코초 내 **주소** 宮城県仙台市青葉区一番町2-3-30 **전화** 022-265-1740 **오픈** 점심 11:30~14:30 / 저녁 17:30~22:30(일요일은 점심만) **휴무** 월요일 **가격** 파스타 런치 1,296엔부터, 저녁 코스 3,240엔부터, 글라스 와인 540엔부터 **홈페이지** www.cafe-eur.com

BUY

센다이시 쇼핑의 관문

에스팔 센다이 S-PAL 仙台

JR 센다이역 내 위치한 쇼핑센터로 센다이시 쇼핑의 관문과도 같은 곳이다. JR 센다이역을 중심으로 가장 오래된 본관, 별관인 에스팔 II, 그리고 2016년 홋카이도 신칸센 개통에 맞춰 신축한 동관이 자리하고 있다. 매장 수는 본관이 가장 많으며, 특히 지하의 오미야게おみやげ(기념품)관이 압도적인 규모를 자랑한다. 에스팔 II 규모가 가장 작으며, 생활잡화 브랜드 애프터눈 티 Afternoon Tea의 티룸과 리빙 숍이 입점해 있다.

JR 센다이역의 동쪽 출구와 서쪽 출구를 연결하는 보도를 사이에 두고 동이 나뉘어 있는 동관은 어반 리서치, 도큐 핸즈같이 센다이에 처음 입점한 브랜드가 대거 포진해 있다. 햇빛이 잘 드는 1층 보도 광장과 4층의 옥상 정원 등 쉼터도 잘 꾸며져 있다.

Data 지도 ● 휴대지도-9, P.293-F
가는 법 JR 센다이역 내
주소 宮城県仙台市青葉区中央1-1-1
전화 022-267-2111
오픈 10:00~21:00
홈페이지 www.s-pal.jp/sendai/

에스팔 센다이 본관

JR 센다이역과 연결된다.

에스팔 센다이 구석구석 살펴보기

가네이리 스탠다드 스토어 센다이점
Kaneiri Standard Store 仙台店

도호쿠의 멋을 담은 문구

도호쿠 지역의 멋을 담아낸 잡화점. 편지지, 마스킹 테이프, 볼펜 등 문구를 중심으로 특색 있는 상품을 다양하게 갖추고 있다. 새롭게 해석된 지역 공예품은 물론 도호쿠 출신 작가들이 만들어내는 작품들도 전시, 판매한다.

Data 지도 ● 휴대지도-14, P.293-G **가는 법** 에스팔 센다이 동관 3층 **전화** 022-353-5061 **홈페이지** www.kaneiri.co.jp

도큐 핸즈
Tokyu Hands

Data 지도 ● 휴대지도-14, P.293-G **가는 법** 에스팔 센다이 동관 4층 **전화** 022-791-0109 **홈페이지** sendai.tokyu-hands.co.jp

도호쿠 첫 출점

일본의 대표적인 생활잡화 쇼핑몰인 도큐 핸즈가 드디어 도호쿠에도 지점을 냈다. 생활 속에서 즐거움을 줄 수 있는 아이디어 상품으로 가득한 도큐 핸즈에는 인테리어 소품, DIY 제품, 주방용품, 문구, 뷰티 제품까지 다양하다. 또한 도호쿠의 전통을 재해석한 소품이나 먹을 거리도 판매하고 있어서 기념 선물을 장만하기에도 좋다.

후지와라야 미치노쿠 사케키코
藤原屋 みちのく酒紀行

미야기현 지역 술

미야기현 특산품 코너인 다테노코미치伊達のこみち 내에 주류 매장. 미야기현의 니혼슈를 중심으로 도호쿠의 와인, 소주 등을 판매하고 있다. 술과 어울리는 안주도 있다. 직원에게 취향에 맞는 술을 추천받을 수 있고, 미야기현 니혼슈는 자판기에서 유료 시음(1잔 100엔)도 가능하다.

Data 지도 ● 휴대지도-14, P.293-G **가는 법** 에스팔 센다이 동관 2층 **전화** 022-357-0209

센다이시의 트렌디한 백화점
센다이 파르코 仙台 PARCO

JR 센다이역 북쪽에 우뚝 솟아 있는 파르코는 패션을 중심으로 센다이시의 유행을 선도하는 백화점이다. 지하 1층과 1층에는 생활잡화와 액세서리 숍, 2층부터 7층까지는 주로 패션 제품, 8층에는 타워레코드와 포켓몬 센터, 9층에는 식당가가 자리한다. 오리지널 가구 브랜드 우니코Unico(지하 1층), 요코하마에서 온 고급 패브릭 브랜드 하마몬요濱文様(1층), 수제 액세서리 셀렉트 숍 고토모노마르셰Cotomono Marche(1층) 등 도호쿠에서 첫 출점이거나 유일한 매장도 다수 포진하고 있다.
본관에서 동쪽으로 400m쯤 떨어진 신관 파르코2는 영화관(6층)을 비롯해 여러 패션 브랜드가 입점해 있고, 카페와 레스토랑이 본관보다 더 다채롭다.

Data 지도 ● 휴대지도-9, P.293-G
가는 법 JR 센다이역에서 고가보도 또는 지하로 연결
주소 본관 宮城県仙台市青葉区中央1-2-3 / 파르코2 青葉区中央3-7-5
전화 022-774-8000
오픈 매장 10:00~21:00, 레스토랑 11:00~23:00
홈페이지 sendai.parco.jp

센다이 파르코2

센다이 파르코 본관

도호쿠의 오리지널 기념품
도호쿠 스탠다드 마켓 東北スタンダードマーケット

도호쿠 장인의 솜씨와 아이디어가 돋보이는 기념품과 공예품을 만날 수 있는 곳. 도호쿠를 대표하는 예쁜 고케시(목각 인형)도 구입할 수 있다. 물론 제품과 크기 별로 가격대가 천차만별이다. 공예 아티스트와 함께 만든 오리지널 제품도 판매한다. 그 외에 잡화, 식품 등도 판매를 한다. 단순히 물건을 만들어서 판매하기 보다 지역의 매력을 발산해 나가는 장으로서 운영되고 있다.

Data 지도 ● 휴대지도-13, P.293-K **가는 법** 센다이 파르코2 5층
주소 宮城県仙台市青葉区中央3-7-5
전화 022-797-8852 **오픈** 10:00~21:00
홈페이지 sendai.parco.jp/page2/10460/

생활잡화의 끝판왕
로프트 仙台 LOFT

로프트는 도호쿠에서는 찾아보기 어렵고 그나마도 매장이 작은 데 반해, 이곳은 한 건물 전체를 차지하고 있다. 다양하고 기발한 디자인 문구 외에도 주방, 인테리어, 패션 소품 등이 2층부터 7층까지 빼곡히 들어차 있으며, 계절이나 특정 이벤트에 맞춰 나오는 기획 상품이 흥미롭다. 특히, 이곳은 도호쿠 최초로 뉴욕 모마 디자인 스토어(2층), 무인양품Muji(6층), 이색 서점 빌리지 뱅가드Village/Vanguard(3층)도 자리한다.

Data 지도 ● 휴대지도-14, P.293-K
가는 법 JR 센다이역 서쪽 출구에서 도보 3분, JR 센다이역에서 고가 보도로 연결
주소 宮城県仙台市青葉区中央1-10-10
전화 022-224-6210 **오픈** 10:00~21:00 / 레스토랑(8F) 11:00~22:00 **홈페이지** www.loft.co.jp/shop_list/detail.php?shop_id=285

고케시의 재발견
이로도리 소로에루 시마누키 본점
彩りそえる しまぬき 本店

도호쿠 지역의 민예품과 공예품을 주로 판매하는 가게. 특히 지방마다 다른 특색을 가진 고케시(목각인형)를 캔에 넣어 판매하는 고케시 캔이 귀엽다. 옛 서랍장 기술을 살린 시계 등 센다이 지역의 옛 기술을 활용한 공예품들도 감상할 만한 가치가 있다. 공예품 외에도 도호쿠 지역 관련 편지지, 손수건 등 잡화도 판매한다. JR 센다이역 지하 상점가에도 지점이 있다.

Data 지도 ● 휴대지도-12, P.292-J
가는 법 JR 센다이역에서 도보 10분 / 지하철 아오바도리이치반초青葉通一番町역에서 도보 3분
주소 宮城県仙台市青葉区一番町3-1-17
전화 022-223-2370
오픈 10:30~19:00 **휴무** 둘째 주 수요일
홈페이지 www.shimanuki.co.jp

SLEEP

군더더기 없는 선택
센다이 워싱턴 호텔 仙台ワシントンホテル

JR 센다이역에서 걸어서 3분이면 갈 수 있는 거리에 위치한 비즈니스호텔. 2층에서 9층까지 객실이고, 1층에는 조식 레스토랑과 숙박자 전용 라운지가 있다. 라운지는 체크인 전과 체크아웃 후에도 이용할 수 있고, 커피는 100엔에 제공한다.
객실은 군더더기 없는 깔끔한 스타일로 오리지널 호텔 침구와 화장실 욕조가 분리되어 있다. 센다이 시내 중심가에 자리 잡고 있어서 주변 상점가에서 센다이 명물인 규탄야키를 비롯한 미야기 지방의 신선한 먹거리를 즐기기에 좋다.

Data 지도 ● 휴대지도-14, P.293-K
가는 법 JR 센다이역 서쪽 출구에서 도보 3분
주소 宮城県仙台市青葉区中央 4-10-8
전화 022-745-2222
요금 싱글룸 1인 5,700엔부터
홈페이지 washington-hotels.jp/sendai/

싱글룸

비즈니스에 최적화
컴포트 호텔 센다이 니시구치
Comfort Hotel 仙台西口

싱글룸

JR 센다이역과 가깝고 다양한 서비스로 비즈니스에 최적화된 호텔이다. 18종의 프리 드링킹을 비롯해 콘센트, 와이파이 등을 갖춘 라이브러리 카페(14:00~22:00, 1인 400엔, 홈페이지 예약시 무료)를 이용할 수 있다. 전 객실이 금연으로 운영되어 쾌적하다. 또한, 같은 싱글룸이어도 방 크기에 따라 이코노미와 스탠다드 중 선택할 수 있다.

Data 지도 ● 휴대지도-10, P.293-H **가는 법** JR 센다이역 서쪽 출구에서 도보 5분
주소 宮城県仙台市青葉区中央3-5-11 **전화** 022-217-7112 **요금** 싱글룸 6,300엔부터(조식 포함)
홈페이지 www.choice-hotels.jp/hotel/sendai-w/

트윈룸

대욕장에서 하루의 피로를 말끔히
호텔 비스타 센다이 ホテルビスタ仙台

JR 센다이역 동쪽 출구에서 도보 4분 거리에 자리 잡고 있어서 관광에 매우 편리한 비즈니스호텔이다. 세련된 외관과 내부 인테리어가 깔끔하고, 와이파이 이용이 편리할 뿐 아니라 객실에 가습공기청정기 등이 비치되어 있는 등 편의시설을 잘 갖추고 있다. 또한, 2층에는 숙박객이 무료로 이용 가능한 대욕장이 있어서, 하루의 피로를 풀기에 충분하다. 대욕장은 오후 3시부터 자정까지, 오전 6시부터 9시까지 이용할 수 있다.

Data **지도** ● 휴대지도-15, P.293-L
가는 법 JR 센다이역 동쪽 출구에서 도보 4분
주소 宮城県仙台市宮城野区榴岡1-7-3
전화 022-385-6222
요금 싱글룸 1인 6,000엔부터
홈페이지 www.hotel-vista.jp/sendai

전 세계 여행자에게 검증된 비즈니스호텔
다이와로이넷 센다이 ダイワロイネットホテル仙台

일본 전국에 50곳이 넘는 다이와로이넷 호텔 그룹이 운영하는 비즈니스호텔이다. 그중에서도 다이와로이넷 센다이는 호텔 검색 사이트인 트립어드바이저에서 5년 연속 엑설런트 인증을 받은 곳으로 위치, 시설, 서비스, 가격 면에서 검증된 호텔이다. 객실은 모던한 인테리어와 차분한 분위기로, 꼭 필요한 서비스에 충실한 편. 호텔 1층에는 이자카야와 규탄야키 전문점, 편의점 등이 들어서 있다. 또한, JR 센다이역 동쪽 출구에서 2분 정도 걸어가면 낮과 밤의 활기찬 센다이시를 만날 수 있다.

Data **지도** ● 휴대지도-15, P.293-L
가는 법 JR 센다이역 동쪽 출구에서 도보 2분
주소 宮城県仙台市宮城野区榴岡1-2-37
전화 022-293-7055
요금 싱글룸 1인 6,800엔부터
홈페이지 www.daiwaroynet.jp/sendai

싱글룸

센다이시 근교

마쓰시마&아키우&사쿠나미&시로이시
松島&秋保&作並&白石

센다이라는 대도시로 대변되는 미야기현이지만, 조금만 벗어나면 전혀 다른 풍경이 기다리고 있다. 동쪽 바닷가에는 일본의 3경이자 도호쿠 최고의 경승지라 불리는 마쓰시마가, 서쪽으로는 산의 기운을 듬뿍 머금은 온천 마을이 여럿 자리한다. 이곳에서 우리가 미처 알지 못했던 미야기현의 또 다른 매력을 발견할 수 있다.

Matsushima
ONE FINE DAY IN

마쓰시마의 아름다운 자연과 고색창연한 역사의 향기를 쫓아 한나절 충실히 보내자. 오후에는 근교 온천에서 당일치기 입욕이나 숙박하는 일정으로 계획할 수 있다. 또는 센다이 시내 관광을 하는 것도 가능하다.

JR 마쓰시마 카이간역에서 도보 10분 →

즈이간지
장인이 빚어낸 국보의 본당 감상하기

도보 1분 →

엔쓰인
아름다운 돌과 이끼의 정원 산책하기

도보 6분 ↓

간란테이
잔잔한 바다를 바라보며 차 한 잔 즐기기

← 도보 3분

고다이도
붉은 다리를 건너면 펼쳐지는 바다 마주하기

← 도보 3분

산토리차야
싱싱한 굴 요리 한 상으로 맛있는 점심 식사하기

↓ 도보 3분

마쓰시마 유키타케야 & 쇼카도 과자점
마쓰시마의 아기자기한 기념품 쇼핑하기

마쓰시마

마쓰시마 문화관광교류관 아토레루 홀
松島町文化観光交流館アトレ・るHall

마쓰시마 병원
松島病院

오에도 온센모노가타리 호텔 소칸
大江戸温泉物語 ホテル壮観

오쿠마쓰시마 파크라인

마쓰시마 이치노보
松島一の坊

島町立松島第一小学校

주차장

세븐일레븐

후지타 코헤이 유리박물관
藤田喬平ガラス美術館

라이라이쿄

다카기강
高城川

팰리스 마쓰시마
Palace Matsushima

체국

호텔 우부도
松島温泉 元湯 ホテル海風土

松島東浜海岸

아키우 온천 뉴미토야 호텔

마 센추리 호텔
ンチュリーホテル

고마츠칸 고푸테이
松島温泉 小松館 好風亭

루토쿠
魚の宿 こちら丸特漁業部

호텔 젯케이 노 야카타
ホテル絶景の館

마쓰시마만
松島湾

후쿠우라바시 다리
福浦橋

고케시

후쿠우라섬
福浦島

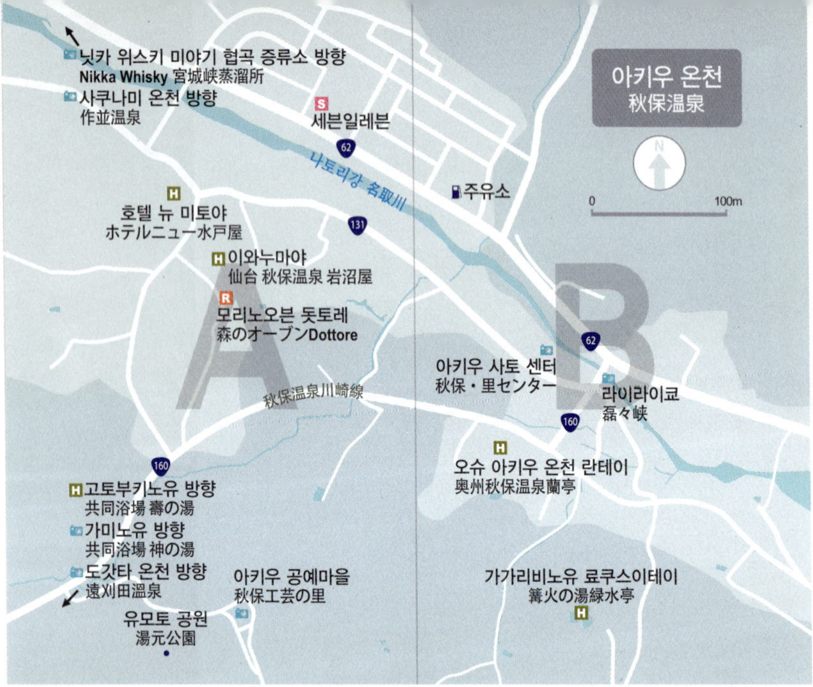

아키우 온천
秋保温泉
0
100m
닛카 위스키 미야기 협곡 증류소 방향
Nikka Whisky 宮城峡蒸溜所
사쿠나미 온천 방향
作並温泉
세븐일레븐
62
나토리강 名取川
주유소
호텔 뉴 미토야
ホテルニュー水戸屋
131
이와누마야
仙台 秋保温泉 岩沼屋
모리노오븐 돗토레
森のオーブンDottore
A
B
아키우 사토 센터
秋保・里センター
라이라이쿄
磊々峡
秋保温泉川崎線
160
오슈 아키우 온천 란테이
奥州秋保温泉蘭亭
고토부키노유 방향
共同浴場 壽の湯
가미노유 방향
共同浴場 神の湯
도갓타 온천 방향
遠刈田温泉
아키우 공예마을
秋保工芸の里
유모토 공원
湯元公園
가가리비노유 료쿠스이테이
篝火の湯緑水亭

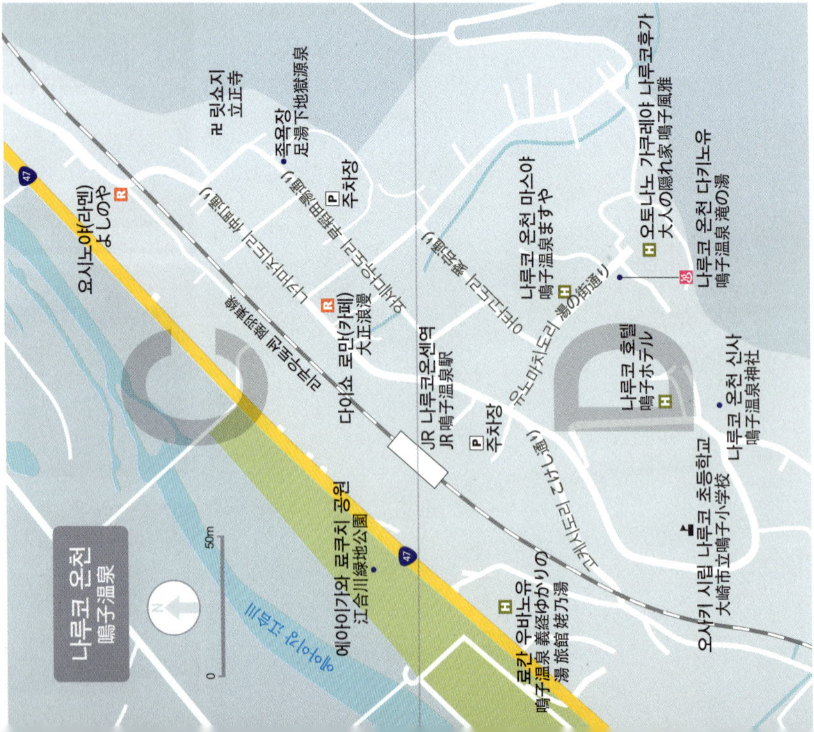

나루코 온천
鳴子温泉
0
50m
47
요시노야(라멘)
よしのや
C
에아이강 江合川
에아이가와 료쿠치 공원
江合川緑地公園
리쿠우토센 陸羽東線
나카마치도리 仲町通り
와세다유도리 早稲田湯通り
卍 릿쇼지
立正寺
족욕장
足湯下地獄源泉
다이쇼 로만(카페)
大正浪漫
주차장
JR 나루코온센역
JR 鳴子温泉駅
주차장
아타고도리 愛宕通り
유노마치도리 湯の街通り
나루코 온천 마스야
鳴子温泉ますや
료칸 우바노유
鳴子温泉 義経ゆかりの湯 旅館 姥乃湯
고케시도리 こけし通り
D
나루코 호텔
鳴子ホテル
오토나노 가쿠레야 나루코후가
大人の隠れ家 鳴子風雅
오사키 시립 나루코 초등학교
大崎市立鳴子小学校
나루코 온천 신사
鳴子温泉神社
나루코 온천 다키노유
鳴子温泉 滝の湯

SEE

도호쿠 최고의 경승지

마쓰시마 松島 마츠시마

잔잔한 바다 위에 떠 있는 크고 작은 260여 섬들이 그림 같은 풍경을 만드는 마쓰시마. 일본 3경으로 불릴 정도로 절경을 자랑하는 도호쿠 최고의 경승지다. 예로부터 숱한 문인과 화가를 매료시키며 작품의 소재가 되었고, 특히 하이쿠俳句(5, 7, 5의 3구 17자로 된 일본 고유의 단시)의 명인 마쓰오 바쇼松尾芭蕉가 마쓰시마를 보기 위해 도호쿠 여행을 떠났을 정도였다.

다도해의 풍경이 한눈에 내려다보이는 4곳의 전망대에서 저마다 다른 절경을 감상할 수 있다. 또는 유람선을 타고 섬과 섬 사이를 일주할 수도 있다. 센다이시의 초대 번주 다테 마사무네가 건립한 국보 사찰 즈이간지 등 마쓰시마에는 그와 관련된 유적지가 곳곳에 남아있어 역사 기행지로도 안성맞춤이다. 관광지는 주로 JR 마쓰시마카이간역에 몰려 있지만, JR 마쓰시마역으로 열차가 더 자주 다니고 시간도 더 적게 소요되니 상황에 맞춰 결정하자.

Data 지도 P.316
가는 법 JR 센다이역에서 도호쿠 본선東北本線 열차를 타고 JR 마쓰시마역에서 하차. 총 25분 소요 / JR 센다이역에서 센세키仙石線 선 열차를 타고 JR 마쓰시마카이간松島海岸역에서 하차. 총 40분 소요
홈페이지 www.matsushima-kanko.com

Tip 센다이 공항에서 마쓰시마&히라이즈미 관광하기

센다이 공항에서 하나마키선 직통버스를 이용해 마쓰시마로 단번에 갈 수 있다. 마쓰시마 관광 물산관 松島観光物産館까지 약 1시간 소요된다. 이 직통버스는 마쓰시마를 거쳐 이와테현의 히라이즈미까지 가기 때문에 도호쿠의 대표 관광지 2곳을 한번에 섭렵할 수 있다. 이 버스를 5일 동안 탈 수 있는 프리패스권(4,500엔)으로 비용 절감도 가능하다.

Data **전화** 022-259-8151 **요금** 센다이 공항~마쓰시마 1,000엔 / 센다이 공항~히라이즈미 2,500(어린이는 반값) **홈페이지** www.sendai-airportbus.jp/matsushima_hiraizumi/

마쓰시마의 보물

즈이간지 瑞巌寺 🔊 즈이간지

헤이안 시대의 대승려 엔닌이 828년에 창건했으며, 1609년 다테 가문의 위패를 모시는 사찰로 재건되었다. 기슈 구마노(현재의 와카야마시)에서 노송을 운송해오고, 간사이 목수와 기와 장인을 초빙해 지은 본당에는 모모야마 건축의 정수를 녹여낸 금박 그림과 정교한 조각이 장식되어 있다. 본당을 비롯해 독특한 지붕 구조의 부엌 건물 또한 국보로 지정되었다. 경내에는 와룡매臥龍梅라 불리는 2그루의 매화나무가 있는데, 다테 마사무네가 조선에서 가져와 손수 심었다고 전해진다. 삼나무가 빼곡히 늘어선 참배길은 도호쿠 대지진 때 큰 피해를 입어 현재 복원 중이다.

Data 지도 P.316-E
가는 법 JR 마쓰시마카이간역에서 도보 10분 **주소** 宮城県宮城郡松島町松島字町内91
전화 022-354-2023 **오픈** 08:00~17:00(10~3월 운영 시간 변동 있음)
요금 고등학생 이상 700엔, 초·중학생 400엔 **홈페이지** www.zuiganji.or.jp

붉은 다리 건너의 단아한 절

고다이도 五大堂 🔊 고다이도

마쓰시마만의 아름다운 바다 풍경을 바라볼 수 있는 명소로, 1604년 다테 무사무네가 재건했다. 밀교에서 중심이 되는 다섯 명왕의 동상이 내부에 안치되어 있는데, 내부는 33년마다 공개된다. 고다이도로 가려면 붉은 다리를 건너야 하는데 판과 판 사이에 15cm 정도의 틈이 있는 다리(스카시바시すかし橋)이므로 주의가 필요하다. 고다이도는 도호쿠에서 가장 오래된 모모야마 건축으로 단청을 하지 않은 단아한 형태의 특징을 잘 보여주며 국가중요문화재로 지정되었다.

Data 지도 P.316-J 가는 법 JR 마쓰시마카이간역에서 도보 10분 **주소** 宮城県宮城郡松島町松島字町内111 **전화** 022-354-2023 **오픈** 08:30~17:00 **홈페이지** www.zuiganji.or.jp/keidai/godaidou.html

돌과 이끼로 이루어진 아름다운 정원
엔쓰인 円通院 🔊 엔츠인

다테 마사무네의 손자를 기리기 위해 1647년 건립된 사찰. 그의 위패가 안치된 산케이덴三慧殿은 미야기현에서 가장 오래된 사당으로 국가중요문화재이다. 이곳에서 눈여겨 볼 것은 정원이다. 350년 전에 조성한 연못을 중심으로 이끼와 바위로 마쓰시마만을 표현한 돌 정원이 유명하다.
산케이덴에는 서양장미와 수선화가 그려져 있는데, 여기서 착안해 6000㎡의 장미 정원도 조성하였다. 초여름에서 초가을까지 만발한 서양장미를 볼 수 있으며, 그 외 기간에는 이끼로 뒤덮여 색다른 풍경을 만든다. 가을에는 야간 조명 이벤트가 열린다.

Data 지도 P.316-E 가는 법 JR 마쓰시마카이간역에서 도보 7분 주소 宮城県松島町松島字町内67 전화 022-354-3206 오픈 08:30~17:00(10월 하순~11월 16:30까지, 12~3월 09:00~16:00) 요금 성인 300엔, 고등학생 150엔, 초·중학생 100엔 홈페이지 www.entuuin.or.jp

잔잔한 바다 위의 다실
간란테이 観瀾亭 🔊 칸란테이

마쓰시마만이 내려다보이는 곳에 자리 잡은 간란테이는 막부의 요인, 무사 등을 대접하던 다테 가문의 다실이다. '잔잔한 물결을 감상하기 좋은 곳'이란 뜻을 담고 있다. 도요토미 히데요시가 교토의 후시미성伏見城에 지은 다실을 다테 마사무네가 하사받은 것으로 에도(현재의 도쿄)의 저택에 이축하였다가 2대 다다무네가 원형 그대로 마쓰시마 해변의 언덕에 옮겨왔다.
휘영청 뜬 달밤에 차를 마시는 행사가 있었을 정도로 바다의 탁 트인 전망이 감탄을 자아낸다. 지금은 누구나 툇마루에 앉아 차와 화과자를 즐기는 다실로 사용된다. 가노파狩野派 화가가 그린 금박 채색의 장벽화는 국가중요문화재로 간소한 건물에 화려함을 주고 있다.

Data 지도 P.316-I 가는 법 JR 마쓰시마카이간역에서 도보 6분
주소 宮城県宮城郡松島町松島字町内56 전화 022-353-3355 오픈 08:30~17:00(11~3월 16:30까지) 요금 성인 200엔, 고등·대학생150엔, 초·중학생100엔 / 말차&화과자 세트 300~700엔

센다이시의 안방
아키우 온천 秋保温泉 🔊 아키우 온센

나토리가와강名取川의 협곡을 따라 자리한 아키우 온천은 그 역사가 1500년 전으로 거슬러 올라간다. 일본 29대 긴메이 천황欽明天皇이 천연두를 앓고 있었는데, 이곳의 온천을 길어서 목욕하자 며칠 만에 씻은 듯 나았다는 이야기가 전해진다. 명탕으로 이름나며 널리 알려졌고, 교통이 발달하면서 센다이시의 대표적인 근교 온천 마을로 현지인의 발길이 끊이지 않았다.

현재 16곳의 온천 숙소가 영업 중인데, 1980년대 버블 경제와 함께 몸집을 키워 대체로 규모가 큰 편이다. 전체 수용 인원이 센다이 도심의 숙소를 능가해서 '센다이시의 안방'이라는 별명이 생기기도 했다. 헤이안 시대부터 아키우 온천의 관리자였던 사토佐藤 가문은 다테 마사무네의 온천 숙소도 관리했으며, 이후 이곳에 호텔이 들어선 것이 사칸佐勘이다. 무색투명한 온천은 남녀노소 누구나 즐기기에 부담이 없다. 협곡 산책로나 공예 마을 등 주변 관광지도 잘 되어 있다.

Data 지도 P.318
가는 법 JR 센다이역 앞 63번 정거장에서 다케야코츠タケヤ交通 버스를 타고 사칸佐勘 또는 아키우 사토 센터秋保·里センター에서 하차. 총 30분 소요 / JR 아야시愛子역 2번 정거장에서 시영버스를 타고 아키우 사토 센터秋保·里センター에서 하차. 총 15분 소요
전화 022-398-2323(아키우 온천향 관광 안내소)
홈페이지 akiuonsenkumiai.com

Tip
센다이 공항에서 아키우 온천 바로 가기
센다이 공항에서 다케야코츠タケヤ交通 버스가 운행하는 센다이 세이부 에어포트라이너仙台西部エアポートライナー가 JR 센다이역 앞을 지나 아키우 온천까지 운행한다. 약 1시간 10분 소요. JR 센다이역을 지나지 않는 직통버스도 1일 1회 왕복 운행하는데 약 45분 소요되고 요금도 더 저렴하다.
Data 전화 0224-86-5525
요금 센다이 공항~아키우 온천 편도 1,500엔, 왕복 2,550엔(어린이는 반값) / 직통버스 편도 1,000엔(어린이는 반값) 홈페이지 www.takeyakoutu.jp/sendai_airport_liner.html

온천부터 관광 정보까지
아키우 사토 센터 秋保·里センター ◀)) 아키우 사토 센타

아키우 온천 및 주변 관광 정보를 제공하는 종합 정보관. 아키우 온천의 숙박 정보는 물론, 당일 입욕이나 각종 할인쿠폰, 주변 관광지와 같은 정보도 안내해준다. 4월부터 11월에는 자전거도 무료로 빌려주며, 귀중품을 보관할 수 있는 코인 로커(100엔 반납식)도 이용할 수 있다.
아키우 공예품이나 과거 센다이 시내에서 아키우 온천까지 운행하던 노면 전차의 디오라마도 등 볼거리도 전시한다. 또 야외 및 실내에서 쉬었다 갈 수 있는 자리가 넉넉하고, 4월부터 11월의 주말 및 공휴일에는 족욕탕도 이용할 수 있다.

Data 지도 P.318-B
가는 법 아키우 사토 센터秋保·里センター 정거장에서 바로
주소 宮城県仙台市太白区秋保町湯元寺田原40-7
전화 022-304-9151
오픈 09:00~18:00 요금 자전거 대여 무료(09:30~17:00, 보증금 1,000엔) 홈페이지 akiusato.jp

사뿐사뿐 협곡 산책
라이라이쿄 磊々峡 ◀)) 라이라이쿄

아키우 온천의 나토리가와강을 따라 약 1km 이어진 기암괴석의 협곡. 빠른 유속의 강물이 협곡 양쪽의 암석을 긁어내듯이 침식시켜 뿔 모양의 기암괴석을 만든다. 협곡을 따라 산책로가 있으며 중간중간 시원하게 떨어지는 폭포와 독특한 형상의 바위에는 기멘이와奇面巌(신기한 얼굴 바위), 시구레타키時雨滝(늦가을 이슬비의 폭포) 등 모양과 느낌에 따른 재미난 이름표가 붙어 있다.
라이라이쿄의 시작점은 아키우 온천 입구 사거리의 아치 다리 노조키바시覗橋인데, 이곳은 연인의 성지로 유명하다. 협곡 아래로 보이는 하트 모양의 바위 웅덩이 때문. 밤에 라이트업이 되는 4월부터 6월까지는 데이트 코스로도 즐겨 찾는다.

Data 지도 P.318-B 가는 법 아키우 사토 센터에서 산책로로 연결

손맛의 기쁨
아키우 공예 마을 秋保工芸の里 🔊 아키우 코케노사토

아키우 온천 중심가에서 남쪽으로 약 1km 떨어진 언덕 위에 자리 잡고 있는 아키우 공예 마을. 자연에 둘러싸인 한적한 곳에 9동의 공방이 옹기종기 모여 있다. 고케시, 나무 팽이, 목공예, 천연 염색, 향 등 한평생 기술을 연마하고 대를 이어 전통을 지켜나가는 장인들을 만날 수 있다.

공방에서 장인이 작업하는 모습을 볼 수 있고 판매를 하거나 일일 체험도 진행한다. 나무 팽이나 고케시 색 칠하기 체험은 20~30분이면 완성할 수 있어서 바쁜 여행자라도 해볼만하다.

Data **지도** P.318-A **가는 법** 아키우 사토 센터에서 버스로 15분, 또는 도보 20분 **주소** 宮城県仙台市太白区秋保町湯元字上原54 **전화** 022-398-2673(고케시 공방) **오픈** 09:00~17:00 **요금** 나무 팽이 칠하기 1,000엔(예약 필수) **홈페이지** www.city.sendai.jp/kankokikaku/akiukoge/

센다이시의 이름난 근교 온천
사쿠나미 온천 作並温泉 🔊 사쿠나미 온센

남북으로 흐르는 히로세가와강広瀬川의 협곡 상류에 위치해 있는 사쿠나미 온천은 1796년 에도 시대에 본격적으로 개발된 근교 온천이다. 이때 함께 문을 연 이와마츠 료칸岩松旅館을 비롯해 현재 5곳의 온천 숙소가 계곡을 따라 자리하고 있다.

메이지 시대에는 숙박객이 아키우 온천을 웃돌 정도로 번성했다. 이후 야외 수영장이나 고층의 객실로 숙박 시설을 재정비했으나, 깊은 계곡을 끼고 즐길 수 있는 예스러운 탕은 고스란히 지켜냈다. 시내와 비교적 가까운 편인데도 혼욕탕이 남아있거나 비누칠을 금지하는 탕 등을 경험할 수 있는 까닭에 도시에서 비일상의 풍경을 그리며 찾아오는 이들이 많다.

Data **지도** P.318-A **가는 법** JR 센다이역 서쪽 출구 앞 10번 정거장에서 840번 시영버스를 타고 1시간 / JR 센다이역 서쪽 출구 앞 23번 정거장에서 야마코山交 버스 특급 48라이너를 타고 사쿠나미 온센 모토유作並温泉元湯에서 하차. 총 35분 소요 **전화** 022-395-2211 **홈페이지** www.sakunami-spa.com

위스키가 익어가는 빨간 벽돌 성
닛카 위스키 미야기 협곡 증류소
Nikka Whisky 宮城峡蒸溜所 🔊 닛카 위스키 미야기쿄 조류쇼

일본을 대표하는 위스키 브랜드 닛카 위스키에서 운영하는 제2증류소가 미야기현의 깊은 협곡에 자리한다. 일본 위스키의 아버지라 불리는 닛카 위스키의 창업자 타케츠루 마사타카竹鶴政孝는 홋카이도 요이치 증류소에 이어 새로운 공장 부지를 물색하던 중 냉량한 기후와 청정한 복류수가 흐르는 이곳을 증류소로 결정하고 1969년에 완공하였다.

삼나무가 우거진 20만㎡의 부지에는 여러 동의 붉은 벽돌 공장이 들어서 있어서 마치 유럽의 산골 마을에 온듯한 분위기의 자아낸다. 안내원을 따라 증류동과 건조동(킬른탑), 저장고 등을 1시간 정도 견학하고 나면 이곳에서 생산하는 싱글 몰트 위스키 미야기쿄를 시음할 수 있다. 기념품 숍에서는 닛카 위스키의 대표 상품을 판매하고 있는데, 귀여운 미니어처 위스키가 단연 인기다.

Data 지도 P.318-A
가는 법 JR 센다이역 서쪽 출구 앞 10번 정거장에서 사쿠나미온천 방면 840번 시영버스를 타고 닛카 바시ニッカ橋에서 하차 후 도보 10분. 총 1시간 소요 / JR 사쿠나미역에서 무료 셔틀버스 운행(주말·공휴일)
주소 宮城県仙台市青葉区ニッカ1番地 **전화** 022-395-2865
오픈 견학 09:00~11:30, 12:30~15:30(30분 간격)
휴무 8/24(홈페이지 확인 필수)
요금 견학 무료(10명 이상 또는 가이드 견학은 예약 필수)
홈페이지 www.nikka.com/distilleries/miyagikyo/

시음도 할 수 있다.

고케시 따라 온천 순례

나루코 온천 鳴子温泉 🔊 나루코 온센

천연 원시림에 둘러싸여 있고 풍부한 수량을 자랑하는 온천 마을. 온천수가 하늘을 향해 터져 나오는 간헐천을 볼 수 있는 보기 드문 온천이다. 나무를 깎아 만든 도호쿠의 민예 목각인형 고케시가 유명해 간판, 우체통, 맨홀 등 곳곳에 고케시를 활용했으며, 온천 지도에 이것이 표시되어 있기도 하다.
총 19곳의 온천 숙박 시설이 강 옆을 따라 늘어서 있다. 마을 곳곳에 누구나 이용할 수 있는 족욕 시설이 역 앞을 비롯해 5곳, 수욕 시설이 1곳 흩어져 있다. JR 나루코온센역 내 관광 안내소에서 각 시설을 표시한 지도를 받아 들고 시설마다 놓인 스탬프를 찍는 재미가 있고, 산책하듯이 다니기에 좋다. 단, 겨울에는 눈이 많이 내려 대부분 휴업한다.

Data 지도 P.318
가는 법 JR 센다이역 앞 24번 정거장에서 고속버스를 타고 나루코 온센 구루마유車湯 또는 JR 나루코온센역에서 하차. 총 1시간 25분 소요
전화 0229-83-3441
홈페이지 www.naruko-onsen.jp

찌릿한 온천의 질감

다키노유 滝の湯 🔊 타키노유

천년 전 용출한 나루코 온천 신사의 원천을 사용하는 유서 깊은 공동 온천장으로 기와지붕을 한 아담한 목조 건물이다. 삼나무 널빤지가 깔린 소박한 탕에는 뽀얀 색의 산성 온천을 46도의 원천을 그대로 흘려보낸다. 후끈한 열기로 가득한 탕에 몸을 담그면 온몸이 찌릿해지는 온천의 질감을 제대로 느낄 수 있다.

Data 지도 P.318-D
가는 법 JR 나루코온센역에서 도보 4분
주소 宮城県大崎市鳴子温泉字湯元47番地1
전화 080-9633-7930
오픈 07:30~22:00
요금 성인 150엔, 어린이 100엔

깊은 산 속 휴양 온천
도갓타 온천 遠刈田温泉 🔊 토갓타 온센

자오 연봉 동쪽 자락에 위치한 표고 330m 고산 지대의 온천 마을로 여름에도 차가운 산 공기가 주변을 에워싸고 있다. 온천 수질은 고온의 무색투명한 황산 염천으로 몸에 열기가 오래간다. 온천 중심가부터 산 깊숙한 곳까지 14곳의 온천 숙소가 넓게 흩어져 있으며, 특히 산 쪽의 료칸은 울창한 숲과 계곡의 노천탕을 찾는 이들에게 추천하고 싶다.
넓은 부지에 한 숙소만 있어서 오붓하게 휴식의 시간을 보내기에 좋고 산채를 중심으로 한 웰빙 식사가 나온다. 고케시의 발상지 중 하나로, 곳곳에서 고케시 장식을 발견할 수 있다.

Data **지도** P.318-A **가는 법** JR 센다이역 서쪽 출구 앞 33번 정거장에서 고속버스를 타고 도갓타 온센 유노마치湯の町에서 하차. 총 1시간 소요 / JR 시로이시자오白石蔵王역에서 고속버스를 타고 50분
전화 0224-34-2725 **홈페이지** togatta.jp

도갓타 온천의 중심
가미노유 共同浴場 神の湯 🔊 카미노유

도갓타 온천에 자리한 2곳의 공공 온천장 중 하나다. 중심 위치를 차지하는 번듯한 규모가 한눈에도 이 마을의 얼굴임을 말해준다. 누구나 즐길 수 있는 족욕 시설과 관광 안내소가 병설되어 있어서 관광객과 현지인들로 늘 붐빈다.
목조로 된 깔끔한 실내 온천 시설에는 각각 뜨거운 탕과 미지근한 탕이 있으며 68도의 천연 온천을 그대로 방류하다 보니 찬물을 섞어 온도를 조절한다.

Data **지도** P.318-A
가는 법 도갓타 온센 유노마치湯の町 정거장에서 도보 1분
주소 宮城県刈田郡蔵王町遠刈田温泉仲町32 **전화** 0224-34-1990
오픈 09:00~21:30
요금 성인 330엔, 어린이 110엔
홈페이지 toogattaspa.jp/kaminoyu.html

친근한 동네 온천
고토부키노유 共同浴場 壽の湯 ◀》 코토부키노유

가미노유와 같은 원천을 사용하는 공공 온천장이다. 가미노유보다 규모는 작지만, 복고풍 분위기가 흐르는 온천장으로 친근함이 더 묻어나는 곳이다.
원래 동네 사람들이 새벽부터 드나들던 마을 온천장이었는데, 최근에는 이런 분위기를 좋아하는 관광객들의 발걸음이 늘고 있다. 고토부키노유는 고온의 열탕 1곳뿐이어서 뜨거운 탕을 잘 못 견딘다면 여유롭게 온천을 즐기기 힘들 수도 있다.

Data **지도** P.318-A
가는 법 도갓타 온센 유노마치湯の町 정거장에서 도보 2분
주소 宮城県刈田郡蔵王町遠刈田温泉旭町5-1
전화 0224-34-1990
오픈 05:00~08:30, 10:30~21:30
요금 성인 330엔, 어린이 110엔
홈페이지 toogattaspa.jp/kotobukinoyu.html

매력만점 여우가 사는 숲
미야기 자오 여우 마을 宮城蔵王キツネ村 ◀》 미야기자오 키츠네 무라

자오 여우 마을은 100여 마리의 여우를 만날 수 있는 시설이다. 일본의 대표적인 붉은여우를 비롯해 희귀한 은색여우, 북극여우(청색, 흰색), 백금여우 등 6종류의 여우를 만날 수 있다. 숲속에 조성된 여우 마을을 걷다 보면 지금까지 몰랐던 여우들의 생태에 대해 관찰할 수 있다.
매점에서는 다양한 여우 관련 상품들을 판매한다. 특히 여우는 쥐나 뱀을 잡아먹는 동물로, 움직이는 물체에 관심이 많다. 검은색 타이츠나 나풀거리는 줄이 있는 복장 등은 여우의 주의를 끌 수 있으므로 주의해야 한다.

Data **지도** 지도 밖 **가는 법** JR 시로이시자오白石蔵王역에서 차로 20분 **주소** 宮城県白石市福岡八宮字川原子11-3 **전화** 0224-24-8812 **홈페이지** zao-fox-village.com/

EAT

굴 요리 한 상
산토리차야 さんとり茶屋

마쓰시마 특산품인 굴 요리와 붕장어 덮밥이 맛있는 밥집이다. 계절마다 제철 재료를 활용해 그날의 추천 메뉴를 준비한다. 가장 인기 있는 요리는 소스를 발라 구운 붕장어를 올린 덮밥인 마쓰시마 아나고돈松島あなご丼. 부드럽게 씹히는 붕장어 맛이 고소하다. 굴 튀김은 아삭한 식감으로, 굴을 별로 좋아하지 않는 사람이라도 부담 없이 먹을 수 있다. 굴을 좋아한다면 튀김과 회, 구이가 같이 나오는 가키잔마이 세트를 추천한다.

Data 지도 P.316-J **가는 법** JR 마쓰시마카이간松島海岸역에서 도보 15분
주소 宮城県宮城郡松島町松島字仙随24-4-1 **전화** 022-353-2622 **오픈** 점심 11:30~15:00 /
저녁 17:00~22:00 **휴무** 수요일 **가격** 마쓰시마 아나고돈 1,730엔, 가키잔마이 세트 2,040엔
홈페이지 www.santorichaya.com

마쓰시마 아나고돈

단정한 카스텔라 카페
쇼카도 과자점 松華堂菓子店

단정한 2층 건물의 전창으로 마쓰시마 고다이도를 볼 수 있는 카페. 더하기보다 빼기에서 맛을 찾는 쇼카도 과자점은 카스텔라가 유명한데, 매장 내에서 베이킹하는 모습도 볼 수 있다.
다른 곳에서는 찾아보기 힘든 카스텔라 러스크도 인기 있다. 달걀 본래의 맛과 씁쓸한 캐러멜이 진하게 느껴지는 푸딩은 차와 잘 어울린다. 여름에는 빙수, 겨울에는 젠자이ぜんざい(단팥죽) 같은 계절 한정 메뉴를 즐길 수 있다.

Data 지도 P.316-J
가는 법 JR 마쓰시마카이간松島海岸역에서 도보 10분
주소 宮城県宮城郡松島町松島字町内109 2F
전화 022-355-5002 **오픈** 10:00~17:30 **휴무** 화요일
가격 푸딩과 차 세트 720엔, 카스텔라 하프 사이즈 780엔
홈페이지 www.facebook.com/shokadomatsushima

숲속의 피자 레스토랑
모리노 오븐 돗토레 森のオーブン Dottore

쫄깃하게 갓 구운 가마 피자와 신선한 음료를 함께 즐길 수 있는 피자 레스토랑이 아키우 숲속에 숨은 듯 자리하고 있다. 주인장은 '건강하고 맛있는 피자를 만들어 사람들에게 즐거움을 주고 싶다는 목표를 실현하기 위해 도시 생활을 정리하고 이곳에 문을 열었다'고 말한다.
가게라기보다는 누군가의 숲속 별장에 초대받은 듯한 느낌이다. 나무로 된 삐걱 이는 바닥과 나지막한 조명, 우아하게 곡선을 그리는 장식물들이 그 분위기를 온전히 전한다.

Data **지도** P.318-A **가는 법** JR 센다이역에서 아키우 온센秋保温泉행 버스를 타고 사칸佐勘에서 하차 후 도보 3분. 총 33분 소요 **주소** 宮城県仙台市太白区秋保町湯元字釜土1 **전화** 022-797-5681
오픈 11:00~17:00 **휴무** 수요일 **가격** 마르게리타(음료 포함) 1,400엔, 4종류 치즈 피자(음료 포함) 1,500엔
홈페이지 www.dottore2013.com

가마보코의 신세계
마쓰카마 총본점 松かま総本店

어묵의 일종인 가마보코かまぼこ를 전문으로 하는 곳으로, 마쓰시마 지역에만 3개의 지점과 레스토랑 및 카페를 운영하는 제법 규모가 있는 회사다. 그 자리에서 바로 튀겨주는 두부 어묵인 무우를 호호 불며 먹으면 튀긴 것인데도 느끼하지 않고 깔끔한 맛에 감탄하게 된다.
직접 어묵을 굽는 체험도 할 수 있으며, 안에 테이블이 마련되어 있고 차를 제공해주어 잠시 쉬어가기에도 좋다. 어묵과 함께 마쓰시마의 기념품 등도 판매한다.

Data **지도** P.316-J
가는 법 JR 마쓰시마카이간松島海岸역에서 도보 10분
주소 宮城県宮城郡松島町松島字町内120 **전화** 022-354-4016
오픈 09:00~16:00(5~11월 17:00까지)
가격 어묵 굽기 체험 200엔, 두부 어묵 200엔
홈페이지 www.matsukama.jp

BUY

감각적인 특산품 셀렉트 숍

마쓰시마 유키타케야 松島雪竹屋

마쓰시마와 도호쿠 지역의 개성 있고 세련된 잡화를 판매하는 셀렉트 숍으로, 물건의 장르도 다양하다. 디자인 패키지의 간장부터 편지지, 깔끔한 그림이 그려진 도기, 묵직한 철기까지 다양한 취향의 상품이 눈을 즐겁게 해준다. 보기에 예쁘고 의미도 있는 소품을 만날 수 있다. 쇼카도 과자점이 2층에 자리하고 있으니 함께 둘러보아도 좋겠다.

Data 지도 P.316-J
가는 법 JR 마쓰시마카이간松島海岸역에서 도보 10분
주소 宮城県宮城郡松島町松島字町内109 1F
전화 022-354-2612
오픈 10:00~17:30
가격 장식 수건 1,080엔, 다루마 인형 378엔
홈페이지 www.facebook.com/yukitakeya109

마쓰시마의 선물

엠 팬트리 M Pantry

경쾌한 하늘색 천막이 눈에 띄는 엠 팬트리. 자그마한 가게 안에는 지역 특산물로 꽉 차 있다. 굴을 사용한 센베이, 간장 등의 소스, 지역 맥주와 니혼슈, 예술적인 감각을 더한 실용품 등을 판매한다. 점포 내에 마실 곳이 있는 것은 아니라 테이크아웃만 가능한 드립 커피도 근처 이시노마키에 있는 지역 커피 매장에서 직접 볶은 것이다. 지역을 사랑하는 마음과 질 높은 상품이 만난 시너지 효과를 느낄 수 있다.

Data 지도 P.316-J
가는 법 JR 마쓰시마카이간松島海岸역에서 도보 15분
주소 宮城県宮城郡松島町松島字仙随10
전화 022-349-5141
오픈 09:30~18:00
휴무 수요일
가격 굴 바질 센베이(6개입) 1,900엔
홈페이지 mpantry.jp

SLEEP

마쓰시마의 절경이 펼쳐지는 온천 호텔
마쓰시마 이치노보 松島一の坊

모든 객실에서 마쓰시마의 풍경을 바라볼 수 있는 온천 료칸. 특히 노천탕에서 맞이하는 일출 풍경은 누구에게라도 자랑할 만한 경험이다. 2개의 객실 동과 분리된 하나의 온천 건물이 있다. 온천 건물에 2종류의 온천이 있으며 오전과 오후로 시간을 나누어 남녀를 바꿔 입욕한다. 노천탕의 분위기가 각기 다르므로 부지런히 양쪽을 다 경험해보자. 부지 내에 바다 쪽으로 7,000평의 운치 있는 정원이 조성되어 있어서 산책은 물론 기념사진을 촬영하기에도 안성맞춤이다.

Data 지도 P.317-D
가는 법 JR 마쓰시마역에서 도보 10분, 또는 JR 센다이역에서 무료 송영차량 이용(숙박객 한정, 약 1시간 소요)
주소 宮城県宮城郡松島町高城字浜1-4
전화 022-353-3333
요금 15,270엔부터(2인 이용 시 1인 요금, 조·석식 포함)
홈페이지 www.ichinobo.com/matsushima

산세와 석양이 근사한 옥상 노천탕
나루코 온천 마스야 鳴子温泉ますや

나루코 온천의 원시림 산책로 인근에 위치해 있는 현대적인 료칸이다. 언덕배기에 자리 잡고 있기 때문에 옥상 노천탕에서는 나루코 온천 마을 전체는 물론 넓게 펼쳐진 주변 숲까지 조망할 수 있다. 특히 석양이 질 때의 풍경이 가장 근사하니 놓치지 말자.

온천수는 유황 냄새가 아주 강하지 않고 온도도 높지 않아 오래 즐길 수 있다. 좀 더 강한 스타일의 온천을 원한다면 바로 맞은편의 공공 온천탕인 다키노유滝の湯를 찾아가 보자. 숙박자에게는 프런트에서 다키노유 무료 이용권을 발급해준다.

Data **지도** P.318-D **가는 법** JR 나루코온센역에서 도보 5분 **주소** 宮城県大崎市鳴子温泉字湯元82 **전화** 0570-020268 **요금** 9,720엔부터(2인 이용 시 1인 요금, 조·석식 포함)
홈페이지 masuya.ooedoonsen.jp/

차분한 분위기에서 즐기는 온천 순례
호텔 뉴 미토야 ホテルニュー水戸屋

기와지붕과 고즈넉한 일본식 정원이 어우러져 전반적으로 아늑한 분위기를 느낄 수 있는 온천 호텔이다. 3개의 원천을 이용한 16곳의 탕은 서로 분위기가 달라 비교해가며 즐길 수 있다. 도기로 만든 큼지막한 만월탕과 1인용 도기탕이 있는 온천, 바위를 둘러쌓은 노천탕과 전면 유리 전망탕이 있는 온천, 나무 정자의 노천탕과 넓은 실내탕 온천은 남녀가 시간을 번갈아 사용한다.
산리쿠 해안의 해산물, 자오산 기슭의 산나물, 센다이 평야의 채소 등 현지의 식재료를 살린 식사는 이곳의 자랑으로 저녁은 코스 요리로, 아침은 뷔페 스타일로 즐길 수 있다.

Data **지도** P.318-A **가는 법** JR 센다이역 서쪽 출구 앞 63번 정거장에서 다케야코츠타케야交通 버스를 타고 사칸佐勘에서 하차 후 도보 3분. 총 30분 소요 / JR 센다이역에서 무료 셔틀버스 이용(예약 필수)
주소 宮城県仙台市太白区秋保町湯元字薬師102 **전화** 022-398-2301
요금 15,552엔(2인 이용 시 1인 요금, 조·석식 포함)부터 / 당일 입욕(11:00~15:00) 성인 1,080엔, 어린이 540엔 **홈페이지** www.mitoya-group.co.jp

자연 그대로의 계곡 노천탕

유즈쿠시 살롱 이치노보 ゆづくしSalon一の坊

사쿠나미 온천의 계곡 안쪽에 자리한 이치노보는 시원한 물소리가 귓가에 내내 맴도는 대자연 속 노천탕으로 유명하다. 3개의 원천이 흐르는 8곳의 탕을 돌아다니며 이용할 수 있는데, 이름의 '유즈쿠시ゆづくし' 또한 '온천을 마음껏 즐긴다'라는 뜻이다. 숲과 계곡이 보이는 복도를 따라가며 깊은 계곡에 자리한 노천탕을 하나하나 발견하는 재미를 느낄 수 있다.

자연 그대로의 노천탕을 유지하기 위해 비누칠이 금지되어 있으니, 먼저 실내 대욕장에서 씻고 나서 노천탕을 이용해야 한다. 온천수는 무색투명하며 약알칼리성으로 자극이 적어 몸의 긴장을 풀어준다. 온천 후에는 쉬었다 갈 수 있는 공간인 살롱에서 시간에 따라 간단한 다과를 제공한다. 밤에는 잔잔한 음악의 콘서트나 센다이 지역의 전통춤을 선보이는 공연이 열리기도 한다.

센다이 시내에서 당일치기로 온천을 즐기러 오는 경우가 많아 JR 사쿠나미역 앞에서 열차 시간에 맞춰 무료 셔틀버스를 운행한다. 숙박객은 JR 센다이역 앞에서 무료 셔틀버스(1일 1회, 사전 예약 필수)도 이용할 수 있다.

Data **지도** 지도 밖 **가는 법** JR 센다이역에서 노선버스를 타고 사쿠나미 온센作並温泉에서 하차 후 도보 5분. 총 50분 소요. / JR 사쿠나미역 앞에서 무료 셔틀버스 운행(숙박자 한정) **주소** 宮城県仙台市青葉区作並字長原3 **전화** 022-395-2131 **휴무** 화·목요일 당일 입욕
요금 15,054엔부터(2인 이용 시 1인 요금, 조·석식 포함) / 당일 입욕(09:30~14:30) 성인 평일 1,800엔·주말 2,300엔, 어린이 800엔 **홈페이지** www.ichinobo.com/sakunami

나에게 선물하는 특별한 온천 별장
다이콘노하나 温泉山荘 だいこんの花

자오산 아래 33,000㎡(1만 평)의 원시림에 단 18곳의 객실만 갖춘 럭셔리 산장 료칸이다. 삼나무로 지은 따뜻한 분위기의 객실에는 숲으로 난 테라스가 넓게 자리하고 노천탕도 딸려 있어 이것만으로도 충분하다 싶지만, 이곳의 보물은 따로 있다. 나무 데크의 산책로를 따라 숲속에 점점이 자리한 5곳의 전세 노천탕은 그야말로 감탄을 자아낸다. 철철 흘러 넘치는 히노키 노천탕에 몸을 담그면 오롯이 자연과 하나되는 자유로움을 만끽할 수 있다.

온천 후 즐기는 식사는 숲에서 난 산나물과 유기농 농원에서 손수 기른 각종 채소, 현지의 식자재를 일본식과 서양식을 적절히 혼합해 건강하고 입맛에도 잘 맞는다. 에스프레소 커피와 홍차, 생맥주를 무료로 즐길 수 있고 아침에는 신선한 채소주스가, 저녁 식사 후에는 디저트 뷔페가 제공되는 등 대접이 끊이지 않는다. 밤에는 별을 보며, 아침에는 신선한 공기를 마시며 즐기는 산책은 상쾌하고 기분 좋다. 이 모든 것을 누리기 위해서는 만만치 않은 값을 치러야 하지만, 일생 중 단 하루의 특별한 선물로 지불할 만한 충분한 가치가 있다.

Data 지도 지도 밖 **가는 법** JR 센다이역 서쪽 출구 앞 33번 버스정거장에서 고속버스를 타고 도갓타 온센 유노마치湯の町에서 하차 후 도보 10분. 총 1시간 10분 소요 / JR 시로이시자오역에서 유료 송영버스(1인 편도 1,000엔, 40분 소요) 이용
주소 蔵王町遠刈田温泉字遠刈田北山21-7 **전화** 0224-34-1155
요금 30,000엔부터(2인 이용 시 1인 요금, 조·석식 포함)
홈페이지 www.ichinobo.com/daikon-no-hana/

Tohoku By Area

05

야마가타현
山形県

**야마가타시&사카타시&
쓰루오카시&요네자와시**

동쪽에 오우산맥, 서쪽으로는 아사히다케
산맥 등 표고 2,000m의 장엄한 산으로
둘러싸인 야마가타현은 전체 면적의 80%가
산지인 명실상부 산의 도시다. 산맥을 따라
스키장과 유서 깊은 온천 마을이 자리하고
분지에는 과수 농업과 낙농업, 목축업이 활발해
철마다 풍성한 식탁을 즐길 수 있다. 또한 에도
시대 서쪽 해안을 따라 바닷길이 열리며 해상
교역으로 부흥했던 옛 시절은 다양한 건축과
문화예술로 여행자의 발길을 붙잡는다.

야마가타현 山形 한눈에 보기

총면적 9,325km² (≒ 우리나라 경기도 면적)
인 구 1,089,806명 (2018년 기준)

야마가타시

야마가타현의 현청 소재지로 센다이 공항에서 접근성이 좋다. 산 절벽 위에 자리한 산사 릿샤쿠지와 천연 유황 온천이 흘러 넘치는 자오 온천 마을이 추천 여행 코스. 시내 관광은 지역 기반의 문화 공간을 중심으로 반나절 정도 소요된다.

사카타시

쌀 수출과 해상 무역과 번성했던 쇼나이 庄内(사카타시의 옛 지명) 지역의 옛 부귀 영화가 빛 바랜 사진처럼 도시 곳곳에 남아있는 지역이다. 거대한 쌀 창고, 대지주의 저택과 정원, 마이코 공연 등 그 시절의 흔적을 따라가 보자.

쓰루오카시

쓰루오카시 서쪽의 하구로산은 산악 신앙의 중심이 되었던 지역으로 울창한 삼나무 참배길을 따라 오층탑과 신사가 자리해 영험한 분위기를 자아낸다. 시내 인근에 온천 마을이 산재해 있어 트레킹 후 온천으로 피로를 풀어도 좋다.

요네자와시

요네자와번의 옛 성을 중심으로 반나절 정도 역사 문화 여행을 계획할 수 있다. 유명한 브랜드 와규인 요네자와규로 사치스러운 한끼를 즐겨보자. 물 좋기로 유명한 산속 온천 마을 시라부 온천은 온천 마니아에게 추천하는 곳이다.

야마가타현 Keyword

1 모가미가와강

'야마가타의 젖줄'이라 불리는 총 연장 232km의 강으로 에도 시대 야마가타번의 초대 번주가 이 지명에서 가문의 이름을 따오기도 했다. 요네자와 분지, 야마가타 분지, 신조 분지를 지나 쇼나이 평야를 형성한 뒤 바다로 흘러 들어가는 모가미가와강은 각 지역을 연결하던 대동맥이자 물자가 오가던 수운이었다. 이 운하를 통해 야마가타현은 에도 시대 해상 무역으로 대부흥의 시대가 열린다.

2 홍화 상인

에도 시대에 모가미가와강을 통해 운송되었던 품목 중 최상품은 단연 베니바나べにばな(홍화)다. 야마가타 분지에서 재배된 베니바나는 천연 염료로 교토에서 최고의 인기를 누렸다. 야마가타현에는 당대 가장 뛰어났던 교토의 문화가 흘러 들어오며 문화 르네상스를 맞는데, 이 교두보 역할을 한 것이 바로 홍화 상인이다. 사카타시의 요정 문화도 홍화 상인을 통해 들어온 신문물 중 하나다.

야마가타번의 번성을 이루었던 모가미 가문의 성이 남아 있던 터인 가조 공원

홍화 상인의 저택이었던 베니노쿠라

3 라멘 왕국

야마가타현은 전국 면 소비량 1위, 인구당 최대 라멘 가게를 자리한 라멘 왕국이다. 어느 동네를 가나 라멘 집이 성황을 이루고 아무 가게를 들어가도 맛이 보통은 넘는다. 야마가타시의 히야시(냉) 라멘, 사카타시의 완탄멘, 난요시의 가라미소(매운 된장) 라멘 등 각지마다 개성 넘치는 라멘은 야마가타현 여행의 즐거움이 된다.

Yamagata
GET AROUND

야마가타현 가는 법

인천에서 가기
야마가타현 내에 인천 공항 직항편은 운항하고 있지 않으며, 미야기현의 센다이 공항(P.285)을 통해 입국할 수 있고 열차나 고속버스로 야마가타 각 지역에 갈 수 있다. 특히 센다이 공항에서 고속버스가 JR 야마가타역 앞까지 직통 운행(1시간 20분 소요)하기 때문에 편리하다. 1일 1편뿐이지만 센다이 공항에서 쓰루오카시 및 사카타시로 고속버스가 직통 운행하며(3~4시간 소요) JR 야마가타역 앞에서는 고속버스가 좀 더 자주 있다.
야마가타현 남부의 요네자와시로는 JR 센다이역 앞에서 고속버스(약 2시간 소요)를 이용하거나 JR 야마가타역에서 열차(신칸센 35분, 보통 열차 50분 소요)를 타면 된다.

도쿄에서 가기
JR 도쿄역에서 JR 요네자와역까지 2시간 10분, JR 야마가타역까지 신칸센으로 2시간 50분 정도 소요된다. 쓰루오카 및 사카타 지역으로는 신칸센으로 JR 신조新庄역까지 이동한 후(3시간 10~30 소요), 보통 열차로 갈아탄다. 온천으로 유명한 JR 아카유역, JR 가미노야마온센역에도 신칸센이 정차해서 도쿄에서의 접근성이 좋은 편이다.
신칸센 왕복 비용을 비교해 봤을 때 도쿄의 국제공항으로 출입국 하는 2주일 이내의 도호쿠 여행 일정이라면 JR 동일본 도호쿠 패스(P.046) 구입을 추천한다.

야마가타현의 각 지역으로 가는 법

야마가타시
열차

JR 야마가타역

❶ 센다이 공항에서 지하철 공항 액세스선으로 JR 센다이역까지 이동한 후(20~30분 소요), JR 센다이역에서 센잔仙山선으로 1시간 10~20분 소요된다.
요금 JR 센다이역~JR 야마가타역 1,140엔(어린이는 반값) **홈페이지** www.jreast.co.jp

❷ JR 도쿄역에서 JR 야마가타역까지 신칸센 츠바사つばさ을 타고 2시간 40분~3시간 소요된다.
요금 10,450엔(어린이는 반값) **홈페이지** www.jreast.co.jp

버스

❶ 센다이 공항에서 고속버스를 타고 JR 야마가타역 동쪽 입구까지 1시간 20분 정도(1일 4회 왕복) 소요된다.

전화 023-644-6165 **요금** 1,500엔(어린이는 반값)
홈페이지 www.yamakobus.co.jp/kousoku/sendai-airport.html

❷ 센다이 공항에서 센다이 지하철 공항액세스선으로 JR 센다이역까지 이동한 후(20~30분 소요), JR 센다이역 앞 고속버스 센터에서 고속버스로 JR 야마가타역 앞까지 1시간 10분 정도 소요된다.

전화 023-632-7272 **요금** 편도 930엔, 왕복 1,650엔
홈페이지 www.yamakobus.co.jp/kousoku/yamagata-sendai.html

사카타시&쓰루오카시

열차

JR 야마가타역에서 신칸센 츠바사 또는 오우 본선奧羽本線 열차로 JR 신조新庄역까지 간 후 환승해 JR 사카타역까지 총 2시간 20~50분이 걸린다. JR 쓰루오카역은 JR 아마루메余目역에서 1번 더 환승하며 환승 시간에 따라 2시간 10분~4시간 소요된다.

요금 JR 야마가타역~JR 사카타역 2,270엔~3,970엔 / JR 야마가타역~JR 쓰루오카역 2,260~3,970엔 **홈페이지** www.jreast.co.jp

버스

❶ JR 야마가타역 앞에서 쓰루오카시 에스몰S-Mall 버스터미널까지 고속버스로 약 2시간, 사카타시 버스터미널까지 2시간 50분 소요된다.

요금 야마가타~사카타 편도 성인 2,730엔, 왕복 4,700엔 / 쓰루오카 편도 2,470엔, 왕복 4,300엔 (어린이는 반값) **홈페이지** www.shonaikotsu.jp/highway/yamagata.html

야마가타 시내 전경

❷ 센다이 공항에서 고속버스로 쓰루오카시 에스몰 버스터미널까지 3시간, 사카타시 버스터미널까지 3시간 50분 정도 소요된다. 1일 1회 왕복 운행. JR 센다이역 버스터미널에서는 고속버스가 자주 다닌다.

요금 센다이 공항~사카타 편도 성인 3,500엔, 왕복 6,500엔 / 쓰루오카 편도 3,300엔, 왕복 6,100엔(어린이는 반값) **홈페이지** www.shonaikotsu.jp/highway/sendai-airport.html

JR 요네자와역

요네자와시

열차

❶ JR 야마가타역에서는 신칸센 츠바사를 타고 약 30분, 오우 본선奧羽本線 열차로 50분 정도 이동해야 한다.

요금 신칸센 츠바사 1,590엔, 오우 본선 840엔(어린이는 반값) **홈페이지** www.jreast.co.jp

❷ JR 도쿄역에서 신칸센 츠바사를 타고 2시간 10분 정도 소요된다.
요금 9,600엔(어린이는 반값) **홈페이지** www.jreast.co.jp

버스

센다이 공항에서 센다이 지하철 공항액세스선으로 JR 센다이역까지 이동한 후(20~30분 정도 소요), JR 센다이역 앞 버스정류장에서 고속버스로 JR 우에스기역 앞까지 1시간 50분 정도 소요된다. 일정에 따라 우에스기 신사에서 내려도 좋다.

전화 0238-22-3392 **요금** 편도 1,960엔, 왕복 3,500엔
홈페이지 www.yamakobus.co.jp/kousoku/yonezawa-sendai.html

가미노야마 온천 마을 전경

야마가타시
山形市

아사히다케 산맥과 자오산이 감싸고 있는 분지 도시 야마가타. 큰 도로가 놓이고 빌딩이 들어섰지만, 산의 기운이 곳곳에 머문 도시는 여유롭고 느긋한 분위기가 감돈다. 에도 시대에 모가미가와강 수운의 주요 거점으로 홍화(베니바나), 모시 등의 거래가 활발했던 상업 도시였으며, 지금도 현지의 각종 특산품과 사람이 모이는 야마가타현의 중심 도시다.

Yamagata
GET AROUND

야마가타시 시내 교통

JR 야마가타역에서 시내 중심가까지는 도보로 20분 정도 거리다. 걷는 게 자신 없다면 셔틀버스를 이용하자. 관광객을 위한 100엔 버스인 베니짱버스도 운행한다.

베니짱버스 히가시쿠루린·니시쿠루린(100엔 버스)
ベニちゃんバス東くるりん・西くるりん

베니짱버스 정류장

JR 야마가타역을 기준으로 동쪽 지구를 순환하는 히가시쿠루린과 서쪽 지구를 순환하는 니시쿠루린이 각각 시계 방향·반시계 방향의 총 4가지 패턴으로 운행한다. 시내 중심가는 양 노선 모두 운행한다.

베니짱버스 승차권

전화 023-641-1212(야마가타 시청)
요금 1회권 100엔(동서 양쪽 지구를 넘나드는 경우 200엔)

*** Plus Info ***

Information Center

야마가타시 관광 안내 센터
山形市観光案内センター
야마가타 시내의 주요 관광지와 교통 정보 제공하며, 자전거도 대여할 수 있다. JR 야마가타역 내와 가조 센터 1층에 한곳씩 자리한다. 가조 센터 24층에는 시내를 조망할 수 있는 무료 전망대(07:00~23:00)도 있다.

Data **지도** P.348-I **가는 법** JR 야마가타역 내 또는 가조 센터 1층 **주소** 山形市城南町1-1-1 **전화** 023-647-2266 **오픈** JR 야마가타역점 09:00~17:30 / 가조 센터점 08:30~19:00

야마가타 관광 정보 센터
やまがた観光情報センター
야마가타현 내 각지의 관광 팜플렛을 폭넓게 구비하고 있고 관광 동영상을 볼 수 있는 비디오 코너, 웹에서 검색할 수 있는 인터넷 코너가 마련되어 있다.

Data **지도** P.348-I **가는 법** JR 야마가타역에서 육교로 2분, 가조 센터 1층 **주소** 山形市城南町1-1-1 霞城セントラル1F **전화** 023-679-5101 **전화** 023-647-2333 **오픈** 10:00~18:00

마치나가 조호칸 街なか情報館
야마가타 시내 관광 거점에 자리한 관광 안내소. 자전거도 무료로 대여해준다(4월~10월, 10:00~16:00).

Data **지도** P.349-K **가는 법** JR 야마가타역에서 도보 10분 **주소** 山形市十日町2-1-8 **전화** 023-679-5101 **오픈** 10:00~18:00

TOHOKU BY AREA 05
야마가타

Yamagata
ONE FINE DAY IN

상쾌한 아침 공기를 마시며 야마가타시의 아름다운 자연 풍광을 만끽한 후 늦은 오후에 시내 투어를 하는 코스다. 이동 거리가 제법 되지만 대중교통이 편리하게 잘 연결되어 있어서 부지런히 다니면 충분히 소화할 수 있다.

JR 야마가타역
JR 야마가타역에서 출발!
릿샤쿠지 또는
자오 온천 중 선택하기

› 릿샤쿠지까지는
JR열차 20분 or
고속버스 40분
자오 온천까지는
버스 40분+도보 5분

릿샤쿠지
1,000개의 돌계단을
오르면 펼쳐지는
산사의 절경 구경하기

› JR 야마가타역으로
돌아와서 JR열차 20분
or 고속버스 40분

분쇼칸
도시를 상징하는
우아한 르네상스 양식
건축물 감상하기

도보 7분 ↓

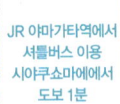

‹ JR 야마가타역에서
셔틀버스 이용
시야쿠쇼마에에서
도보 1분

로바타
노릇하게 구운 양고기
구이와 시원한 맥주
한 잔하기

‹ 다이로텐부로에서
도보 20분,
자오 온천
버스터미널에서
도보 5분

자오 온천
유황 냄새가 코끝을
찌르는 천연 온천 마을.
도보 20분이면 갈 수 있는
다이로텐부로까지 가보기

돈가리 빌딩 → 도보 3분 → **사카에야 본점** → 도보 4분 → **홋토나루 요코초**

돈가리 빌딩
야마가타의 최신 트렌드가 한곳에 모여 있는 돈가리 빌딩 구경하기

사카에야 본점
원조 히야시(차가운) 라멘 맛보기

홋토나루 요코초
홍등이 켜지면 시작되는 야마가타의 밤 만끽하기

근교에 위치한 온천 마을 여행도 야마가타현 여행에서 빼놓을 수 없는 재미다.

야마가타

SEE

1,000개의 돌계단으로 오르는 산사
릿샤쿠지 宝珠山 立石寺 🔊 릿샤쿠지

일본 천태종天台宗을 완성한 지가쿠대사 엔닌円仁이 860년 건립한 산사(야마데라山寺). 정상까지는 1,015개의 돌계단을 걸어서 올라가야 하는 가파른 바위산에 자리하고 있다. 돌계단을 하나하나 밟으며 시원하게 뻗은 삼나무 사이를 걸어서 올라가다 보면 바위를 파내고 새긴 부처의 얼굴이 보이기도 한다. 사천왕상이 험상궂은 얼굴로 위풍당당하게 서 있는 인왕문을 지나면 산 정상에 세워진 건물들이 보이기 시작한다.

왼쪽 벼랑 끝의 고다이도五大堂에서는 아찔한 절벽 위에 세워진 사찰과 기암괴석이 한눈에 들어온다. 고다이도에서 다시 크고 작은 암자를 지나 계단을 오르면 산 아래에서는 보이지 않는 대불전이 나타난다. 고다이도와 대불전에서 내려다보이는 풍경은 1,000개가 넘는 계단을 오른 수고를 보상해 주고도 남는 절경이다. 상쾌한 기분으로 계단을 내려온 후에는 야마가타시의 유명한 곤약을 먹어보자. 곤약이 꿀맛이다.

Data 지도 P.348-B
가는 법 JR 야마데라山寺역에서 매표소까지 도보 7분
주소 山形県山形市山寺4456-1
전화 023-695-2843
요금 입산료 성인 300엔, 학생 200엔, 어린이(4세 이상) 100엔
홈페이지 rissyakuji.jp

계단이 끝없이 이어진다.

하산 후 맛있는 곤약으로 허기를 달래보자.

르네상스 양식의 우아한 건축물
야마가타현 향토관·분쇼칸 山形県郷土館·文翔館 🔊 야마가타켄 쿄도칸·분쇼칸

초대 현청사가 화재로 소실된 후 1916년 새로 지어진 영국 르네상스 양식의 건축물이자 국가중요문화재이다. 1975년까지 사용되다가 새로 큰 빌딩의 청사를 건립하면서 기능을 이전한 후 10년 동안 복원 공사를 거쳐 역사 자료 전시관으로 문을 열었다.

회색 화강암 외벽과 청색 슬레이트 지붕이 대비를 이룬 우아한 외관의 분쇼칸은 좌우 대칭의 벽돌조 건물로 중앙의 높은 시계탑, 발코니, 외벽의 기둥 장식 등 다이쇼 초기 서양식 건축물의 특징이 잘 드러나 있다. 일본 만화 원작의 드라마 〈바람의 검심〉의 촬영 장소가 되기도 했다.

Data **지도** P.349-C **가는 법** JR 야마가타역에서 도보 20분 / 시야쿠쇼市役所에서 도보 1분
주소 山形県山形市旅籠町3-4-51 **전화** 023-635-5500 **오픈** 09:00~16:30
휴무 첫째·둘째 주 월요일, 연말연시 **요금** 무료입장

야마가타 시민들의 쉼터
가조 공원 霞城公園 🔊 가조 코엔

야마가타 시내 중앙에 위치한 도심 공원이다. 야마가타번의 번성을 이룬 모가미最上 가문이 1357년 축성했다고 전해지는 야마가타성은 역사의 풍파 속에 성벽과 건축 일부만이 남았고, 현재는 시민들을 위한 운동 시설과 박물관으로 이용되고 있다.

사진 촬영 명소로 유명한 니노마루 히가시오테몬二ノ丸東大手門은 정문에 해당하는데, 해자 위를 건너는 은근한 곡선의 다리와 성곽의 기와지붕, 그 옆으로 심어진 벚꽃이 어우러져 감탄을 자아낸다. 벚꽃이 피는 봄은 물론, 나무가 많아 단풍이 드는 가을에도 볼 만하다.

Data **지도** P.348-A **가는 법** JR 야마가타역에서 도보 10분 / 니시쿠루린 버스를 타고 가조 코엔 난몬 구치 霞城公園南門口에서 하차 **주소** 山形県山形市霞城町1-7
오픈 4~11월 05:00~22:00(12~3월 05:30부터) **요금** 무료입장(내부 시설 이용은 유료)

새로운 야마가타
돈가리 빌딩 Tongari Bldg. 🔊 톤가리 비루

40년 된 주상 복합 빌딩이 야마가타시의 예술과 문화를 발신하는 기지로 재탄생했다. 야마가타시를 둘러싼 산의 형상을 본 따 '돈가리とんがり(뾰족한)'라 이름 짓고, 야마가타시의 숨은 매력을 지역 사회와 함께 발굴해서 이를 널리 알리는 활동을 하고 있다.

전시, 강연, 워크숍 등을 주최하는 다목적 갤러리 공간을 비롯해, 야마가타현의 제철 식재료로 만든 음식을 즐길 수 있는 레스토랑과 디자인 서적, 잡화, 식품 등을 판매하는 잡화점, 그리고 예술 창작 관련 사무실이 입점해 야마가타시의 일상이 문화예술과 접목되는 지점을 찾아 나선다.

Data 지도 P.349-G
가는 법 JR 야마가타역에서 도보 15분 / 베니짱버스를 타고 나노카마치七日町에서 하차 후 도보 3분
주소 山形県山形市七日町2-7-23 **전화** 023-679-5433 **홈페이지** www.tongari-bldg.com

---

쿠구루 KUGURU 🔊 쿠구루
문화예술 다목적 공간

돈가리 빌딩 1층의 가장 안쪽에 마련된 다목적 공간으로 전시, 강연, 워크숍 등 다양한 이벤트가 열린다. 특히 지역에 기반을 둔 창작자를 지원하고 소개하는 활동이 주축이 되고 있다. 야마가타 시내를 무대로 2년마다 열리는 〈야마가타 비엔날레〉의 주요 전시 공간이기도 하다.

지도 P.349-G **가는 법** 돈가리 빌딩 1층
오픈 11:30~18:00 **휴무** 월요일
홈페이지 www.tongari-bldg.com/kuguru

주산지 十三時 🔊 주산지
여행자의 선물 가게

수도자이자 작가인 사카모토 다이자부로坂本大三郎 씨가 운영하는 잡화점 겸 서점. 주산지에는 그가 여행하며 만난 예술과 문화를 경험할 수 있는 물건으로 채워져 있다. 그가 직접 만든 목각 인형이나 족제비의 모피, 수공예 짚신 장화처럼 독특한 컬렉션이 눈길을 끈다.

지도 P.349-G **가는 법** 돈가리 빌딩 1층
오픈 12:00~19:00 **휴무** 부정기적
홈페이지 www.13ji.jp

150년 전통의 소바 노포

쇼지야 庄司屋

야마가타시의 소바집 중에서 역사가 가장 오래된 창업 150년 전통의 쇼지야. 야마가타 시내 2곳의 점포에서 5대째 전통적인 방법을 고수하며 맛있는 소바를 선보이고 있다.

전통 제법으로 만든 메밀 본연의 야부 소바やぶそば와 메밀을 최대한 정제한 순백의 사라시나 소바さらしなそば가 정사각형의 나무 상자에 각기 담겨 나오는 판 소바로 메밀 면의 탄력, 맛, 향, 질감을 비교하며 즐겨보자. 특제 다시出汁(일본의 육수)국물에서도 장인의 깊은 손맛을 느낄 수 있다.

나노카마치점

Data 지도 P.349-G
가는 법 JR 야마가타역에서 도보 15분 / 베니짱버스를 타고 나노카마치七日町에서 하차 후 도보 1분 (고텐제키 내)
주소 山形県山形市七日町二丁目7-6
전화 023-673-9639
오픈 11:00~21:00

본점

Data 지도 지도 밖
가는 법 JR 야마가타역에서 도보 10분
주소 山形県山形市幸町14-28
전화 023-622-1380
오픈 11:00~20:30
휴무 월요일
가격 판 소바 1,450엔
홈페이지 www.shojiya.jp

히야시 라멘의 원조
사카에야 본점 栄屋本店

라멘으로 유명한 야마가타현에서도 독특한, 차갑게 먹는 히야시 라멘ひやすラーメン(냉라멘)의 원조 집이다. 원래는 보통의 라멘집이었는데, 우연히 개발한 히야시 라멘이 폭발적인 인기를 끌며 60년 넘게 사카에야의 대표 메뉴으로 사랑받고 있다.

차가운 육수에 굵직한 숙주, 그리고 숙주와 비슷한 굵기의 탱탱한 면이 담겨 나오는 히야시 라멘은 참기름 향이 그윽하게 퍼지는 짭짤한 맛이라 한국 사람의 입맛에도 잘 맞는다. 매운맛을 좋아하는 사람이라면 게키카라 히야시 라멘激辛ひやすラーメン으로 주문하자. 고추장의 매운맛과는 달리 후추의 따끔한 맛이라 참기름의 느끼함을 잡아준다.

Data **지도** P.349-G **가는 법** JR 야마가타역에서 도보 10분 / 베니짱버스를 타고 7분 후 혼마치本町에서 하차 후 도보 3분
주소 山形県山形市本町2-3-21 **전화** 023-623-0766
오픈 11:30~20:00(10/1~3/18 19:30까지)
휴무 수요일, 1·8월 부정기적
가격 히야시 라멘 810엔, 게키카라 히야시 라멘 918엔
홈페이지 www.sakaeya-honten.com

도시의 밤을 밝히는 포장마차 골목
홋토나루 요코초 ほっとなる横丁

홍등에 불이 켜지면 옹기종기 모여있는 13곳의 포장마차가 하나둘 손님 맞을 준비를 한다. 시내 중심가에 자리해 관광객은 물론 현지인들도 즐겨 찾는 포장마차 골목 홋토나루 요코초. 주인장이 친근하게 맞아주고 늦은 밤 왁자지껄한 분위기 속에서 술 한잔 기울이기에 좋다.

야마가타현의 향토 요리부터 오뎅, 가라아게(닭 튀김), 구시아게(꼬치 튀김), 회 등 다양한 술안주를 취향대로 선택할 수 있다. 보통 일본의 선술집에서 기본 안주비 겸 자릿세로 인당 책정되는 오토시お通し가 있으니 계산에 유의하자.

Data **지도** P.349-G **가는 법** JR 야마가타역에서 도보 15분 **주소** 山形県山形市七日町2-1-14
홈페이지 www.hotnaru-yokocho.jp

BUY

홍화 상인의 창고 저택

베니노쿠라 紅の蔵

야마가타현의 특산품인 베니바나べにばな(홍화) 상인의 창고 저택을 활용해 만든 베니노쿠라는 야마가타현의 매력을 알리기 위한 취지로 문을 열었다. 붉은 기와와 흰 격자무늬 벽의 건축물은 다른 건물들 사이에서 확연히 눈에 띈다. 야마가타 지역의 음식을 즐길 수 있는 레스토랑과 신선한 제철 채소 직판점, 기념품 잡화점 아가랏샤이あがらっしゃい 등이 들어서 있다. 또한, 관광안내소 마치나가 조호칸街なか情報館에서 다양한 정보를 제공 받을 수도 있다.

Data **지도** P.348-J **가는 법** JR 야마가타역에서 도보 10분 / 베니짱버스 히가시쿠루린을 타고 도카마치 산초메十日町三丁目에서 하차, 총 5분 소요 **주소** 山形県山形市十日町2-1-8 **전화** 023-679-5101 **오픈** 레스토랑 11:00~21:00 / 정보관 10:00~18:00 **홈페이지** www.beninokura.com

*** Plus Info ***

아가랏샤이 あがらっしゃい

베니노쿠라 안에 위치한 기념품점으로, 야마가타현의 특산품들이 한자리에 모여 있다. 전통 공예품과 전통 발효식품, 술, 한정 디저트 등 빼곡히 들어찬 야마가타현의 물건과 음식들을 다 보려면 넓지 않은 공간임에도 제법 시간이 필요하다. 훑어보기보다는 꼼꼼히 뜯어보고 싶은 가게다.

Data **지도** P.348-J **가는 법** 베니노쿠라 내 **전화** 023-679-5104 **오픈** 10:00~18:00 **가격** 베니노쿠라 오리지널 센베이 130엔, 야마가타 스파클링 사케(250ml) 490엔 **홈페이지** www.beninokura.com/agarasyai

도시를 촉촉히 적시는 물길과 옛 창고
고텐제키 | 御殿堰

야마가타 중심가에는 약 400년 전 야마가타번의 번주가 치수와 생활용수 및 농업용수 공급을 목적으로 조성한 수로가 일부 남아 여전히 골목 사이를 졸졸 흐른다. 그중 나노카마치의 수로 고텐제키에 옛 분위기를 은은히 풍기면서도 모던한 분위기를 느낄 수 있는 공간이 자리한다.
짙은 갈색의 목조 2층 건물과 그 옆에 작은 물길 뒤로 이어지는 흰 창고 건물에는 카페, 레스토랑, 잡화점 등이 문을 열었다. 일본인으로써 처음 페라리를 디자인했던 오쿠야마 기요유키奧山淸行의 디자인 숍, 110년 전통의 기모노 전문점, 슬로 라이프를 테마로 한 자연 친화적이면서 세련된 생활 잡화점 등을 구경하고 150년 전통의 소바 집에서 식사를 해도 좋다.

Data 지도 P.349-G 가는 법 JR 야마가타역에서 도보 15분 / 100엔 버스를 타고 나노카마치七日町에서 하차 후 도보 1분 주소 山形県山形市七日町二丁目7-6 오픈 점포마다 다름 홈페이지 gotenzeki.co.jp

체리로 만든 모든 것
체리랜드 사가에 チェリーランドさがえ

사쿠란보さくらんぼ(체리) 전국 최대 생산지인 사가에寒河江시에 자리한 특산품 매장이다. 주스, 젤리, 사탕, 케이크까지 체리로 만든 모든 제품을 이곳에서 구할 수 있다.
더불어 체리만큼 유명한 라프랑스Lafrance(서양배) 상품을 비롯해 사케, 와인, 소바, 요네자와규 같은 야마가타현의 특산품을 빼놓지 않고 구비하고 있다. 도자기와 같은 공예품도 전시 및 판매한다. 관광 정보를 얻거나 식사를 할 수 있는 휴게소의 역할도 한다.

Data 지도 P.348-A
가는 법 JR 야마가타역에서 차로 30분, 사가에 바이패스 도로 휴게소 내 / JR 우젠타카마츠羽前高松역에서 차로 6분
주소 山形県寒河江市大字八鍬字河原919-8
전화 0237-86-3111 오픈 09:00~18:30(계절에 따라 변동)
홈페이지 www.cherryland.co.jp

편리한 위치와 접근성
리치몬드 야마가타 에키마에 リーチモンド山形駅前

위치가 강점인 비즈니스호텔. 역에서 가깝고 바로 옆에 편의점이 위치해 있어서 편리하다. 일반적인 비즈니스호텔에 비해 방이 넓어서 짐을 풀고 정리하기에 좋으며, 넓은 데스크, 와이파이 시설 등이 완비되어 비즈니스나 여행객에게 적합하다. 조식은 깔끔한 화양식(서양 요리를 일본에 맞게 변화한 요리) 뷔페 스타일로 야마가타 향토 요리인 이모니いもに(토란국), 곤약 요리 등도 맛볼 수 있다. 숙박자 전용 2층 라운지 드링크바에서는 커피나 소프트 드링크 등을 무료로 이용할 수 있다.

Data **지도** P.348-I **가는 법** JR 야마가타역 서쪽 출구에서 도보 5분
주소 山形県山形市双葉町1-3-11 **전화** 023-647-6277 **요금** 싱글룸 7,900엔부터(조식 포함)
홈페이지 https://richmondhotel.jp/yamagata/

레스토랑

트윈룸

SPECIAL Page

야마가타시 근교 온천 여행

야마가타현에는 특색 있고 물 좋은 온천 마을이 곳곳에 자리한다. 그중 야마가타 시내에서 당일치기로 온천을 즐길 수 있거나 숙박을 하며 느긋하게 머물기 좋은 온천 마을을 소개한다.

자오 온천 蔵王温泉 자오 온센

설국의 순백색 유황 온천

1900년의 역사를 간직한, 도호쿠에서 가장 오래된 온천 마을 중 하나. 화산 자오 연봉 중턱인 해발 880m에 자리 잡고 있어서 여름에도 선선하고 상쾌한 공기를 느낄 수 있다. 하루에 약 8700t의 온천수가 솟아날 정도로 수량이 풍부하며, 45~66도의 뜨끈뜨끈한 원천을 제대로 즐길 수 있다.

깊은 협곡 사이로 흐르는 유백색의 유황천은 특유의 냄새와 흰 연기를 폴폴 풍긴다. 천연 유황 온천에서 볼 수 있는 유노하나ゆのはな가 특산품이기도 하다. 독화살을 맞은 병사가 이곳의 온천에 몸을 담근 후 상처가 나았다는 설화에서 알 수 있듯, 치유 온천으로도 이름 높다. 강산성의 유황천은 몸을 담그자마자 찌릿할 정도다. 겨울에는 '아이스 몬스터' 또는 '수빙樹氷'이라 불리는 독특한 눈 풍경의 스키장이 개장한다.

Data 지도 P.359
가는 법 JR 야마가타역에서 자오 온센 방면 버스 이용. 총 40분 소요
주소 山形県山形市蔵王温泉 708-1 **전화** 023-694-9328
홈페이지 www.zao-spa.or.jp

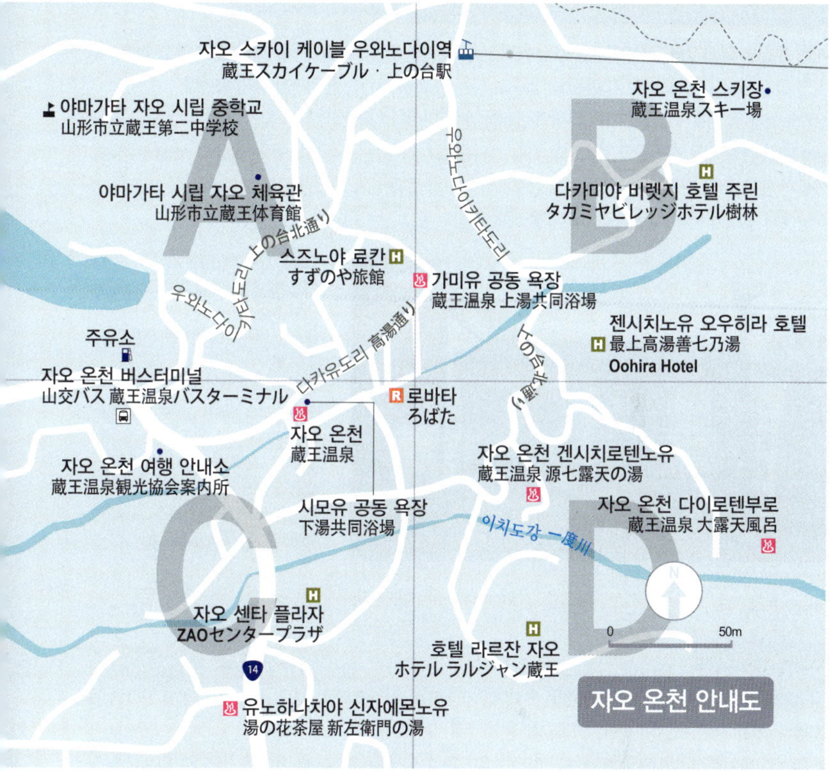

자오 온천 안내도

- 자오 스카이 케이블 우와노다이역 蔵王スカイケーブル・上の台駅
- 자오 온천 스키장 蔵王温泉スキー場
- 야마가타 자오 시립 중학교 山形市立蔵王第二中学校
- 야마가타 시립 자오 체육관 山形市立蔵王体育館
- 다카미야 비렛지 호텔 주린 タカミヤビレッジホテル樹林
- 스즈노야 료칸 すずのや旅館
- 가미유 공동 욕장 蔵王温泉 上湯共同浴場
- 젠시치노유 오우히라 호텔 最上高湯善七乃湯 Oohira Hotel
- 주유소
- 자오 온천 버스터미널 山交バス 蔵王温泉バスターミナル
- 로바타 ろばた
- 자오 온천 여행 안내소 蔵王温泉観光協会案内所
- 자오 온천 蔵王温泉
- 자오 온천 겐시치로텐노유 蔵王温泉 源七露天の湯
- 시모유 공동 욕장 下湯共同浴場
- 자오 온천 다이로텐부로 蔵王温泉 大露天風呂
- 이치도강 一度川
- 자오 센타 플라자 ZAOセンタープラザ
- 호텔 라르잔 자오 ホテル ラルジャン蔵王
- 유노하나차야 신자에몬노유 湯の花茶屋 新左衛門の湯

자오 온천 다이로텐부로 蔵王温泉 大露天風呂

자오 온천에서 가장 높은 곳에 위치한 온천 시설로, 자오 온천을 상징하는 대자연 속 노천탕이다. 이곳까지 가기 위해서는 꽤 급경사의 오르막을 계속 올라야 하는데, 그 노력에 대한 충분한 보상을 받을 수 있다. 남녀를 구분하기 위한 최소한의 오두막만 지어놓은, 자연 그대로의 탕에는 우윳빛의 뽀얀 온천수가 넘실댄다. 노천탕에 몸을 담그면 때 묻지 않은 자연 속에 폭 안겨 천상의 선녀가 된 기분을 느낄 수 있다.

탈의실도 변변치 않고 비누칠이 금지되어 있는데, 오히려 그 점이 이곳이 옛 방식을 고수하며 지켜지고 있는 천연 온천임을 말해준다. 겨울에는 눈 때문에 진입이 어려워 문을 닫는다.

Data 지도 P.359-D 가는 법 자오 온천 버스터미널에서 산쪽으로 도보 20분 또는 차로 5분 주소 山形県山形市蔵王温泉荒敷853-3 전화 023-694-9417 오픈 4~11월 06:30~18:00 휴무 11월 말~3월 말 요금 성인 550엔, 어린이 300엔 홈페이지 www.jupeer-zao.com/roten/

유노하나차야 신자에몬노유 湯の花茶屋 新左衛門の湯

자오 온천의 당일 입욕 시설 중 가장 인기 있는 곳. 버스터미널과 가깝고 최신 시설을 갖추고 있다. 숙박만 하지 않을 뿐 식사부터 기념품 숍, 입구의 정원 등 고급 료칸의 분위기가 물씬 풍긴다.
100% 원천의 탕뿐 아니라, 가족 단위의 손님을 위해 아이나 피부가 약한 사람도 이용할 수 있도록 물을 혼합한 부드러운 온천탕도 준비되어 있다. 1인용 도자기 탕은 각각 물의 온도가 달라 자신에게 맞는 온도의 탕을 고를 수 있다. 실내탕은 온천수가 아니라서 유황 냄새가 신경 쓰이는 여행자들은 마지막에 이곳에서 씻으면 된다. 여러모로 여행자를 배려한 점이 돋보이는 곳이다.

Data **지도** P.359-C
가는 법 자오 온천 버스터미널에서 도보 5분
주소 山形県山形市蔵王温泉川前905
전화 023-693-1212
오픈 10:00~18:30(토·일요일 21:30까지)
휴무 수요일(홈페이지 확인)
요금 입욕료 성인 700엔, 어린이 400엔, 3세 이하 200엔
홈페이지 zaospa.co.jp

로바타 ろばた

양고기를 철판에 구워 먹는 칭기즈칸은 훗카이도가 원조로 알려졌지만, 자오 온천 또한 역사가 그에 못지않다. 특히 둥근 모양의 철판은 야마가타현의 주물 기술로 탄생했다는 설도 있다.
현지인의 칭기즈칸 맛집으로 통하는 로바타는 부드럽고 질 좋은 양고기를 제대로 맛볼 수 있는 식당이다. 고온의 철판에서 노릇하게 구운 양고기를 특제 간장 소스에 찍어 먹으면 감탄사가 절로 나온다. 고원의 신선한 채소, 야마가타현의 대표 쌀 품종인 하에누키 はえぬき로 지은 밥이 세트인 정식 메뉴로 주문한 후 양에 따라 양고기를 추가하면 된다.

Data **지도** P.359-C **가는 법** 자오 온천 버스터미널에서 도보 5분 **주소** 山形県山形市蔵王温泉字川原42-5 **전화** 023-694-9565 **오픈** 11:00~15:00, 17:00~22:00 **휴무** 부정기적(주로 목요일 휴무) **요금** 칭기즈칸 정식 1,980엔, 양고기 추가(1인분) 1,250엔 **홈페이지** www.t023.com/~zao/

가미노야마 온천 かみのやま温泉 🔊 카미노야마 온센

부드러운 미인 온천

야마가타시와 가까울 뿐만 아니라 열차와 버스로 이동이 편리한 온천이다. 가미노야마 온천은 가미노야마성을 중심으로 옛 성시·역참 마을의 풍치가 남아있는 신유新湯, 유노마치湯町, 도카마치十日町 지구와 고지대에 한적하게 자리한 하야마葉山, 가와사카河崎, 다카마츠高松 지구로 크게 나뉜다.

40여 곳의 온천 숙소는 분위기, 가격대, 편의 시설에 따라 선택할 수 있다. 무색투명한 약알칼리성의 온천수는 보습 효과가 뛰어나다. 마을 곳곳에 공동 온천장과 족욕 시설이 있다. JR 가미노야마온센역에는 신칸센이 있어서 도호쿠에서의 접근성은 물론, 도쿄에서도 2시간 30분이면 닿는다.

Data 지도 P.361 가는 법 JR 야마가타역에서 오우 본선을 타고 JR 가미노야마온센역에서 하차. 총 13분 소요
전화 023-672-0839(가미노야마 관광 물산 협회)
홈페이지 kaminoyama-spa.com

가미노야마 온천 안내도

시모오유 공동 욕장 下大湯共同浴場

가미노야마 온천에 자리한 공동 온천장 중 가장 역사가 깊은 시모오유. 외관과 간판, 입구 카운터, 옷을 넣는 바구니, 노란색 플라스틱 대야, 가미노야마성이 그려진 타일 벽화까지 빈티지한 매력이 물씬 풍긴다. 공동 욕장치고는 탕이 꽤 큰 편이고 수온이 높아서 찬물을 적당히 섞어 온도를 조절해야 한다.

Data **지도** P.361-B **가는 법** JR 가미노야마온센역에서 도보 10분 **주소** 山形県上山市十日町9-30 **전화** 023-672-0839 **오픈** 06:00~22:00(12~2월 06:30부터) **요금** 당일 입욕 성인 150엔, 초등학생 100엔 **홈페이지** kaminoyama-spa.com/spa/openairbath/

쓰키노이케 花明りの宿 月の池

발 딛는 공간마다 아름다운 꽃으로 가득한 료칸. 꽃을 닮은 조명과 가구뿐 아니라 히노키탕에 꽃잎 모양으로 띄운 향초까지 하나하나 취향 저격이다. 아기자기한 분위기만큼 세심하게 챙겨주는 접대에 귀한 사람이 된 기분이 든다. 응접실에서는 음악을 들으며 언제든 커피와 와인을 즐길 수 있고 료칸에서 무료로 대여해주는 색색의 유카타를 입고 산책을 다녀와도 좋다. 오너 셰프가 정성을 다한 식사는 쓰키노이케의 자랑. 화려한 플레이팅은 매 순간 감탄을 자아내고 맛 또한 메인부터 디저트까지 나무랄 데가 없다.

Data **지도** P.361-B **가는 법** JR 가미노야마온센역에서 도보 15분 **주소** 山形県上山市湯町3-10 **요금** 16,200엔부터(2인 이용 시 1인 요금, 조·석식 포함) **전화** 023-672-2025 **홈페이지** www.tsukinoike.co.jp

니혼노야도 고요 日本の宿 古窯

최상의 서비스를 누릴 수 있는 온천 료칸. 전체 137실의 객실은 일본식 객실 외에도 일본 분위기의 모던한 객실, 양식 트윈룸, 노천 온천이 딸린 객실 등 다양한 객실을 갖추고 있다. 사계절 달라지는 자오 연봉의 풍광과 함께 최고급 야마가타규와 요네자와규 같은 소고기 요리를 맛볼 수 있다.

약알칼리성의 온천수는 피부 미용에 효과가 있는 메타규산 함류량이 높아 미인 온천으로 유명하다. 전망이 좋은 대욕장에서는 자오산의 봉우리들과 가미노야마의 야경을 감상할 수 있다.

Data 지도 P.361-C **가는 법** JR 가미노야마온센역에서 버스 이용(13:45~17:45 1시간 단위로 운행, 18:00 이후에 도착할 경우에는 사전 문의 필수) **주소** 山形県上山市葉山5-20 **전화** 023-672-5454 **요금** 13,000엔부터(2인 이용 시 1인 요금, 조·석식 포함) **홈페이지** www.koyoga.com

단고혼포 다카하시 だんご本舗たかはし

1917년 문을 연 노포의 화과자점. 그중에서도 야마가타산 쌀로 빚은 쫄깃한 단고가 맛있기로 소문이 자자하다. 간장, 즌다, 팥, 검은깨, 호두 등 고물이 듬뿍 묻어 나오는 단고는 먹음직스러운 생김처럼 맛도 좋다. 특히 간장 단고는 절묘한 짭조름함이 일품. 주먹만한 슈크림도 인기 있다.

Data 지도 P.361-C **가는 법** JR 가미노야마온센역에서 도보 1분 **주소** 上山市矢来2-1-41 **전화** 023-672-3357 **오픈** 08:30~18:00(일요일, 공휴일 17:30까지) **가격** 단고 120엔 **홈페이지** www.dangohonpo.jp

구다모노 우쓰와 くだものうつわ

야마가타현의 과일나무를 이용해 그릇을 만드는 공방 겸 숍. 목공용 나무와 달리 별 쓸모가 없던 과일나무지만 저마다 다른 고유의 결과 색이 있다는 걸 알게 된 목수가 숱한 시행착오를 통해 여러 종류의 과일나무 각목을 접합한 그릇을 개발했다.

사과나무, 배나무, 체리나무 등 5~6가지의 서로 다른 과일나무가 오묘한 조화를 이루는 접시가 대표 상품. 트레이와 버터나이프, 머그잔 등 사랑스러운 아이템이 가득하다.

Data 지도 P.361-B **가는 법** JR 가미노야마온센역에서 차로 15분 / JR 모키치키넨칸마에茂吉記念館前역에서 도보 20분 **주소** 山形県上山市金瓶水上6-2 **전화** 023-672-5861 **오픈** 10:00~17:00 **가격** 과일나무 접시 4,200엔부터, 버터나이프 1,080엔부터 **홈페이지** kudamonoutsuwa.org

긴잔 온천 銀山温 🔊 긴잔 온센

다이쇼 시대로 타임슬립

강에서 솟은 원천 위에 료칸을 짓고 500년을 이어오고 있는 온천 마을인 긴잔 온천. 메이지 시대의 대홍수로 온천 건물이 모두 휩쓸려 간 뒤 재건했는데, 그 당시 유행하던 3~4층 높이의 발코니가 설치된 목조 건물이 지어졌다. 그 모습이 현재까지 고스란히 남아있어 마치 다이쇼 시대로 시간 여행을 떠나는 듯 여행자를 과거의 시간으로 소환한다.

강 계곡을 따라 12곳의 온천 숙소와 중간중간 카페, 기념품 숍 등이 옹기종기 모여 있어서 온천가다운 풍경을 만끽할 수 있다. 시원한 계곡물에 기분이 상쾌해지고 강의 이쪽과 저쪽을 연결하는 6개의 작은 다리가 운치를 더한다. 무색투명하고 약한 유황 냄새가 감도는 온천은 중성이라 남녀노소 누구나 부담 없이 즐길 수 있다. 마을 입구에 자리한 와라시유 和楽足湯에서 강 계곡의 경치를 내려다보면서 족욕을 하며 잠시 쉬어가기에도 좋다. 야마가타 시내에서 거리가 꽤 되고 교통편도 까다로운 편이지만, 그만한 값어치는 충분히 하는 곳이다.

Data 지도 P.364
가는 법 JR 야마가타역에서 신칸센을 타고 JR 오이시다大石田역에서 하차 후 노선버스 이용. 총 70분 소요 (료칸에 따라 송영버스 운행) / JR 센다이역에서 신조新庄행 버스를 타고 오바나자와尾花沢에서 하차한 후 노선버스로 환승. 총 2시간 40분 소요 **전화** 0237-28-3933 **홈페이지** www.ginzanonsen.jp

노토야 能登屋

1921년에 창업한 노토야는 다이쇼 건축 양식을 제대로 엿볼 수 있는 대표적인 료칸이다. 국가등록문화재이기도 한 3층의 목조 건물은 중앙 발코니가 화려하게 장식되어 눈길을 사로잡는다.
실내 또한 황갈색의 반질반질 윤이 나는 계단을 비롯해 창틀과 조명 등 공간 구석구석 다이쇼 시대의 레트로한 감성을 느낄 수 있다. 개업 당시부터 강에서 솟아난 원천 그대로를 사용하고 있는 동굴탕은 노토야의 명물로, 숙박객은 전세탕으로 이용할 수 있다.

Data **지도** P.364-B **가는 법** 긴잔 온천 버스정류장에서 도보 2분 / JR 오이시다大石田역까지 1일 2회(예약제) 무료 송영버스 운행 **주소** 山形県尾花沢市大字銀山新畑446 **전화** 0237-28-2327 **요금** 17,430엔부터(2인 이용 시 1인 요금, 조·석식 포함) **홈페이지** www.notoyaryokan.com

후지야 藤屋

파란 눈의 외국인 오카미상(료칸의 여주인)으로 유명한 후지야는 옛 료칸 건물을 리모델링한 것으로 건축가 쿠마 겐고くまけんご가 디자인했다. 기존 목조 건축을 섬세하게 살리고 4mm 간격으로 설치한 대나무 스크린을 통해 시간에 따른 빛의 변화를 건물에 담아냈다. 다다미방 료칸을 현대적으로 재해석했을 뿐만 아니라 객실 내 가구 하나까지 감각적이고 조화롭게 구성하였다.
3가지 타입의 객실과 5개 종류의 전세탕이 있으며 엘리베이터가 설치되어 있어서 편리하다. 1층 로비에는 카페가 마련되어 있는데 창을 모두 열어 두면 노천카페로 변신한다.

Data **지도** P.364-A **가는 법** 긴잔 온천 버스정류장에서 도보 2분 **주소** 山形県尾花沢市大字銀山新畑443 **전화** 0237-28-2141 **요금** 28,800엔부터(2인 이용 시 1인 요금, 조·석식 포함) **홈페이지** www.fujiya-ginzan.com

사카타시&쓰루오카시
酒田市&鶴岡市

드넓게 펼쳐진 비옥한 곡창 지대를 중심으로 서쪽에 광활한 바다가, 동쪽에는 험준한 산악을 품고 있는 쇼나이庄內 지역. 풍요로운 자연의 혜택을 등에 업고 해상 무역 도시로 부귀영화를 누렸던 멀지 않은 과거와, 현세의 복을 빌기 위해 신령스러운 기운의 산으로 신도들의 발길이 끊이지 않던 더 먼 과거로의 여행을 떠나보자.

Sakata · Tsuruoka
GET AROUND

사카타시&쓰루오카시 시내 교통

사카타시는 관광지가 주로 JR 사카타역에서 도보로 30분 이내에 자리해 걷거나 자전거를 이용해도 되지만, 쓰루오카시에서는 버스를 이용해야 한다.

렌터카
JR 쓰루오카역 또는 JR 사카타역 주변에서 빌릴 수 있다. 렌터카 이용은 P.049 참고.

쓰루오카시
쓰루오카시 1일 승차권
つるおか1日乗り放題券
쓰루오카시의 주요 관광지를 다니는 버스를 1일 동안 이용할 수 있다. 시내권인 A코스, 유노하마·유타가와 온천까지 운행하는 B코스, 하구로산과 아츠미 온천을 포함하는 C코스가 있다.
전화 0235-22-2600(쇼나이 교통)
요금 A코스 500엔 / B코스 1,000엔 / C코스 2,000엔(어린이는 반값)
홈페이지 www.shonaikotsu.jp/local_bus/oneday.html

사카타시
사카타 룬룬버스 酒田 るんるんバス
사카타 시내를 순환하는 100엔 버스. 5개 노선 중 다이가쿠大学선이 관광에 편리하다. 저렴한 대신 하루 9회밖에 다니지 않는다.
요금 1회 승차 100엔
홈페이지 www.city.sakata.lg.jp/sangyo/kotsu/runrunbas/

룬룬버스

*** Plus Info ***

Information Center

JR 사카타역 관광 안내소 酒田駅観光案内所
관광지 및 숙박 정보 제공하며, 팜플렛도 비치되어 있다. 무료 자전거 대여(4월~10월)도 가능.
Data 지도 P.370-C **가는 법** JR 사카타역 내 **주소** 酒田市幸町1-1-1 酒田駅内
전화 0234-24-2454 **오픈** 09:00~17:00

쓰루오카시 관광 안내소 鶴岡市観光案内所
시내는 물론 온천의 숙박 예약도 할 수 있다. 무료 자전거 대여(4~10월)도 가능.
Data 지도 P.369-A **가는 법** JR 쓰루오카역에서 도보 1분, 마리카마리카 동관 1층 **주소** 鶴岡市末広町3-1 マリカ東館1F Foodever内
전화 0235-25-7678 **오픈** 09:30~17:30

TOHOKU BY AREA 05
야마가타

Sakata · Tsuruoka
TWO FINE DAYS IN

첫날에 하구로산 트레킹과 온천으로 몸도 마음도 정갈하게 닦고, 둘째 날에는 역사적인 해상 무역 도시를 두 발로 구석구석 누벼보자.

1일차

쓰루오카 버스 정류장에서 즈이신문까지 40분

즈이신문
하구로산 참배길의 시작점에서 출발하기

도보 15분

하구로산 오층탑
단아한 오층 목조탑에서 하구로산 트레킹 시작!

도보 1시간 30분 or 쓰루오카 버스정류장에서 버스(1시간 소요)를 타고 하구로산초 하차 후 도보 2분

하구로산 데와신사
몸도 마음도 상쾌해지는 울창한 삼나무 숲길 걷기

히토이치 도오리에서 유노하마 방향 버스로 1시간 30분 or 쓰루오카 버스정류장에서 유노하마 쇼가코 40분 소요+도보 5분

유노하마 온천
바다로 떨어지는 석양을 바라보며 노천 온천 즐기기

2일차

산쿄 창고
야마가타현 최대 곡창 지대의 역사 알아보기

도보 10분

가이센돈야 도미시마
싱싱하고 푸짐한 해산물 덮밥 맛보기

도보 10분

히요리야마 공원
야마가타현의 아름다운 전망 포인트 구경하기

도보 5분

소마로
무희의 춤 사위 감상하기

도보 15분

혼마 미술관
혼마가의 별장과 정원 둘러보기

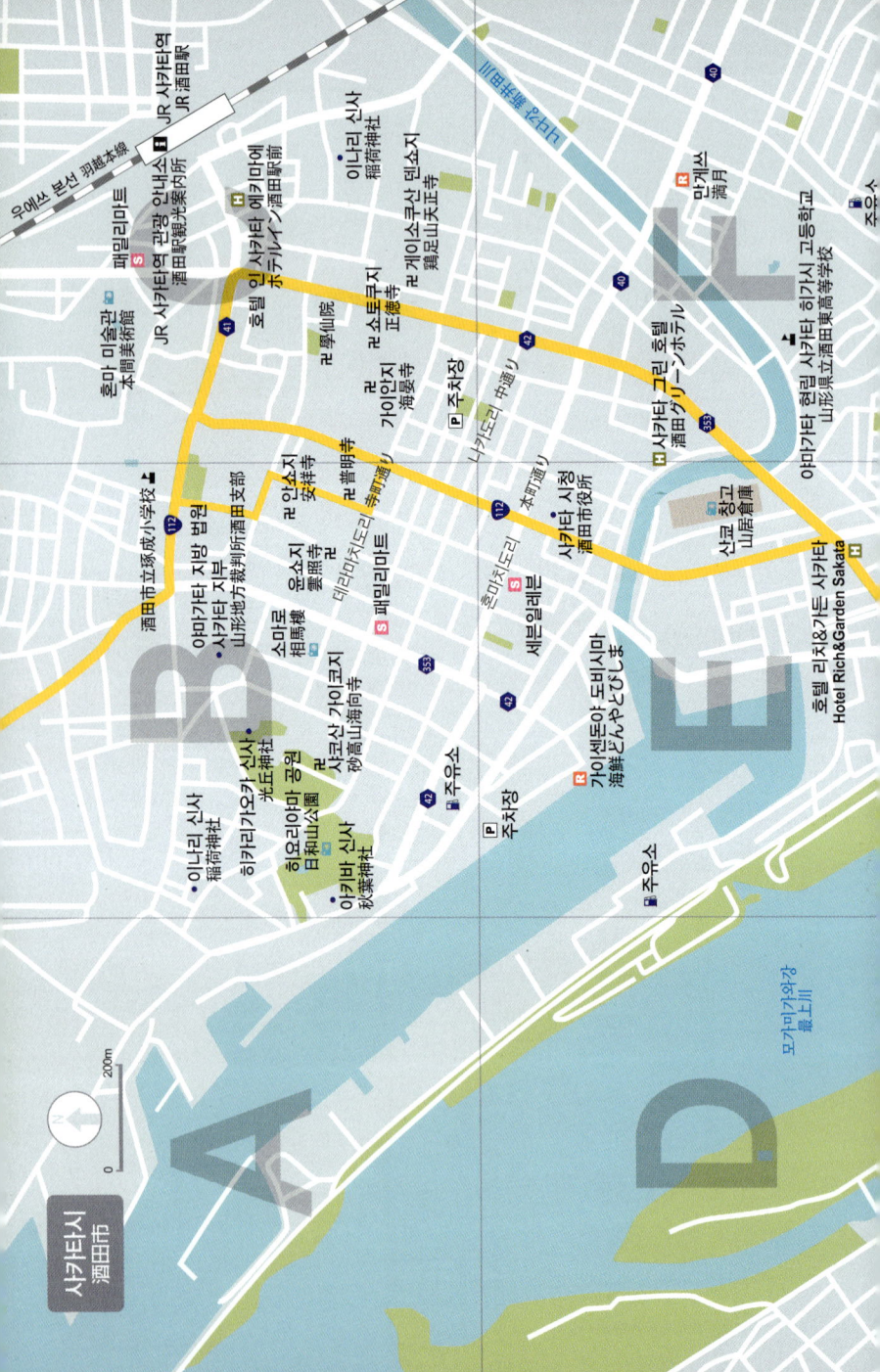

SEE

아름다운 느티나무 길의 쌀 창고

산쿄 창고 山居倉庫 🔊 산쿄 소코

수령 150년 이상의 아름다운 느티나무 가로수 길과 어우러진 중후한 옛 창고. 줄이어 있는 9개 동의 검은색 창고는 1893년 지어진 쌀 창고다. 10,000t 이상의 쌀을 보관할 수 있는 규모로 100여 년 전 이 지역의 번성했던 쌀 산업을 가늠해볼 수 있다. 36그루의 느티나무는 여름에 그늘을 만들어주는 동시에 겨울의 강한 계절풍을 막아주어 창고 내 일정 온도를 유지해주는 역할을 했다.

2004년 창고 일부를 개조해 쌀 역사 자료관과 관광 물산관 유메노쿠라夢の倶楽, 레스토랑 등으로 사용 중이다. 산쿄 창고는 1980년대 일본의 국민 드라마 〈오싱〉의 촬영지로 유명한데, 드라마를 모르더라도 충분히 매력적인 풍경을 사계절 만날 수 있다.

Data **지도** P.370-E **가는 법** JR 사카타역에서 도보 25분 / 루룬버스 다이가쿠大学선을 타고 산쿄 소코山居倉庫 에서 하차, 총 8분 소요 **주소** 山形県酒田市山居町1-1-20 **전화** 0234-24-2233
오픈 관광 물산관에서 09:00~18:00(12~2월 17:00까지) / 역사 자료관 09:00~17:00(12/1~28 16:30까지) **휴무** 12/29~2/28 **요금** 자료관 성인 300엔, 어린이 150엔
홈페이지 sakata-kankou.com/spot/30159

차경의 미학

혼마 미술관 本間美術館 🔊 혼마 비주츠칸

사카타시의 대지주이자 일본 제일의 부호로 알려진 혼마 가문의 별장 부지에 조성된 미술관이다. 본관인 1813년 완공된 2층 목조 저택 세이엔카쿠清遠閣와 정원인 가쿠부엔鶴舞園, 그리고 1968년 새로 지은 신관으로 이루어져 있다.

혼마가에 내려오는 공예품과 서화를 전시하는데, 당대 최고 대지주의 소장품이라고 하기에는 특별한 것은 없다. 실상 이곳의 가장 중요한 전시품은 별장과 정원이다. 연못을 중심으로 대나무와 노송, 단풍, 철쭉 등의 수목이 꾸며진 아름다운 일본식 정원은 마주하는 순간 절로 감격하게 된다. 또한 별장 거실 유리창에 한 폭 그림처럼 담기는 정원의 풍경은 차경의 즐거움을 선사한다.

Data 지도 P.370-C 가는 법 JR 사카타역에서 도보 5분 주소 山形県酒田市御成町7-7
전화 0234-24-4311 오픈 09:00~17:00(11~3월 16:30까지) 휴무 12~2월 화·수요일
요금 성인 900엔, 고등·대학생 400엔, 중학생 이하 무료 홈페이지 www.homma-museum.or.jp

옛 요정에서 감상하는 무희의 춤사위
소마로 相馬樓 🔊 소마로

해상 운송의 중심지였던 사카타시에 교토 문화가 유입되었고 호화로운 요정이 생겨나면서 1960년대에는 게이샤 수가 100명이 넘었다고 한다. 소마로는 시대가 변화하며 명맥이 끊긴 게이샤의 춤을 지역의 예능으로 부활시키고자 2000년 문을 열었다. 국가등록문화재로 지정된 에도 시대 요정 건물을 복원해 1층에 찻집과 2층에 공연장을 마련하고, 다이쇼풍의 미인화로 유명한 다케히사 유메지竹久夢二의 작품과 각종 공예품을 전시해두었다. 이곳의 무희들은 어린 게이샤를 뜻하는 마이코舞娘라 불리며 하루 1번 공연을 선보인다. 공연 후에는 마이코와 기념 촬영도 할 수 있다.

Data **지도** P.370-B
가는 법 JR 사카타역에서 도보 20분 / 루룬버스 다이가쿠大学선을 타고 나카마치中町에서 하차 후 도보 5분, 총 10분 소요
주소 山形県酒田市日吉町一丁目2-20 **전화** 0234-21-2310
오픈 10:00~17:00(마이코 공연 14:00) **휴무** 수요일
요금 입장료 성인 1000엔, 학생 500엔 / 마이코 공연 성인 800엔, 학생 500엔
홈페이지 www.somaro.net

마이코

야마가타시의 뷰 포인트
히요리야마 공원 日和山公園 🔊 히요리야마 코엔

야마가타시의 아름다운 전망 포인트로 손꼽히는 히요리야마 공원. 400여 그루의 벚나무가 심어져 있어 봄에는 벚꽃 축제가 열리미 이 기간에 나이트 라이트업으로 유명하다. 전망대에 오르면 항구의 풍경이 시원하게 펼쳐지고 등대 너머로 석양이 아름답게 떨어진다.
에도 시대 1,000섬의 쌀을 싣던 배 센고쿠부네千石船의 1/2 모형이 옛 해상무역 도시의 풍치를 더한다. 문학비를 따라 걷는 1.2km의 산책로도 고즈넉하다. 공원으로 가는 길에는 일본 영화 〈굿바이〉에 등장한 빛 바랜 하늘색 문이 있다. 빈티지한 감성을 좋아한다면 기념 사진을 찍어보자.

센고쿠부네

영화 〈굿바이〉의 배경이 된 하늘색 문

Data **지도** P.370-A
가는 법 JR 사카타역에서 도보 25분 / 루룬버스 다이가쿠大学선을 타고 나카마치中町에서 하차 후 도보 10분, 총 15분 소요
주소 山形県酒田市南新町1-127

리얼리즘 사진 작가의 역작
도몬켄 기념관 土門拳記念館 🔊 도몬켄 키넨칸

사실주의에 입각한 보도 사진과 전통문화재 촬영으로 쇼와 시대를 대표하는 사진작가 도몬켄(1909~1990년). 그의 이름을 딴 사진상이 있을 정도로 일가를 이룬 인물이다. 도몬켄의 사진 작품 약 70,000점을 소장하고 있는 이 기념관은 그의 고향인 사카타시에 1983년 개관했다. 연출하지 않은 스냅 사진을 추구했던 그의 작품 세계는 격변하는 일본 사회 찰나의 순간을 담아냈다. 또한 40여 년간 100여 곳의 사찰을 촬영한 고찰 순례는 그가 남긴 필생의 역작이다.

초카이산鳥海山의 수려하고 웅장한 풍경이 어우러진 이모리야마 공원飯森山公園에 자리한 기념관에는 당대 도몬켄과 친분이 있는 예술가들이 간판, 조각, 조형물 등을 우정의 선물로 기부했다. 건축 설계를 맡은 다니구치 요시오谷口吉生의 경우도 그의 아버지가 도몬켄과 막역한 사이였다. 다니구치 요시오가 뉴욕 현대미술관 신관 설계로 세계적인 명성을 얻기 전이지만, 자연에 순응하는 절제된 공간의 미학을 잘 느낄 수 있다.

Data 지도 P.371-J
가는 법 JR 사카타역에서 루트버스 다이가쿠大学선을 타고 도몬켄 키넨칸土門拳記念館에서 하차.
총 15분 소요
주소 山形県酒田市飯森山二丁目13
전화 0234-31-0028
요금 성인 430엔, 고등·대학생 210엔, 중학생 이하 무료(특별전 기간은 변동)
오픈 09:00~17:00
휴무 12~3월 월요일
홈페이지 www.domonken-kinenkan.jp

일본 사진의 대가 도몬켄의 작품을 만나보자.

TOHOKU BY AREA 05
야마가타

쓰루오카 건축 역사 박물관
지도 박물관 致道博物館 🔊 치도 하쿠부츠칸

쓰루오카 공원 서쪽에 자리 잡고 있는 시설로 쓰루오카시의 역사와 문화를 알기 위해서는 빼놓을 수 없는 곳이다. 원래 쇼나이번庄内藩의 영주 집안인 사카이 가문이 사용했던 건물을 박물관으로, 현재는 일반에게 공개하고 있다. 국가중요문화재인 옛 니시다가와군旧西田川郡의 관청과 다층 구조의 민가, 옛 쓰루오카시 경찰서 청사 등 역사적으로 귀중한 건축물들을 한 곳에 옮겨 놓았다. 박물관 내에 위치해 있는 전통 무가武家(부케) 저택 건축에서 엿볼 수 있는 쇼인즈쿠리書院造り 양식의 정원인 사카이 가문 정원을 돌아보고, 쇼나이 지방의 생활문화를 알려주는 중요유형민속문화재 수장고의 문화재 등을 관람할 수 있다.

Data 지도 P.369-C
가는 법 JR 쓰루오카역에서 도보 30분 / JR 쓰루오카역 1번 버스정류장에서 유노하마 온센湯野浜温泉 방면 또는 아츠미 온센あつみ温泉 방면 버스를 타고 지도 하쿠부츠칸致道博物館에서 하차
주소 山形県鶴岡市家中新町10-18 **전화** 0235-22-1199
오픈 09:00~17:00(12~2월 16:30까지) **휴무** 수요일
요금 성인 700엔, 학생 380엔, 초·중학생 280엔 **홈페이지** www.chido.jp

신령스런 삼나무 참배길

하구로산 羽黒山 🔊 하구로산

화산의 분화로 생겨난 해발 414m의 하구로산은 아름다운 원시림과 국보 오층탑을 비롯해 크고 작은 신사와 비석을 품고 있는 신령스런 기운의 산이다. 예로부터 슈겐도修験道(산악 신앙과 불교가 혼합된 일본 고유의 종교)의 수도자가 수행을 쌓던 참배길이었으나 메이지 시대 신불분리 신도국교화 정책으로 인해 사찰과 불상이 신사의 형태로 모습이 바뀌었다.

2,446단의 돌계단 양 옆으로 수백 년 수령의 삼나무가 늘어서 있는 참배길은 꽤 가팔라서 힘이 부칠 때도 있지만, 깊은 자연 풍경과 도착했을 때 보이는 데와 신사의 웅장한 모습은 다리의 피로감을 잊어버릴 정도로 장관이다. 사계절 모두 오를 수 있어서 때마다 다른 풍광도 하구로산의 묘미다.

Data 지도 P.377 홈페이지 hagurokanko.jp

하구로산 구석구석 살펴보기

즈이신문 随神門 🔊 즈이신몬

하구로산 참배길의 시작점

하구로산의 현관 역할을 하는 붉은색의 문이다. 양쪽으로 악령의 침입을 막아주는 문지기 신 동상이 검과 활을 들고 서 있다. 참배길은 보통 이곳에서 출발해 다소 가파른 길을 올라야 하므로, 여유 있게 2시간 정도 예상하고 움직이도록 하자. 참배길에는 화장실이 따로 없으니 즈이신문 인근의 화장실을 미리 이용하는 것이 좋다.

Data 지도 P.377-A **가는 법** JR 쓰루오카역에서 하구로 방면 노선버스를 타고 하구로 즈이신몬羽黒随神門에서 하차. 총 35분 소요 **주소** 山形県鶴岡市羽黒町手向

하구로산 오층탑 羽黒山五重塔 🔊 하구로산 고주노토

고고한 품격의 목조탑

도호쿠에서 가장 오래된 탑이자 국보로 지정된 하구로산 오층탑. 총 높이는 29.2m, 상륜을 제외하면 22.2m로 건물 7~8층 정도의 거대한 규모다. 헤이안 시대에 창건되었다고 알려지며, 현재의 탑은 15세기 무로마치 시대에 재건된 것이다. 하구로산 오층탑 단청하지 않은 단아한 모습으로 고고한 매력을 뿜어내며 주변의 울창한 삼나무에 녹아들어 있다.

하구로산 오층탑 옆으로는 지지스기爺杉(할아버지 삼나무)라고 불리는 천연기념물로 지정된 수령 천년의 삼나무가 있는데, 마치 오층탑을 보호하고 있는 듯한 위풍당당함이 인상적이다.

Data 지도 P.377-C **가는 법** JR 쓰루오카역에서 하구로 방면 노선버스를 타고 하구로 즈이신몬羽黒随神門에서 하차 후 도보 10분. 총 45분 소요 **주소** 山形県鶴岡市羽黒町手向7

하구로산 데와 신사 羽黑山 出羽神社 하구로산 데와 진자

데와산잔의 3신을 모신 신사

하구로산 정상에 자리 잡은 신사로 데와산잔出羽三山의 3신을 모두 모신 본당 산진고사이덴三神合祭殿이 자리하고 있다. 갓산과 유도노산의 신사는 겨울에 출입을 금지하기 때문에 각종 축제나 행사를 위해 이곳에 3신을 모시게 되었다.

두께가 2.1m에 달하는 으리으리한 지붕의 이데와 신사 본당은 1818년 완공된 것으로 당시 동원된 목수만 35,000명이 넘었던 대역사였다. 붉은색의 내부에 문을 나누어 삼신을 모셔져 있으며 국가중요문화재이다.

Data 지도 P.377-D **가는 법** JR 쓰루오카역에서 하구로 방면 노선버스를 타고 하구로잔산초羽黑山頂에서 하차. 총 50분 소요 **주소** 鶴岡市羽黑町手向 羽黑山頂

데와산잔 出羽三山

데와산잔은 데와 지역의 갓산月山, 유도노산湯殿山, 하구로산羽黑山을 총칭하는 것으로, 예로부터 자연 숭배와 산악 신앙을 바탕으로 한 슈겐도의 성지로 그 역사가 1400년에 이른다. 야마부시山伏라 불리는 수도자들이 산으로 들어가 깨달음을 얻기 위해 치열하게 수행했다.

에도 시대 서민들에게 하구로산은 현세의 복을 빌고 갓산은 사후 세계와 비슷한 체험을 하며 유도노산에서는 새로운 생명을 기원하는, 윤회에 근거한 순례가 인기였다. 비교적 접근성이 좋은 하구로산은 사계절 입산이 가능하지만 가장 험준한 갓산은 7월 1일부터 9월 15일까지, 유도노산은 4월 말부터 11월 초까지 방문할 수 있다.

홈페이지 www.dewasanzan.jp

1300년의 치유 온천
유타가와 온천 湯田川温泉 🔊 유타가와 온센

'쓰루오카의 안방'으로 불리며 1300년의 역사를 간직한 온천 마을. 에도 시대 쇼나이번 영주가 즐겨 찾았으며, 2001년 국민보양온천지로 지정되기도 한 치유 온천으로 알려져 있다. 주변이 산으로 둘러싸여 있고 대나무와 매화나무가 늘어선 소박한 온천 거리에는 9곳의 온천 숙소가 자리하고 있으며, 지역 특산물인 죽순을 이용한 산채 요리가 빠지지 않는다.

시내에서 멀지 않다 보니 JR 쓰루오카역을 오가는 송영차량을 제공하기도 한다. 공공 욕장은 2곳이 있으며, 예스러운 목조 건물의 쇼멘노유正面湯가 인기 있다. 내부는 동네 작은 목욕탕과 다를 바 없지만 풍부한 수량의 천연 온천수를 제대로 만끽할 수 있다. 입욕권은 맞은 편의 후나미 상점 船見商店에서 구입하면 주인이 함께 이동해 문을 열어준다.

Data **지도** 지도 밖 **가는 법** JR 쓰루오카역에서 노선버스로 30분 **주소** 山形県鶴岡市湯田川温泉 **전화** 0235-35-4111(유타가와 온천 관광 협회) **홈페이지** www.yutagawaonsen.com

일몰이 아름다운 바닷가 온천
유노하마 온천 湯野浜温泉 🔊 유노하마 온센

쓰루오카시에서 서북쪽의 바다에 면한 온천 마을로, 11세기에 한 어부가 바닷가에서 온천을 하고 있는 거북이를 발견하면서부터 시작되었다는 고사가 전해진다. 해변을 따라 대체로 규모가 큰 리조트 분위기의 온천 숙소 14곳이 있으며, 객실과 탕에서 바다와 일몰을 감상할 수 있다.

염분을 함유한 온천수는 몸에 온기를 오래도록 유지해주고 신선한 해산물 요리를 내는 곳이 많다. 온천 숙소에 따라 JR 쓰루오카역과 JR 사카타역에서도 송영버스를 운영하기도 한다. 부담 없는 가격에 온천욕을 즐길 수 있는 공중 욕탕이 2곳 있다. 화려하지는 않지만 오래전 소박하고 정감이 넘치던 목욕탕의 추억을 떠올릴 수 있다.

Data **지도** 지도 밖 **가는 법** JR 쓰루오카역에서 노선버스로 약 50분 / JR 사카타역에서 노선버스로 약 1시간 **주소** 山形県鶴岡市湯野浜温泉 **홈페이지** www.yunohamaonsen.com

후루룩 완탄멘

만게쓰 満月

사카타의 완탄멘(완탕면) 맛집으로 통하는 만게쓰. 완탄은 밀가루 피에 고기나 새우 소를 넣은 만두의 일종으로 깔끔하고 시원한 국물과 면, 완탄이 절묘하게 어우러진다.
완탄멘과 함께 하루 20그릇만 한정 판매하는 만게쓰노 쓰케멘満月のつけ麺도 인기 메뉴. 소스에 찍어 먹는 라멘인 쓰케멘つけ麺을 주문하면 심심하게 물에 끓인 완탄 몇 알을 함께 준다. 간장, 스태미너(고추 참기름을 넣어 고소하고 매콤한 맛), 소금의 3가지 맛 중 2가지 소스를 고를 수 있고 면을 다 먹은 후 소스에 뜨거운 물을 붓고 완탄을 넣어 완탄멘으로도 맛볼 수 있다.

Data **지도** P.370-F **가는 법** JR 사카타역에서 도보 20분 / 루룬버스 다이가쿠大学선을 타고 8분 후 산쿄 소코山居倉庫에서 하차 후 도보 10분 **주소** 山形県酒田市東中の口町2-1 **전화** 0234-22-0166
오픈 11:00~16:30(금~일요일 21:00까지) **휴무** 부정기적(주로 화요일)
가격 완탄멘 780엔, 만게쓰노 쓰케멘 900엔 **홈페이지** www.sakata-mangetsu.com

신선하고 푸짐한 해산물 덮밥

가이센돈야 도비시마 海鮮どんやとびしま

항구에서 갓 잡은 싱싱한 해산물과 가공품을 판매하는 사카타 수산시장 2층에 가이센돈(해산물 덮밥)으로 유명한 식당. 시장이 인접하니 재료의 신선도는 말할 것도 없거니와 푸짐한 양에 값도 저렴한 편. 넓은 테이블을 모르는 손님끼리 나누어 써야 할 정도로 북적거리지만, 제철 생선을 듬뿍 올린 가이센돈 정식을 받아 들면 이내 식사에 집중하게 된다.
값비싼 성게와 연어알이 듬뿍 올라간 우니이쿠라돈うにいくら丼(성게·연어알 덮밥)도 시중보다 저렴하게 즐길 수 있다. 생선구이나 반찬으로 차린 정식도 있다. 옥상에서 시원하게 펼쳐진 바다와 저 멀리 도비시마飛島섬을 바라보며 오징어 먹물 소프트아이스크림을 디저트로 마무리하면 완벽하다.

Data **지도** P.370-E **가는 법** JR 사카타역에서 도보 30분 / 루룬버스 다이가쿠大学선을 타고 산쿄 소코山居倉庫에서 하차 후 도보 10분. 총 18분 소요 **주소** 山形県酒田市船場町2-5-10 さかた 海鮮市場 2F
전화 0234-26-6111 **오픈** 07:00~09:00, 11:00~19:00 **휴무** 1/1, 2/28
가격 가이센돈 정식 1,080엔 **홈페이지** kaisen-ichiba.net/tobishima

과일 디저트 천국
후루츠숍 아오모리야 フルーツショップ青森屋

신선한 과일을 판매하는 점포와 과일 디저트 카페를 함께 운영하는 집. 처음에 아오모리산 사과를 판매하면서 지은 이름이다. 3대째 이어진 지금은 농가에서 엄선한 다양한 과일을 판매한다. 디저트 카페에서는 계절 과일을 활용한 타르트와 과일 샐러드, 과일주스가 주메뉴다. 블루베리, 청포도, 딸기 등 알찬 제철 과일을 듬뿍 올린 과일 타르트는 감탄이 나올 정도로 예쁘고 맛은 두말할 것 없다. 선물용으로 과일 잼이나 드라이 후루츠, 젤리, 아몬드 케이크 등도 판매한다.

Data **지도** P.369-A **가는 법** JR 쓰루오카역에서 도보 5분 **주소** 山形県鶴岡市末広町7-24
전화 0235-22-0341
오픈 점포 08:30~19:00 / 카페 10:30~19:00
가격 타르트 1조각 450엔부터
홈페이지 www.aomoriya0235220341.co.jp

현지인의 추천 이자카야
다마야 たま家

동네 어귀의 작은 이자카야 다마야. 숯불에 천천히 구운 야키토리(닭 꼬치구이)와 튀김이 주메뉴고 얇게 바삭바삭한 교자가 보기에도 먹음직스럽다. 물론 야마가타답게 라멘도 매우 훌륭하다.
주문한 음식을 기다리는 동안 먼저 내오는 오토시お通し(자릿세 개념의 기본 안주, 유료)마저 일품. 작은 동네에 위치한 식당의 소박하고 정감 어린 분위기를 느낄 수 있는 곳이다. 1차로 골라도, 배부른 뒤의 2차로 골라도 완벽할 가게다.

Data **지도** P.369-D **가는 법** JR 쓰루오카역에서 도보 5분 **주소** 山形県鶴岡市末広町11-7
전화 0235-33-8022 **오픈** 점심 11:30~14:00 / 저녁 18:00~23:00(일요일은 점심만 영업)
휴무 수요일 **가격** 라멘 600엔부터, 야키토리 100엔부터 **홈페이지** guru-kozo.jp/tamaya/

SLEEP

여심을 사로잡는 목조 디자인 호텔

스이덴 테라스 スイデンテラス

오이타 현립미술관과 시즈오카 후지산 세계유산 센터 등의 주요 작품을 남긴 유명 건축가 반 시게루坂茂가 설계한 목조 디자인 호텔. 무엇보다 아름다운 수전水田이 펼쳐진 쇼나이 전원 풍경을 그대로 살려 호텔과 주변 풍광이 아름답다. 공용 공간과 숙박 공간, 스파 공간으로 구성된 숙박 체류형 복합 시설로, 객실은 갓산Gassan, 하구로산Hagurosan, 유도노산Yudonosan으로 데와산잔의 명칭을 따라 3동으로 이어져 있다. 지하 1,200m에서 끌어올린 천연 온천을 이용한 온천 시설과 1,000권의 책을 전시한 도서관까지 최상의 서비스를 즐길 수 있다.

Data **지도** P.369-A **가는 법** JR 쓰루오카역에서 택시로 10분 **주소** 山形県鶴岡市北京田字下鳥ノ巣23-1
전화 050-1745-9721 **요금** 심플스테이 10,186엔부터(싱글룸 1인 조식 포함)
홈페이지 https://suiden-terrasse.yamagata-design.com/

스탠다드 트윈룸

테라스 스파

스타일리시한 온천 료칸

유도노안 湯どの庵

고급스러운 분위기의 온천 료칸. 모든 객실에 낮은 나무 침대와 폭신한 이불이 배치되어 있고, 조명을 낮춰 몸과 마음을 휴식하게 하는 포근한 분위기다. 유타가와 온천의 원천을 사용한 히노키탕과 석재로 만든 온천에는 노천 온천도 체험할 수 있다.
야마가타산 소고기와 돼지고기 요리, 사카타 항구의 신선한 해산물 요리, 계절마다 제철 요리가 자랑이며, 꼭 야마가타 와인과 사케와 함께 맛보기를 추천한다.

Data **지도** P.369-G **가는 법** JR 쓰루오카역에서 노선버스를 타고
유타가와 온센湯田川温泉에서 하차 도보 2분 **주소** 山形県鶴岡市湯田川乙38
전화 0235-35-2200 **요금** 12,420엔부터(2인 1실 이용시 1인 요금, 조·석식 포함)
홈페이지 www.kameya-net.com/yudono/

다양한 온천을 모두 즐기자

구헤 료칸 九兵衛 旅館

300년의 역사를 자랑하는 전통 료칸. 야마가타현에서 3번째로 오래된 온천인 유타가와 온천은 712년부터 온천을 개장한 유서 깊은 곳이다. 큰 수조 벽이 인상적인 가와노유 온천, 노천탕이 있는 야마노유 온천, 프라이빗한 가족탕과 자매관인 다마야의 가족탕 3군데까지 다양한 온천을 즐길 수 있는 것이 매력이다.
식사는 개인실에서 지역의 식재료를 사용한 요리를 제공하며, 오전 7시부터 11시까지 모닝 커피 서비스도 있다. 겨울에는 JR 쓰루오카역에서 2명 이상인 경우 무료 송영버스 서비스(2일 전까지 예약 필수)를 제공한다. 체크인은 14시, 체크아웃은 11시여서 여유롭다.

Data 지도 P.369-G
가는 법 JR 쓰루오카역에서 노선버스를 타고 유타가와 온센湯田川温泉에서 하차 후 도보 2분 / JR 센다이역에서 고속버스를 타고 쇼나이 칸코 붓산칸庄内観光物産館에서 하차 후 송영버스 이용
주소 山形県鶴岡市湯田川乙19
전화 0235-35-2777
요금 15,660엔부터(2인 1실 이용 시 1인 요금, 조·석식 포함)
홈페이지 www.kuheryokan.com/

요네자와시
米沢市

모가미가와 강줄기를 따라 야마가타현 남동쪽 분지에 자리한 오키타마 지역의 중심 도시 요네자와. 거대한 산은 장벽이 되어 독자적인 문화 형성의 기반이 되었고, 에도 시대 이래로 이 지역의 통치자였던 우에스기 가문의 유지가 여전히 생생하게 살아있는 역사 도시로 성장했다. 요네자와시는 아는 사람만이 누릴 수 있는 여행의 즐거움이 넘쳐나는 곳이다.

Yonezawa
GET AROUND

요네자와시 시내 교통

요네자와 성터까지는 걸어서 다니기에 살짝 부담스러운 거리다. 요네자와시에서 운영하는 시민버스와 지역 버스 회사인 야마코버스가 이곳까지 운행한다.

시민버스 市民バス

시내를 순환하는 노선버스로 왼쪽 방향(노란색 버스)과 오른쪽 방향(청색 버스)으로 구분된다.
전화 0238-22-5111(요네자와 시청) **요금** 1회권 200엔, 1일권 500엔(어린이는 반값)
홈페이지 www.city.yonezawa.yamagata.jp/2559.html

야마코버스 山交バス

시라부 온천白布温泉 또는 오노가와 온천小野川温泉 방면으로 갈 때 편리한 교통 수단이다. 시라부 온천 노선은 요네자와 성터 주변을 지나간다.
전화 023-632-7272 **요금** JR 요네자와역~우에스기 신사 240엔, 시라부 온천 950엔
홈페이지 www.yamakobus.co.jp/rosenbus/rosenzu/index.html

야마코버스

★★★ Plus Info ★★★

Information Center

오키타마 광역 관광 안내 센터(아스크)
置賜広域観光案内センター(アスク)

시내 및 주변 도시 관광, 숙박 안내 및 요네자와시의 특산품과 역사에 관해 안내한다.

Data **지도** P.389-D **가는 법** JR 요네자와역 내
주소 米沢市駅前1-1-43 JR米沢駅 内
전화 0238-24-2965
오픈 08:00~18:00

JR 요네자와역

Yonezawa
ONE FINE DAY IN

700년 역사를 고스란히 간직한 산중 온천 마을과 요네자와 도심 관광을 함께 즐길 수 있는 일석이조의 여행. 야마가타현에서 한나절 기차 여행으로 계획해도 좋다.

JR 요네자와역에서 버스 30분 →

시라부 온천
콸콸 쏟아지는 고온의
천연 온천 만끽하기

JR 요네자와역에서 시민버스(오른쪽 순환) 9분 →

우에스기 신사
전설적인 무장 우에스기
겐신을 모신 신사 구경하기

↓ 도보 4분

하쿠샤쿠테이
호화로운 메이지 시대 저택에서
정갈한 한 끼 식사 즐기기

← 마쓰가사키 버스정류장 or
JR 요네자와역에서 버스 17분

요잔도
다양하고 섬세한 문양의
요네자와 직물 소품 쇼핑하기

↓ 버스 14분

도코노 사카구라
400년 전통 술도가의
멋과 맛 탐닉하기

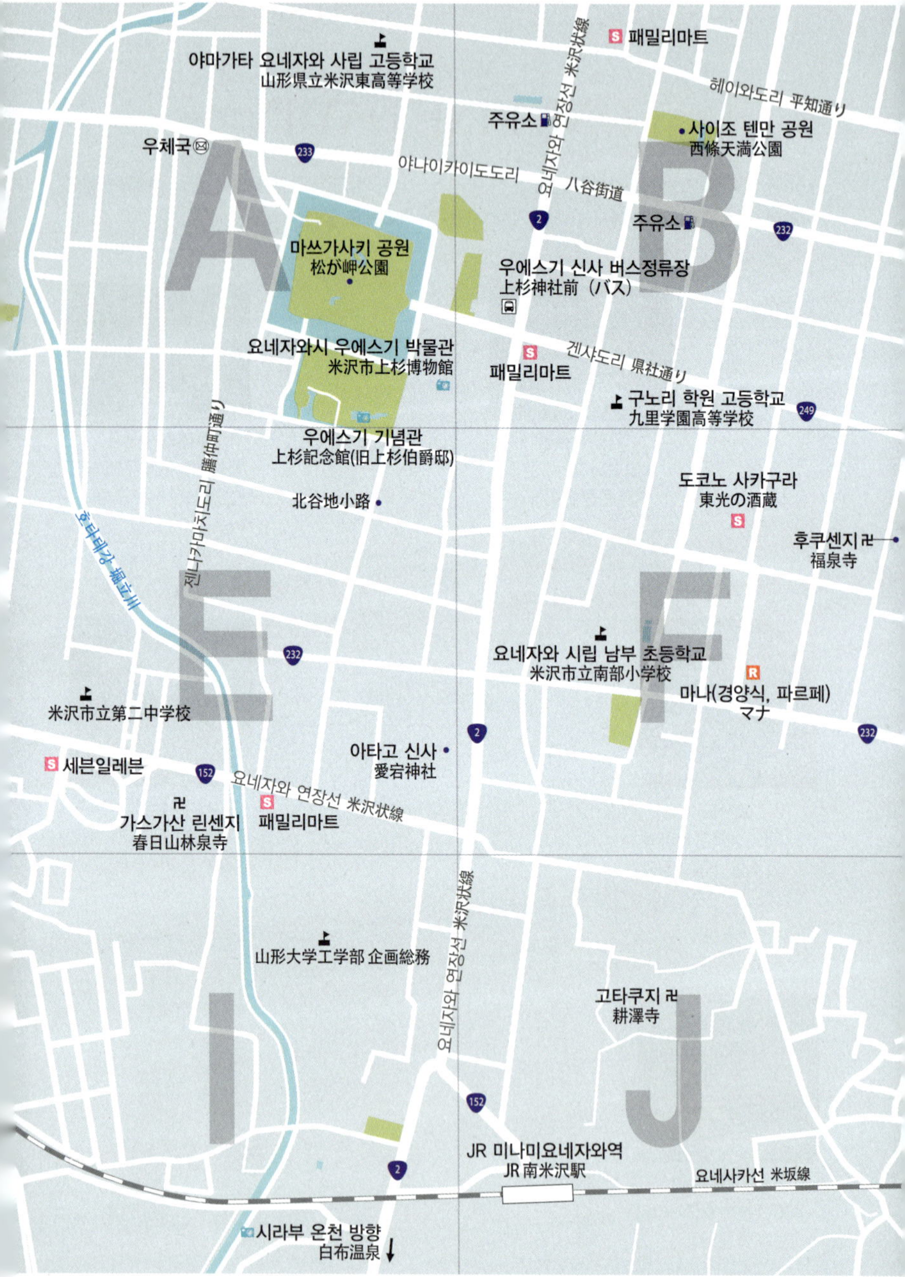
야마가타 요네자와 사립 고등학교
山形県立米沢東高等学校
패밀리마트
헤이와도리 平知通り
주유소
사이조 텐만 공원
西條天満公園
우체국
233
야나이카이도도리
八谷街道
요네자와 연장선 米沢状線
2
주유소
232
마쓰가사키 공원
松が岬公園
우에스기 신사 버스정류장
上杉神社前（バス）
요네자와시 우에스기 박물관
米沢市上杉博物館
패밀리마트
겐샤도리 県社通り
구노리 학원 고등학교
九里学園高等学校
249
우에스기 기념관
上杉記念館(旧上杉伯爵邸)
젠나카마치도리 膳仲町通り
北谷地小路
도코노 사카구라
東光の酒蔵
후쿠센지
福泉寺
호타테강 堀立川
232
요네자와 시립 남부 초등학교
米沢市立南部小学校
마나(경양식, 파르페)
マナ
米沢市立第二中学校
2
232
아타고 신사
愛宕神社
세븐일레븐
152
요네자와 연장선 米沢状線
가스가산 린센지
春日山林泉寺
패밀리마트
요네자와 연장선 米沢状線
山形大学工学部 企画総務
고타쿠지
耕澤寺
152
2
JR 미나미요네자와역
JR 南米沢駅
요네사카선 米坂線
시라부 온천 방향
白布温泉
A
B
E
F
I
J

TOHOKU BY AREA 05
야마가타

 SEE

우에스기 가문의 거성
마쓰가사키 공원 松が岬公園 🔊 마츠가사키 코엔

요네자와 성터에 조성된 공원이자 벚꽃 명소다. 요네자와성은 다테 마사무네伊達政宗가 태어난 센고쿠 시대에 다테 가문의 본거지였으며, 세키가하라 전투(1600년 다이묘가 두 세력으로 나누어져 벌인 대전투로 이후 도쿠카와 가문의 에도 막부가 건립됨) 후 우에스기 가게카쓰上杉景勝가 이곳으로 영지를 옮기면서 우에스기 가문의 거성으로 사용되었다.
입구에는 우에스기군의 깃발이 나부끼고 신사와 동상 등 우에스기 가문의 흔적을 곳곳에서 발견할 수 있다. 봄에는 옛 해자 부근의 벚나무 200그루가 일제히 꽃을 피워 장관을 이룬다.

Data **지도** P.391 **가는 법** JR 요네자와역에서 시민버스(오른쪽 순환)를 타고 우에스기 진자上杉神社에서 하차 후 도보 3분. 총 14분 소요 **주소** 山形県米沢市丸の内1

 # 우에스기 요잔 上杉鷹山 (1751~1822년)

요네자와번의 9대 번주이자 지금까지 추앙받는 명군이다. 에도 시대 중기 요네자와번은 궁핍한 지방 재정과 흉작으로 갓난아이를 죽이는 풍습까지 생겼다. 이에 우에스기 요잔은 솔선수범하여 근검절약하는 한편, 농업 기술자를 초빙해 특화 작물 재배에 힘썼다. 성과가 바로 나타나지는 않았지만, 우에스기 요잔 사후에 번의 재정은 막부에서 칭찬받을 정도로 양호해졌다.
우에스기 요잔의 저서 〈덴고쿠노지伝国の辞〉에는 민본주의에 바탕에 둔 지도자의 마음가짐이 잘 나타나 있다. 미국 대통령 존 F. 케네디가 가장 존경하는 일본인으로 우에스기 요잔을 언급하는 등 현대에도 이상적인 리더로 평가받고 있다.

마쓰가사키 공원 구석구석 살펴보기

마쓰가사키 공원 안내도

- 후쿠토쿠이나리 신사 福徳稲荷神社
- 화장실
- P 주차장
- 마이즈루 유치원 まいづる幼稚園
- 마쓰가사키 공원 松が岬公園
- P 주차장
- 우에스기 신사 上杉神社
- 마쓰가사키 신사 松岬神社
- 우에스기성 역사 정원 上杉城史苑
- 요네자와 시청 자노 문화전승관 米沢市役所座の文化伝承館
- 패밀리마트
- 주차장 P
- 요네자와시 어린이 회관 米沢市児童会館
- 우에스기 기념관 上杉記念館 (旧上杉伯爵邸)
- 요네자와시 우에스기 박물관 米沢市上杉博物館
- 산카칸 유적 餐霞館遺跡
- 야나이카이도도리 八谷街道

우에스기 신사 上杉神社 ◉ 우에스기 진자

명장 우에스기 겐신의 묘

요네자와번의 초대 번주 우에스기 가게카츠의 양부이자, 센고쿠 시대 무장인 우에스기 겐신上杉謙信(1530~1578년)을 모신 신사. 요네자와성의 혼마루本丸 터에 1876년 건립되었다. 우에스기 겐신은 '에치고(현재 니가타현)의 용', '군신'으로 불리며 카리스마 있는 지휘와 뛰어난 전술로 수많은 전투를 승리로 이끈 명장이다. 센고쿠 시대 3대 무장으로 알려진 오다 노부나가·도요토미 히데요시·도쿠가와 이에야스 다음으로 인지도가 높다.

신사 창건 당시에는 우에스기 요잔도 함께 모셔졌으나, 이후 해자 동쪽의 마쓰가사키 신사松岬神社로 옮겨졌다. 우에스기 신사의 보물전인 게이쇼덴稽照殿에는 투구와 갑옷 등 중요문화재 132점을 포함해 1,000여 점의 유물이 소장되어 있다.

Data 지도 P.391-A
가는 법 마쓰가사키 공원 내 (해자 안쪽)
전화 0238-22-3189
오픈 06:00~17:00, 동절기 07:00~17:00 / 게이쇼덴 09:00~16:00(12월~3월 휴관)
요금 게이쇼덴 성인 400엔, 고등·대학생 300엔, 초·중생 200엔

우에스기 기념관 上杉記念館(旧上杉伯爵邸) 🔊 우에스기 키넨칸

백작 저택에서 즐기는 정갈한 한 끼

우에스기 14대인 모치노리上杉茂憲 백작이 1896년 요네자와성 남쪽의 니노마루二の丸 터에 지은 저택. 건립 당시 부지만 16,530m2(5,000평), 건축 면적 1,750m2(530평)에 달하는 대저택이었으나 1919년 화재로 전소된 후 재건되었다. 건축 면적은 창건 때의 절반 정도이지만, 동판 지붕과 노송나무의 2층 구조, 중정을 감싼 복도 등 호화로운 메이지 시대의 분위기가 남아있다. 도쿄 하마리큐浜離宮 정원을 본뜬 아름다운 연못과 정원도 볼거리다.

현재는 자료 전시관 및 향토 음식점으로 사용 중이다. 정원이 보이는 방에서 우에스기 번주의 9첩 반상을 재현한 겐젠献膳 요리를 맛볼 수 있다. 요네자와의 기근에 대비해 우에스기 요잔이 편찬한 요리서 〈가테모노かてもの〉를 바탕으로 현지 제철 채소로 만든 정갈한 한 끼다. 식사할 요량이 아니라면 점심시간을 피해 가는 것이 좋다.

Data **지도** P.391-C **가는 법** 마쓰가사키 공원 내(해자 남쪽) **주소** 山形県米沢市丸の内1-3-60
전화 0238-21-5121 **오픈** 11:00~20:00(14:30 이후 예약) / 견학 10:00~17:00 **휴무** 12~3월 수요일
요금 공원 견학 무료, 겐젠 요리 2,160엔부터 **홈페이지** hakusyakutei.jp

요네자와시 우에스기 박물관 米沢市上杉博物館 요네자와시 우에스기 하쿠부츠칸

요네자와 역사문화 여행

우에스기 가문의 역사와 유물을 전시하는 우에스기 박물관이 시민들의 문화 공간인 덴고쿠 노모리에 자리하고 있다. 거대한 차양 지붕과 열주가 인상적인 현대적인 공간으로, 옛 성터의 흔적이 남아있는 주변 공원과 아름다운 조화를 이룬다.

박물관은 우에스기의 역사와 문화를 중심으로 에도 시대 요네자와번을 엿볼 수 있는 상설 전시실와, 우에스기 가문의 미술 소장품 및 지역 작가의 작품을 다룬 기획 전시실로 나뉜다. 가장 인기 있는 소장품은 오다 노부나가가 우에스기 겐신에게 보낸 것으로 알려진 호화로운 7폭 병풍. 교토의 경관과 풍속을 그린 걸작으로 2폭이 국보, 5폭이 국가중요문화재이다. 보통 모조품이 전시되어 있으며 원본은 봄과 가을에 한시적으로 공개된다.

Data 지도 P.391-D **가는 법** JR 요네자와역에서 시민 버스(오른쪽 순환)를 타고 우에스기 진자上杉神社에서 하차 후 도보 5분. 총 16분 소요 **주소** 山形県米沢市丸の内1-2-1
전화 0238-26-8001 **오픈** 09:00~17:00
휴무 5~11월 넷째 주 수요일, 12~3월 월요일
요금 성인 410엔, 고등·대학생 200엔, 초·중생 100엔
홈페이지 www.denkoku-no-mori.yonezawa.yamagata.jp/uesugi.htm

7폭 병풍

때묻지 않은 자연 속 비탕

시라부 온천 白布温泉 🔊 시라부 온센

아즈마산吾妻山 서쪽 기슭 표고 900m에 위치해 있는 산속 온천 마을로, 유황을 함유한 고온의 천연 온천이 풍부하게 솟아난다. 1312년 개탕 했다는 기록이 있으며 센고쿠 시대 무장, 우에스기번의 번주가 찾는 등 요양 온천으로 널리 알려졌다.

노포의 료칸 나카야中屋, 니시야西屋, 히가시야東屋를 중심으로 현대적인 료칸 야마노키山の季, 저렴하게 묵을 수 있는 민박 시라부야白布屋, 천연 바위 노천탕의 신다카유 온천新高湯温泉 등 작은 온천 마을이지만 취향과 상황에 따라 선택의 폭이 넓다. 여름에도 서늘할 정도로 깊은 산중에 겨울철에는 눈에 파묻힌 풍경이 아름다워 때 묻지 않은 자연 속 온천을 찾는 이에게는 딱 알맞다. 덴겐다이天元台 스키장과 가까워 스키와 온천을 함께 즐겨도 좋다.

Data 지도 P.388-I
가는 법 JR 요네자와역에서 시라부 온센白布温泉 방면 버스를 타고 40분
주소 山形県米沢市白布温泉 **전화** 0238-55-2205 **홈페이지** www.shirabu.jp

SPECIAL Page

야마가타 와인 투어

과일 산지로 유명한 야마가타 남부 지역에서는 100년 전부터 몇몇 과수 농원이 포도를 특화 재배해 와인 생산에 앞장섰다. 야마카타현의 풍토가 길러낸 색다른 풍미의 와인을 즐겨보자.

사카이 와이너리 酒井ワイナリー 사카이 와이나리

자연을 닮은 야생의 맛

1892년부터 와인을 양조한 도호쿠에서 가장 오래된 와이너리로 5대째 와인을 생산하고 있다. 오랜 시간 앙금이 가라앉도록 두고 위쪽만 취하는 논필터Non-Filter 와인은 생동감 있는 맛과 질감이 특징이다. 5곳의 크고 작은 포도원에서는 화학 비료, 농약, 제초제를 사용하지 않는 자연 농법으로 재배하고 잡초를 제거하기 위해 양을 방목해 기른다. 대표 라벨은 논필터·유기농 와인 버드 업Bird Up. 이는 사카이 와이너리 최초의 포도원이 있던 도리카미鳥上 언덕을 영어식으로 표현한 것이다. 같은 토질에서 난 여러 품종의 포도를 혼합해 복합적이면서 야생의 맛이 살아있는 드라이 와인을 선보인다.

Data 가는 법 JR 아카유赤湯역에서 도보 25분. 아카유 온천 내 **주소** 山形県南陽市赤湯980 **전화** 0238-43-2043 **오픈** 매장 09:00~17:00(견학은 3일 전 예약 필수) **휴무** 매장 첫째·셋째 주 수요일 / 견학 토·일요일, 공휴일, 8~11월 **홈페이지** www.sakai-winery.jp

다케다 와이너리 タケダワイナリー 타케다 와이나리

야마가타 테루아르

20년 동안 개량한 15ha의 자가농원에서 야마가타 테루아르Terroir의 와인을 만드는 와이너리. 자연 농법으로 포도를 재배해 일일이 손으로 수확한 후 발효와 오크통 숙성, 병입, 출하까지 모두 한곳에서 이루어진다.

재배 품종은 카베르네 소비뇽, 메를로, 샤르도네이며 수확량이 많지 않아 매해 극소량의 와인이 생산된다. 이중 샤르도네 스파클링 와인 큐베·요시코キュベ・ヨシコ는 2008년 홋카이도에서 개최된 G8 정상회담의 실전주로 선정되기도 했다. 자가농원 외에 야마가타 제휴 농가의 포도로 양조하기도 한다.

Data 가는 법 JR 모키치키넨칸마에茂吉記念館前역에서 도보 10분 **주소** 山形県上山市四ツ谷2-6-1 **전화** 023-672-0040 **오픈** 견학 12~3월 월~금요일 10:00~11:30, 13:00~17:00(예약 필수) **휴무** 8/13~16 **홈페이지** www.takeda-wine.co.jp

다카하타 와이너리 高畠ワイナリー 🔊 타카하타 와이나리

달콤한 와인의 시간

샤르도네와 델라웨어 품종의 최대 출하 지역인 다카하타 마치에 1990년 문을 연 신생 와이너리이자 대규모 와인 숍. 유럽의 성을 모티브로 한 고풍스러운 외관과 넓은 주차장 덕분에 가족 단위와 단체 손님이 많이 찾는다. 친근하고 활기 넘치는 분위기처럼 와인도 달콤하고 가벼운 화이트와인이 주를 이룬다. 유산카 모스카토를 양조한 기후진貴婦人(귀부인) 시리즈는 부동의 판매 1위. 와인과 어울리는 치즈, 육포, 소시지 등 각종 안주류도 판매한다. 인기 절정의 와인 소프트아이스크림은 진한 우유의 첫맛과 달리 은은하게 밀려오는 뒷맛이 영락없는 와인이다. 와이너리 앞마당의 자가농원을 포도 재배에 맞게 개량하고 2008년부터 까베르네 소비뇽, 샤르도네, 피노누아 등의 품종을 재배하기 시작했다.

Data 가는 법 JR 다카하타高畠역에서 도보 10분
주소 山形県高畠町大字糠野目2700-1
전화 0238-40-1840
오픈 09:00~17:00
홈페이지 www.takahata-wine.co.jp

Tip 야마가타 와인 바&와인 투어리즘

야마가타현 및 인근 현의 와이너리가 총출동하는 도호쿠 최대의 와인 이벤트. 매년 여름 주말 이틀 동안 야마가타 와이너리가 몰려있는 난요시를 중심으로 이와테현, 니가타현의 와이너리들도 참여한다. 첫날에는 가미노야마성 행사장에서 다양한 종류의 와인을 시음할 수 있고 둘째 날에는 와이너리 투어가 진행된다.

Data 요금 와인 시음권(5종, 현장 발권 기준) 3,500엔 / 와이너리 투어 5,000엔
홈페이지 www.facebook.com/yamagatawinebal

EAT

부담 없이 즐기는 요네자와규
규나베 오키 牛鍋おおき

요네자와규를 부담 없이 즐길 수 있는 곳. 요네자와규는 보통 샤부샤부나 스테이크, 스키야키 등으로 먹기 때문에 가격이 비싸다. 규나베 오키는 다양한 정식 세트와 덮밥 세트를 점심 메뉴로 개발해 문턱을 낮추었다. 또 평일 점심 한정의 덮밥 중에는 스키야키를 덮밥으로 개발한 스키야키돈すきやき丼같이 기발한 메뉴도 있다. 밥 위에 스키야키 식으로 조리된 소고기, 두부, 실곤약, 버섯과 온천 달걀을 얹어 먹는데 은근히 재현도가 높다.

Data 지도 P.389-D
가는 법 JR 요네자와역에서 도보 2분
주소 山形県米沢市駅前3-2-18
전화 0238-40-1129
오픈 11:00~15:00, 17:00~21:00(토·일요일 11:00~21:00)
휴무 수요일
가격 평일 런치 요네자와규 나베 정식 2,700엔, 요네자와규 스키야키돈 1,188엔

지역 명물 소고기 도시락
신키네야 본사 공장 직매점
新杵屋 本社工場直売店

역 앞의 도시락 전문 매장으로 야마가타 신칸센 개통에 맞춰 개발된 에키벤えきべん(열차 도시락) 규니쿠도만나카牛肉どまん中는 지역 에키벤 순위 1, 2위를 다툴 정도로 인기가 높다. 야마가타산 쌀 브랜드인 도만나카로 지은 밥 위에 특제 양념으로 조리한 소고기 조림과 소보로를 얹은 것. 고기의 양이 넉넉하고 식어도 맛있다.
이왕이면 야마가타 신칸센을 타고 즐겨보자. JR 야마가타역, JR 요네자와역, JR 아카유역 등의 역 내 매점에서도 팔지만 매진되는 일이 잦다. 공원에서 소풍 기분을 낼 때도 괜찮은 선택.

Data 지도 P.389-D **가는 법** JR 요네자와역에서 도보 2분
주소 山形県米沢市東3-1-1 **전화** 0238-22-1311
오픈 08:00~20:00 **가격** 규니쿠도만나카 1,250엔
홈페이지 www.shinkineya.com

🛒 BUY

400년 역사의 술도가

도코노 사카구라 東光の酒蔵

23대째 대를 이어온 요네자와시의 유서 깊은 양조장 고지마 소혼텐小嶋総本店. 1597년 요네자와번 우에스기 가문의 양조장으로 시작해 에도 시대 금주령이 내려진 와중에도 예외로 양조가 허락되었던 극소수의 양조장 중 하나다. 양질의 쌀과 맑은 물로 빚고 겨울철 폭설이 내리는 분지 기후로 저온에서 장기간 발효한 술은 풍미가 한층 깊다.

메이지 시대 실제 사용되었던 술 창고를 개조한 도코노 사카구라에서는 고지마 소혼텐의 양조와 관련된 자료를 전시하고, 대표 브랜드 도코東光를 판매한다. 술의 종류에 따라 무료 시음과 유료 시음을 할 수 있어서 자신의 입맛에 맞는 니혼슈를 고르기에 좋다. 서비스로 주는 술지게미 음료도 특별한 맛이다. 판매장은 전시관 가장 안쪽에 자리한다.

Data **지도** P.388-F **가는 법** JR 요네자와역에서 시민버스(오른쪽 순환)를 타고 우에스기 진자上杉神社에서 하차 후 도보 7분. 총 18분 소요 **주소** 山形県米沢市大町2-3-22 **전화** 0238-21-6601 **오픈** 09:00~16:30 **가격** 입장료 성인 310엔, 중·고생 210엔, 초등학생 150엔 **홈페이지** www.sake-toko.co.jp

요네자와 직물의 진화

요잔도 鷹山堂

요네자와 시내에서 좀 떨어진 곳에 위치해 있는 요네자와 직물 소품 매장 겸 로스터리 카페다. 에도 시대에 우에스기 요잔이 장려하여 요네자와시의 주요 산업으로 뿌리내린 요네자와 직물이 지역의 오래된 직물 업체에 의해 요네오리코몬米織小紋이라는 브랜드로 생산되고 있다. 요잔도에서는 이 요네오리코몬의 섬세하고 다양한 무늬를 활용해 작은 동전 지갑부터 파우치, 에코백, 핸드백, 코스터 등 갖가지 아이템으로 제작된다.

촘촘하고 부드러운 천연 섬유의 요네자와 직물 브랜드 위브 오브 에덴Weave of Eden으로 만든 고급 숄도 있다. 100년 된 고택을 개조한 멋스러운 공간에는 직접 볶은 커피를 내는 작은 카페도 자리한다.

Data **지도** 지도 밖 **가는 법** JR 요네자와역에서 오노가와 온센 방면 버스를 타고 마츠노시모松の下에서 하차. 총 20분 소요 **주소** 山形県米沢市赤芝町1754 **전화** 0238-33-9467 **오픈** 09:00~17:00 **휴무** 화요일 **가격** 스탠다드 커피 300엔, 와플 450엔 **홈페이지** www.yozando.jp

SLEEP

천둥 같은 소리의 명물 폭포탕
니시야 湯滝の宿 西屋

수백 년 세월의 초가지붕이 주변 산세와 어우러진 니시야. 반질반질한 마룻바닥, 푸근한 다다미, 고색창연한 가구 등 어느 한 시절에서 시간이 멈춰버린 듯한 옛집이다. 시라부 온천의 상징과도 같은 니시야는 아즈마산에서 솟아난 원천이 폭포처럼 쏟아지는 명물 폭포탕 유타키湯滝로 유명하다. 천연 온천의 수량이 매우 풍부하다는 방증이기도 하다.

천둥 치듯 굉음을 내는 온천 폭포는 매우 뜨겁다. 발을 살짝 담그기도 쉽지 않지만, 서서히 온도에 적응하며 탕에 들어가야 오래 있을 수 있다. 몇 분 정도 온천을 한 후 나와서 찬 바람을 맞으면 쉬다가 다시 들어가기를 반복하는 것이 지치지 않는 방법이다. 온천의 유황 성분에 의해 검게 변한 석조탕은 에도 시대 아즈마산의 화강석으로 만든 것이다.

Data **지도** 지도 밖 **가는 법** JR 요네자와역에서 시라부 온센 방면 버스를 타고 40분 **주소** 山形県米沢市字関1527 **전화** 0238-55-2480 **요금** 11,790엔부터(2인 이용 시 1인 요금, 조·석식 포함) / 당일 입욕(11:45~15:30) 성인 700엔, 어린이 350엔 **홈페이지** www.nishiya-shirabu.jp

집처럼 편안한 료칸
히가시야 東屋

시라부 온천 개탕부터 영업한 노포의 료칸 히가시야. 400년이 넘은 폭포탕 다키부로滝風呂는 니시야와 거의 같은 구조로, 고온의 천연 온천이 콸콸 넘쳐 흐른다. 2000년 화재가 발생해 옛 건물이 전소한 후 재건되어 예스러운 맛은 예전만 못하지만, 깔끔한 시설과 집처럼 편안한 분위기여서 안온하게 쉬었다 갈 수 있다.

또한, 남녀 노천탕을 새로 조성해 시원한 바람을 맞으며 좀 더 오랫동안 온천을 즐길 수 있다. JR 요네자와역부터 무료 송영버스(14:30출발), 덴겐다이 고원까지 셔틀버스, 어린 자녀를 위한 식단(예약 필수) 등 여행자를 배려한 각종 서비스를 제공한다.

Data 지도 지도 밖 **가는 법** JR 요네자와역에서 시라부 온센 방면 버스를 타고 40분 소요. 또는 송영차량 이용(예약) **주소** 山形県米沢市大字関1537 **전화** 0238-55-2011
요금 11,880엔부터(2인 이용 시 1인 요금, 조·석식 포함) / 당일 입욕(11:00~16:00) 성인 500엔, 어린이 250엔
홈페이지 www.shirabu-higashiya.com

SPECIAL Page

요네자와시 근교 온천 여행

요네자와시와 인접한 난요시는 요네자와 번주도 즐겨 찾은 아카유 온천이 자리한다. JR 요네자와역에서 JR 아카유역까지 신칸센으로 10분, 오우 본선 열차로는 15분 내외의 가까운 거리다. 또한, JR 아카유역은 도쿄에서 신칸센을 타고 2시간 30분 정도면 도착할 수 있어서 도쿄에서 1박 2일로 찾는 이들도 많다.

아카유 온천 赤湯温泉   🔊 아카유 온센

와인과 라멘이 유명한 온천 마을

개탕 900여 년의 아카유 온천은 전쟁에서 부상을 입은 병사가 몸을 담그니 상처가 낫고 온천은 붉은 피로 물들었다는 유래가 전해진다. 에도 시대에는 요네자와 번주가 온천 치료를 위해 아카유 온천을 종종 찾기도 했을 정도로 역사가 깊은 탕치장이다. 은은한 유황 냄새가 나는 온천은 현재 14곳의 온천 숙소와 4곳의 공동 욕장에서 즐길 수 있다.

도시가 발달하며 옛 온천 마을로서의 풍취는 다소 흐려졌지만 편의점이나 이자카야, 음식점이 산재해 있어 편리하다. 특히 아카유 온천이 자리한 난요시는 야마가타의 라멘 격전지 중 하나인데, 야마가타 매운 라멘 맛집으로 손꼽히는 류샹하이 본점이 가까이에 있다. 포도가 잘 자라는 기후 덕분에 도호쿠 최초의 와이너리를 비롯해 4곳의 와이너리가 온천가에 자리하고 있어서 료칸마다 지역 와인을 다양하게 준비해놓기도 한다. 온천가와 가장 가까운 역인 JR 아카유역에는 신칸센이 정차한다.

Data **가는 법** JR 요네자와역에서 오우 본선을 타고 JR 아카유역에서 하차 후 도보 25분. 총 40분 소요
전화 0238-43-3114 **홈페이지** www.akayu-onsen.com

다키나미 瀧波 타키나미

다이쇼 시대에 문을 열고 100주년을 맞은 전통 료칸이 크리에이터 이와사 토오루岩佐十良에 의해 2017년 8월, 완전히 새롭게 다시 태어났다. 야마가타현의 음식, 공예, 온천을 현대적으로 재해석해 여행자들에게 한층 품격 높은 경험을 선사한다.

옛 창고를 리노베이션한 구라(창고), 정원과 벚나무 전망의 사쿠라(벚꽃), 야마가타 디자이너의 가구로 꾸민 야마가타의 3가지 타입 19개 객실이 있다. 모든 객실에는 노천탕이 딸려 있으며 1층 객실에는 자오 암석으로 만든 탕이, 2층 객실에는 히노키탕이 있다. 무농약 재배한 제철 채소, 천연 조미료, 건강하게 사육한 육류 등 야마가타의 맛을 최대한 끌어올린 식사를 맛볼 수 있다.

Data **가는 법** JR 아카유역에서 도보 25분
주소 山形県南陽市赤湯3005
전화 0238-43-6111
요금 23,700엔부터(2인 이용 시 1인 요금, 조·석식 포함)
홈페이지 www.takinami.co.jp

류상하이 아카유 본점 龍上海 赤湯本店

🔊 류상하이 아카유 혼텐

1958년 문을 열고 3대째 이어진 류상하이는 야마가타현 뿐만 아니라 일본 전국에서 알아주는 라멘 맛집이다. 아카유 지역 고추를 넣어 만든 매운 된장을 육수에 풀어 먹는 가라미소からみそ(매운 된장) 라멘이 이 집의 대표 메뉴다.

칼국수보다 굵은 쫄깃한 면발이 깊고 진한 맛의 육수와 잘 어우러지고 매운 된장이 느끼함을 잡아주어 라멘을 다 먹는 순간까지 맛있게 즐길 수 있다.

Data **가는 법** JR 아카유역에서 도보 20분
주소 山形県南陽市二色根6-18
전화 0238-43-2952
오픈 11:30~19:00
휴무 수요일
가격 가라미소 라멘 830엔
홈페이지 www.ryushanhai.com

구마노 다이샤 熊野大社  쿠마노 타이샤

일본 내 자리한 3대 구마노 다이샤 중 하나다. 806년 창건되어 역사가 매우 오래된 신사다. 일본 신화 속에서 첫 부부의 연을 맺은 신을 모시는 신사인 만큼 소중한 인연을 잇고 싶은 연인들의 성지다. 신화에서 토끼가 중매 역할을 했다고 전해지고 본전 뒷면에 3마리의 토끼 조각이 숨겨져 있기도 하다. 3마리 토끼를 모두 발견하면 소원이 이루어지지만, 마지막 3번째 토끼가 어디 있는지 다른 사람에게 알려주면 효험이 떨어진다고 하니 명심할 것.

Data **가는 법** JR 아카유온센역에서 택시로 10분 / JR 미야우치宮内역에서 도보 10분
주소 山形県南陽市宮内3476-1 **전화** 0238-47-7777 **홈페이지** kumano-taisha.or.jp

이초 카페 Icho Café 이초 카페

구마노 다이샤 입구의 큰 은행나무 아래 자리한 귀여운 카페. 마을의 활성화를 위해 지역 주민이 만든 포근한 분위기의 카페로, 현지의 맛을 전하는 메뉴를 선보이고 있다. 야마가타 지역의 로스터리 원두와 인근 목장의 우유 등을 사용한다. 제철 채소나 과일로 만든 오늘의 스무디는 건강한 단맛을 입안 가득 느낄 수 있다. 파스타와 나폴리탄 런치 메뉴도 판매한다.

Data **가는 법** JR 아카유온센역에서 택시로 10분 / JR 미야우치宮内역에서 도보 10분
주소 山形県南陽市宮内3707-1 **전화** 080-5734-0909 **오픈** 11:00~18:00
휴무 화요일 **가격** 오늘의 스무디 600엔 **홈페이지** ichocafe.com

여행 준비 컨설팅

수많은 연습이 훌륭한 연주를 만들 듯, 꼼꼼한 여행 준비는 즐거운 여행의 기본이다. 항공편 예매부터 숙소 예약, 교통수단까지 맨땅에 헤딩하는 것처럼 느껴지던 일들도 차근차근 풀어나가다 보면 어느새 그럴싸한 나만의 여행이 완성된다. 자신감을 갖고 도호쿠 여행이라는 퍼즐을 하나씩 맞춰나가 보자.

D-50

MISSION 1 항공권을 확보하자

1. 도호쿠 직항편

해당 항공사 사이트를 통해 직접 구입하는 방법과 여행사를 통해 구입하는 방법이 있다. 현재(2019년 4월 기준) 국내에서 도호쿠 정기 직항편을 운항하는 항공사는 대한항공(아오모리 공항)과 아시아나항공(센다이 공항)뿐이므로 여행 일정에 맞게 항공권을 구입하면 된다.

여행사를 통했을 때 저렴한 경우는 패키지 여행 상품으로 항공권이 포함되어 있는 경우이다. 도호쿠는 지역이 넓고 대중교통이 불편하기 때문에 패키지로 다닐 경우 이 부분도 해결되는 장점이 있다. 단, 일정, 숙소, 식사 등 포함 조건을 꼼꼼히 따져봐야 한다.

도호쿠 여행 패키지 취급 업체
하나투어 www.hanatour.com
모두투어 www.modetour.com
내일투어 www.naeiltour.co.kr
롯데관광 www.lottetour.com

2. 도쿄 경유 항공편

도호쿠 정기 직항편과 일정이 맞지 않거나 좀 더 저렴한 항공권을 찾는 경우라면 도쿄의 공항을 통해 입국한 후 일본 국내선 항공이나 신칸센으로 이동하는 방법이 있다. 한국에서 도쿄 하네다/나리타 공항으로 대형 항공사는 물론, 저가 항공사가 거의 다 취항하므로 선택의 폭이 넓다. 이때 가격 비교 사이트 등을 이용해서 최대한 할인된 표를 확보하는 것이 관건이다. 카드 할인이나 적립금, 할인 쿠폰, 무이자 할부 등의 혜택도 꼼꼼히 따져 보아야 한다.

항공 가격 비교 사이트
스카이 스캐너 www.skyscanner.co.kr
카약 www.kayak.co.kr
G마켓 여행 air.gmarket.co.kr
인터파크 투어 fly.interpark.com

3. 주의할 점

티켓의 조건을 확인하자
저렴한 항공권은 가격 확정을 위해 바로 구매해야 하거나 변경 및 취소가 불가능하거나 수수료를 많이 물어야 하니 티켓 조건을 꼭 확인한다. 왕복으로 구매한 경우, 탑승하지 않으면 돌아오는 편이 무효가 되는 경우도 있다.

또 예약하는 여행사가 다르더라도 동일 항공사에 이중으로 예약을 하면 사전 경고 없이 예약 모두가 취소되므로 주의하자.

발권일을 지키자
아무리 예약을 해두었어도 발권하지 않았으면 내 표가 아니다. 특히 좌석이 넉넉하지 않은 성수기에는 발권을 미루다가 좌석예약이 취소될 수도 있으니 주의할 것.

좌석확약을 받았는지 확인하자
좌석확약이 안 된 상태로 출국하면 돌아오는 항공편을 구하기가 어려울 수 있다. 항공권의 'Statue' 란에 OK라고 적혀 있는지 확인하고 미심쩍으면 해당 항공사에 직접 전화해 좌석확약 여부를 확인하자.

D-40

MISSION 2 여권을 확인하자

1. 여권 확인하기

여권 유효 기간이 3개월 이상 남아있는지 확인하자. 여권을 잃어버렸거나 기간이 만료됐다면 재발급 신청을 한다. 절차는 신규 발급과 비슷하지만 재발급 사유를 적어야 하고, 분실했을 경우 분실신고서를 구비해야 한다.

25세 이상의 군미필자는 병무청 홈페이지에서 신청서를 작성하며, 신청 2일 후 홈페이지에서 국외여행허가서와 국외여행허가증명서를 출력할 수 있다. 국외여행허가서는 여권 발급 신청 시 제출하고, 국외 여행허가증명서는 출국할 때 공항에 있는 병무신고센터에 제출한 후 출국 신고를 마치면 된다.

2. 여권 만들기

어디서 만들까?

여권은 외교통상부에서 주관하는 업무이지만 서울에서는 외교통상부를 포함한 대부분의 구청에서, 광역시를 비롯한 지방에서는 도청이나 시·구청에 설치되어 있는 여권과에서 편리하게 발급받을 수 있다.

인터넷 포털 사이트에서 '여권 발급 기관'을 검색하면 서울 및 각 지방 여권과에 대해 안내를 받을 수 있으니 가까운 곳을 선택해 방문하자.

어떻게 만들까?

전자여권은 타인이나 여행사의 발급 대행이 불가능하기 때문에 본인이 신분증을 지참하고 직접 신청해야 한다.

만 18세 미만의 미성년자는 부모의 동의하에 여권을 만들 수 있다. 여권을 신청할 때는 일반인 제출서류에 가족관계증명서를 지참해 부모나 친권자, 후견인 등이 신청할 수 있다.

여권 발급 준비물
- 여권 발급 신청서(해당기관에 구비)
- 여권용 사진 1매(가로 3.5cm×세로 4.5cm)
- 주민등록등본 1통
- 신분증(주민등록증이나 운전면허증)
- 발급수수료 전자여권(복수, 10년) 53,000원

3. 비자 VISA

일본은 우리나라와 비자면제협정을 체결하고 있어 "① 일반여권을 소지하고 90일 이내 단기체재 목적으로 일본에 입국하고자 하는 경우(사업을 운영하는 활동 또는 보수를 받는 활동은 제외함) ② 외교여권 또는 관용여권을 소지하고 외교, 공무 또는 90일 이내의 단기체재 목적으로 일본에 입국하고자 하는 경우"에는 따로 비자를 발급받지 않아도 된다.

일반적인 90일 이내의 관광, 여행 등은 ①에 해당하므로 여권 만료기한만 확인하자. 최소 3개월 이상 남아있어야 하며 6개월 이상이면 안심할 수 있다.

D-35
MISSION 3 숙소를 예약하자

1. 숙소 종류

료칸&온천 호텔
도호쿠를 여행한다면 료칸이나 온천 호텔에서의 숙박은 선택이 아닌 필수다. 가장 폭넓게 선택할 수 있으며 주변 환경이나 온천 시설 또한 특별한 곳이 많다.
예산이 부족하다면 식사를 빼고 숙박만 할 수 있는 경우도 있다. 그러나 식사에 힘주는 료칸이 많기 때문에 가능하면 경험해보길 추천한다. 저녁 식사와 아침 식사, 온천 이용료 등이 포함된 비용이므로 그리 비싸게만 볼 것도 아니다.

리조트 호텔
스키와 보드, 스노우슈 트레킹 등 겨울 레포츠가 발달한 도호쿠 지역에는 스키장 내에 리조트 호텔이 다양하게 자리한다. 스파와 온천 등의 편의 시설을 잘 갖추었으며 계절에 따른 각종 액티비티를 즐길 수 있다.
스키장은 아니더라도 유명 관광지 인근에 자리한 리조트 호텔도 종종 있는데, 특히 가족 여행객들에게 인기가 있다.

비즈니스호텔
주로 역 앞이나 시내 중심가에는 도미인, 루트인, 슈퍼호텔, 도요코인 등의 전국 체인을 비롯해 다양한 비즈니스호텔이 자리한다.
깨끗한 시설에 가격이 합리적이고 관광과 교통이 편리하며 온천 시설 등 편의시설을 갖춘 곳도 있다. 가장 무난하게 추천할 수 있는 타입의 숙소다.

농가 민숙
우리나라의 민박과 같은 형태로 농어촌이 중심인 도호쿠에는 농가 민숙이 발달했다. 집주인이 거주하고 있는 집의 방을 나눠 쓰거나 별채에 묵기도 한다. 보통 아침 식사와 저녁 식사가 포함되며, 농사나 민속 체험도 가능하다.
특히 아키타와 센보쿠 지역은 농가 민숙을 체험할 수 있는 곳이 많으며, 도호쿠 각 지자체 관광과에 문의하면 정보를 얻을 수 있다. 특정 예약 사이트가 있기보다는 각 농가 민숙에 직접 이메일이나 전화로 예약해야 하는 경우가 많다.

2. 숙소 예약

`Check1` 호텔 예약 사이트 적극 활용. 잘 찾아보면 좀 더 저렴하게 이용가능하고 요즘은 대부분 영어서비스 혹은 한국어서비스가 된다.
`Check2` 호텔 내의 자체 프로모션 항상 체크! 가끔씩 호텔 내의 프로모션이 더 나을 때가 있다
`Check3` 여행사의 에어텔 상품을 활용한다. 숙박업소들은 여행사에 프로모션가격을 제공하는 경우가 많아 개인이 예약하는 것보다 저렴한 경우가 있다.

숙소 예약 사이트
자란넷 www.jalan.net (한국어 지원)
라쿠텐 트래블 travel.rakuten.com (한국어 지원)
재패니칸 www.japanican.com (한국어 지원)
야후 트래블 travel.yahoo.com
호텔스닷컴 www.hotels.com
부킹닷컴 www.booking.com

D-15

MISSION 4 여행자보험 가입하기

여행자보험은 왜 들까?

외국인이 낯선 곳에서 여행을 하면서 어떤 일을 겪게 될지는 누구도 예상할 수 없는 일. 예상치 않게 귀중품을 도난당하는 일도 생길 수 있다. 이런 경우를 대비하는 것이 바로 여행자보험이다. 특히 일본 의료비는 비싸기 때문에 만약을 생각해서 가입하는 것이 좋다.

보상 내역을 꼼꼼하게 따져보자

여행자가 겪게 되는 일은 도난이나 상해가 대부분. 이 부분에 보장이 얼마나 잘 되어 있는가를 꼼꼼히 확인해보자. 보험비가 올라가는 핵심 요소는 바로 도난 보상 금액! 보상금액의 상한선이 올라가면 내야 할 보험비도 비싸진다.
또 혹시라도 일어날 수 있는 지진 등의 피해에 대해서도 상해보험으로 보상을 받을 수 있는 것도 있으니 꼼꼼히 약관을 확인하는 것이 좋다.

보험 가입은 미리 하자

여행자보험은 인터넷이나 여행사를 통해 신청할 수도 있고 출발 직전 공항에서 가입할 수도 있다. 당연히 공항에서 드는 보험이 가장 비싼 편. 미리 여유 있게 가입해서 한 푼이라도 아끼자.
항공사 마일리지 적립 등 보험에 들면 혜택을 주는 상품도 많다. 보험사의 정책에 따라서 보험혜택이 불가능한 항목들(고위험 액티비티 등)도 있으니 미리 확인할 것.

증빙 서류는 똑똑하게 챙기자

보험증서와 비상연락처는 여행 가방 안에 잘 챙겨두자. 도난을 당하거나 사고로 다쳤을 경우, 경찰서나 병원에서 받은 증명서와 영수증 등은 잘 보관해야 한다. 도난을 당했다면 가장 먼저 경찰서에 가서 도난 증명서부터 받을 것. 서류가 미비하면 제대로 보상받기 힘들다.
휴대품 도난이나 파손 시 20만 원 정도 보상되는데, 이때 경찰서의 리포터가 필요할 수 있다. 회사마다 규정이 다르니 콜센터에 문의할 것.

보상금 신청은 제대로 하자

귀국 후에는 보험회사로 연락해 제반 서류들을 보내고 보상금 신청 절차를 밟는다. 병원 치료를 받은 경우 진단서와 영수증 등을 꼼꼼하게 첨부한다. 도난을 당했을 경우 '분실Lost'이 아니라 '도난Stolen'으로 기재된 도난증명서를 제출해야 한다. 도난 물품의 가격을 증명할 수 있는 쇼핑 영수증도 첨부할 수 있다면 좋다.

D-10

MISSION 5 국제 운전면허증 vs. JR 동일본 패스(도호쿠 지역)

어떻게 다닐까?

도호쿠의 교통 수단은 크게 렌터카와 JR 열차로 나눌 수 있다. 렌터카는 자유로운 여행이 가능한 대신 운전에서 오는 피로가 단점이고, JR 동일본 패스는 안락한 기차 여행이 가능하지만 여행 동선에 제약이 따른다. JR 열차로 장거리 이동을 하고 그때그때 렌터카를 빌려서 타는 방법도 있는데, 아무래도 비용이 많이 든다.

각기 장단점이 있기 때문에 자신의 여행 스타일이나 운전 가능 여부 등에 따라서 알맞게 선택하면 된다.

국제 운전면허증

도호쿠는 도심을 벗어나면 대중교통이 발달되지 않아 시간이나 비용 면에서 렌터카가 더 유용한 경우가 생긴다. 렌터카를 이용하기 위해서는 국제운전면허증이 필요하니 출국 전 발급받아 두도록 하자. 전국 운전면허시험장 및 경찰서에서 당일 발급 받을 수 있다.

국제면허증의 유효 기간은 발급일로부터 1년이다. 국제운전면허증과 함께 여권과 한국면허증을 지참하는 것이 좋다.

국제운전면허증 발급 신청 준비물
- 국제운전면허증 발급 신청서(해당기관에 구비)
- 본인 여권(사본 가능)
- 본인 운전면허증
- 여권용 사진(가로 3.5cm×세로 4.5cm) 또는 컬러반명함판(가로 3cm×세로 4cm) 1매
- 수수료 8,500원

JR 동일본 패스(도호쿠 지역)

일본 현지에서도 구입할 수 있지만 국내에서 사전 구입하는 것이 더 저렴하다. 여행사뿐 아니라 쇼핑몰에서도 판매하고 있으며 각기 가격이 천차만별이므로 잘 비교한 후 구입하도록 하자. 여권상의 정확한 영문명과 성별, 여권번호, 생년월일, 이메일 주소가 필요하고 각 사이트를 통해서 예약과 동시에 결제해야 한다.

상품의 형태는 E-티켓으로 일본 현지에서 교환 가능한 인수 교환증이 이메일을 통해 전달된다. 이 교환증을 출력해서 교환 장소에서 제시하면 실물 티켓으로 교환해준다. 2인 이상 예약 시 예약한 일행과 하나의 바우처로 발행되며 반드시 일행과 함께 교환해야 한다. 인수 교환증은 발행일로부터 3개월(90일) 이내에 지정 교환처에서 패스로 교환해야 한다.

JR 동일본 패스(도호쿠 지역) 취급 업체
하나투어 www.hanatour.com
지마켓 여행 tour.gmarket.co.kr
옥션 www.auction.co.kr
아시아앤조이 asiaenjoy.co.kr

MISSION 6 알뜰하게 환전하기

현금

일본은 아직 카드 사용이 일상화되어 있지 않기 때문에 현금을 넉넉하게 환전해 가는 것이 좋다. 현금이 부족해서 당황하게 되고 현지에서의 카드 이용 수수료가 아깝게 느껴질 수 있다.
우리나라 대부분의 은행에서는 달러와 함께 엔화를 취급하고 있다. 주 거래 은행에서 환전하는 경우 환전 수수료를 우대해주기도 하고, 최근에는 은행의 모바일 애플리케이션으로 미리 환전 신청을 해서 최대 90%의 수수료 우대를 받을 수 있는 방법도 널리 이용되고 있다. 언제일지 모르더라도 일본 여행을 계획 중이라면, 환율이 떨어지는 시기에 미리 엔화를 사두는 것도 괜찮은 방법이다.
은행에서 엔화를 찾을 시 1,000엔 단위의 소액권도 함께 섞어서 받는 것이 좋다. 대부분의 티켓 판매기에서는 고액권 지폐도 모두 사용 가능하나, 버스나 일반 자판기에서는 1,000엔 지폐만 혹은 동전만 사용 가능한 경우도 있다.

신용카드

일본 현지에서 현금이 떨어졌거나 예상외의 지출을 할 때 신용카드가 요긴하게 쓰인다. 대도시의 쇼핑몰이나 레스토랑에서는 신용카드 사용이 가능한 곳이 좀 있는 편이다. ATM에서 급할 때 현금서비스를 받을 수도 있다. 단, 인출 금액에 따라서 카드 이용 수수료가 붙는다. 온라인에서 예약한 호텔이 후불 지급인 경우에 체크인 시 보증용으로 신용카드를 요구하기도 한다.

여행 전 자신의 신용카드가 해외에서 사용 가능한 것인지, 할부는 어떻게 하는지 등을 확인하자. 할부의 경우 해외에서 일시불로 결제했다가 한국에 돌아와 카드회사에 할부 신청을 해야 하는 경우가 많다. 일본에서는 카드 결제 시 일시불/할부 중 선택해야 하는데, "잇카츠데 오네가이시마스(일시불로 해주세요)"라 답하면 된다.

현금카드(체크카드)

현지 일본 은행, 우체국, 세븐일레븐 편의점 등의 ATM에서 내 통장에 있는 현금을 현지 화폐로 바로 인출할 수 있다. 미리 해외 사용이 가능한 현금카드인지 확인하자. 과거에는 일본 ATM 수수료가 우리나라의 2~3배 정도로 비싼 편이라서 잘 쓰이지 않았지만 최근에는 우리와 비슷한 수준으로 많이 낮춰졌다.
특히 세븐일레븐 편의점의 경우 일본 전역에서 접근이 쉽고 24시간 이용 가능할 뿐 아니라 한국어가 제공되어 여행자들이 편리하게 이용할 수 있다.

D-3
MISSION 7 일본에서 데이터 이용하기

데이터 로밍

가장 간단한 방법으로 국내에서 사용하던 스마트폰을 해외에서도 사용 가능하게 해주는 데이터 로밍 서비스를 이용하면 된다. 한국에서 오는 전화나 문자를 다 받을 수 있다. 단 데이터 로밍 요금이 엄청나게 비싸서 국내에서처럼 썼다가는 요금 폭탄 맞기 십상이다.

각 통신사의 로밍 데이터 무제한 요금제를 들면 이러한 위험을 방지할 수 있다. 다소 높은 가격이지만 번거로움을 싫어하는 사람에게는 제격이다.

포켓 와이파이

일본 현지의 데이터 신호를 와이파이로 변환해주는 포켓 와이파이는 일행이 있을 경우 특히 유용하다. 최대 5명까지 공유가 가능하기 때문에 이용 요금을 1/n로 절감할 수 있다. 또한, 날짜가 길어질수록 요금을 할인해주어 장기 여행자에게 이득인 방식이다. 스마트폰 외에 태블릿, 노트북 등 다른 기기를 사용하는 경우도 편리하다. 다만, 포켓 와이파이 기기를 항상 지참해야 하고 매번 충전을 해야 하는 번거로움이 있다. 포켓 와이파이를 지참한 사람과 멀어지면 인터넷을 사용할 수 없는 점도 불편하다.

포켓 와이파이는 대여 상품으로, 출국 시 대여하고 입국 시 반납해야 하는데 성수기에는 대기 시간이 오래 걸릴 때가 있고 종종 반납을 잊어버리는 불상사도 발생한다. 여러 가지 단점에도 불구하고 워낙 저렴하게 이용할 수 있다 보니 성수기에는 포켓 와이파이가 품귀 현상을 보이기도 한다.

유심 카드

일본 현지 이동통신사의 선불 유심 카드를 구입해 사용하는 방식이다. 스마트폰 단말기에 있는 유심을 뺀 뒤 일본 유심으로 교체하면 된다. 포켓 와이파이처럼 별도의 기기가 필요치 않아서 간편하다. 사용 기간은 7~30일로 다양하며 4G LTE 데이터 사용량을 선택할 수 있다.

온라인에서 예약한 후 인천 공항에서 수령하는 방식과 당일 현장 구입의 2가지 방법이 있다. 성수기에는 당일에 재고가 없을 수도 있으니 온라인 예약을 권장한다. 사용 후 따로 반납할 필요 없이 폐기하면 된다.

유심은 일본 현지에서도 구입할 수 있다. 단, 유심을 교체했기 때문에 국내의 전화나 문자를 받을 수 없다. 중요한 일이 있는 경우 국내의 가족에게 착신 신청을 하거나 숙소에서 유심을 다시 갈아 끼워서 매번 확인해야 한다.

D-1

MISSION 8 완벽하게 짐 꾸리자

꼭 가져가야 하는 준비물

여권 없으면 출국부터 불가능. 사진 부분의 복사본을 2~3장 따로 보관해 두고, 여권용 사진도 몇 장 챙긴다. 자신의 이메일이나 스마트폰에 여권 스캔본을 저장해 두면 비상시에 유용하다.

항공권 전자티켓이라도 예약확인서를 미리 출력해 두자. 공항으로 떠나기 전 여권과 함께 반드시 다시 확인할 것. 또 현지에서 사용할 교통패스 등을 미리 구매했다면 현지에서 실제 티켓으로 교환할 수 있는 장소에 대해서도 체크해두자.

여행 경비 현금, 신용카드, 현금카드(체크카드) 등 빠짐없이 준비. 현지에 도착해서 바로 사용할 현금을 챙길 것.

각종 증명서 국제운전면허증, 국내운전면허증(렌터카 대여 시 2가지 모두 필요), 국제학생증, 여행자보험 등.

의류&신발 반팔, 긴팔에 바람막이 점퍼 같은 겉옷도 챙기자. 고급 식당에 갈 때 입을 정장 등 상황에 맞는 옷과 구두가 있으면 분위기를 낼 수 있다. 공동욕실이 있는 숙소를 이용할 예정이라면 샤워 시 사용할 슬리퍼도 준비하면 편리하다.

스마트폰 (데이터 이용 가능 시) 구글 맵을 비롯해 필요한 정보를 그때그때 찾을 수 있다.

가방 여권, 지갑, 책, 카메라 등을 넣어 다닐 수 있는 가볍고 작은 가방.

우산 부피 적은 3단 접이식 우산. 비와 눈을 피할 때 유용하다.

전대 도미토리를 주로 이용할 배낭여행자라면 필요하다.

세면도구 공동 욕실이 있는 숙소를 예약했다면 치약, 칫솔, 샴푸, 수건 등 개인 세면도구를 챙겨가자.

화장품 작은 용기에 덜어서 가져갈 것.

비상약품 감기약, 소화제, 진통제, 지사제, 반창고, 연고 등 기본적인 약 준비.

생리용품 평소 자신이 사용하던 것을 발견하기가 쉽지 않다. 한국에서 미리 챙겨가자.

110V 어댑터 일명 '돼지코'. 일본은 100V전압을 사용하므로 11자 모양의 플러그가 필요하다. 현지에서는 구하기 쉽지 않으니 꼭 챙기자.

가이드북 정보가 없으면 여행이 힘들어진다.

가져가면 편리한 준비물

반짇고리 단추가 떨어지거나 가방이 망가졌을 때 유용.

소형자물쇠 소매치기 방지를 위해 가방의 지퍼 부분을 잠가두면 든든하다.

지퍼백 젖은 빨래거리나 남은 음식 보관 등 용도는 무궁무진.

소형 변압기 프리볼트(100~240V에 자유롭게 사용 가능하다는 뜻)가 아닌 가전제품을 사용할 예정이라면 필요하다. 일부 헤어드라이기, 고데기, 카메라 충전기 등은 프리볼트가 아닌 경우가 많으니 미리 확인하자.

소음제거 귀마개 소음에 민감하다면 호스텔의 도미토리를 이용할 경우나 비행기 안에서 잠을 청할 때 유용하다.

D-day

MISSION 9 도호쿠로 입국하자

1. 공항 도착
잊고 내리는 물건이 없는지 다시 한 번 확인하자.

2. 입국심사
(대기 시간 별도, 심사는 보통 약 1~2분 소요)
입국심사를 대기 줄은 외국여권 소지자Non-Citizen와 일본인 방문자 및 특별 영주자로 구분된다. 대기 시간과 별도로 심사는 보통 1~2분 정도 소요된다. 입국심사대에 여권을 제시하면 몇 가지 질문을 하는데 보통 여행 목적, 머무는 기간 등에 관한 것이다. 이때 심사관이 출국항공권을 보여 달라고 할 수도 있으니, 꺼내기 쉬운 곳에 보관하자.
질의문답이 끝나면 심사관이 지문 채취 기계를 가리키는데, 양손의 검지를 대고 소리가 날 때까지 꾹 누른다. 지문을 남긴 다음에는 작은 화면을 보라고 하는데, 그 위에 카메라가 달려있어 본인의 얼굴이 나온다. 모자는 벗어야 한다.
사진 찍기를 마치면 여권에 입국 씰을 붙여주고, 출국심사에 내야 할 출입국카드를 스테이플러로 고정시켜준다.

3. 수하물 찾기
해당 항공편이 표시된 레일로 이동해 짐을 찾는다. 수하물이 분실됐다면 배기지 클레임 태그 Baggage Claim Tag를 가지고 분실 신고를 한다.

4. 세관
신고할 것이 없으면 녹색 사인 'Nothing to declare'쪽으로 나간다.
일본 입국 시의 면세범위는 아래와 같다.
(휴대품, 별송품 포함)
- 주류 3병 (약 740ml/1병)
- 담배 400개비, 잎담배 100개비, 그 외 500g까지 (여러 종류인 경우 합 500g까지)
- 향수 2온스(오데코롱, 오드투알레트는 포함되지 않음)
- 그 외는 해외시가 합계 20,000엔까지

그 외 자세한 사항은 센다이 공항 인포메이션 센터에 문의하면 된다.
전화번호 +81-22-382-0080(문의 시간 06:30~21:15)
이메일 sendai_kukou0708@sendai-airport.co.jp

이건 알아두자! 도호쿠 기본 상식

도호쿠

일본 혼슈(본섬)의 동북부를 차지하는 아오모리현, 아키타현, 이와테현, 야마가타현, 미야기현, 후쿠시마현의 6현이 포함된다. 동일본(히가시니혼)에 속하지만 기후나 역사지리학 등에서 홋카이도와 함께 북일본(기타니혼)으로 분류한다.
총 면적은 66,889km²로 혼슈 전체 면적의 30%에 해당하며 일본 전체 면적으로 17% 정도인 광대한 크기를 자랑한다.

인구 약 900만 명이고 최대 도시인 센다이시의 인구가 약 100만 명이다(2018년 기준).
언어 일본어를 사용하며 지역마다 독특한 사투리를 구사하는 경우가 많다. 특히 아오모리현 북부의 쓰가루 방언이 난해하기로 유명하다.
시차 없으나, 우리나라보다 동쪽에 위치한 만큼 해가 지고 뜨는 것이 이르다. 겨울철에는 오후 4시가 조금 넘으면 해가 지기 시작한다.
기후 도호쿠는 위도가 높아 상대적으로 서늘한 기후를 보이지만 지역에 따라 편차가 좀 있다. 도호쿠 한복판을 가로지르는 오우산맥을 경계로 동쪽과 서쪽으로 나뉜다. 서쪽 지역인 아키타현, 야마가타현 등은 여름철 푄 현상으로 낮에는 고온이 되고 겨울철에는 강설량이 많아 폭설이 자주 내린다. 반면, 이와테현, 미야기현 등이 속한 동쪽 지역은 태평양 쪽에서 불어오는 찬 바람 때문에 여름에도 서늘한 기후를 보인다.
통화 엔화(¥)를 사용한다. 100엔 = 약 1,012원(2019년 4월 매매기준율)
전압 100V로 한국의 전자제품을 사용하려면 일명 '돼지코'가 필요하다.
긴급번호 119로 우리나라와 같이 응급환자와 화재를 함께 처리한다. 경찰은 110번이다.

주 센다이 대한민국 총영사관(여권 분실 시)

가는 법 센다이 지하철 고토다이코엔역에서 도보 3분
주소 宮城県仙台市青葉区上杉1丁目4-3
오픈 09:00~12:00, 13:30~17:00
휴무 토·일요일, 공휴일
전화번호 022-221-2751~3
홈페이지 overseas.mofa.go.kr/jp-sendai-ko/index.do

여권 분실 및 사건·사고 등 긴급 연락처
전화 090-9538-0741

이건 꼭 읽자! 도호쿠 여행 주의 사항 TOP 5

NO.1

여권 소지는 필수! 꼭 지참하자

국제신분증으로 사용할 수 있는 여권은 가급적 어딜 가든 지참하도록 하자. 경찰이 신분 확인을 위해 여권 제시를 요청할 수도 있다. 알코올 음료를 마실 경우 혹시 있을 수 있는 신분증 확인에도 사용된다. 만일 여권을 분실했다면, 주 센다이 대한민국 총영사관(022-221-2751~3)에서 재발급 받을 수 있다.

NO.2

간단한 일본어를 알아가자

일본에서는 영어가 쉽게 통하지 않는다. 말을 거는 것도, 알아 듣는 것도 힘들다. "익스큐즈미"보다 "스미마셴"이 말을 들어줄 확률이 높다. 길을 잃고 싶지 않다면 지도를 확실히 챙기고, 사고 싶은 것이 있다면 정식 명칭을 미리 챙겨간다. 명사만으로도 어느 정도 원하는 정보를 얻을 수 있다.

NO.3

현금을 충분히 가지고 가자

호텔, 대형 마트, 백화점 등을 제외하고 편의점이나 소규모 상점 및 작은 레스토랑에서는 카드를 사용할 수 없는 경우가 많다.

NO.4

팁은 없다

만약 테이블에 팁을 놓고 나왔다면 점원이 돌려주려 달려 나올지도 모른다.

NO.5

야생 동물에 주의하자

도심을 조금만 벗어나면 숲이나 호숫가에서 야생 다람쥐, 여우, 사슴 등을 만나는 일이 드물지 않다. 야생 동물에게 함부로 먹이를 주는 일은 절대 금물이다. 특히 한적한 국도에서 불쑥 야생 동물이 튀어나오는 경우가 있으니 운전 중이라면 과속하지 않도록 하자.

INDEX

SEE

SL 은하	265
가미노야마 온천	361
가미노유	327
가바자이쿠 전승관	160
가부시마	135
가와라게 지옥	211
가와바타 중앙 빌딩	190
가조 공원	351
가쿠노다테	158
간란테이	321
겐비케이	270
고겐샤	237
고다이도	320
고자노이시 신사	164
고코라보라토리	191
고토부키노유	**328**
관광 물산 센터 구라노 에키	208
구 도오기주쿠 외국인 선교사관	111
구마노 다이샤	404
긴잔 온천	364
나루코 온천	326
네부리 나가시관	188
네부타 박물관	088
뉴토 온천향	165
늪 순례길	137
닛카 위스키 미야기 협곡 증류소	325
다네사시 해안	135
다에노유	168
다자와 호수	162
다자이 오사무 기념관 (샤요칸)	116
다쓰코 동상	163
다치네푸타노 야카타	117
다카하타 와이너리	396
다케 온천	113
다케다 와이너리	395
다키노유	326
도갓타 온천	327
도로유 온천 오쿠야마 료칸	211
도몬켄 기념관	375
도와다 호수	138
도와다시 현대미술관	139
돈가리 빌딩	352
라이라이쿄	323
릿샤쿠지	350
마스다마치	207
마쓰가사키 공원	390
마쓰시마	319
마쓰시타	188
마이니치 오마가리&민카	217
메모리얼 십 핫코다 마루	089
모리오카 데즈쿠리무라	240
모리오카 성터 공원	234
모리오카 역사문화관	235
모리오카 하치만구	238
모리오카 호온지·고하쿠라칸	239
모쓰지	269
미야기 자오 여우 마을	328
미야지와 겐지 동화 마을	264
사사카마관 다나바타 박물관	299
사이쇼인 오층탑	113
시카이 외이너리	395
사쿠라야마 신사	235
사토마타로쿠 저택	209
산나이마루야마 유적	090
산쿄 창고	372
세도 마쓰리	219
센다이 미디어테크	297
센다이 성터(아오바 성터)	295
센다이 아침 시장	298
센슈 공원	187
센조지키	113
소마로	374
시라부 온천	394
시라카미 산지	114
시모오유 공동 욕장	362
시쿠나미 온천	324
쓰가루 철도	118
쓰나기 온천	240
쓰루노유 온천	167
아라야 유리공방	193
아에루 전망 테라스	298
아오모리 쓰가루 샤미센 회관	118
아오모리 은행 기념관	112
아오모리 현립미술관	092
아오모리현 관광 물산관 아스팜	089

아오야기케	159	
아카렌가 향토관	191	
야카유 온천	402	
아키우 공예 마을	324	
아키우 사토 센터	323	
아키우 온천	322	
아키타 국제교양대학 나카지마 기념 도서관	192	
아키타 내륙종관철도	161	
아키타 현립미술관	187	
아키타 후루사토무라	210	
야마가타현 향토관·분쇼칸	351	
야마노에키 쇼와 학교	266	
엔쓰인	321	
옛 이사미코마주조	209	
옛 이시다리키치 주택	209	
옛 이시이켄레이테이	236	
옛 히로사키 시립도서관	111	
오가신잔 전승관	219	
오사키 하치만궁	296	
오야스쿄 온천	212	
오이라세 계류	136	
오이라세 계류관	137	
요네자와시 우에스기 박물관	393	
요코테 공원&요코테성	211	
요코테시 마스다 만화 미술관	209	
우에스기 기념관	392	
우에스기 신사	391	
유노하나차야 신자에몬노유	360	
유노하마 온천	380	
유타가와 온천	380	

이나카다테 단보 아트	115	
이와키산 신사	113	
이와테 은행 아카렌가관	236	
이와테 현립미술관	239	
이치반초 상점가	298	
일본 기독교단 히로사키 교회	112	
자오 온천 다이로텐부로	359	
자오 온천	358	
조젠지 거리	297	
주니 호수	114	
주산지	352	
주손지	268	
즈이간지	320	
즈이신문	378	
즈이호덴	294	
지도 박물관	376	
쿠구루	352	
포트 타워 세리온	192	
하구로산 오층탑	378	
하구로산 데와 신사	379	
하구로산	377	
하나마키 온천향	266	
하나비아무	217	
하치노헤 포털 뮤지엄	134	
하치만타이	241	
핫코다산	093	
혼마 미술관	373	
후레아이 센터 가마쿠라관	210	
후로후시 온천	113	
후지타 기념정원	110	
히라이즈미 세계유산	267	
히라후쿠 기념미술관	160	
히로사키 가톨릭 교회	112	
히로사키 성터(히로사키 공원)	109	
히요리야마 공원	374	

EAT

NS.커피 스탠드	214	
가쿠노다테이	171	
가메노초 스토어	194	
가메바루	195	
가이센돈야 도비시마	381	
가즈노리 이케다 인디비주얼	303	
가지야	270	
가타이와켄	171	
간분고넨도	197	
겐지 모나카 본점	272	
고가네자쿠라 후루후시 온천	114	
고반 스시	305	
고쿠	244	
규나베 오키	397	
기스케	300	
깃사텐 에카샤	124	
나가야사카바	195	
니시노미야케	170	
다마야	382	
다이쇼 로만킷사시쓰	120	
단고혼포 다카하시	363	
도마닌	170	
라멘 구로쿠	302	
레스토랑 야마자키	119	
레스토랑 오라에	172	
레스토랑&카페 에우루	307	
로바타	360	
로쿠가쓰노시카	245	
류상하이 아카유 본점	403	
르 쇼콜라	121	

르 카페 드 헤리슨	306	
르 캐슬 팩토리	120	
리골레토 타파스 라운지	302	
리큐	300	
린체	095	
린푸샤	272	
마루칸 빌딩	271	
마쓰카마 총본점	330	
만게쓰	381	
모로야 팜 키친	307	
모리노 오븐 돗토레	330	
모미노키테이	171	
미나토 식당	139	
미로쿠 요코초	140	
분카 요코초	304	
비어 플라이트	194	
뽕뽕샤	242	
사카에야 본점	354	
사토 요스케 우루시구라 요신앙	214	
사토 요스케	196	
산사이칸 후지세이	273	
산토리차야	329	
세이로가쿠	242	
세이지로 훼잔점	243	
센간 도오게노 차야	172	
센다이 니혼슈 바 푸랏토	304	
쇼지야	353	
쇼치쿠	273	
쇼카도 과자점	329	
슈트라우스	096	
슌사이 미소차야 구라오	214	
스시 다무라	122	
스타벅스 히로사키 공원점	111	
신키네야 본사 공장		
직매점	397	
쓰카사 바라야키 식당	141	
아베야	198	
아오모리 교사이 센터	094	
아이야 샤미센 향토 요리	122	
아즈마야	245	
아키타 구라스	198	
아키타 무겐도	197	
안젤리크	121	
야마노 호텔 마타기테이	123	
야키도리 기무라	305	
오다와라 후르츠 숍&팔러	141	
오리고	140	
오사나이	095	
욘 히키노 네코	096	
이로하 요코초	306	
이와테 데토데토	243	
이초 카페	404	
즌다 사료	301	
크래프트맨 센다이	303	
파이론	244	
페페 키친	123	
핫센	305	
훗토나루 요코초	354	
후르츠숍 아오모리야	382	

BUY

가네이리 스탠다드 스토어 센다이점	309	
가네이리 스탠다드 스토어	248	
가즈키	175	
고텐제키	356	
구다모노 우쓰와	363	
구라비요리	249	
국도 휴게소 히라이즈미	275	
기키자케야	247	
긴가도	247	
더 스태블스	124	
도코노 사카구라	398	
도큐 핸즈	309	
도호쿠 스탠다드 마켓	311	
라라이와테 히라이즈미점	274	
로프트	311	
리토르완	174	
마도와쿠	190	
마쓰시마 유키타케야	331	
마치나카 비지터 센터	274	
모로코시앙	174	
베니노쿠라	355	
블랑크 플러스	200	
사케 나비	199	
사토쿠 가든	173	
세키노이치 주조	275	
센다이 파르코	310	
쇼쿠사이 마치야관 아그리가든	117	
식스 점보 식스	191	
아오모리 슈미칸	098	
아키타 비이키	200	
아키타 시민 시장	199	
아키타 오파	200	
안도 양조원	173	
앤틱 잡화 카페 네즈네코	175	
야마노 하치미쓰야	176	
에스팔 센다이	308	
에이 팩토리	097	
엠 팬트리	331	
오덴세관	246	
요잔도	399	
이로도리 소로에루 시마누키		

본점	311	
이와테야	247	
자카 히나	248	
지바 셀렉트	098	
체리랜드 사가에	356	
하트 허브	176	
핫쇼쿠 센터	142	
후지와라야 미치노쿠 사케키코	309	
히메쿠리	249	

SLEEP

가쿠노다테 산소 와비자쿠라	178
고지마 료칸	125
구니미 온천 이시즈카 료칸	254
구리노키	182
구혜 료칸	384
규카무라 뉴토 온천향	169
나루코 온천 마스야	333
나마리 온천 후지산 료칸	279
나쓰세 온천 미야코 와스레	182
나카도리 온센 고마치노유 도미인 아키타	201
노도카	183
노토야	365
니시야	400
니혼노야도 고요	363
다로베에 료칸	213
다마치 부케야시키 호텔	177
다이와로이넷 센다이	313
다이와로이넷 아오모리	099
다이와로이넷 하치노헤	143
다이잔도	183
다이콘하나	335
다키나미	403
리치몬드 야마가타 에키마에	357
마쓰시마 이치노보	332
마쓰카와 온천 교윤소	253
마치야 호텔 가쿠노데테	177
모리오카 그랜드 호텔 아넥스	251
모리오카 그랜드 호텔	251
모토유 구라부	213
사토노아카리	183
세이세쓰칸	182
센다이 워싱턴 호텔	312
쇼호엔	178
스이덴 테라스	383
스카유	099
시도타이라 온천 유센 시다테	277
시키테이	250
쓰키노이케	362
쓰타 온천 료칸	143
아베 료칸	213
아오니 온천	127
아이신칸	250
아키타 뷰 호텔	201
아키타 캐슬 호텔	202
앗피 리조트	252
오사와 온천 기쿠스이칸·산스이카쿠	278
우에하타 온천 사와라비	215
유노모리 호텔 시도타이라	277
유도노안	383
유즈쿠시 살롱 이치노보	334
이치스케	182
천연 온천 다자와코 레이크 리조트	183
컴포트 호텔 센다이 니시구치	312
컴포트 호텔 아키타	202
플라자 호텔 산록소	183
하나마키 온천 호텔 고요칸	276
호시노 리조트 오이라세 계류 호텔	142
호텔 그랜드 덴쿠	182
호텔 뉴 미토야	333
호텔 비스타 센다이	313
호텔 애플랜드	126
호텔 플라자 아넥스 요코테	215
후루사토	183
후지야	365
히가시야	401
히로사키 그랜드 호텔	125

사진 제공

아오모리현 관광연맹, 히로사키 관광컨벤션협회, 하치노헤시 관광과, 무쓰시청 관광전략과, 미사와시 관광협회, 히로사키 그랜드 호텔, 다이와로이넷 아오모리, 다이와로이넷 하치노헤, 호시노 리조트 오이라세 계류 호텔, 쓰타 온천 료칸, 핫코다 로프웨이, 시라카미 산지 비지터 센터, 핫코다 호텔, 레스토랑 야마자키, 아키타현, 아키타 관광컨벤션협회, 뉴토 온천향, 유자와시 산업진흥부, 아키타 캐슬호텔, 우오히로(시모다 자전거), 가쿠노다테이, 가즈키 쇼쿠사이 마치야관 아그리가든, 리토르완, 레스토랑 오라에, 플라자 호텔 산록소, 천연 온천 다자와코 레이크 리조트, 다마치 부케야시키 호텔, 가쿠노다테 산소 와비자쿠라, 쇼호엔, 하나비아무, 아라야 유리공방, 가메바루, 아키타 오파, 아키타 캐슬 호텔, NS.coffee stand, 호텔 플라자 아넥스 요코테, 사토 요스케 쇼텐, 우에하타 온천 사와라비, 오가신잔 전승관, 우고교통주식회사, 이와테현 교통, 앗피 리조트, 시키테이, 센다이 워싱턴 호텔, 다이와로이넷 호텔 센다이, 호텔 비스타 센다이, 미야기 자오 여우 마을, 구헤 료칸, 유도노안, 니혼노야도 고요, 지도 박물관, 스이덴 테라스, 야마코버스, JR버스 도호쿠, 한재연 님 사진 협조 감사드립니다.

이 책에 실린 정보는 2019년 3월에 확인한 내용이며, 가격과 영업 시간, 휴무일 등이 변경될 수 있습니다. 또한 책에 소개된 상품이 없을 수 있으니 이용 전에 확인해주시기 바랍니다.

HNT 하나투어

悠悠自適
유 유 자 적

'한가롭고 걱정 없이, 세상에서 벗어나 마음 편히 지냄.'

아키타

아키타가 내게 이야기합니다.
바로 지금이, 잠깐 쉬어갈 때라고.

다츠코상의 전설이 깃든
다자와호수

📍 Akita

세상에서 가장 여유로운 휴식, 일본 아키타로의 여행, 하나투어가 함께 합니다.

아키타를 대표하는 '뉴토온천향'

일본3대우동의 하나 '이나니와우동'

아키타의 정경 가득 '내륙종관열차'

H | 여행, 하나면 돼! 하나투어앱에서 확인하세요. | 런던증권거래소 상장기업